W0301027

Peter May

Erfolgsmodell Familienunternehmen

Ich widme dieses Buch allen Familienunternehmern und Unternehmerfamilien, die sich bemühen, ihrer großen familiären und unternehmerischen Verantwortung gerecht zu werden. Sie sind ein Glück für unsere Gesellschaft.

Peter May

Erfolgsmodell Familienunternehmen

Das Strategie-Buch

MURMANN
MURMANN PUBLISHERS

Dieses Buch wurde klimaneutral produziert.

MIX
Papier aus verantwortungsvollen Quellen
FSC
www.fsc.org
FSC® C083411

Bibliografische Information der Deutschen Nationalbibliothek

Die Deutsche Nationalbibliothek verzeichnet diese Publikation in der Deutschen Nationalbibliografie; detaillierte bibliografische Daten sind im Internet über http://dnb.d-nb.de abrufbar.

ISBN 978-3-86774-219-1

Das Werk einschließlich aller seiner Teile ist urheberrechtlich geschützt. Jede Verwertung ist ohne Zustimmung des Verlages unzulässig. Das gilt insbesondere für Vervielfältigungen, Übersetzungen, Mikroverfilmungen und die Einspeicherung und Verarbeitung in elektronischen Systemen.

3. Auflage 2015

Copyright © 2012 by Murmann Verlag, Hamburg

Umschlaggestaltung: Tim Hagedorn, Seevetal
Herstellung: Das Herstellungsbüro, Hamburg
Gesetzt aus der Minion und der Scala sans
Druck und Bindung: CPI books GmbH, Leck
Printed in Germany

Besuchen Sie uns im Internet: **www.murmann-publishers.de**

Ihre Meinung zu diesem Buch interessiert uns!
Zuschriften bitte an **info@murmann-publishers.de**
Den Newsletter des Murmann Verlages können Sie anfordern unter **newsletter@murmann-publishers.de**.

Inhalt

Vorwort
von Reinhard Zinkann 7

Teil 1: Auf die Inhaber kommt es an

1. Kapitel: Familienunternehmen sind anders 13
2. Kapitel: Die Inhaberschaft als Schlüssel zur Andersartigkeit 25
3. Kapitel: Zeit für einen Paradigmenwechsel 52

Teil 2: Strategien für das Unternehmen

4. Kapitel: Warum Familienunternehmen besondere Strategien brauchen 59
5. Kapitel: Strategische Führung 63
6. Kapitel: Finanzierung 98
7. Kapitel: Corporate Governance 140

Teil 3: Strategien für die Inhaber

8. Kapitel: Warum die Inhaber eigene Strategien brauchen 167
9. Kapitel: Die richtigen Fragen stellen 177
10. Kapitel: Antworten finden mit der Inhaberstrategie 206

Schlusswort 269

Anhang

Danksagung 275

Anmerkungen 277

Sachregister 314

Personen- und Unternehmensregister 320

Inhaltsverzeichnis 326

VORWORT

von Reinhard Zinkann

Nie zuvor standen Familienunternehmer sowohl in der öffentlichen wie auch in der veröffentlichten Meinung so hoch im Kurs wie heute. Mit Blick auf Arbeitsplätze, Ausbildungsleistungen und Exporterfolge, die ihnen in ihrer Gesamtheit zugeschrieben werden, gelten die Familienunternehmen als Rückgrat der deutschen Wirtschaft und als treibende Kraft hinter dem »Wirtschaftswunder made in Germany«. Zudem werden sie gerne als wohltuender Kontrast zu Konzernvorständen und Finanzakrobaten dargestellt, die aktuell eher mit maßlosem und kurzsichtigem Geschäftsgebaren in Verbindung gebracht werden.

Nun wissen wir alle, dass Familienunternehmer nicht automatisch erfolgreicher sind als CEOs von Publikumsgesellschaften und dass sie auch nicht von Natur aus die besseren Menschen sind. Wohl aber bringen sie spezifische Aktivposten in ihre Arbeit und damit in die Gesellschaft ein, etwa die tiefe emotionale Verbundenheit mit dem Lebenswerk der Vorfahren, mit den Beschäftigten und den Heimatregionen, aber auch die Immunität gegenüber dem kurzfristigen Renditedruck der Kapitalmärkte. Hinzu kommen Inspiration und Tatkraft von Gründerpersönlichkeiten, die ein Unternehmen nicht selten über Generationen prägen. Andererseits haben Familienunternehmer, wollen sie unerwünschte Abhängigkeiten vermeiden, gewisse Beschränkungen bei der Kapitalbeschaffung in Kauf zu nehmen. Und dann ist da noch der menschliche Faktor: Ist die Familie zerstritten? Werden individuelle Finanz- oder Machtinteressen über das Wohl der Firma gestellt? Droht ein Generationswechsel zu missraten? Da wird die Familie leicht zur existenziellen Bedrohung. Sie kann, hier zitiere ich meinen Vater Peter Zinkann, die größte Stärke eines Unternehmens sein, aber auch dessen größte Schwäche.

Wie sich aus dieser zwiespältigen Ausgangsposition das Beste machen lässt, dafür kann ich mir kaum einen einfühlsameren und kundigeren Gesprächspartner vorstellen als meinen Freund Peter May. Als wir uns vor etwa 20 Jahren das erste Mal begegneten, gab es mehrere Parallelen. Wir waren beide Anfang 30, seit kurzem im Familienunternehmen als Geschäftsführer tätig und überzeugte Verfechter eines zeitgemäßen, professionellen Familienunternehmertums. Später teilten sich unsere Biografien, als Peter May den Chefsessel der May-Gruppe abgab, um ins Beraterlager zu wechseln.

Jedoch sollte sich gerade dieser Schritt als großer Glücksfall erweisen. Wie von Freunden und Weggefährten nicht anders erwartet, verlieh der spektakuläre Rollenwechsel Peter Mays professioneller Leidenschaft für die Sache der Familienunternehmen noch mehr Schub. Er selbst und die von ihm gegründete INTES sollten schon bald zu den ersten Adressen für die ganzheitliche Beratung von Inhaberunternehmern zählen. Ihr Spiritus Rector hatte nicht nur selbst ein Familienunternehmen geführt, sondern das Familienunternehmertum auch mit wissenschaftlicher Akribie beleuchtet, und zwar lange bevor dies an den betriebswirtschaftlichen Fakultäten zum Modethema wurde.

Heute lehrt Peter May als Honorarprofessor an der WHU – Otto Beisheim School of Management. Unter seinem Vorsitz und unter Mitwirkung namhafter Unternehmerpersönlichkeiten entstand der Governance Kodex für Familienunternehmen, der erste umfassende Leitfaden für die Erarbeitung einer individuellen Unternehmens- und Familienverfassung. Unternehmer lernen von Unternehmern, so lautet das Prinzip der Arbeit von Peter May.

Diese vielschichtige Verbindung zwischen Theorie und Praxis, zwischen gelebtem Unternehmertum, langjähriger Beratererfahrung, Best-Practice-Philosophie und wissenschaftlicher Tiefgründigkeit, kennzeichnet auch das vorliegende Buch. Peter May legt gleichsam die Essenz seines mehr als 20-jährigen Wirkens und Schaffens vor. Wie er Empirisches, Anekdotisches und Methodik auf unterhaltsame wie lehrreiche Weise einander ergänzen lässt, sucht in der einschlägigen Literatur seinesgleichen. Das entscheidende Verdienst dieses Buches dürfte jedoch in der konsequenten Einbeziehung zweier Erkenntnisse liegen.

Erstens prägt nicht nur die Familie die Firma entscheidend – sondern zweitens umgekehrt auch die Firma die Familie. Wie positiv oder negativ sich diese wechselseitige Abhängigkeit auswirkt, haben die handelnden Personen letztendlich selbst in der Hand. Wenn Konflikte, die das Unternehmen bedrohen, im familiären Bereich wurzeln, gibt es keine Patentrezepte zu deren Beilegung, dafür aber in der Regel mehr als nur eine Wahrheit. Dabei ist die emotionale Komponente im Zweifel schwerer zu bewältigen als die rationale. Und zweitens: Die »BWL für Familienunternehmer« reduziert sich nicht auf Nachfolgeplanung und Vermeidung von Familienkrächen. Auch Familienunternehmen sind zuvorderst Marktteilnehmer, müssen kontinuierlich an der Sicherung und Stärkung ihrer Wettbewerbsfähigkeit arbeiten und sind keineswegs vor klassischen Managementfehlern gefeit. Wiederum kann die Familie wertvoller Aktivposten sein – oder Teil des Problems.

Erst das Wissen um diese vielfältigen Wechselwirkungen und deren Berücksichtigung bei Strategieprozessen und im Tagesgeschäft machen aus den Chancen und Potenzialen des Familienunternehmertums das »Erfolgsmodell Familienunternehmen«. Peter May hat wie kein anderer die Entwicklung einer eigenständigen BWL für Familienunternehmen gefordert und gefördert. Das vorliegende Strategie-Buch stellt den vorläufigen Abschluss dieser Entwicklung dar. Es ist – mit Verlaub – ein großer Wurf.

Ich wünsche allen Familienunternehmern und solchen, die es werden möchten, viel Freude – und Gewinn – bei der Lektüre.

Dr. Reinhard Chr. Zinkann
Geschäftsführender Gesellschafter der Miele & Cie. KG
Gütersloh, im November 2011

Teil 1:

AUF DIE INHABER KOMMT ES AN

1. Kapitel:

FAMILIENUNTERNEHMEN SIND ANDERS

»Von der Parteien Gunst und Hass verwirrt, schwankt sein Charakterbild in der Geschichte.«[1] Treffender als mit den Zeilen aus Schillers *Wallenstein* lässt sich die Situation der Familienunternehmen kaum beschreiben. Wallenstein war eine vielschichtige Persönlichkeit, und je nach Standpunkt des Betrachters fällt das Urteil über ihn bis heute unterschiedlich aus. Gleiches gilt für Familienunternehmen. Dem einen sind sie Sinnbild eines altmodischen Kapitalismusverständnisses, dem anderen Vorbild für das Management von morgen.[2] Vor kurzem noch belächelt, werden sie in der aktuellen Krise mehr und mehr zum Hoffnungsträger. Andere Länder schauen mit Hochachtung auf Deutschland und seinen starken Familienkapitalismus. Aber sind solche Hoffnungen auch berechtigt? Was macht die Familienunternehmen stark? Und welche Herausforderungen müssen sie bewältigen? Um diese Fragen wirklich beantworten zu können, müssen wir lernen zu verstehen, was Familienunternehmen überhaupt sind und nach welchen Gesetzmäßigkeiten sie funktionieren.[3]

Ein paar Fakten

Familienunternehmen sind die älteste Organisationsform unternehmerischen Handelns. Erste Zeugnisse ihres Wirkens sind bereits aus dem 3. Jahrtausend vor Christus belegt.[4] Aber selbst wenn man ihre Geschichte mit dem Moment beginnen lässt, wo Versorgungsdenken in kapitalistisches Gewinnstreben umschlug,[5] sind sie immer noch älter als jede andere heute relevante Form unternehmerischer Organisation.

Und sie haben die Geschichte des Kapitalismus geprägt. Unternehmerfamilien wie die Fugger oder Medici haben ganze Epochen der Weltgeschichte bestimmt, und noch das Aufkommen der Manufakturen und die beginnende Industrialisierung waren untrennbar mit Familienunternehmen verbunden. Eine Änderung setzte erst mit der zweiten Welle der industriellen Revolution ein. Die durch Elektrifizierung und industrielle Nutzung von Stahl möglich gewordenen Großprojekte benötigten mehr Kapital, als einzelne Familien aufbringen konnten, und ohne die Publikumsgesellschaften wäre die Wohlstandsexplosion der vergangenen 100 Jahre nicht möglich gewesen.[6] In der Folge verloren die Familienunternehmen ihren quasi exklusiven Vertretungsanspruch für unternehmerische Organisation. Neben ihnen spielen heute Publikumsgesellschaften, Unternehmen im Besitz der öffentlichen Hand und zunehmend auch Firmen unter der Kontrolle von Finanzinvestoren eine Rolle.

Dennoch ist die Bedeutung der Familienunternehmen ungebrochen. Sie sind das prägende Element unserer Volkswirtschaft. Mehr als neun von zehn Unternehmen hierzulande sind in Familienhand, sie repräsentieren fast 50 Prozent aller steuerpflichtigen Umsätze und beschäftigen mehr als die Hälfte aller sozialversicherungspflichtigen Arbeitnehmer.[7] Keine andere Organisationsform unternehmerischen Handelns erreicht annähernd vergleichbare Werte. Zu Recht werden die Familienunternehmen deshalb als »Herzstück der sozialen Marktwirtschaft«[8] bezeichnet.

… und Vorurteile

Im öffentlichen Urteil gilt der Familienkapitalismus als die sympathische Variante des Kapitalismus.[9] Familienfirmen, so ist häufig zu hören, seien kunden- und mitarbeiterorientierter als ihre Konkurrenten und agierten umsichtiger als Unternehmen, deren Entscheider ohne eigenes Risiko mit dem Geld anderer Leute arbeiteten. Auf der anderen Seite werde bei ihnen weniger professionell entschieden.

Bei der Abwägung zwischen ihren Vor- und Nachteilen ging man lange Zeit von einer systemimmanenten Unterlegenheit der Familienunternehmen aus. Vor allem dem amerikanischen Ökonomen Alfred Chandler verdanken wir den Glauben an die angebliche ökonomische Zweitklassigkeit der Familienunternehmen. Chandler, Wirtschaftswissenschaftler an der Harvard University, hatte in einem 1977 veröffentlichten Buch die Auffassung vertreten, der Aufstieg der westlichen Industrienationen im 20. Jahrhundert sei nur möglich gewesen, weil mit der zweiten Phase der industriellen Revolution die wirtschaftliche Macht der Familien gebrochen worden sei. Er war überzeugt, dass Familien mit den wachsenden Anforderungen größerer Unternehmen überfordert seien. Erst die Trennung von Inhaberstellung und Führung, wie sie für Publikumsgesellschaften typisch sei, habe den Weg zu großindustriellen Strukturen und einer an rationalen Maßstäben orientierten Führung geöffnet. Für das Familienunternehmen bleibt in dieser Denkwelt nur der Platz einer »unvollkommenen Vorstufe auf dem Weg zur managergeführten Publikumsgesellschaft«[10]. Chandlers Urteil hat nachhaltigen Einfluss auf das wirtschaftswissenschaftliche Denken ausgeübt. »Der derzeitige Hauptstrom des ökonomischen Denkens ignoriert die Familienfirma als Gegenstand seriöser Forschung und hat sie fast schon als überholtes und bedeutungsloses Relikt abgeschrieben«[11], stellt der Wirtschaftshistoriker David Landes noch 2006 resigniert fest.

Ein weiteres Vorurteil über Familienunternehmen ist womöglich noch tiefer verwurzelt. Beinahe alle, die sich mit Familienunternehmen beschäftigen, gehen davon aus, dass ihre Lebensdauer in der Regel auf drei Generationen beschränkt ist. Diese Überzeugung ist so stark, dass sie sogar Eingang in den Volksmund gefunden hat – und das weltweit. »Der Vater erstellt's, der Sohn erhält's, dem Enkel zerfällt's«, heißt es in Deutschland, »La première génération la crée, la deuxième la developée, la troisième l'a tuée« in Frankreich und »Shirtsleeves to shirtsleeves in three generations« bei den Angelsachsen. Die Überzeugung, dass es sich bei Aufstieg und Niedergang einer Familiendynastie um eine Art Naturgesetz handelt, ist so verbreitet, dass man das Phänomen in Anlehnung an Thomas Manns berühmten Roman weltweit als »Buddenbrook-Syndrom« bezeichnet.

Aber treffen diese Vorurteile auch zu? Neue Erkenntnisse haben das traditionelle Bild erschüttert.

Familienunternehmen sind nicht zweitklassig

Ausgangspunkt für eine Neubewertung war eine im Jahr 2003 veröffentlichte Studie von Ronald Anderson und David Reeb.[12] Die beiden amerikanischen Wissenschaftler hatten bei einer Untersuchung des Standard & Poor's-Aktienindex nicht nur festgestellt, dass die dort notierten Unternehmen zu einem beachtlichen Anteil von Inhaberfamilien kontrolliert wurden, sondern auch, dass diese Unternehmen im Untersuchungszeitraum eine bessere wirtschaftliche Entwicklung[13] aufwiesen als die Vergleichsunternehmen. Dabei war der Vorsprung umso größer, je stärker ein Mitglied der Inhaberfamilie Einfluss auf die Geschicke des Unternehmens nehmen konnte.[14] »Einer der größten strategischen Vorteile, die ein Unternehmen haben kann, ist, wie sich herausstellt, sein Familienstammbaum«, fasste das Wirtschaftsmagazin *Businessweek* das Ergebnis der Studie zusammen. »Firmen, in denen die Gründer oder ihre Familien sich eine starke Position bewahrt haben – im Management, im Vorstand, im Aufsichtsrat und / oder als Großaktionäre –, behaupten sich im Markt entschieden besser als ihre managergeführten Konkurrenten.«[15]

Die Ergebnisse fanden ein reges Echo. Die Zeitschrift *Newsweek* gab einen Performancevergleich für die wichtigsten europäischen Aktienindizes in Auftrag – und kam zu vergleichbaren Resultaten.[16] Und die Analysten der HypoVereinsbank ermittelten für den Zeitraum von 1990 bis 2004 eine jährliche Kurssteigerung von 16,3 Prozent für die 50 größten Familienunternehmen an der Börse gegenüber nur 9,5 Prozent beim DAX.[17] Der »Family Factor«, wie ihn *Newsweek* bezeichnet hatte, wurde zum Synonym für Börsenerfolg und veranlasste Banken und Vermögensverwalter, ihren Kunden Spezialfonds mit einem Investitionsschwerpunkt auf an der Börse notierte Familienunternehmen anzubieten.

Auch unter Einbeziehung nicht am Kapitalmarkt notierter Familienunternehmen ermittelten Wissenschaftler bessere Geschäftsergebnisse bei Familienfirmen.[18] Und eine vom Bundesverband der Deutschen Industrie (BDI) gemeinsam mit der Deutschen Bank initiierte Studie attestierte den Familienunternehmen mit einem Jahresumsatz über 50 Millionen Euro für die Jahre 2006 und 2007 im Vergleich mit anderen Großunternehmen einen messbaren Vorsprung bei Eigenkapitalrendite und Eigenkapitalquote.[19]

Es ist noch zu früh, aus diesen Untersuchungsergebnissen auf eine ökonomische Überlegenheit der Familienunternehmen zu schließen. Die Forschung zum Erfolgsvergleich zwischen Familienunternehmen und Nicht-Familienunternehmen steht erst am Anfang.[20] Ein Zwischenergebnis lässt sich dennoch festhalten: Von der tradierten Vorstellung, dass Familienunternehmen ihren Konkurrenten per se unterlegen seien, sollten wir uns verabschieden.

Familienunternehmen sind mehr als Mittelstand

Ebenso wenig sollten wir Familienunternehmen pauschal mit Mittelstand gleichsetzen.[21] Zwar trifft es zu, dass die meisten von ihnen kleine und mittelgroße Unternehmen sind, doch können Familienunternehmen eine beachtliche Größe erreichen. ALDI, Henkel, OTTO und viele andere erwirtschaften Umsätze in Milliardenhöhe.[22] Das größte Unternehmen der Welt, Wal-Mart, befindet sich ebenso unter familiärer Kontrolle wie die Volkswagen AG, das größte Industrieunternehmen Deutschlands. In den USA, der Hochburg des Managerkapitalismus, steht rund ein Drittel der 500 größten Unternehmen unter dem Einfluss starker Inhaberfamilien.[23] In anderen westlichen Industrieländern sieht es nicht anders aus. Und in den aufstrebenden Wirtschaftsnationen ist die Dominanz der Familienunternehmen sogar noch größer.[24] In der Türkei befinden sich fast alle führenden Unternehmen des Landes in Familienhand, und auch in Indien spielen einflussreiche Clans wie Tata, Mahindra, Mittal oder Ambani eine bedeutende Rolle. Familienunternehmen sind nicht zwangsläufig klein oder mittelgroß, es gibt sie in allen Größenordnungen.

Abb. 1: Große Familienunternehmen in Europa (Stand 2010)

Unter-nehmen	Inhaber-familie	Land	Branche	Umsatz 2009 (Mrd. €)
Volkswagen	Porsche / Piëch	Deutschland	Automobil	105,2
ArcelorMittal	Mittal	Luxemburg	Stahl	50,7
BMW	Quandt	Deutschland	Automobil	50,7
Fiat	Agnelli	Italien	Automobil	50,1
ALDI	Albrecht	Deutschland	Handel	49,9
PSA Peugeot Citroën	Peugeot	Frankreich	Automobil	48,4
Auchan	Mulliez	Frankreich	Handel	39,7
AP Møller-Mærsk	Møller	Dänemark	Logistik	38,2
Roche	Hoffmann / Oeri	Schweiz	Pharma	38,1
Bouygues	Bouygues	Frankreich	Misch-konzern	31,3

Quelle: Campden FB (2010): Top 100 Family Businesses in Europe. Campden FB 47: S. 31

Abb. 2: Große Familienunternehmen in Deutschland (Stand 2010)

Unternehmen	**Inhaberfamilie**	**Branche**	**Umsatz 2009 (Mrd. €)**
Volkswagen	Porsche / Piëch	Automobil	105,2
Metro	Haniel / Schmitz-Ruthenbeck / Beisheim	Handel	65,5
Schwarz-Gruppe (Lidl und Kaufland)	Schwarz	Handel	54,8
BMW	Quandt	Automobil	50,7
ALDI	Albrecht	Handel	49,9
Haniel	Haniel	Mischkonzern	24,5
Celesio	Haniel	Pharmahandel	21,5
Heraeus	Heraeus	Edelmetall / Technologie	16,2
Bertelsmann	Mohn	Medien	15,4
Henkel	Henkel	Konsumgüter	13,6

Quelle: Frankfurter Allgemeine Zeitung *(2010): Die großen deutschen Familienunternehmen. 07.07.2010: S. U6*

Das Buddenbrook-Syndrom: eine Herausforderung nicht nur für Familienunternehmen

Auch das Buddenbrook-Syndrom ist kein naturgesetzliches Malus von Familienunternehmen. Zwar ist die Lebensdauer der meisten Familienunternehmen begrenzt und im Durchschnitt sogar kürzer als die vom Volksmund zugestandenen drei Generationen.[25] Wirtschaftlicher Erfolg ist eben nicht leicht zu konservieren. Einer Studie der Privatbank J. P. Morgan zufolge konnten sich nur 15 Prozent derjenigen, die es 1982 auf die Forbes-400-Liste geschafft hatten, über einen Zeitraum von 25 Jahren auf dieser Liste halten.[26] Ein besonders dramatisches Beispiel für eine solche Entwicklung ist das Schicksal der Familie Vanderbilt[27]. Cornelius Vanderbilt hatte im 19. Jahrhundert mit Dampfschiffen und Eisenbahnen ein Vermögen gemacht. Als er starb, hinterließ der Industrietycoon, der als reichster Mann seiner Zeit galt, ein Vermögen von 100 Millionen Dollar (was heute etwa 150 Milliarden Dollar entspräche). Sein Sohn William verdoppelte die Summe bis zu seinem Tod noch einmal. Dann verteilte er das Vermögen gleichmäßig an seine Kinder. Und legte damit den Grundstein zu einer rekordverdächtigen Vermögensvernichtung. Gerade einmal eine Generation benötigten die Erben, um das Vanderbilt-Vermögen zu verprassen.

Ein Naturgesetz ist der Satz »Der Vater erstellt's, der Sohn erhält's, den Enkeln zerfällt's« trotzdem nicht. Das wahrscheinlich älteste Familienunternehmen der Welt, der Ryokan Houshi in Japan, ist über 1000 Jahre alt, und auch in Europa gibt es etliche Unternehmen, die sich seit Jahrhunderten im Besitz einer Familie befinden. Der deutsche Alters-Champion, das Weingut Fürst Hohenlohe Oehringen, befindet sich seit 1253 ununterbrochen in Familienhand, und auch etliche große und bekannte Unternehmen wie Haniel, M. DuMont Schauberg, Merck, Metzler oder Villeroy & Boch können auf große Familientraditionen zurückblicken.[28]

Vor allem aber ist die begrenzte Lebensdauer keine allein die Familienunternehmen treffende Besonderheit. Auch Nicht-Familienunternehmen scheitern oder werden übernommen, und das – wie mein amerikanischer Kollege John Ward ermittelt hat – im Durchschnitt sogar früher als Familienunternehmen. Während laut Ward immerhin 20 Prozent der Familienunternehmen ein Alter von mehr als 50 Jahren erreichen, haben von den im Standard & Poor's-Aktienindex gelisteten Unternehmen nach Ablauf von 40 Jahren nur 15 Prozent überlebt.[29]

Abb. 3: Alte Familienunternehmen weltweit

Unternehmen	Land	Branche	Gründungsjahr
Houshi Onsen	Japan	Gast- und Hotelgewerbe	718
Château de Goulaine	Frankreich	Nahrung und Genuss (Wein)	1000
Pontificia Fonderia Marinelli	Italien	Verarbeitende Industrie (Glocken)	1000
Barone Ricasoli	Italien	Nahrung und Genuss (Wein)	1141
Weingut Fürst Hohenlohe Oehringen	Deutschland	Nahrung und Genuss (Wein)	1253
Barovier & Toso	Italien	Verarbeitende Industrie (Glas)	1295
Richard de Bas	Frankreich	Verarbeitende Industrie (Papier)	1326
Opificio Orafo Torrini	Italien	Luxusprodukte (Uhren und Schmuck)	1369
Marchesi Antinori	Italien	Nahrung und Genuss (Wein)	1385
Cantiere Navale Camuffo	Italien	Verarbeitende Industrie (Schiffsbau)	1438

Abb. 4: Alte Familienunternehmen in Deutschland

Unternehmen	**Ort**	**Branche**	**Gründungsjahr**
Weingut Fürst Hohenlohe Oehringen	Oehringen	Nahrung und Genuss (Wein)	1253
Zötler Privat-Brauerei	Rettenberg	Nahrung und Genuss (Bier)	1447
William Prym	Stolberg	Verarbeitende Industrie (Metall)	1530
Freiherr von Poschinger Glas-manufaktur	Frauenau	Verarbeitende Industrie (Glas)	1568
Olsberg Hermann Everken	Olsberg	Verarbeitende Industrie (Metall)	1577
Pfeifer	Memmingen	Bau	1579
Berenberg Bank	Bremen	Banken	1590
Eduard Meier	München	Kleidung und Schuhe	1596
Brogsitter	Grafschaft-Gelsdorf	Nahrung und Genuss (Wein)	1600
V. Stern'sche Druckerei	Lüneburg	Druck- und Verlagswesen	1614

Familienunternehmen sind nicht von Natur aus gut

Aber auch die angeblichen Vorzüge der Familienunternehmen haben keinen naturgesetzlichen Charakter. Vor allem sind Familienunternehmen nicht von Natur aus gut. Das Unternehmen des Amerikaners Bernard Madoff, der mit seinem Schneeballsystem einen unvorstellbaren Schaden bei seinen Anlegern hinterließ, war zweifelsfrei ein Familienunternehmen. Auch Calisto Tanzi, der als Chef des italienischen Familienunternehmens Parmalat für den größten Bilanzskandal in Europa verantwortlich zeichnet und dafür sorgte, dass 135 000 geprellte Kleinanleger ihre Ersparnisse verloren, war ein Familienunternehmer. Zwielichtige Familienunternehmen gibt es zuhauf. Wir finden sie bei der Mafia und im Drogenhandel ebenso wie bei den Geldwäschern und illegalen Waffenhändlern. Familienunternehmer sind nicht per se die besseren Menschen,[30] die ihnen gehörenden Familienunternehmen nicht automatisch die rechtschaffeneren Unternehmen. Die Frage, ob ein Unternehmen sich rechtlich und moralisch einwandfrei verhält, ob es einen Kapitalismus angelsächsischer Prägung oder einen mit menschlichem Antlitz favorisiert, wird von keinem System vorgegeben. Es ist das Ergebnis einer bewussten Willensentscheidung derjenigen, die im Unternehmen Verantwortung tragen. Das gilt für Familienunternehmen genauso wie für andere Unternehmen auch. Die Frage ist allenfalls, ob in ihm womöglich Strukturen, Ziele und Wertvorstellungen anzutreffen sind, die sozial adäquate Verhaltensweisen begünstigen.

Es wird also Zeit, dass wir das Phänomen Familienunternehmen differenzierter betrachten. Dafür müssen wir allerdings noch besser verstehen, was ein Familienunternehmen überhaupt ist und welche systembedingten Konsequenzen sich daraus für seine Verhaltensweisen und Normstrategien ergeben.

2. Kapitel:

DIE INHABERSCHAFT ALS SCHLÜSSEL ZUR ANDERSARTIGKEIT

Was ist ein Familienunternehmen?

Was haben der Lebensmittelhändler an der Ecke, der Discounter ALDI und die Duisburger Handelsdynastie Haniel gemeinsam? Bei aller Unterschiedlichkeit in Größe, Geschäftsmodell und Inhaberstruktur verbindet sie etwas: Sie sind Familienunternehmen. Diese Feststellung ist keineswegs selbstverständlich. Denn eine übereinstimmende Vorstellung davon, was ein Familienunternehmen ist, hat sich noch nicht herausgebildet.[1]

Lange wurde verlangt, dass die Inhaberfamilie das Unternehmen sowohl aufgrund dominierender Eigentümerstellung kontrollieren als auch selbst führen müsse. Diese Vorstellung lag auch der Auffassung Alfred Chandlers von der angeblichen Zweitklassigkeit der Familienunternehmen zugrunde. Dabei widerspricht sie nicht nur dem Selbstverständnis vieler Betroffener, sondern auch dem gesunden Menschenverstand. Niemand käme auf die Idee, einer Immobilie, die sich im Eigentum einer Familie befindet, die Klassifizierung als Familienvermögen zu verweigern, nur weil sich die Familie entschließt, diesen Vermögenswert von einem beauftragten Verwalter managen zu lassen. Der maßgebliche Anknüpfungspunkt für die Zuordnung eines Vermögenswertes ist normalerweise nicht die Frage, wer ihn managt, sondern wem er gehört.

Dass dies für Unternehmen nicht ebenso selbstverständlich ist, zeigt, wie sehr unser Denken dort von der großen Publikumsgesellschaft geprägt ist. Weil die Eigentümer einer Publikumsgesellschaft schwer greifbar sind und ständiger Veränderung unterliegen, wird das Management zum bestimmenden Faktor im Unternehmen. Das ändert aber nichts daran, dass diese Schwerpunktverlagerung eine Ausnahme darstellt. Als allgemeiner Anknüpfungspunkt für die Abgrenzung verschiedener Organisationsformen unternehmerischen Handelns taugt sie nicht. Grundsätzlich kann für Unternehmen nichts anderes gelten als für andere Vermögensgegenstände auch: Der maßgebliche Ansatz zur Abgrenzung ist nicht die Frage, von wem sie gemanagt werden, sondern ausschließlich, wem das Unternehmen gehört.[2]

Auf der Grundlage dieser Erkenntnis wird in diesem Buch eine einfache Begriffsbestimmung verwendet: Familienunternehmen sind alle Unternehmen, deren dominanter Inhaber eine Familie mit einem generationenübergreifenden Unternehmerverständnis ist. Schauen wir uns die einzelnen Begriffsmerkmale näher an.

Abb. 5: Definition Familienunternehmen

Dominante Inhaberschaft

\+

Familie

\+

Generationenübergreifendes Unternehmerverständnis

Familienunternehmen

Dominante Inhaberschaft

Um ein Unternehmen als Familienunternehmen zu qualifizieren, muss die Familie über eine dominante Inhaberstellung verfügen. Dazu muss sie in der Lage sein, die wichtigsten unternehmerischen Entscheidungen in ihrem Sinne zu beeinflussen.

Entscheidend sind also nicht so sehr die Beteiligungsverhältnisse. Ein dominierender Einfluss lässt sich mit Hilfe rechtlicher Konstruktionen auch dann noch aufrechterhalten, wenn die Familie die Kapitalmehrheit verloren hat. So nutzen einige an der Börse notierte Familienunternehmen das Instrument der stimmrechtslosen Vorzugsaktie, um der Inhaberfamilie einen größeren Einfluss auf das Unternehmen zu sichern, als es ihrer Kapitalbeteiligung entspricht. Auch ist an der Börse in der Regel keine Mehrheit der stimmberechtigten Anteile nötig, um die dominante Inhaberstellung zu erhalten. Wegen der traditionell geringen Präsenz der Kleinaktionäre in der Hauptversammlung geht man davon aus, dass sich bereits mit 30 Prozent der stimmberechtigten Aktien ein bestimmender Einfluss auf das Unternehmen organisieren lässt. Vergleichbare Resultate lassen sich durch die Wahl geeigneter Rechtsformen erzielen. So ist dem persönlich haftenden Gesellschafter einer Kommanditgesellschaft (KG) oder einer Kommanditgesellschaft auf Aktien (KGaA) von Gesetzes wegen eine starke Position zugewiesen, die von der Familie zur Aufrechterhaltung einer dominierenden Inhaberschaft genutzt werden kann. Dies nutzend hat die Familie Henkel, deren Unternehmen seit vielen Jahren an der Börse notiert ist, für ihren Schritt eine Kombination aus KGaA und Vorzugsaktien gewählt. So kann Henkel auch dann noch Familienunternehmen bleiben, wenn der Anteilsbesitz der Familie einmal deutlich unter die heutigen 52,18 Prozent[3] absinkt.

Das Abstellen auf den Einfluss ermöglicht auch eine zuverlässige Einordnung der Unternehmen, die von einer oder mehreren (Familien-)Stiftungen dominiert werden. Die Tatsache, dass die Mehrheit der Anteile in einer Stiftung zusammengefasst ist, schließt eine Klassifizierung als Familienunternehmen nicht aus. Denn mit der Entscheidung für eine Stiftung als dominanten Inhaber ist der Familie lediglich die Verfügungsmacht über den Vermögenswert ihrer Beteiligung entzogen und eine Perpetuierung des Unternehmens unabhängig vom Fortführungswillen der Familienmitglieder sichergestellt. Für die Frage, ob ein Unternehmen in Stiftungsbesitz ein Familienunternehmen ist, kommt es darauf an, ob der Familie in den entscheidenden Gremien ein bestimmender Einfluss eingeräumt ist.

Familie

Die dominierende Inhaberstellung muss von einer Familie wahrgenommen werden. Als Familie wird in diesem Zusammenhang traditionell »eine Gruppe von Personen« bezeichnet, »die in einem direkten verwandtschaftlichen Verhältnis zueinander stehen und von einer definierten Ursprungsehe abstammen, sowie deren Ehepartner.«[4] Selbstverständlich ist dies längst nicht mehr. Unser Familienverständnis ist im Wandel begriffen. Die voranschreitende Individualisierung hat zu einer Pluralisierung der Lebensformen geführt. Die auf Verwandtschaft beruhende bürgerliche Familie hat ihren Alleinvertretungsanspruch verloren. Patchworkfamilien, nichteheliche Lebensgemeinschaften, gleichgeschlechtliche Partnerschaften und andere Lebensformen sind mehr oder weniger gleichberechtigt hinzugetreten. Mit Folgen für die Familienunternehmen: Heutzutage muss jede Familie selbst entscheiden, was sie unter Familie versteht. Familie ist man nicht, zur Familie wird man durch bewusste Entscheidung. Dass sich daraus neuartige Herausforderungen für die Inhaber von Familienunternehmen ergeben, versteht sich von selbst.

Manchmal wird die dominierende Inhaberrolle in einem Familienunternehmen auch von mehreren nicht miteinander verwandten Familien wahrgenommen. Miele ist ein solcher Fall. Das Unternehmen gehört seit seiner Gründung den Familien Miele und Zinkann, ohne dass eine der beiden Familien eine dominierende Rolle für sich reklamieren könnte. Solche Unternehmen stellen eine Sonderform unter den Familienunternehmen dar und sollten zur Verdeutlichung ihrer Besonderheit richtigerweise als Mehrfamilienunternehmen bezeichnet werden.

Generationenübergreifendes Unternehmerverständnis

Das dritte Kriterium zur Bestimmung von Familienunternehmen ist das generationenübergreifende Unternehmerverständnis der Inhaber. Erst die Intention, die dominante Inhaberschaft zu perpetuieren, d. h., für mindestens eine weitere Generation aufrechtzuerhalten, macht ein Unternehmen zum Familienunternehmen. Familienunternehmer, die ihr Unternehmen an ihre Kinder weitergeben wollen, handeln anders als Inhaberunternehmer, die nur im Rahmen der eigenen Lebensspanne planen. Bill Gates hatte niemals die Absicht, sein Unternehmen an seine Kinder weiterzugeben. Sein Credo lautete: Lieber ein kleiner Anteil an einem Weltunternehmen als 100 Prozent an einer kleinen Firma. So formte er eines der bedeutendsten Unternehmen der Welt. Aber eben kein Familienunternehmen. Die Mieles und Zinkanns stehen für ein anderes Unternehmerverständnis. »Unser Ziel«, verriet mir Peter Zinkann in einem persönlichen Gespräch, »ist es, alle 30 Jahre ein gesundes Unternehmen an die nächste Generation weiterzugeben. Deshalb wachsen wir auch nicht schneller, als es die finanziellen Mittel der Inhaberfamilien erlauben.«

Die meisten Unternehmensgründer machen sich zunächst keine Gedanken über ihren dynastischen Willen. Es wäre falsch, sie als Familienunternehmer zu behandeln und sie mit all den Ratschlägen zu versorgen, die in diesem Buch für die Führung eines Familienunternehmens gegeben werden. Irgendwann aber muss sich jeder Unternehmer Gedanken machen, was nach ihm mit seinem Unternehmen geschehen soll. Und wenn er sich dann entschließt, seine Firma innerhalb der eigenen Familie weiterzugeben, wird aus einem Inhaberunternehmer ein Familienunternehmer. Frank Asbeck, Gründer der Bonner Solar-

World AG, ist ein Beispiel für einen solchen Mentalitätswandel. In einem Interview mit der *Frankfurter Allgemeinen Sonntagszeitung* stellte der Entrepreneur im Januar 2010 erstmals öffentlich klar: »SolarWorld wird ein familiengeführtes Unternehmen bleiben. Ich habe eine Stiftung gegründet, in die nach meinem Tod meine Anteile … fließen werden. Aber bis dahin habe ich noch einiges vor.«[5]

Ab der zweiten Generation besteht zwar eine gewisse Vermutung für die Existenz eines generationenübergreifenden Unternehmerverständnisses. Um eine Zwangsläufigkeit handelt es sich deshalb noch lange nicht. Mitunter macht es keinen Sinn mehr, eine unternehmerische Tradition in der Familie aufrechtzuerhalten. Oder es ist einfach nicht gewollt. Jede Inhaberfamilie muss ihren dynastischen Willen deshalb in regelmäßigen Abständen auf den Prüfstand stellen. In dem Augenblick, in dem er erlischt, hört das Familienunternehmen auf, ein Familienunternehmen zu sein.

Familienunternehmen und Unternehmerfamilien

Die dominante Inhaberschaft einer Familie mit einem generationenübergreifenden Unternehmerverständnis macht ein Unternehmen zum Familienunternehmen, und zwar gleichgültig, ob der dominante Einfluss der Familie unmittelbar oder nur mittelbar besteht. Familienunternehmen ist also nicht nur die Henkel AG & Co. KGaA in Düsseldorf, es sind auch all deren in- und ausländische Tochter- und Enkelgesellschaften, die vom Mutterhaus beherrscht werden.

Zugleich wird es Zeit, dass wir uns beim Umgang mit Familienunternehmen von der verengenden Exklusivperspektive auf das Unternehmen lösen. Ohne die sie dominierenden Inhaberfamilien sind Familienunternehmen nicht denkbar. Wer das Phänomen Familienunternehmen wirklich verstehen will, muss das Unternehmen und seine Familie verstehen. Familienunternehmen sind besondere Unternehmen. Und Unternehmerfamilien sind besondere Familien. Es wird Zeit, dass wir auch die Unternehmerfamilie als relevante Einheit begreifen und ihren Wirkmechanismen mit der gleichen Neugier nachspüren wie denjenigen des von ihr beherrschten Unternehmens.

Auch dazu bedarf es zunächst einer sauberen begrifflichen Abgrenzung. Auf der Grundlage der hier vorgestellten Definition von Familienunternehmen fällt sie allerdings nicht schwer: Inhaber- oder Unternehmerfamilien sind spiegelbildlich zur der Definition des Familienunternehmens alle Familien, die dominante Inhaber (mindestens) eines Unternehmens sind und dabei ein generationenübergreifendes Unternehmerverständnis verfolgen.

Abb. 6: Definition Unternehmerfamilie

Dominante Inhaberschaft

\+

Unternehmen

\+

Generationenübergreifendes Unternehmerverständnis

Unternehmerfamilie

Die wichtigsten Konsequenzen

Die Family Business SWOT-Analyse

Eine klare Vorstellung davon, was ein Familienunternehmen ist, hilft uns, die Besonderheiten dieses Unternehmenstyps besser zu verstehen und ihre Verhaltensweisen rationaler Beurteilung zugänglich zu machen. Einen Einstieg in entsprechende Überlegungen kann die SWOT-Analyse liefern. Dieses beliebte Analyseinstrument hilft Unternehmen, spezifische Chancen und Herausforderungen aus ihrem Umfeld sowie eigene Stärken und Schwächen zu erkennen, zueinander in Beziehung zu setzen und sich dementsprechend zu positionieren.[6] Sie wird auch von Familienunternehmen gerne genutzt. Allerdings sollten wir sie hier um einige Aspekte ergänzen, die sich aus dem besonderen Charakter dieses Unternehmenstyps ergeben. Jedes der drei konstitutiven Begriffsmerkmale des Familienunternehmens begründet spezifische Chancen und Herausforderungen. Alle, die mit Familienunternehmen zu tun haben, gleich, ob als Wettbewerber, Kunde, Lieferant, Mitarbeiter oder Berater, sollten sie kennen.

Inhaber und Unternehmensführung müssen darüber hinaus beantworten können, ob und inwieweit ihr Familienunternehmen die abstrakten Vorzüge zu individuellen Stärken ausgebaut hat oder ob es insoweit Schwächen aufweist. Und sie sollten wissen, ob sich die zunächst nur abstrakt benennbaren Gefährdungspotenziale bei ihnen als handfeste Schwächen manifestieren oder ob es gelungen ist, ihnen durch entsprechende Vorkehrungen wirksam zu begegnen. Auf diese Weise lässt sich mit Hilfe einer eigenständigen Family Business SWOT-Analyse eine wichtige Hilfestellung zur Entwicklung adäquater Normstrategien für Familienunternehmen und ihre Inhaber geben.

Chancen und Herausforderungen dominanter Inhaberschaft

Der Prinzipal-Agenten-Konflikt

Bei Leistungsvergleichen mit Publikumsgesellschaften wird von deren Verfechtern gerne auf die angeblich systemimmanenten Schwächen der Familienunternehmen hingewiesen. Dabei wird übersehen, dass auch die Publikumsgesellschaften systemimmanente Schwächen aufweisen.

Die wichtigste von ihnen wird als Prinzipal-Agenten-Konflikt bezeichnet.[7] Dieser ist leicht erklärt: In der Publikumsgesellschaft müssen sich die Inhaber (Prinzipale) zur Führung ihres Unternehmens systembedingt beauftragter Manager (Agenten) bedienen, die teilweise andere Interessen verfolgen als ihre Prinzipale. Während letztere in erster Linie an der Rendite des von ihnen eingesetzten Kapitals interessiert sind, geht es den Agenten primär um die Rendite der eigenen Arbeitskraft. Die Erkenntnis, dass daraus ein Problem resultiert, ist älter als die moderne Betriebswirtschaftslehre. Adam Smith formulierte es schon 1776: »The directors of such companies, however, being the managers rather of other people's money than of their own, it cannot well be expected that they should watch over it with the same anxious vigilance with which the partners in a private copartnery frequently watch over their own.«[8] Auch Adolf Berle und Gardiner Means haben in ihrem bahnbrechenden Werk die moderne Publikumsgesellschaft und die mit ihr einhergehende Trennung von Eigentum und Führung zwar als entscheidend für den ökonomischen Erfolg der westlichen Volkswirtschaften beschrieben, andererseits aber auch deutlich auf die Risiken dieser Trennung hingewiesen: »In the development of the corporation, constantly widening powers over the management of the enterprise have been delegated to groups within the corporation. … With the separation of ownership and control, these powers developed to a stage permitting those in control of a corporation to use them against the interests of ownership.«[9]

Wohin das führen kann, hat sich erst jüngst wieder gezeigt, als sich unter dem Deckmantel der Shareholder-Value-Lehre die Gesamtvergütungen der angestellten Manager so weit von der Entwicklung der Unternehmenswerte abkoppelten, dass die Shareholder-Value-Theorie im Ergebnis zu einer Manager-Value-Theorie mutierte. Bestrebungen zur Sicherstellung guter Corporate Governance in Publikumsgesellschaften sind deshalb nichts anderes als der (oft nur begrenzt erfolgreiche) Versuch, die negativen Folgen des Prinzipal-Agenten-Konfliktes zu begrenzen. Am Grundsachverhalt ändern sie nichts: Um den Problemen des Prinzipal-Agenten-Konfliktes zu begegnen, müssen Publikumsgesellschaften Kontroll- und Anreizmechanismen schaffen, die mit erhöhten Transaktionskosten verbunden sind. Dieser Nachteil wird noch verstärkt, weil Publikumsgesellschaften umgekehrt auch nicht von der disziplinierenden Wirkung profitieren, die sich bei Identität von Prinzipal und Agent aus dem Umgang mit eigenen Ressourcen ergibt.[10] Mit anderer Leute Geld geht man halt sorgloser um als mit eigenem.

Man muss vielleicht nicht so weit gehen wie Adam Smith, der schon 1776 zu dem Schluss kam: »It is upon this account that joint stock companies for foreign trade have seldom been able to maintain the competition against private adventures.«[11] Zumindest aber legen die Ergebnisse der jüngsten Erfolgsvergleiche zwischen Publikumsgesellschaften und Familienunternehmen die Vermutung nahe, dass die negativen Folgen des Prinzipal-Agenten-Konfliktes mindestens ebenso schwer wiegen wie die gern zitierten Nachteile familiärer Inhaberschaft.[12]

Übereinstimmung von Inhabern und Führung als Systemvorteil

Im Familienunternehmen stellt sich der Prinzipal-Agenten-Konflikt nicht mit gleicher Schärfe.[13] Solange der Inhaber sein Unternehmen selbst führt, ist er sogar vollständig ausgeschaltet. Das ändert sich zwar, wenn in späteren Generationen eine Aufteilung in aktive und nichtaktive Gesellschafter stattfindet. Gleichwohl entsteht der Prinzipal-Agenten-Konflikt auch in dieser Konstellation nur in abgeschwächter Form, da der Agent auch Eigentümer ist und insoweit ein gleichgerichtetes Interesse mit den übrigen Prinzipalen verfolgt. Selbst wenn die Familie die Führung ihres Unternehmens an ein familienfremdes Management delegiert, ist die Situation nicht mit der in einer Publikumsgesellschaft vergleichbar, weil als Folge der dominanten Inhaberschaft der Familie jederzeit klar ist, wo die Macht liegt. Sätze wie »Das Familienunternehmen gehört der Familie, die Publikumsgesellschaft dem Vorstand«[14] machen deutlich, wo die Unterschiede im Selbstverständnis angestellter Manager in Publikumsgesellschaften und Familienunternehmen liegen.

Die vollständige oder partielle Abwesenheit des Prinzipal-Agenten-Konfliktes ist ein nicht zu unterschätzender Systemvorteil der Familienunternehmen. Die amerikanischen Nobelpreisträger Fama und Jensen haben es auf den Punkt gebracht: »With owner managers, first, there is a natural alignment of interests about growth and risk. This alignment reduces costly mechanisms for separating the management and control of decisions. Second, private ownership personal involvement assures that managers will not expropriate shareholder wealth through consumption of perquisites and the misallocation of resources. Third, the special relation among owners provides advantages in monitoring decision making.«[15]

Als Folge der reduzierten Prinzipal-Agenten-Problematik entfallen kostspielige und zeitaufwendige Kontroll- und Abstimmungsmechanismen. Reibungsverluste nehmen ab. Glaubt man dem Managementexperten Hermann Simon, müssen die Führungskräfte in mittelständischen Familienunternehmen nur etwa 10 bis 30 Prozent ihrer Zeit für die Überwindung unternehmensinterner Widerstände aufwenden, während der vergleichbare Zeitaufwand in Nicht-Familienunternehmen bei 50 bis 70 Prozent liegt.[16] Entscheidungen werden entsprechend schneller getroffen und umgesetzt – selbst in Großunternehmen. Das gilt auch für die Revision von Fehlentscheidungen. So wirkte die Familie Quandt als dominierender Inhaber von BMW bereits im Jahr 2000 darauf hin, dass sich das Unternehmen aus seinem glücklosen Engagement beim britischen Automobilhersteller Rover zurückzog, während Daimler-Chef Jürgen Schrempp sein etwa zur gleichen Zeit begonnenes, weitaus verlustreicheres Chrysler-Abenteuer zum Schaden seiner Aktionäre noch etliche Jahre länger fortführen konnte. Je geringer der

Prinzipal-Agenten-Konflikt ausgeprägt ist, desto besser ist sichergestellt, dass das Unternehmen im Sinne der Eigentümerinteressen geführt wird. Eine Unternehmensführung, die in der Gewissheit handelt, dass die Folgen ihrer Entscheidungen auch mit eigenem Geld bezahlt werden müssen, wird bei ihren Aktivitäten verantwortungsbewusster vorgehen. Tengelmann-Chef Karl-Erivan Haub, selbst persönlich haftender Gesellschafter des gleichnamigen Familienunternehmens, macht deutlich, was damit gemeint ist: »Sicherlich gehen wir Risiken ein, doch irgendwo gibt es dann eine Grenze, wo ich sage: Das geht nicht mehr, das ist das Geld unserer Familie und der nächsten Generation.«[17]

Darüber hinaus erlaubt es die dominante Inhaberschaft, einen besonderen Inhaberbonus zu aktivieren.[18] Wenn dominante Inhaber, sei es als Geschäftsführer, Aufsichtsräte oder Gesellschafter, gegenüber ihren Mitarbeitern und Kunden erkennbar auftreten, können sie ein Vertrauenspotenzial kapitalisieren, dessen ökonomischer Wert noch viel zu wenig erforscht ist. Unternehmer(-familien), die ihren guten Namen erkennbar mit ihrem Unternehmen verbinden, spielen einen Wettbewerbsvorteil aus, dem die anonyme Publikumsgesellschaft nichts Vergleichbares entgegenzusetzen hat.

Machtmissbrauch als systembedingte Herausforderung

Die starke Machtposition eines dominanten Inhabers hat aber nicht nur Vorteile. Niemand kann einen dominanten Inhaber hindern, seine Machtposition zum Schaden des Unternehmens zu missbrauchen. Solange er sich dabei im Rahmen von Recht und Gesetz bewegt, wird solches Verhalten allein vom Markt bestraft. Wer die Macht hat, die maßgeblichen Führungspositionen im Unternehmen zu besetzen, kann auch nicht ausreichend befähigte Personen in die entsprechenden Positionen hieven. Im Familienunternehmen ist diese Gefahr besonders groß. Viele Unternehmereltern sind nicht in der Lage, zwischen ihrer Verantwortung als Unternehmensinhaber und ihrer Rolle als Eltern zu unterscheiden, und besetzen Führungspositionen im Unternehmen mit Kindern, die ihrer Aufgabe nicht gewachsen sind. Und wer nicht nur Unternehmensführer, sondern als dominanter Inhaber zugleich sein eigener Chef ist, kann an seinem Posten über jede vertretbare Altersgrenze hinaus festhalten. Professionell oder gar vorbildlich ist ein solches Verhalten nicht.

Wer als dominanter Inhaber über die Ziele und Wertvorstellungen, über wichtige Personalmaßnahmen, über strategische Weichenstellungen und andere Maßnahmen von vergleichbarer Bedeutung entscheiden kann, trägt eine hohe Verantwortung. Er kann sich dieser Verantwortung gewachsen zeigen oder nicht. Er kann bei seinen Entscheidungen die Interessen des Unternehmens in den Vordergrund stellen oder sich an dem ausrichten, was für ihn persönlich oder aus Familiensicht wünschenswert erscheint. Wenn Familienunternehmen scheitern, ist häufig genug die Rede davon, die Familie sei mit ihrer Inhaberrolle überfordert gewesen. So kommentiert der Journalist Hagen Seidel das Scheitern des ehemaligen Karstadt-Quelle-Konzerns Arcandor und seiner Großaktionärin Madeleine Schickedanz mit den Worten: »Wo es einer verantwortungsvollen Unternehmerin mit eigenen, intern klar artikulierten Vorstellungen und deren Kontrolle bedurft hätte, war Schickedanz kaum mehr als eine Namens- und Geldgeberin … Eigentum verpflichtet. Dieser Verpflichtung ist Madeleine Schickedanz nur unzureichend nachgekommen.«[19]

Chancen und Herausforderungen familiärer Inhaberschaft

Zwei Welten treffen aufeinander

Die Tatsache, dass es sich bei dem dominanten Inhaber um eine Familie handelt, ist für Familienunternehmen von zusätzlicher Bedeutung. Die Verbindung von Familie und Unternehmen schafft ein dynamisches Umfeld. Denn die beiden Systeme funktionieren nach verschiedenen Gesetzmäßigkeiten.[20]

Während etwa die Zugehörigkeit zu einer Familie auf Verwandtschaft beruht und nur begrenzter Disposition unterliegt, basiert die

Mitgliedschaft im Unternehmen auf vertraglicher Grundlage und kann aufgekündigt werden. Und während Unternehmen ihren Wert aus ihrem wirtschaftlichen Erfolg ableiten und ihre Mitglieder demzufolge an deren Beitrag zur Erreichung dieses Erfolges messen, sind Familien darauf ausgerichtet, ihren Mitgliedern Sicherheit und Geborgenheit sowie die notwendigen Fähigkeiten für eine erfolgreiche Bewährung im Lebenskampf zu vermitteln. Der Wert des einzelnen Mitgliedes bemisst sich in der Idealfamilie nicht nach seiner Leistungsfähigkeit, sondern ergibt sich aus der Zugehörigkeit zum Familienverband an sich. Während im Unternehmen eine differenzierende Behandlung systemimmanent ist, verlangen die Mitglieder des Systems Familie Gleichbehandlung und Ausgleich von der Natur vorgegebener Benachteiligungen. Plakativ könnte man formulieren: Ideale Familien unterstützen die Schwachen, ideale Unternehmen fördern die Starken. »Das, was im Lichte der einen Logik richtig erscheint, kann aus der Perspektive der anderen Logik falsch sein«[21], stellen die Familienforscher Arist von Schlippe und Sabine Klein zu Recht fest.

Unternehmerfamilien und Familienunternehmen müssen deshalb einen schwierigen Spagat bewältigen. Familienunternehmen sind keine normalen Unternehmen, weil sie neben den unternehmerischen Anforderungen in angemessenem Umfang auch die Bedürfnisse der Familie befriedigen müssen, wenn sie Familienunternehmen bleiben wollen. Und Unternehmerfamilien sind keine normalen Familien. Als dominante Inhaber eines Unternehmens müssen sie versuchen, die Belange von Familie und Unternehmen in einen angemessenen Ausgleich zu bringen, wenn sie eine erfolgreiche Unternehmerfamilie bleiben wollen. Die entscheidenden Fragen lauten: Wie weit soll das Familiensystem das Unternehmen beeinflussen und wie weit das Unternehmen die Familie? Welcher Einfluss ist förderlich und welcher schädlich?

Erste theoretische Ansätze zu ihrer Beantwortung wurden bereits in den 1980er Jahren entwickelt.[22] Dem sogenannten 2-Kreis-Modell lag die Vorstellung zugrunde, dass es bei der Führung eines Familienunternehmens zuvörderst darum gehe, familiäre Bedürfnisse und unternehmerische Anforderungen miteinander zu versöhnen. Wie dies gelingen könnte, vermitteln Ernest Doud und Lee Hausner in ihrem Buch *Hats Off to You* mit Hilfe einer kleinen Geschichte:[23] Ein Familienunternehmer hat einen Sohn, über dessen Eignung zur Führung des Unternehmens er sich nicht sicher ist. Um ihn zu testen, überträgt er ihm verschiedene Aufgaben im Unternehmen. Nach einem Jahr endet das Experiment – mit negativem Ergebnis. Der junge Mann hatte weder die persönlichen noch die fachlichen Fähigkeiten zur Führung nachweisen können. Daraufhin verabredet sich der Unternehmer-Vater mit seinem Sohn, um ihm seine Entscheidung mitzuteilen. Zunächst schlüpft er in die Unternehmerrolle: »Mein Sohn«, beginnt er, »ich spreche nun als dein Chef zu dir. Du hattest ein Jahr Zeit nachzuweisen, dass du ein wertvolles Mitglied unseres Führungsteams und für meine Nachfolge geeignet bist. Du hast deine Chance nicht genutzt. So leid es mir tut, aber du kennst die Regeln. Du bist draußen.« Darauf hält er einen Augenblick inne, umarmt seinen Sohn und fährt fort: »Nun spreche ich als dein Vater zu dir. Du hast soeben eine verdammt schlechte Nachricht erhalten. Wie kann ich dir helfen?«

Doud und Hausner wollen mit dieser Geschichte eine einfache Regel illustrieren. Für den professionellen Umgang mit der Konkurrenz der beiden Systeme Familie und Unternehmen genügt es nicht, sich ihre Existenz und die in ihnen jeweils gültigen Normen und Verhaltensweisen vor Augen zu führen. Die Beteiligten müssen sich stets auch klarmachen, in welchem System sie gerade agieren, und nach den dort maßgeblichen Regeln handeln. Soweit es um unternehmerische Fragen geht, müssen sie den Unternehmens-Hut aufsetzen, bei familiären Themen den Familien-Hut. Ganz so, wie es der Unternehmer-Vater in der Geschichte von Ernest Doud und Lee Hausner getan hat.

Voraussetzung für das Funktionieren des Zwei-Hüte-Konzepts ist allerdings, dass die Regeln, nach denen in Familie und Unternehmen entschieden wird, klar sind. Die Inhaberfamilie muss sich dazu bekennen, in welchem Umfang familiäre Erwartungen in das Unternehmen hineingetragen werden und inwieweit Unternehmensbelange die Familienkultur prägen sollen. In Mitteleuropa wird von Unternehmerfamilien traditionell ein doppelter Business-First-Ansatz favorisiert. Für das Unternehmen bedeutet dies, dass die Ausübung der Inhaberrechte unter den Generalvorbehalt gestellt wird, dass sie das Unternehmen nicht belasten. Und in der Familie hat der Business-First-Ansatz zur Folge, dass typische Merkmale des Systems Familie im Firmeninteresse relativiert werden. Insbesondere der Wert der Familienmitglieder wird in Business-First-Familien häufig daran gemessen, wie hoch ihr Leistungsbeitrag zur Erreichung des gemeinsamen unternehmerischen Zieles ist.[24] Zwingend ist dies keineswegs. Tatsächlich muss jede Inhaberfamilie für sich selbst bestimmen, inwieweit sie in Unternehmen und Familie einem Business-First- oder einem Family-First-Verständnis folgt.

Abb. 7: Das 2-Kreis-Modell

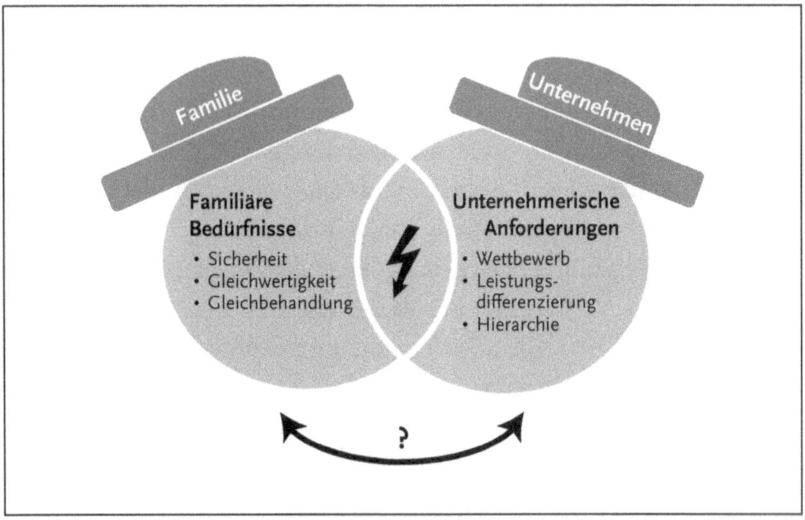

Das 2-Kreis-Modell wurde später von Tagiuri und Davis zu einem 3-Kreis-Modell weiterentwickelt.[25] Indem der Bereich Unternehmen in die beiden Dimensionen Inhaberschaft und Management aufgespal-

Abb. 8: Das 3-Kreis-Modell

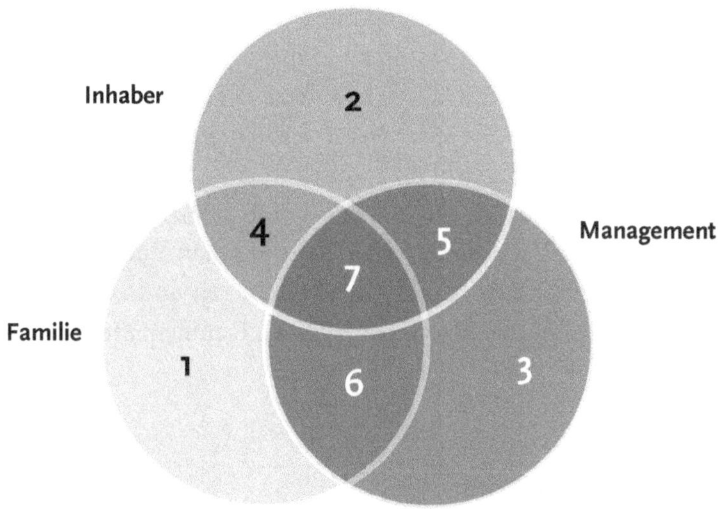

1: Mitglied der Inhaberfamilie (ohne Beteiligung und Führungsfunktion)
2: familienfremder Inhaber (ohne Führungsfunktion)
3: familienfremder Manager (ohne Beteiligung)
4: Familieninhaber (ohne Führungsfunktion)
5: familienfremder Manager mit Beteiligung
6: Familienmitglied in der Unternehmensführung (ohne Beteiligung)
7: in der Unternehmensführung tätiger Familieninhaber

Quelle: In Anlehnung an R. Tagiuri und J. Davis (1992): On the Goals of Successful Family Companies. Family Business Review 5: S. 43–62

ten wurde, ermöglichte es das 3-Kreis-Modell, zusätzlich zum Grundsatzkonflikt Familie versus Unternehmen auch die Rollenkonflikte im Familienunternehmen zu verstehen und einzuordnen. Der Erkenntnis folgend, dass die Sichtweise eines Menschen durch den Standpunkt bestimmt wird, von dem aus er handelt, macht das 3-Kreis-Modell die Vielfalt der im Familienunternehmen existierenden Konfliktfelder anschaulich. Es hilft beispielsweise zu verstehen, warum ein familienfremder Manager die Frage nach der Höhe einer angemessenen Ausschüttung anders beurteilt als ein Inhaber und warum zwischen inaktiven und im Management tätigen Inhabern ebenfalls unterschiedliche Sichtweisen bestehen werden. Auch macht es anschaulich, warum inaktive Gesellschafter oder nicht am Unternehmen beteiligte Familienmitglieder tendenziell eine geringere Identifikation mit dem Unternehmen haben werden als aktive Inhaber. Und nicht zuletzt zeigt es, dass und wie sich die Problemlandschaft mit jeder Veränderung der Inhaber-, der Führungs- oder der Familienstruktur wandelt und nach anderen Lösungen verlangt. Kurzum: Das 3-Kreis-Modell ist ein großartiges Instrument, weil es hilft, die Teilsysteme Familie, Inhaberschaft und Management im Familienunternehmen besser auszubalancieren und zu sich gegenseitig stützenden Pfeilern des Gesamtsystems Familienunternehmen zu machen.[26]

Familyness als Systemvorteil

Je nachdem, wie gut es der Inhaberfamilie gelingt, die sich aus der Systemkonkurrenz ergebenden Herausforderungen zu beherrschen, kann sich die familiäre Inhaberschaft als Vorteil oder als Nachteil für ein Familienunternehmen auswirken. Corinne Mühlebach hat in einer viel beachteten Dissertation an der Hochschule St. Gallen umfassend dargelegt, wie sich die Ressourcen familiärer Inhaberschaft in Wettbewerbsvorteile ummünzen lassen.[27] Jede Familie verfügt über eine Vielzahl von Fähigkeiten, die sie als dominanter Inhaber nutzbringend für ihr Unternehmen einsetzen kann. Sie kann dem Unternehmen das so dringend benötigte Kapital und Know-how zur Verfügung stellen. Mehr noch: Starke Familien besitzen eine unverwechselbare Kultur, die Grundlage für eine ebenso unverwechselbare Unternehmenskultur werden kann. Als identifizierbare Inhaber bieten sie ein Identifikationspotenzial, das sie zum Wohle des Unternehmens einsetzen können. Mit diesem Pfund lässt sich wuchern. Die bayerische Brauerei Schneider etwa kapitalisiert ihre Familyness ganz bewusst. Auf den Untersetzern für ihr Weizenbier findet sich nicht nur ein Porträt des Firmengründers Georg Schneider. Auf der Rückseite teilt die Brauerei ihren Kunden unter der Überschrift

»Der Märchenkönig« auch selbstbewusst mit: »Ohne Georg I. Schneider und die Verleihung der Braurechte durch König Ludwig II. säßen Sie jetzt nicht vor diesem Bier. Seit 1872 brauen wir es nach dem Originalrezept. Und setzen auch die Tradition fort, dass auf einen Georg der nächste folgt. Und solange Georg VII. noch klein ist, darf man ihn ruhig ›Schorschi‹ rufen. Jeder Schneider hat mal klein angefangen.«

Familiäre Konflikte als systembedingte Herausforderung

Doch entsprechen längst nicht alle Unternehmerfamilien dem Idealbild. In vielen Familien sind Neid, Eifersucht und Missgunst an der Tagesordnung. Nur wenige verhalten sich bei dem Bemühen, familiäre und unternehmerische Anforderungen in einen angemessenen Ausgleich zu bringen, wirklich professionell. Oft genug wird das Unternehmen zur Spielwiese familiärer Konflikte, die ihren Ursprung schon in früher Kindheit haben. Aus dem Duell im Sandkasten wird dann ein handfester Streit um Geld, Macht und Erbe auf Unternehmensebene. Der Journalist Hans Otto Eglau hat eine beeindruckende Sammlung berühmter Streitfälle zusammengetragen.[28] Schon die Überschriften verraten, worum es geht: »Die Nachfolge und viele offene Rechnungen«, »Die schwere Last der Überväter«, »Wie viele Kapitäne verträgt ein Schiff?« oder »Wenn Unternehmer nicht abtreten können«, heißt es da unter anderem. Grant Gordon vom Institute for Family Business und Nigel Nicholson, Professor an der London Business School, haben Eglaus Buch unlängst um eine Sammlung großer internationaler Streitfälle ergänzt.[29]

Dazu gehört auch die Geschichte der Familie Gucci, an deren Ende nach einem kometenhaften Aufstieg Mord und Totschlag standen. 1921 gründete der Sattlermeister Guccio Gucci in Florenz eine kleine Werkstatt. Sein Geschick und sein sicherer Geschmack machten das Unternehmen rasch erfolgreich. Bald eröffnete Gucci Filialen in ganz Italien und verkaufte mit großem Erfolg hochwertige Gürtel, Taschen und Tücher. Die zweite Generation setzte die Erfolgsstory fort, internationalisierte das Unternehmen und entwickelte Gucci zur weltweit führenden

Luxusmarke. In der dritten Generation aber wendete sich das Blatt. Die Erben stritten darum, in welche Richtung das Geschäft weiterentwickelt werden sollte. Dabei sollen sie nicht zimperlich gewesen sein. Chronisten zufolge »bewarfen sich die Enkel des legendären Guccio Gucci bei ihren Vorstandssitzungen im Florentiner Stammhaus mit Aschenbechern und Blumenvasen und gingen mit Stühlen aufeinander los, bis Blut floss.«[30] Als bekannt wurde, dass Gründerenkel Maurizio sich mit gefälschten Unterschriften die Aktienmehrheit am Unternehmen gesichert hatte, musste er in die Schweiz fliehen. Im darauffolgenden Jahr verkauften sein Onkel und dessen Söhne ihre Anteile an arabische Investoren. Diese setzten Maurizio zwar noch einmal als Geschäftsführer ein, das Ende des Gucci-Clans aber war nicht mehr aufzuhalten. Und es sollte noch schlimmer kommen. Zwei Jahre nachdem auch die letzten Anteile des in die Krise geratenen Unternehmens an die arabischen Mitgesellschafter übergegangen waren, wurde Maurizio Gucci am 27. Mai 1995 im Auftrag seiner Exfrau von einem Profikiller niedergeschossen.

Die Guccis sind vielleicht ein besonders tragischer, aber beileibe kein Einzelfall. Neid, Eifersucht und Missgunst sowie der Streit um Geld, Macht und Liebe sind das Bermudadreieck, in dem viele Familienunternehmen auf Nimmerwiedersehen verschwinden. Ob es uns gefällt oder nicht: Streit in der Inhaberfamilie ist nach Ansicht von Experten der größte Wertvernichter im Familienunternehmen[31]. Dennoch: Jede Familie hat es selbst in der Hand, ob sie die Vorteile familiärer Inhaberschaft entwickeln und positive Familyness ausspielen oder sich mit den Nachteilen des NEM-Virus aus Neid, Eifersucht und Missgunst herumschlagen will. Instrumente dazu gibt es genug. Man muss sie nur anzuwenden wissen.

Begrenzte Ressourcen als systembedingte Herausforderung

Als Folge der familiären Inhaberschaft sehen sich Familienunternehmen noch mit einer weiteren systemimmanenten Herausforderung konfrontiert. Solange die dominierende Inhaberstellung der Familie aufrechterhalten bleiben soll, ist das Unternehmen auf die finanziellen Ressourcen angewiesen, die ihm von der Inhaberfamilie zur Verfügung gestellt werden. Diese sind naturgemäß begrenzt und speisen sich vornehmlich aus Gewinnverzichten der Inhaber. Die Möglichkeiten des Kapitalmarktes kann ein Familienunternehmen mit Blick auf die angestrebte Perpetuierung der Familiendominanz nur begrenzt nutzen. Zwar stellt der Kapitalmarkt durchaus familienfreundliche Instrumente zur Verfügung. Irgendwann aber sind alle Instrumente erschöpft, und die Inhaberfamilie sieht sich vor die Wahl gestellt, entweder den dominanten Familieneinfluss aufzugeben oder auf eine weitere Inanspruchnahme des Kapitalmarktes zu verzichten. Wie man es auch dreht und wendet: Als Folge der aus dem Willen zur dominanten Inhaberschaft resultierenden Beschränkung müssen Familienunternehmen ihren Erfolg mit begrenzten Ressourcen suchen.[32] Dies verlangt andere Strategien als bei der Führung einer Publikumsgesellschaft. Ein Nachteil muss dies nicht unbedingt sein. Das belegen die Erfolgsgeschichten der zahlreichen Familienunternehmen, die es ungeachtet ihrer begrenzten finanziellen Ressourcen zu beachtlichen Erfolgen gebracht haben.

Chancen und Herausforderungen eines generationenübergreifenden Unternehmerverständnisses

Vom Denken in Generationen

Auch das dritte Begriffsmerkmal, das generationenübergreifende Unternehmerverständnis, begründet systemimmanente Vorzüge ebenso wie spezifische Herausforderungen für Familienunternehmen. Deren Inhaber denken in langen Zyklen. »Familienunternehmer pflanzen Bäume, die ihren Gründer überdauern«, hat die Unternehmerin Christiane Underberg diese Haltung vor Jahren in einem Vortrag auf den Punkt gebracht. Familienunternehmer wollen in ihrer Rolle von ihren Kindern und Enkelkindern beerbt werden, und ihre Vorbilder sind nicht so sehr die Inhaber der Top-Positionen in den Hitparaden der Reichen, sondern Alters-Champions wie Houshi, Antinori oder Zötler. Unternehmerdynastien wie die Darmstädter Familie Merck oder die Haniels aus Duisburg, denen es gelingt, unternehmerische Wertsteigerung und eine lange Lebensdauer miteinander zu verbinden, genießen unter ihresgleichen einen besonderen Ruf.

In diesem Sinne beeinflussen sie die ihnen gehörenden Familienunternehmen. Deren Verhaltensweisen unterscheiden sich infolge dessen signifikant von denen anderer Organisationsformen unternehmerischen Handelns. Publikumsgesellschaften sind den Gesetzmäßigkeiten des Kapitalmarktes unterworfen, und der verlangt kurzfristig realisierbare Kurssteigerungen. Für Unternehmen unter der Kontrolle von Finanzinvestoren gilt nichts anderes. Auch Private-Equity-Gesellschaften und Hedgefonds erwarten im Interesse ihrer Anleger einen hohen Return auf das eingesetzte Kapital, und das in möglichst kurzer Zeit. In diesem Sinne schaffen sie Unternehmenskulturen und Governance-Systeme, lassen Unternehmens- und Finanzierungsstrategien verfolgen und bringen Menschen in die maßgeblichen Entscheidungspositionen, die ihnen helfen, ihre Zielsetzungen zu erreichen. Für die Inhaber von Familienunternehmen gilt das Gleiche, nur dass die Zielsetzung hier nicht in der kurzfristigen Optimierung des Shareholder-Value, sondern in der langfristigen Sicherung des Unternehmens in Familienhand besteht.

Diese Haltung findet mal mehr, mal weniger Zuspruch. Wegen der Krise des Casino-Kapitalismus stehen die Familienunternehmen aktuell wieder hoch im Kurs. Die Journalistin Inga Michler spricht in ihrem 2009 erschienenen Buch *Wirtschaftswunder 2010 – Deutschlands Familienunternehmer erobern die Weltmärkte* vielen aus der Seele, wenn sie feststellt: »Im Wettbewerb der Systeme haben die Familienunternehmen … nicht nur ihren Platz behauptet. Sie sind zum Vorbild geworden. … Deutschlands Familienunternehmen haben die historische Chance, einen nachhaltigen Wertewandel in der Wirtschaftswelt zu begründen. … Tradition macht gelassen, auch gegenüber den Moden in der Organisations- und Managementlehre.«[33]

Kontinuität als Systemvorteil

In der Tat hat die Langfristorientierung viele Vorteile für ein Unternehmen. Sie ermöglicht den Aufbau nachhaltiger strategischer Erfolgspositionen[34] – eine Arbeit, die nach dem St. Gallener Managementlehrer Cuno Pümpin fünf, zehn oder noch mehr Jahre beansprucht.[35]

Weil Familienunternehmen einer Generationenkontinuität verpflichtet sind, müssen sie zudem daran interessiert sein, langfristig belastbare Beziehungen zu ihren wichtigsten Stakeholdern aufzubauen. Mitarbeiter, die sich nicht nur als Kostenfaktoren, sondern als Menschen wahrgenommen fühlen, erwidern die ihnen entgegengebrachte Wertschätzung und Loyalität mit gleicher Münze. Die in vielen Familienunternehmen anzutreffende Idee einer Betriebsfamilie, die auch die Mitarbeiter und deren Familien einschließt, ist die Basis für eine Unternehmenskultur, die sich in überlegener Leistung niederschlägt.[36] Grundlage dieses Wettbewerbsvorteils ist kapitalisiertes Vertrauen. Dessen Aufbau wirkt umso stärker, je länger derjenige, der vertraut, sich in seiner Erwartung bestätigt sieht, dass der andere sich entsprechend der von ihm gesetzten Erwartung verhält.[37] Eine langfristige und kontinuierliche Unternehmenspolitik ist da von Vorteil.

Kontinuität in der Inhaberschaft vermag diesen Vorteil zu begründen und abzusichern. Erst recht, wenn sie durch Kontinuität in der Führung untermauert wird. Deshalb wird es zu Recht als systemimmanenter Vorzug der Familienunternehmen angesehen, dass die Amtszeit eines Geschäftsführers in einem Familienunternehmen in der Regel etwa 20 Jahre beträgt, während sie bei Publikumsgesellschaften auf unter fünf Jahre abgesunken ist. Hermann Simon bestätigt dies in seinem Buch *Hidden Champions des 21. Jahrhunderts* ausdrücklich: »Kontinuität ist … eine unverzichtbare Bedingung für dauerhaften Erfolg. In Verbindung mit Ausdauer kann sie zur Weltmarktführerschaft führen.«[38]

Der Lebenszyklus als systembedingte Herausforderung

Ihre langfristige Orientierung setzt Familienunternehmen aber auch einer besonderen Herausforderung aus. Wer lange leben will, gerät früher oder später mit dem Gesetz des Lebenszyklus in Konflikt. Das Naturgesetz vom Entstehen, Wachsen, Reifen und Vergehen gilt nämlich nicht nur für biologische Systeme, sondern auch für Kulturen und Staaten.[39] Und für Unternehmen.

Das Wissen um die dabei wirksamen Zusammenhänge verdanken wir vor allem drei großen Denkern. So basiert die Erkenntnis, dass Fortschritt selten durch Revolution, sondern viel häufiger auf evolutionärem Wege stattfindet, auf den bahnbrechenden Arbeiten des Briten Charles Darwin zur Evolutionstheorie. Nach Darwin handelt es sich bei der Evolution um einen permanenten Ausleseprozess, bei dem diejenigen gewinnen, die am besten in der Lage sind, sich den jeweiligen Umweltbedingungen anzupassen.[40]

Adam Smith hat in seinem Monumentalwerk über den »Wohlstand der Nationen« deutlich gemacht, dass in einer kapitalistischen Wirtschaftsordnung der Markt die für Unternehmen maßgebliche Umwelt darstellt.[41] An diesen und seine immerwährende Veränderung gelte es sich anzupassen, wie Smith in einem oft zitierten Gleichnis deutlich macht: »Nicht vom Wohlwollen des Metzgers, Brauers oder Bäckers erwarten wir das, was wir zum Essen brauchen, sondern davon, dass sie ihre eigenen Interessen wahrnehmen.« Damit hatte Smith ausgesprochen, worauf sich jeder Unternehmer einstellen muss, wenn er überleben will – auf seine Wettbewerber und auf die Befriedigung seiner Kunden. Überlegenheit auf diesem Gebiet bildet das maßgebliche Auslesekriterium im evolutionären Prozess der kapitalistischen Marktwirtschaft.

Und Joseph Schumpeter hat uns gelehrt, warum kapitalistisches Wirtschaften unter Marktgesetzen zwangsläufig mit Aufstieg und Niedergang verbunden sein muss.[42] In einer auf Wettbewerb gegründeten Gesellschaft kann es kein stabiles Gleichgewicht geben. Wer unten ist, will nach oben und muss dazu diejenigen verdrängen, die an der Spitze stehen. »Dieses Steigen stellt den wichtigsten Antrieb in der kapitalistischen Welt dar«, schreibt Schumpeter in seinem Grundlagenwerk über die Theorie der marktwirtschaftlichen Entwicklung. »Weil es im Weg des Niederkonkurrierens alter Betriebe vor sich geht …, entspricht ihm immer ein Prozess des Sinkens, der Deklassierung, der Eliminierung.« Das Mittel, den Aufstieg zu bewerkstelligen, sieht Schumpeter in einer auf Innovation gegründeten schöpferischen Zerstörung. Kein Unternehmen könne seine Stellung an der Spitze einer Branche je behaupten, »ohne stets Neues aus ihr [der Unternehmung] zu machen und ihr mit allen Fasern ihrer Nerven zu leben.« Mit Blick auf den Aufstieg und Fall erfolgreicher Familienunternehmen im 19. Jahrhundert kommt Schumpeter zu dem Schluss, dass Unternehmen, die sich auf Routine beschränken, schon bald von offensiver agierenden, risikofreudigeren Wettbewerbern mit frischen Ideen verdrängt werden.[43] Der amerikanische Managementlehrer Michael Porter hat in seiner berühmten 5-Forces-Theorie die Bedrohung durch neue, bessere Produkte und Dienstleistungen folgerichtig als eine der maßgeblichen Kräfte im Wettbewerb behandelt.[44] Und Cuno Pümpin hat gemeinsam mit seinem Kollegen Jürgen Prange in einer leider viel zu wenig beachteten Abhandlung dargestellt, dass Unternehmen neben der Bedrohung von außen auch einem internen Lebenszyklus unterliegen.[45]

Das Ergebnis ist eindeutig. Der Lebenszyklus, das Gesetz von Entstehen, Wachsen, Reifen und Vergehen, beherrscht unsere marktwirtschaftlich-kapitalistische Wirtschaftsordnung. Niemand darf darauf vertrauen, dass ein heute stabiler Markt nicht schon morgen im Niedergang begriffen ist. Zwar gibt es Märkte mit längeren und solche mit kürzeren Lebenszyklen, verschwinden oder sich nachhaltig verändern werden sie früher oder später alle. Auch darf niemand darauf vertrauen, dass ein Unternehmen, das heute erfolgreich ist, nicht morgen schon von der Spitze verdrängt wird. Wer oben ist, muss nicht oben bleiben. Der Markt ist ein Ausscheidungsrennen, bei dem in unregelmäßigen Abständen die Wettbewerber auf den hinteren Plätzen aus dem Rennen genommen werden. Dynastisch denkende Familienunternehmer stellt dies vor eine große Herausforderung. Aber es markiert auch eine eindeutige Aufgabenstellung für die Inhaber und das Management dieser Unternehmen: Was müssen wir tun, um den externen und internen Herausforderungen des Lebenszyklus wirksam zu begegnen und das Überleben unseres Unternehmens langfristig zu sichern? Eine dynastisch orientierte Inhaberfamilie muss eine Antwort auf die Frage finden, wie sie ihr Unternehmen wirksam gegen die aus dem Lebenszyklus folgenden Risiken der Marktentwicklung schützen kann. Ebenso muss sie die Frage beantworten, wie sie den internen Reifeprozess des Unternehmens stoppen und den Willen zur schöpferischen Zerstörung in Führung und Organisation aufrechterhalten kann. Zu guter Letzt geht es darum, dem von Thomas Mann in seinen *Buddenbrooks* beschriebenen Niedergang des Unternehmergeistes innerhalb der Inhaberfamilie wirksam entgegenzutreten. Unmöglich ist das nicht. Dafür stehen all die Familienunternehmen, die auf eine über hundert- oder gar mehrhundertjährige Erfolgsgeschichte zurückblicken können.

Fazit

Halten wir fest: Familienunternehmen unterscheiden sich von anderen Organisationsformen unternehmerischen Wirtschaftens. Maßgebliches Unterscheidungskriterium dabei ist die Inhaberschaft. Diese ist im Familienunternehmen durch die dominante Inhaberstellung einer Familie mit einem generationenübergreifenden Unternehmerverständnis gekennzeichnet.

Aus den drei Begriffsmerkmalen ergeben sich jeweils systemspezifische Vorteile und Herausforderungen. Aus der dominanten Inhaberschaft resultiert eine höhere Übereinstimmung von Inhabern und Unternehmensführung mit entsprechend positiven Folgen ebenso wie die Gefahr des Machtmissbrauchs durch unfähige oder willkürlich handelnde Inhaber. Die Tatsache, dass es sich dabei um eine Familie handelt, kann dem Unternehmen positive Familyness oder familiäre Streitigkeiten um Geld, Macht und Erbe bescheren. Und sie zwingt das Unternehmen, seinen Erfolg mit den begrenzten Ressourcen zu suchen, die die Inhaberfamilie zur Verfügung stellen kann und will. Der generationenübergreifende Ansatz schließlich erlaubt dem Unternehmen, jene Vorzüge auszuspielen, die sich aus seiner langfristigen Orientierung und der mit ihr verbundenen Kontinuität ergeben. Aber er setzt das Unternehmen auch den Risiken aus, die aus dem Lebenszyklus von Märkten und Produkten, Unternehmen und Familien resultieren. Familienunternehmen stehen vor spezifischen, teilweise andersartigen Herausforderungen als Unternehmen mit einer abweichenden Inhaberstruktur. Und es liegt an jeder einzelnen Inhaberfamilie, ob sich die abstrakt-generellen Vorzüge und Herausforderungen in ihrer Hand in individuelle Stärken oder Schwächen verwandeln.

Abb. 9: Systemvorteile und systembedingte Herausforderungen von Familienunternehmen im Überblick

Begriffsmerkmal	**Systemvorteil**	**Systembedingte Herausforderungen**
Dominante Inhaberschaft	▪ Übereinstimmung von Inhabern und Führung	▪ Machtmissbrauch
Familie	▪ Familyness	▪ Familiäre Konflikte ▪ Begrenzte Ressourcen
Generationen-übergreifendes Unternehmerverständnis	▪ Kontinuität	▪ Lebenszyklus

3. Kapitel:

ZEIT FÜR EINEN PARADIGMEN-WECHSEL

Auf die Inhaber kommt es an

Die besondere Inhaberschaft ist der Schlüssel zum Verständnis des Familienunternehmens. Und das muss Konsequenzen haben. So sollten die Strategien von Familienunternehmen künftig stärker auf die Besonderheiten ihrer Inhaberschaft abgestimmt werden. Zwar muss auch ein Familienunternehmen Antworten auf die allgemeinen Herausforderungen von Markt und Wettbewerb finden. Darüber hinaus muss es aber auch die Rahmenbedingungen berücksichtigen, die sich aus seinem Charakter als Familienunternehmen ergeben. Das erfordert die Entwicklung spezifischer Strategien, insbesondere für die zentralen Führungsbereiche »Strategische Führung«, »Finanzierung« und »Governance«.[1]

Aber auch die Inhaber von Familienunternehmen müssen professioneller werden und ihre Inhaberrolle im Sinne einer umfassenden *Professional Ownership* weiterentwickeln.[2] Dazu genügt es nicht, Einzelfragen herauszugreifen oder nur zu reagieren, wenn es akute Probleme gibt. Professionelle Unternehmerfamilien warten nicht, bis sich Symptome einer Erkrankung zeigen. Sie stellen Prävention vor Intervention. Ebenso wie professionelles Unternehmensmanagement nach einer umfassenden Unternehmensstrategie verlangt, braucht es auf Inhaberebene eine umfassende Inhaberstrategie. Erste Versuche in diese Richtung haben mein St. Gallener Kollege Cuno Pümpin sowie Randolf Carlock und John Ward unternommen.[3] Es ist an der Zeit, dass diese Ansätze aufgenommen und weiterentwickelt werden. Denn die Inhaber sind ein wichtiger Teil der Unternehmensverfassung. Wenn sie professionell handeln wollen, brauchen sie ein Konzept für den Umgang mit ihrer Inhaberrolle.[4]

Plädoyer für eine neue Betriebswirtschaftslehre

Der hier vorgestellte Denkansatz ermöglicht nicht nur die Entwicklung einer eigenständigen Betriebswirtschaftslehre für Familienunternehmen.[5] Er ist auch geeignet, die Betriebswirtschaftslehre insgesamt einen Schritt voranzubringen.[6] Denn ebenso wenig wie die Familienunternehmen hat die Betriebswirtschaftslehre bislang die spezifischen Verhaltensweisen von Unternehmen im Besitz der öffentlichen Hand oder im Eigentum von Finanzinvestoren befriedigend erklären können. Dass eine Institution Inhaberinteressen bündelt und in den beherrschten Unternehmen durchsetzt, passt nicht in das konventionelle Verständnis der Betriebswirte, für die dominante Inhaber ein Fremdkörper sind. Das war nicht immer so. Die im 19. Jahrhundert dominierende Handelswissenschaft zielte noch unmittelbar auf den Unternehmer als bestimmendes Element der Unternehmensverfassung.[7] Dass die heutige Betriebswirtschaftslehre diese Erkenntnisse fast völlig verdrängt hat, war ein folgenschwerer Fehler. Aber er ließe sich leicht korrigieren.

Eine Betriebswirtschaftslehre, die die Inhaberperspektive einbezieht, hätte in der Tat viele Vorteile. Vor allem ermöglichte sie eine Ausdifferenzierung der Strategielehre nach Inhabertypen. Eine solche Ausdifferenzierung würde es möglich machen, nicht nur für Familienunternehmen, sondern auch für jeden anderen Unternehmenstyp adäquate Normstrategien zu entwickeln. Dazu bedürfte es nicht einmal einer Revolution.

Abb. 10: Plädoyer für eine neue Betriebswirtschaftslehre

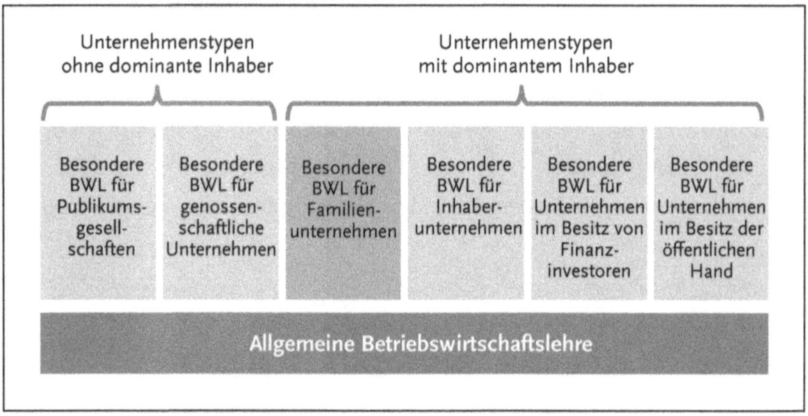

Denn die bisherigen Erkenntnisse der Betriebswirtschaftslehre würden keineswegs obsolet. Einige Theoriemodelle behielten ihre Gültigkeit für einzelne Unternehmenstypen, andere sind von universeller Gültigkeit. Eine Ausdifferenzierung nach Unternehmenstypen machte es lediglich notwendig, zukünftig zwischen einem für alle Unternehmen gültigen Allgemeinen Teil und einem nur für einzelne Unternehmenstypen gültigen Besonderen Teil der Betriebswirtschaftslehre zu unterscheiden und die theoretischen Erkenntnisse dem jeweils richtigen Feld zuzuweisen. Dabei könnte sich die Betriebswirtschaftslehre an den Rechtswissenschaften orientieren, die diesen Weg bereits früher beschritten haben und in ihren Disziplinen typischerweise zwischen Allgemeinem und Besonderem Teil unterscheiden.

Nutzen für die Politik

Von einer solchen Ausdifferenzierung würde sogar die Politik profitieren. Ihre Aufgabe ist es, die Wirtschaftsordnung durch geeignete Rahmenbedingungen so auszugestalten, dass sie den übergeordneten Zielen des Gemeinwesens dient. Deutschland hat sich in seiner Verfassung zum kapitalistischen Wirtschaftsmodell bekannt, allerdings mit einer deutlichen Wendung zum Sozialen. Die Eigentümer, auch die Inhaber von Unternehmen, sind in der Verfügungsgewalt über ihr Eigentum zwar grundsätzlich frei, zugleich aber dem Allgemeinwohl verpflichtet. Nur wer mit seinem Unternehmen im Sinne dieser Gemeinwohlbindung verfährt, hat die volle Rückendeckung der Verfassung.

Nun gibt es bekanntlich nicht nur eine Erscheinungsform von Kapitalismus und Unternehmertum. Dem Familienkapitalismus stehen der Managerkapitalismus, der Staatskapitalismus und der Finanzkapitalismus gegenüber.[8] Um ihrem Auftrag gerecht zu werden, muss die Politik rechtliche und tatsächliche Rahmenbedingungen schaffen, die zu einem möglichst optimalen Mix der verschiedenen Erscheinungsformen unter Berücksichtigung der verfassungsrechtlichen Vorgaben führen. Bei der Bewältigung dieser Aufgabe erweist sich die hier vorgeschlagene Sichtweise als ausgesprochen hilfreich. Denn eine Ausdifferenzierung nach Inhabertypen gäbe den politisch Verantwortlichen ein Raster an die Hand, mit dessen Hilfe sich der Nutzen der verschiedenen Erscheinungsformen für das Gemeinwesen messen und beurteilen ließe.

Der Familienkapitalismus müsste eine solche Professionalisierung politischer Arbeit nicht fürchten. Gut geführte Familienunternehmen verkörpern einen sozial verantwortungsbewussten Kapitalismus und bieten die vielleicht bestmögliche Antwort auf die gesellschaftspolitischen Herausforderungen unserer Zeit.[9] Familienunternehmer sind zwar nicht die besseren Menschen. Dafür wird bei ihnen die »Invisible Hand« des Adam Smith gleich doppelt wirksam.[10] Weil die Inhaber von Familienunternehmen häufig in direkten gesellschaftlichen Bezügen mit ihren Mitarbeitern und der durch ihr Unternehmen geprägten Heimatregion leben, handeln sie im Sinne ihres nichtökonomischen Interesses nach Anerkennung klug, wenn sie sich dabei sozial- und gesellschaftsverträglich verhalten. Wer seine Kinder auf dieselbe Schule schickt wie seine Mitarbeiter, wird eher Arbeitsplätze schaffen als abbauen wollen. Und wer mit seinen Mitarbeitern und deren Familien in einer Gemeinde lebt, muss daran interessiert sein, diese an den Segnungen seines Wohlstandes teilhaben zu lassen. Wenn Unternehmer wie Reinhold Würth in ihrer Heimatregion Kunst- und Veranstaltungshallen bauen, Sportclubs und andere Vereine unterstützen, handeln sie stets auch im eigenen Interesse. In Abwandlung des Bäcker-Gleichnisses von Adam Smith ließe sich formulieren: »Nicht vom Wohlwollen der Familienunternehmer erwarten wir, dass sie Arbeitsplätze erhalten und als Mäzene auftreten, sondern davon, dass sie ihre eigenen Interessen wahrnehmen.« Die Ausgangslage des Managers einer Publikumsgesellschaft, der in der Großstadt wohnt, unterscheidet sich davon deutlich. Für ihn ist die Anerkennung innerhalb seiner Peergroup wichtiger als die seiner Mitarbeiter. Und für einen Hedgefonds-Manager, der von London aus unternehmerische Entscheidungen über ein Unternehmen in der deutschen Provinz trifft, hat die gesellschaftliche Anerkennung vor Ort keinerlei Bedeutung. Für ihn heißt es: Geld, Geld und noch mehr Geld! Das sollten die politischen Entscheidungsträger wissen und bei ihren Entscheidungen berücksichtigen.

Dennoch sind Familienunternehmen nicht der einzige Unternehmenstyp, den wir brauchen. Auch die Publikumsgesellschaften erfüllen einen wichtigen gesellschaftlichen Auftrag. Ohne ihre Fähigkeit, in kurzer Zeit große Kapitalien einzusammeln und für unternehmerische Zwecke nutzbar zu machen, wären die gewaltigen Industrialisierungsprojekte der zweiten industriellen Revolution nicht in gleicher Geschwindigkeit vorangetrieben worden. Der Familienkapitalismus mit seinen begrenzten Ressourcen hätte dies nicht leisten können. Sogar Staatskapitalismus und Finanzkapitalismus machen in engen Grenzen Sinn. Politiker werden die Frage nach dem richtigen Kapitalismusmodell deshalb nicht im Sinne eines »Entweder-oder«, sondern eines »Sowohl-als-auch« entscheiden müssen. Entscheidend ist, dass sie den richtigen Mix auf der Grundlage rationaler Entscheidungsparameter bestimmen können. Dazu kann der hier vorgestellte Theorieansatz einen Beitrag leisten.

Teil 2:

STRATEGIEN FÜR DAS UNTERNEHMEN

4. Kapitel:

WARUM FAMILIEN-UNTERNEHMEN BESONDERE STRATEGIEN BRAUCHEN

Die ALDI-Story

ALDI ist eines der größten und erfolgreichsten Familienunternehmen. Sein Erfolg fasziniert die Menschen. Sie bewundern ein Unternehmen, das aus kleinsten Anfängen binnen weniger Jahrzehnte eine Branche revolutioniert und unsere Gesellschaft verändert hat. Selbst Kritiker sprechen mit Respekt von einer »Aldisierung« der Gesellschaft.[1] ALDI fasziniert aber auch deshalb, weil das Unternehmen bei seinem Aufstieg so offensichtlich und immer wieder gegen zentrale Glaubenssätze der traditionellen Managementlehre verstoßen hat. Karl und Theo Albrecht taten nicht, was »man« tat, sondern was sie für richtig hielten. Sie folgten einem eigenen Kompass. »Wenn ich denke, etwas ist Quatsch, dann ist es wahrscheinlich auch Quatsch«, soll Karl Albrecht einmal gesagt haben. Und Dieter Brandes, der die bis heute beste Analyse des ALDI-Erfolges vorgelegt hat,[2] sekundiert: »ALDI ist nicht erfolgreich geworden, obwohl, sondern weil es anders war – und das mit Konsequenz!«

Während der traditionelle Lebensmittelhandel in den Wirtschaftswunderjahren vornehmlich über die Breite seines Sortimentes und die Vielzahl der angebotenen Marken konkurrierte, reduzierte ALDI das

Warenangebot drastisch, verzichtete auf Markenprodukte und jeglichen Schnickschnack und konkurrierte über den Preis. Anstatt mit austauschbaren Strategien um Marktanteile zu kämpfen, wagten die Albrecht-Brüder den Regelbruch, offerierten einen greifbaren Kundennutzen für alle nicht im materiellen Überfluss lebenden Verbraucher und erfanden den Discount. Ein halbes Jahrhundert später wird jeder zweite Euro im Lebensmittelhandel bei ALDI und seinen Nachahmern ausgegeben. Die ALDI-Brüder beließen es aber nicht bei einer drastischen Reduktion des Warenangebotes. Konsequenter Verzicht, Einfachheit und eine darauf aufbauende Standardisierung aller Unternehmensprozesse wurden von ihnen zu einer umfassenden Managementphilosophie ausgebaut. Während der Rest der Welt über Methoden zur Bewältigung der zunehmenden Komplexität nachdachte, etablierte ALDI das Prinzip Einfachheit als neues Erfolgsparadigma.

Auch in der Finanzierung ging ALDI eigene Wege. Anstatt weiterhin auf den klassischen Bankkredit zu vertrauen, ließ sich das Unternehmen lieber von seinen Lieferanten finanzieren. Das ALDI-Geschäftsmodell machte es möglich: Das reduzierte Warenangebot und die günstigen Preise sorgten für raschen Abverkauf, so dass ALDI die Ware längst verkauft hatte, wenn es seine Lieferanten bezahlen musste. Dass der Lieferantenkredit in der Theorie als teure Finanzierungsform gilt, beeindruckte die ALDI-Manager wenig. Er erschien ihnen jedenfalls sicherer als Kontokorrentkredite bei Banken, um die sich die beiden Gründer beim Start ihrer unternehmerischen Idee lange vergeblich bemüht hatten.

In puncto Wachstum tat ALDI ebenfalls nicht, was man tut. Hier verhielten sich die Brüder erstaunlich konservativ. Anstatt zur Beschleunigung des Unternehmenswachstums auf kostspielige und riskante Akquisitionen zu setzen, vertraute man bei ALDI auf Wachstum aus eigener Kraft und die kontinuierliche Multiplikation des eigenen Konzeptes.[3] Das Tempo der Expansion wurde durch die freie Liquidität bestimmt. Die darin liegende Zurückhaltung erstaunt umso mehr, als Konkurrent Lidl bei seiner Aufholjagd weitaus aggressiver zu Werke ging und gewaltige

Bankschulden anhäufte. Doch was Kritiker gerne als einen Beleg für Ermüdungserscheinungen beim Discountpionier werten, ist in Wirklichkeit nichts anderes als ein weiterer Beleg für ALDIs außergewöhnliche Fähigkeit zu konsequenter Askese. Das Unternehmen stellt Unabhängigkeit ausdrücklich vor Wachstum und handelt entsprechend – selbst wenn es dafür einen Preis zahlen muss.

Zu guter Letzt geht ALDI auch bei der Governance eigene Wege. Nicht nur, dass beide Brüder durch die Einbringung ihrer Anteile in Stiftungen einen Verkauf von Unternehmensanteilen durch die Familienmitglieder quasi unmöglich gemacht haben. Bei ALDI SÜD ist man noch einen Schritt weiter gegangen. Anlässlich des Rückzugs von Karl Albrecht aus der Unternehmensführung hat die Unternehmerfamilie auf das Recht verzichtet, künftig selbst im Management des Unternehmens tätig zu werden. Die Nachkommen von Karl Albrecht können und wollen ihr Unternehmen mit Hilfe der Stiftungen zwar aktiv begleiten und unternehmerisch steuern; das aktive Managen hingegen wollen sie bewährten Führungskräften aus den eigenen Reihen überlassen.

... und was wir daraus lernen sollten

Keine Frage: ALDI ist erfolgreich. Und sein Erfolg ist weder zufällig noch unkonventionell. Auch IKEA, Wal-Mart, Miele und viele andere sind mit Strategien erfolgreich geworden, über die die traditionelle Lehrmeinung nur verständnislos den Kopf schütteln kann. Alle diese Unternehmen sind großartige Vorbilder, wenn wir verstehen wollen, mit welchen Strategien Familienunternehmen im Markt reüssieren können.

Worum es geht, ist schnell erklärt: Familienfirmen haben als dominanten Inhaber eine Familie mit einem generationenübergreifenden Unternehmerverständnis. Mit jedem der drei begriffsprägenden Merkmale verbinden sich spezifische Vorzüge und Herausforderungen, die ich im ersten Teil dieses Buches dargelegt habe. Um Erfolg zu haben, muss das Management eines Familienunternehmens bemüht sein, neben der optimalen Anpassung an die allgemeinen Umweltbedingungen eine Antwort auf die zusätzlichen Chancen und Risiken zu finden, die sich aus dem besonderen Charakter des Unternehmens ergeben. Im Idealfall gelingt es, die systemimmanenten Vorzüge zu entwickeln und im Wettbewerb auszuspielen und den korrelierenden Herausforderungen wirksam zu begegnen, sie womöglich gar in Vorzüge zu verwandeln. Dies gilt insbesondere für die zentralen Funktionen »Strategische Führung«, »Finanzierung« und »Corporate Governance«.

Wie aber sehen adäquate Strategien für Familienunternehmen aus?

5. Kapitel:

STRATEGISCHE FÜHRUNG

Ein paar einführende Bemerkungen

Die strategische Führung der Unternehmung zählt zu den Kernaufgaben der Unternehmensführung und ist in den letzten Jahren zunehmend in den Fokus der Managementtheorie gerückt.[1] In ihrem Mittelpunkt steht die Frage, wie sich das Unternehmen unter Berücksichtigung seiner Möglichkeiten gegenüber Kunden und Wettbewerbern auf dem Markt bestmöglich positioniert. Die maßgeblichen Konzepte wurden überwiegend am Vorbild der großen Publikumsgesellschaft entwickelt. Ungeachtet dessen erweist sich ihre Mehrzahl auch für andere Unternehmen als brauchbar und beansprucht zu Recht quasi universelle Gültigkeit.

Die Frage, anhand welcher Kriterien die Attraktivität eines Marktes beurteilt werden und an welchen Stellschrauben gedreht werden kann, um die Spielregeln in einem Markt zu verändern, können auch Familienunternehmen am besten mit Michael Porters 5-Forces-Modell beantworten.[2] Ebenso ist Porters Analyse der grundlegenden wettbewerbsstrategischen Alternativen Differenzierung oder Kostenführerschaft[3] für Familienunternehmen nicht weniger richtig als für Publikumsgesellschaften. Gleiches wird man für die SWOT-Analyse[4] oder die grundlegenden Untersuchungen zur optimalen Gestaltung eines unternehmerischen Portfolios[5] annehmen dürfen. All diese Instrumente leisten dem Management aller Unternehmenstypen wertvolle Dienste.

Aber das gilt beileibe nicht für alle Strategiekonzepte. So entfaltet beispielsweise das von Alfred Rappaport entwickelte Shareholder-Value-Konzept[6] uneingeschränkten Nutzen nur dort, wo es auf Inhaber trifft, denen ausschließlich oder primär an der Maximierung des ökonomischen Nutzens ihrer Beteiligung gelegen ist. Im Familienunternehmen, wo ökonomischer Wert anders definiert und noch dazu mit einem emotionalen Zusatz verknüpft wird, ist die Shareholder-Value-Lehre nur begrenzt nützlich. Die meisten Familienunternehmer haben das früh erfasst und eine unkritische Übernahme der Shareholder-Value-Theorie zu Recht abgelehnt.

Für das Management eines Familienunternehmens ergeben sich daraus zwei wesentliche Schlussfolgerungen:

(1) Sie dürfen traditionelle strategische Handlungsempfehlungen nicht unkritisch übernehmen, sondern müssen diese zuvor auf ihre Kompatibilität mit den Zielsetzungen und begriffsprägenden Merkmalen ihres Familienunternehmens untersuchen. Nur ein Strategiekonzept, das diesen Stresstest übersteht, darf Eingang in die unternehmenseigene Toolbox finden. Dazu braucht es gesunden Menschenverstand und eine Portion Mut. Am besten orientieren Sie sich am Selbstvertrauen eines Karl Albrecht: »Wenn ich denke, etwas ist Quatsch, dann ist es wahrscheinlich auch Quatsch.«

(2) Darüber hinaus müssen die Führer von Familienunternehmen davon ausgehen, dass geeignete, ihren Bedürfnissen Rechnung tragende Strategiekonzepte womöglich noch gar nicht entwickelt sind. Allzu lange standen die Familienunternehmen als angeblich zweitklassiger Unternehmenstyp außerhalb des Interesses des betriebswirtschaftlichen Mainstreams. Auch wenn sich das inzwischen geändert hat, tun Familienunternehmer gut daran, sich noch eine ganze Zeit nicht allein auf vorgefertigte Theorieangebote zu verlassen, sondern durchaus kreativ eigene Lösungen zu entwickeln. Deren Erfolgschancen sind umso besser, je stärker sich ihre Entwickler an den spezifischen Besonderheiten von Familienunternehmen orientieren.

Strategieempfehlungen für Familienunternehmen

Einige der wichtigsten Strategien bei der Führung von Familienunternehmen möchte ich nachfolgend vorstellen. Sie alle wurden nicht von der Theorie geboren, sondern von mutigen Unternehmern entwickelt und haben den Nachweis ihrer Praxistauglichkeit längst erbracht.

Eine unverwechselbare Unternehmenskultur schaffen

Jim Collins und Jeffrey Porras haben bereits in den 1990er Jahren den ökonomischen Nutzen starker Unternehmenskulturen nach- und darauf hingewiesen, dass Familienunternehmen insoweit messbare Wettbewerbsvorteile aufweisen.[7] Kein Wunder: Aufgrund der familiären und generationenübergreifenden Prägung der Inhaberschaft hat ein Familienunternehmen die Chance, eine nachhaltig unverwechselbare Unternehmenskultur zu schaffen. So besonders wie die Inhaberfamilie kann auch die Kultur ihres Unternehmens sein.

Obwohl das Betreiben eines Unternehmens eine ökonomische Betätigung ist, sind die Wert- und Zielvorstellungen der meisten Inhaberfamilien keineswegs ausschließlich ökonomisch ausgerichtet. Neben inhaberbezogenen Werten und Zielvorstellungen, wie etwa Erhalt der unternehmerischen Unabhängigkeit und langfristiger Verbleib in Familienbesitz, spielen auch Bekenntnisse in Richtung Mitarbeiter und Kunden eine große Rolle. Vom Kapitalmarkt mögen solche Aussagen als Sozialromantik belächelt werden, im Wettbewerb auf den Waren- und Arbeitsmärkten bieten sie handfeste Vorteile. Die Mitarbeiter schätzen es, von ihrem Arbeitgeber nicht als bloße Produktions- oder Kostenfaktoren, sondern als Teil einer Betriebsfamilie gesehen zu werden, in der sich der Arbeitgeber nicht als kalter Kapitalist, sondern als Pater-familias versteht und sich neben eigenen Interessen auch denjenigen seiner Mitarbeiter verpflichtet fühlt. Wenn sich die Inhaber des Lüdenscheider Beleuchtungsspezialisten ERCO dazu bekennen, Wohlstand »für Mitarbeiter und Gesellschafter« schaffen zu wollen (und zwar genau in dieser Reihenfolge), dann bezeugen sie damit ein Verantwortungsbewusstsein gegenüber ihren Mitarbeitern, auf dessen Reziprozität sie vertrauen dürfen. Und auch die Kunden wissen es zu schätzen, wenn man ihnen das berechtigte Gefühl gibt, dass der Verkauf der Produkte und Dienstleistungen nicht nur dem Gelderwerb dient, sondern zugleich Herzensangelegenheit ist.

Zur Grundlage für Unternehmenserfolg werden die Absichtserklärungen der Inhaber allerdings nur, wenn sie als gelebte Wirklichkeit selbstverständlicher Teil der Unternehmenskultur werden. Daraus ergibt sich eine klare Handlungsempfehlung für die Führung von Familienunternehmen:

(1) Familienunternehmen sollten ihre kulturellen Vorzüge pflegen und ausspielen.
(2) Die entsprechenden Werte und Zielvorstellungen der Inhaber müssen aktiv ins Unternehmen kommuniziert und von diesem übernommen werden.
(3) Dazu müssen die Vorstellungen der Inhaber von diesen und von der Unternehmensführung glaubhaft vorgelebt und
(4) durch symbolische Akte und geeignete Managementsysteme bis zum letzten Mitarbeiter in widerspruchsfreies Managementhandeln transferiert werden. Dafür, ob entsprechende Bemühungen erfolgreich sind, gibt es einen simplen Test. Wenn ich ein Unternehmen zum ersten Mal besuche, stelle ich der ersten Person, die mir begegnet, eine scheinbar harmlose Frage: »Was ist das eigentlich für ein Unternehmen?« Dabei mache ich eine immer wiederkehrende Erfahrung: Kommt die Antwort kurz, knapp, präzise und mit erkennbarem Commitment, dann stimmen in der Regel sowohl die Unternehmenskultur als auch das Ergebnis.

Geeignete Märkte suchen

Kennen Sie die Firmen Klais, GELITA, Zwick Roell, Groz Beckert, Mann + Hummel, Phoenix Contact oder Grimme aus Damme? Nein? Kein Wunder. Denn die genannten Unternehmen gehören zur exklusiven Spezies der Hidden Champions, der verborgenen Weltmarktführer »made in Germany«. Klais ist führend im Orgelbau, GELITA bei der Herstellung von Gelatine. Zwick Roell ist Weltmarktführer bei statischen Prüfsystemen, Groz Beckert bei Industrienadeln und Phoenix Contact bei elektrischer Verbindungstechnik. Mann + Hummel gehört zu den großen Automobilzulieferern, und Grimme ist führend bei Landmaschinen für Kartoffeln. Über 1000 solcher Hidden Champions gibt es nach Einschätzung von Experten in Deutschland.[8] Manche von ihnen dominieren Branchen, von denen viele noch nicht einmal wissen, dass es sie gibt. Vor allem Hermann Simon und Bernd Venohr haben die Strategien der Hidden Champions umfassend untersucht.[9] Dabei haben sie festgestellt, dass die überwältigende Mehrzahl von ihnen Familienunternehmen sind. Und ich möchte behaupten: Das ist kein Zufall, sondern das Ergebnis kluger, familienunternehmensadäquater Unternehmensführung.[10]

Die Frage »In welchem Markt möchte ich konkurrieren?« gehört zu den zentralen Themen der strategischen Unternehmensführung. Michael Porter hat mit seinem 5-Forces-Modell wichtige Grundlagen für ihre Beantwortung gelegt. Ich möchte sie für Familienunternehmen um einen zusätzlichen Aspekt ergänzen. Unternehmen, bei denen eine Inhaberfamilie eine dominante Inhaberrolle innehat und aufrechterhalten will, sind in ihrer Entwicklung im Wesentlichen auf die Ressourcen angewiesen, die dem Unternehmen von der Inhaberfamilie zur Verfügung gestellt werden können. Das gilt besonders für den finanziellen Bereich. Während das Fehlen geeigneten Führungspersonals aus der Familie zumindest bei größeren Familienunternehmen durch den Einsatz familienfremder Manager kompensiert werden kann, führt ein von der Familie nicht mehr darstellbarer Bedarf an Eigenkapital früher oder später zum Ende der Existenz als Familienunternehmen. Soll der Charakter als Familiengesellschaft aufrechterhalten bleiben, muss das Management unternehmerischen Erfolg mit den finanziellen Mitteln suchen, die sich auf der Basis des von der Inhaberfamilie bereitgestellten Eigenkapitals ergeben. Auch wenn diese durch eine Öffnung zum Kapitalmarkt oder andere geschickte Gestaltungen ausgedehnt werden können, bleiben sie doch begrenzt und weit hinter den Finanzierungsmöglichkeiten großer Publikumsgesellschaften zurück.[11] Dessen ungeachtet behält der alte Grundsatz seine Gültigkeit, wonach Erfolg in einem kompetitiven Umfeld nur den Besten, d. h. den im Markt führenden Unternehmen, gewiss ist.

Für die Unternehmensführung im Familienunternehmen ergibt sich daraus die anspruchsvolle Aufgabe, Marktführerschaft mit begrenzten finanziellen Ressourcen zu suchen. Märkte, in denen der Wettbewerb in starkem Maße über den Einsatz von Kapitalkraft ausgetragen wird, sind deshalb die Sache der Familienunternehmen nicht. Das Schicksal der großen Stahl- und Pharmaunternehmen sollte ihnen abschreckendes Beispiel sein. Auch ThyssenKrupp, Bayer und andere haben als Familienunternehmen begonnen und den Kampf um die familiäre Dominanz über ihre Unternehmen doch längst verloren. John Reed hat in der *Financial Times* der Automobilindustrie eine ähnliche Entwicklung prophezeit.[12] Familienunternehmen sollten Märkte bevorzugen, in denen die Finanzkraft keine große Rolle spielt, sondern Wettbewerbsparameter maßgeblich sind, in denen sie von Natur aus besser ausgestattet sind.[13]

Häufig handelt es sich dabei um Nischenmärkte. Zur Beherrschung überschaubarer Märkte ist in der Regel nur ein überschaubarer Kapitaleinsatz erforderlich. Zudem sind Nischenmärkte für kapitalmarktorientierte Unternehmen weniger attraktiv und werden von diesen daher nur selten ins Visier genommen. Clevere Familienunternehmer haben dies erkannt und sich mit strategischem Weitblick als Marktführer in der Nische etabliert. Dabei handeln sie nach dem Grundsatz: »Lieber ein großer Fisch in einem kleinen Teich als ein kleiner Fisch in einem großen Teich.«

Geeignete Nischen sind nicht immer schon vorhanden. Manchmal muss man sie erst schaffen. So wird man den Markt für Geschirrspülmaschinen nicht schon per se als Nischenmarkt definieren können. Das 1947 gegründete Familienunternehmen Winterhalter Gastronom hat sich davon nicht beeindrucken lassen und sich auf das schmale Segment der gewerblichen Anwender spezialisiert. Für diese kleine Kundenzielgruppe halten die Schwaben ein konkurrenzloses Angebot bereit. »Die Winterhalter Gastronom GmbH ist Systemanbieter für gewerbliche Spülmaschinen, Reinigungsprodukte, Wasseraufbereitung und Zubehör, zudem weltweit bekannter Spezialist im Gläserspülbereich. Ganzheitliche, kundennahe Spüllösungen und maßgeschneiderte Spülküchen für Gastronomie, Hotellerie, Bäckerei, Metzgerei und Gemeinschaftsverpflegung sind oberstes Firmenziel. Das Maschinenportfolio des Spülspezialisten reicht von der kleinen Gläser- und Geschirrspülmaschine bis zur Mehrtank-Band- bzw. Korbtransportspülmaschine«, heißt es im *Lexikon der deutschen Familienunternehmen* zum Thema Winterhalter Gastronom.[14] So oder ähnlich fokussiert klingen die Tätigkeitsbeschreibungen vieler erfolgreicher Familienunternehmen.

Allerdings ist die Nischenstrategie nicht der einzige Weg, das Problem der Marktführerschaft bei begrenzten finanziellen Ressourcen zu lösen. Auch viele große Handelsunternehmen sind Familiengesellschaften, und der Handel ist nun wirklich kein Nischenmarkt. Entscheidend ist nicht, ob ein Markt klein ist, sondern ob Kapitalkraft ein wettbewerbsbestimmender Faktor ist. Und da es den Handelsunternehmen gelungen ist, ihren Kapitalbedarf im Bereich des Anlagevermögens weitgehend über ihre Vermieter und im Umlaufvermögen über ihre Lieferanten zu decken, ist und bleibt der Handel ein bevorzugtes Spielfeld für Familienunternehmen.

Geradezu vorbildlich hat die amerikanische Cargill-Gruppe ihre unternehmerischen Wachstumsziele mit der Fähigkeit zu kluger Marktauswahl verbunden. Das 1865 gegründete Unternehmen befindet sich im Besitz von mehr als 80 Familienmitgliedern und gehört mit einem Umsatz von über 100 Milliarden US-Dollar und weit über 100 000 Mitarbeitern zu den großen Playern im Agribusiness. Dabei hat es seine unternehmerischen Aktivitäten auf verschiedene Marktsegmente verteilt, bei denen es sich entweder um Handelsgeschäfte oder um wenig kapitalintensive Spezialaktivitäten handelt. So zählt Cargill einerseits zu den weltweit bedeutendsten Händlern von Zucker, Kakao, Baumwolle, Mais und Weizen und engagiert sich andererseits in Unternehmen, die Kunststoffe durch Soja ersetzen oder den Cholesteringehalt in Nahrungsmitteln absenken sollen. In der Summe fügt sich das zu einem Familienunternehmen von beachtlicher Größe und finanzieller Stabilität. Cargill sei »der Exxon Mobil der Agrarmärkte«, dabei jedoch »eines der am besten versteckten Unternehmen der Global Economy«[15], urteilten Javier Blas und Gregory Meyer Anfang 2010 in der *Financial Times*. Ein typisches Familienunternehmen eben.

Den Inhaberbonus nutzen

Zu den zentralen Aspekten des strategischen Managements gehört die Festlegung einer erfolgversprechenden Wettbewerbsstrategie. Dabei geht es darum festzulegen, welche Verhaltensweisen das Unternehmen ergreift, um sich im Wettbewerb um Kunden, Mitarbeiter, Kapital und andere wichtige Erfolgsfaktoren erfolgreich zu behaupten. Wie ich im ersten Teil des Buches dargelegt habe, verfügen Familienunternehmen dabei über einen systemimmanenten Wettbewerbsvorteil. Dominante Inhaberschaft reduziert den Prinzipal-Agenten-Konflikt und die mit ihm verbundenen Transaktionskosten. Ins Praktische übersetzt bedeutet dies: Die engere Verbindung zwischen Unternehmensführung und Inhabern ermöglicht schnelleres Handeln. Und Schnelligkeit ist im Wettbewerb ein Trumpf. Manche behaupten gar: »Nicht die Großen fressen die Kleinen, sondern die Schnellen fressen die Langsamen.«

Aber es geht beileibe nicht nur um Schnelligkeit. Dominante Inhaber können auch gezielt zum Aufbau von Vertrauenskapital eingesetzt werden. Es macht nun einmal einen Unterschied, ob jemand als angestellter Manager unternehmerische Entscheidungen über anderer Leute Geld trifft oder ob er für sein Handeln mit seinem Vermögen einstehen muss. Und man sollte nicht glauben, die Menschen spürten diesen Unterschied nicht. Das durch die Haftung mit eigenem Vermögen begründete Vertrauen wirkt übrigens umso stärker, je langfristiger das Commitment der Inhaber gegeben wird. Für die Familienunternehmen mit ihrem generationenübergreifenden Ansatz ergibt sich daraus ein zusätzlicher Vorteil.

Deshalb übernachten wir lieber in einem persönlich geführten Familienhotel als in einer noch so professionell organisierten Hotelkette – erst recht, wenn dieses mit dem Slogan wirbt: »Seit fünf Generationen in Familienbesitz«. Auch meine beiden Lieblingsrestaurants an der belgischen Küste, »Rita« in Wenduine und »Oesterput« in Blankenberge, mein Lieblingscafé und mein Herrenausstatter befinden sich seit Generationen im Familienbesitz und handeln konsequent nach dem Grundsatz »Hier kocht der Chef persönlich«. Wir kaufen nun einmal lieber dort ein, wo wir wissen, wer hinter den Produkten steht und ob wir diesem Menschen vertrauen können. Unternehmer wie Claus Hipp, Chef des gleichnamigen Herstellers von Babynahrung, Wolfgang Grupp (Trigema), Alfred Darboven (Inhaber der beinahe 150 Jahre alten Hamburger Traditionsrösterei) und Ernst Prost (LIQUI MOLY) haben daraus eine kluge Marketingstrategie gemacht.[16] Wer sich mit Aussagen wie »Dafür stehe ich mit meinem Namen« (Claus Hipp) nicht nur mit seinem Vermögen, sondern auch mit seiner persönlichen Reputation in die Haftung nehmen lässt, weiß, was er tut. »Botschaften wie Hipps Bio-Versprechen oder wie die Versicherungen der Chefs von Trigema und LIQUI MOLY, ausschließlich in Deutschland zu fertigen und Arbeitsplätze hier zu schaffen und zu erhalten, die können sie nur als Chef persönlich überbringen«, sagt Ines Imdahl, Geschäftsführerin am renommierten Kölner Rheingold-Institut. Und sie schaffen mit ihrem persönlichen Einsatz einen nicht ohne weiteres kopierbaren Wettbewerbsvorteil. »Das Unternehmen und sein Produkt bekommen so ein Gesicht und gewinnen Vertrauen bei den Konsumenten«, konstatiert Psychologin Imdahl.[17]

Besonders stark wirkt der Inhaberbonus bei den eigenen Mitarbeitern. Jeder kennt die Ängste, wenn der Chef älter wird und nicht klar ist, ob die junge Generation das unternehmerische Erbe antreten wird. Oder erinnert sich an die Erleichterung auf den Gesichtern der Belegschaft, wenn die Inhaberfamilie als Antwort auf ein attraktives Übernahmeangebot in der Betriebsversammlung verkündet: »Wir verkaufen nicht.« Es macht nun einmal Spaß, einen Chef zum Anfassen zu haben, einen, der nicht gleich wegläuft, wenn es schwierig wird, der für Kontinuität und Arbeitsplatzsicherheit sorgt und noch mehr am Unternehmen hängt als man selbst. Martin Viessmann, Chef des gleichnamigen Wärmespezialisten, weiß um diese Effekte. »Ich will, dass mein Unternehmen ein Familienunternehmen bleibt. Bei einem Verkauf an einen Konzern würde unser Betrieb in Allendorf über kurz oder lang dichtgemacht. Und das kann ich meinen Mitarbeitern nicht antun«, sagt der Inhaber im persönlichen Gespräch. Wer so handelt, gibt Sicherheit und begründet ein darauf aufbauendes Vertrauen. Und das bekommt er von seinen Mitarbeitern zurückgezahlt. Mit Sicherheit.

Familienunternehmen tun gut daran, den Wettbewerbsvorteil Inhaberbonus gezielt einzusetzen. Im Rahmen ihrer Wettbewerbsstrategie sollten sie daher eindeutige Festlegungen vornehmen,

(1) ob,
(2) mit welcher Zielsetzung,
(3) in welchem Umfang,
(4) gegenüber wem,
(5) durch wen
(6) und wie

vom Inhaberbonus Gebrauch gemacht werden soll. Bei größeren Unternehmen mit vielen Inhabern ist seine Aktivierung zwar nicht mehr so leicht wie bei überschaubaren Inhaber- und Führungsverhältnissen. Dass der Inhaberbonus aber auch dort noch eine vertrauenstärkende Wirkung entfalten kann, weiß das Darmstädter Familienunternehmen Merck genau. Obwohl an der Börse gehandelt und von familienfremden Managern geführt, betont das Unternehmen in der jedermann zugänglichen Firmenpublikation *Der Merck-Weg*[18] unmissverständlich: »Schon in der zwölften Generation prägt die Familie Merck unser Unternehmen – und das soll auch so bleiben. … Unsere Eigentümerstruktur erlaubt es uns, zwei oft gegenläufige Eigenschaften unternehmerischen Handelns miteinander zu kombinieren: Schnelligkeit und Nachhaltigkeit. … Merck ist mehr als eine starke Marke. Merck ist gleichzeitig der gute Name der Unternehmerfamilie.«

Näher am Kunden

Aus der Verbindung der Nähe der Inhaber zum Geschäft und der begrenzten Verfügbarkeit finanzieller Ressourcen können Familienunternehmen einen weiteren Wettbewerbsvorteil generieren. Obwohl spätestens seit der grundlegenden Arbeit von Tom Peters und Robert Waterman über unternehmerische Spitzenleistungen[19] jedem klar sein sollte, wie wichtig zufriedene Kunden für den Unternehmenserfolg sind, konzentriert sich die Managementstrategie bis heute stärker auf den Wettbewerb als auf den Kunden. Die Folgen hat Hermann Simon, einer der wichtigsten Managementberater hierzulande, anschaulich geschildert: »Im Sommer 2003 präsentierten wir der Vorstandsvorsitzenden eines weltbekannten börsennotierten Unternehmens eine ausgefeilte Strategie, die einen profitablen Wachstumspfad sichern sollte. In wachsender Ungeduld wartete sie das Ende der Präsentation ab, um dann sechs Monate Arbeit mit einem Satz zunichtezumachen. ›Das ist ja alles schön und gut. Aber ich will meine Wettbewerber zerstören!‹«[20] In der an der Publikumsgesellschaft geschulten Managementtheorie geht es primär um Wachstum, Größe und Gewinn von Marktanteilen zulasten der Wettbewerber und erst in zweiter Linie um die Befriedigung der Kunden. Diese Denkweise wird von Hermann Simon zu Recht kritisiert: »Marktanteil ist nicht Ursache, sondern Wirkung des wirtschaftlichen Erfolgs. … Das primäre Ziel des Unternehmens ist es, Kunden zu begeistern und Ertrag zu erwirtschaften, nicht Wettbewerber zu zerstören.«[21]

Familienunternehmen fällt es leichter, diesem Rat zu folgen. Sie setzen von Natur aus lieber auf intelligente Konzepte zur Befriedigung ihrer Kunden als auf kapitalintensive Strategien zur Erlangung von Marktanteilen. Und machen so aus einem vermeintlichen Nachteil einen Wettbewerbsvorteil. Denn nichts befeuert den Unternehmenserfolg stärker als zufriedene Kunden. Und zufrieden sind die Kunden vor allem dann, wenn man ihre Probleme löst. Arnold Weissman, Gründer einer auf Familienunternehmen spezialisierten Unternehmensberatung, fasst die Kernaufgabe für das Management in einer ebenso einfachen wie durchschlagenden Formel zusammen: »Welches zentrale Problem meiner Kunden löse ich sichtbar besser als der Wettbewerb?« Wer diese Frage beantworten kann, wird Weissman in Managementseminaren nicht müde zu betonen, hält den Schlüssel für Unternehmenserfolg in Händen. Der legendäre Sam Walton, Gründer von Wal-Mart, gibt allen Unternehmern in seinen *Zehn Regeln für ein erfolgreiches Unternehmensmanagement* einen einfachen Rat mit auf den Weg: »Übertreffen Sie die Erwartung Ihrer Kundschaft. In diesem Fall werden Ihre Kunden immer wieder zu Ihnen kommen. Geben Sie ihnen, was sie verlangen – und noch ein wenig mehr. Lassen Sie Ihre Kunden spüren, dass sie geschätzt werden. … Die zwei wichtigsten Worte, die ich je niedergeschrieben habe, befinden sich auf dem allerersten Wal-Mart-Firmenschild: Zufriedenstellung garantiert! Diese Worte … haben wahrscheinlich den großen Unterschied in Bezug auf unsere Konkurrenten bewirkt.«[22]

Die erfolgreichen Familienunternehmen wissen darum und haben diese Erkenntnis zu einer umfassenden Strategie zur Erringung von Kundenzufriedenheit und Kundennähe ausgebaut. Die zentralen Elemente einer solchen Strategie lauten:

(1) Kleine und überschaubare Organisationseinheiten schaffen: Kunden-Champions wissen um die Vorteile geringer Größe beim Umgang mit den Kunden und setzen diesen organisatorischen Vorteil bewusst ein. Hermann Simon hat dies in seinem Buch über die Hidden Champions ausdrücklich festgehalten: »Offensichtlich haben die Hidden Champions im Hinblick auf die Kundennähe einen natürlichen Vorteil,

ihre überschaubare Größe. Zwar ist nicht jedes kleine oder mittlere Unternehmen automatisch kundennah und nicht jedes Großunternehmen entsprechend kundenfern, aber dennoch lässt sich eine solche Tendenz nicht verleugnen. Größeren, stark arbeitsteilig organisierten Unternehmen fällt es schwer, nahe am Kunden zu sein. Kleinere Einheiten tun sich in dieser Hinsicht leichter.«[23]

Viele erfolgreiche Familienunternehmen sind von Natur aus nicht groß. Aber auch große Champions haben die Vorteile überschaubarer Größe nicht vergessen und sorgen durch konsequente Dezentralisierung für den Erhalt kleiner Aktionseinheiten. So finden beispielsweise bei ALDI und beim Textilhersteller Gore automatisch unternehmensinterne Zellteilungen statt, sobald eine Einheit eine bestimmte Größe erreicht.

(2) Durch Differenzierung konkurrieren: Erfolgreiche Familienunternehmen konkurrieren selten über den Preis.[24] Sie wissen um die Kosten und Gefahren von Preisstrategien. Erfolgversprechend sind sie nur, wenn sie auf konsequenter Kostenführerschaft basieren, und deren Erlangung ist in der Regel mit einem hohen Kapitaleinsatz verbunden.[25] Kampfpreisstrategien ohne zugrunde liegende Kostenführerschaft gehen selten auf. In der Regel überleben die Wettbewerber, und alle verdienen weniger Geld.[26] Kluge Familienunternehmen konkurrieren deshalb lieber über eine konsequente Differenzierung. Nicht selten liegen ihre Preise über dem Marktniveau.[27] Solange die Leistung noch darüber liegt, können sie sich das durchaus leisten. Bei ERCO, dem Weltmarktführer für Architekturbeleuchtung, hat man dafür sogar eine griffige Formel gefunden: »Die Begeisterung der Kunden über unser Produkt muss stets größer sein als das Entsetzen über seinen Preis.«

(3) Zum Problemlöser werden: Entsprechende Leistungsdifferenzierungen sind umso erfolgreicher, je besser das Unternehmen die zentralen Bedürfnisse seiner Kunden trifft und löst. Es ist kein Zufall, dass die Hidden Champions ihre größten Wettbewerbsvorteile bei den Aspekten haben, die für ihre Kunden von besonderer Wichtigkeit sind.[28] Kundenorientierte Unternehmen verstehen sich nicht als Produkthersteller,

sondern als Problemlöser für den Kunden. Sie entwickeln ihre Stärken genau dort, wo es für den Kunden von Bedeutung ist. Deshalb spielen Service und Systemlösungen eine wachsende Rolle in den Angebotspaletten der Champions.[29]

(4) Intensive Kundenkontakte pflegen: Wer die Probleme seiner Kunden lösen will, muss sie kennen. Auch hier verzichten erfolgreiche Familienunternehmen auf organisatorisch aufwendige und teure Lösungen. »Sie haben keine großen Marketingabteilungen und sind selten echte Marketingprofis«, konstatiert Hermann Simon. Dafür praktizieren sie echte Kundennähe und befragen ihre Kunden lieber selbst. »Im Vergleich zu den Großunternehmen ist der Prozentsatz der Mitarbeiter mit Kundenkontakt etwa fünfmal höher«, sagt Simon, »und auch das Topmanagement beteiligt sich aktiv an der Interaktion mit den Kunden.«[30] Oft genug verkauft der Chef persönlich. Als ich 1990 meine Tätigkeit als Chef der May-Werke aufnahm, erklärte mein Vater mir unmissverständlich: »Ich weiß, du bist Jurist. Und Verkaufen hast du nicht gelernt. Aber zu ALDI musst du selbst hingehen. Du musst immer wissen, was die denken. Und die müssen wissen, wie wichtig sie uns sind.«

(5) Auf Top-Kunden konzentrieren: Zu guter Letzt konzentrieren sich die Champions mit Bedacht auf die Gewinner im Markt. Auch dies hat mir mein Vater früh nahegebracht: »Wenn du im Geschäft mit Handelsmarken Erfolg haben willst, musst du mit ALDI arbeiten. ALDI ist der beste Kunde. Und er holt das Beste aus dir heraus.« Hermann Simon bestätigt das: »Wenn man Marktführer werden oder bleiben will, muss man die Top-Kunden gewinnen und dauerhaft zufriedenstellen. … Das hat zwei Vorteile. Zum einen fungieren die Top-Kunden als Leistungstreiber nach innen, zum zweiten haben sie einen hohen Referenzwert. Marktführerschaft verlangt in der Regel, dass man Lieferant der Top-Kunden ist.«[31] Getreu der Devise: »If you can make it there, you can make it anywhere.« Und wer mit Erfolg auf die Gewinner setzt, hat zudem den Vorteil, dass er von deren Wachstum gleich mitprofitiert. Die konsequente Ausrichtung auf Top-Kunden mag Abhängigkeiten erzeugen. Aber diese muss ein echter Champion nicht fürchten. Die Ab-

hängigkeit zwischen einem Top-Kunden und einem Top-Lieferanten ist wechselseitig.

Hermann Simon sagt zu diesem komplexen Thema: »Diese Einsichten und Empfehlungen entsprechen dem gesunden Menschenverstand. Dennoch ist ihre Umsetzung in der Praxis alles andere als einfach. Im Umgang mit dem Kunden, in der Kundenbeziehung und der Kundennähe zeigen sich die vielleicht größten Unterschiede zwischen mittleren und großen Unternehmen. … Die Hidden Champions sind beim Thema Kunde Vorbilder.«[32]

Mut zum Regelbruch

Kundennähe und die enge Verbindung von Inhaberschaft und Unternehmensführung schaffen die Grundlage für eine weitere erfolgversprechende Wettbewerbsstrategie von Familienunternehmen.[33] Seit den Arbeiten von Joseph Schumpeter wissen wir, dass die kapitalistische Ökonomie auf kreativer Zerstörung beruht. Auf- und Abstieg sind selbstverständlicher Teil des Systems und befeuern die kreativ-zerstörerischen Kräfte der Menschen. Wer unten ist, will nach oben. Und das gelingt in einer den Gesetzen des Marktes verpflichteten Ordnung am besten, wenn er etwas Neues, etwas nie Dagewesenes schafft, eine völlig neue Idee, welche die Probleme der Kunden besser löst als die vorhandenen Angebote. Viele große unternehmerische Erfolge beruhen auf dieser simplen Gesetzmäßigkeit. ALDI ist ein gutes Beispiel dafür. Die Geschäftsidee der Gebrüder Albrecht war im Grunde einfach. Warum, so fragten sie sich, müssen Lebensmittel so teuer sein? Und erfanden zur Lösung des Problems den discountierenden Lebensmittelhandel, indem sie ihr Angebot auf die wichtigsten Massenartikel des täglichen Bedarfs beschränkten und die durch Volumen und fehlende Komplexität geschaffenen Vorteile als Dauerniedrigpreise an ihre Kunden weitergaben. ALDI ist längst zum Mythos geworden, die Idee des Discounts vielfach kopiert und auf andere Branchen übertragen worden.

Etwa von Ingvar Kamprad, der in seinem »unmöglichen Möbelhaus« IKEA einfach einen kostenintensiven Wertschöpfungsschritt, das Zusammenbauen der Möbel, auf die Kunden verlagerte und damit skandinavischen Einrichtungschic zu konkurrenzlos günstigen Preisen in alle Welt exportierte. »Ich hatte die Theorie, dass gute Einrichtung zu einem Preis angeboten werden sollte, der auch für den kleinen Mann attraktiv ist und in seinem Budget Platz hat, ich wollte Möbel verkaufen, die man sich leisten kann«[34], hat Ingvar Kamprad in einem seiner seltenen Interviews die seinem unternehmerischen Erfolg zugrunde liegende Philosophie erläutert.

Auch Günther Fielmann gehört in die Riege der kreativen Zerstörer. Bevor er in den Markt eintrat, war das Geschäft der Optiker hierzulande ein beschauliches Reservat – aufgeteilt zwischen zünftisch organisierten Handwerksbetrieben mit vergleichbaren Leistungen und vergleichbaren Preisen. Für die Kunden war dies kein Vorteil. Vor allem wer wenig Geld hatte, musste mit hässlichen Brillengestellen vorliebnehmen. Genau da setzte Fielmann an. Er bündelte die Nachfrage, realisierte die mit der Größe verbundenen Kostenvorteile und gab sie an seine Kunden weiter. Und da die Kunden plötzlich für wenig Geld schöne Brillen kaufen konnten, machten sie Günther Fielmann zu einem der erfolgreichsten Unternehmer hierzulande.

Die Liste der großen Zerstörer ist lang. Carl Benz und Gottlieb Daimler, die Erfinder des Automobils, gehören auf diese Liste, ebenso wie Henry Ford, der dessen Massenproduktion ermöglichte. Auch Melitta Bentz, die den Kaffeefilter erfand, gehört dazu, der Backpulver-Pionier August Oetker, Bill Gates, dem wir den PC verdanken, Steve Jobs mit seinen iPod, iPhone oder iPad und viele andere mehr. Und sie wird ständig länger. Während Sie dieses Buch lesen, denken überall auf der Welt Menschen darüber nach, wie sie Kundenprobleme lösen und damit ihr eigenes Los verbessern können. Probleme gibt's genug. Und jede Lösung kreiert ein neues Problem. »Das meiste ist noch nicht getan. Wunderbare Zukunft«, formuliert Ingvar Kamprad in seinem »Testament eines Möbelhändlers.«[35] Darin liegt eine Chance – für jeden Unternehmer.

Es müssen ja nicht immer gleich die ganz großen Zerstörungstaten sein. Zugegeben, das System folgt einem einfachen Gesetz: Wer kleine Probleme löst, verdient kleines Geld, wer große Probleme löst, großes Geld. Wer die Probleme weniger löst, verdient wenig Geld, und wer die Probleme vieler löst, verdient viel Geld. Je größer das Problem, das Sie lösen, und je mehr Menschen es haben, desto größer kann Ihr unternehmerischer Erfolg sein. Doch lebt unser System nicht von den großen Leuchtturmprojekten allein, sondern ebenso von der Summe der vielen kleinen Verbesserungen, der neuen Eissorte, der garantiert biologisch hergestellten Wurst oder der besseren Bedienbarkeit eines Mobiltelefons.

Und es sind auch nicht ausschließlich die unmittelbar für den Kunden spürbaren Verbesserungen, die Grundlage unternehmerischer Pioniertaten sein können, wie Schumpeter früh bemerkt hat.[36] Sämtliche Unternehmensfunktionen bilden Raum für kreative Zerstörung. Denken Sie nur an die bahnbrechenden Veränderungen, die durch die Einführung der arbeitsteiligen Organisation, durch prozessorientierte Arbeitsweisen oder durch die Erfindung großer Kapitalsammelbecken in Form von börsengehandelten Publikumsgesellschaften ausgelöst wurden. Raum für Veränderung gibt es genug. Und eine Alternative zu ihr gibt es nicht. Das Grundgesetz der kapitalistischen Marktordnung ist ebenso effizient wie grausam: »Stillstand ist Rückschritt« oder: »Wer nicht mit der Zeit geht, geht mit der Zeit.« Diese oder ähnliche Manifestationen des gesunden Menschenverstandes gehören zum Basisrepertoire aller erfolgreich unternehmerisch Tätigen.

Dies alles mag Ihnen bekannt vorkommen. Aber haben Sie sich schon einmal gefragt, warum die meisten der großen Pioniertaten von Unternehmern realisiert wurden? Staatsbedienstete oder angestellte Manager großer Publikumsgesellschaften finden sich weitaus seltener in der Liste der kreativen Zerstörer.[37] Kein Wunder: Zur unternehmerischen Zerstörungsleistung gehört nicht allein die kluge Idee, es braucht auch den Mut zum Regelbruch. Manch gutes Produkt wurde von Menschen erfunden, deren Namen wir längst vergessen haben. Ohne eine unternehmerische Persönlichkeit mit Mut und Durchsetzungskraft lässt sich kein Markt verändern und kein kreatives Zerstörungswerk in Gang setzen. Worauf es ankommt, möchte ich mit Hilfe einer kleinen Anekdote veranschaulichen. Bei seiner Rückkehr aus Amerika ärgerte sich Christoph Kolumbus über die Äußerung des Kardinals Mendoza, dass es doch ein Leichtes gewesen sei, die Neue Welt zu entdecken; das hätte, meinte der Kardinal bei einem festlichen Essen, jeder gekonnt. Daraufhin verlangte Kolumbus von den anwesenden Personen, ein gekochtes Ei auf der Spitze aufzustellen. Alle Versuche, das zu bewerkstelligen, scheiterten. Man war schließlich davon überzeugt, dass es sich um eine unlösbare Aufgabe handele. Kolumbus aber nahm das Ei, schlug es mit der Spitze auf den Tisch, so dass es leicht eingedrückt wurde und stehen blieb. Das hätten sie auch gekonnt, protestierten die Umstehenden. Kolumbus antwortete: »Der Unterschied, meine Herren, ist, dass Sie es hätten tun können, ich hingegen habe es getan!« Die Botschaft ist klar: Man muss das Außergewöhnliche nicht nur denken können, sondern auch tun. Wer tut, was alle tun, kann sich bestenfalls an die Spitze des Hauptfeldes setzen. Die Medici, die Fugger, die Rothschilds, die Carnegies und Rockefellers, die Daimler und Benz, die ALDIs, IKEAs, Gates und Googles – sie alle waren nur deshalb so erfolgreich, weil sie die Kraft und den Mut hatten, ihre Märkte nicht nur zu bespielen, sondern zu verändern.

An dieser Stelle kommt ein weiterer Systemvorteil der Familienunternehmen zum Tragen. Unternehmerischer Mut hat eine Menge mit Persönlichkeit zu tun. Aber er profitiert auch von einem geeigneten Umfeld. Und die Bedingungen für mutige unternehmerische Entscheidungen sind umso besser, je enger Führung und Inhaberschaft miteinander verzahnt sind. Es darf uns deshalb nicht wundern, wenn in Erfolgsvergleichen zwischen Publikumsgesellschaften und Familienunternehmen vor allem die beiden ersten Generationen inhabergeführter Familienunternehmen überdurchschnittlich gut abschneiden.[38]

Für Familienunternehmen ergibt sich daraus aber auch eine Herausforderung: Sie müssen alles tun, den unternehmerischen Geist über die Generationen zu retten. Vor allem dann, wenn die Zahl der inaktiven Prinzipale zunimmt, fällt das nicht leicht. Was in der Gründergeneration natürlich vorhanden ist, muss in späteren Generationen aktiv gefördert werden. Wie dies geht, zeigt die Hanauer Heraeus-Gruppe. Die Inhaberstrategie der rund 200 Gesellschafter enthält ein klares Bekenntnis zu einer auf Innovation beruhenden Unternehmenskultur, die im Rahmen vorbildlicher Unternehmensleitlinien näher konkretisiert und zur Grundlage unternehmerischen Handelns gemacht wird.

Hermann Simon hat bei den Hidden Champions insgesamt eine überdurchschnittliche Innovationskraft festgestellt und fasst seine wichtigsten Erkenntnisse wie folgt zusammen: »Innovationen sind eines der Fundamente, auf denen die Marktführerschaft der Hidden Champions beruht. Das gilt zum einen für Pionierinnovationen, die einen neuen Markt begründen und aus denen viele Hidden Champions hervorgegangen sind. Zum anderen zeichnen sie sich durch anhaltende Verbesserungen aus, mit deren Hilfe sie ihre einmal errungene Marktposition verteidigen. … Folgende Erkenntnisse seien festgehalten:

- Weltmarktführer wird und bleibt man nur durch Innovation. Reine Imitation reicht dazu nicht aus.
- Eine Innovation muss entweder einen höheren Kundennutzen und/oder niedrigere Kosten beisteuern. Um dies zu erreichen, sollten sich die Innovationsaktivitäten nicht auf Produkt und Technologie beschränken. Alle Facetten der Geschäftstätigkeit bieten Ansatzpunkte für Verbesserungen und sollten in diesem Sinne genutzt werden. …
- Nicht nur spektakuläre Durchbruchsinnovationen sollten angestrebt werden. Viele Hidden Champions sind gerade deshalb so erfolgreich, weil sie ständig und kontinuierlich kleine stufenweise Innovationen einführen.
- Innovation sollte Chefsache sein oder anders ausgedrückt, das Topmanagement sollte als aktiver Impulsgeber für und Durchsetzer von Innovationen auftreten. Diese Rolle erfordert eine hohe Nähe zum Geschäft. …
- Kunden sind eine sehr wichtige Ideenquelle und sollten deshalb in starkem Maße in den Innovationsprozess eingebunden werden. Das setzt eine vertrauensvolle Beziehung voraus.

Trotz ihrer beschränkten Ressourcen erweisen sich die Hidden Champions als sehr erfolgreiche Innovatoren. Sie wenden dabei Praktiken an, die in vielfacher Hinsicht von denjenigen der Großunternehmen abweichen.«[39]

Die Unternehmerin Nicola Leibinger-Kammüller bestätigt dies: »Für uns bei TRUMPF ist das Thema Innovation das Wichtigste. Unsere Kreativität und unsere Ideen schaffen erst die Basis des Erfolgs. Deshalb beschäftigen wir uns sehr intensiv mit der Frage, wie wir unsere Innovationskraft erhalten können. Im Rahmen unserer letzten Führungskräftetagung haben wir uns gefragt: Herrscht bei uns ein innovatives Klima? Da haben wir diskutiert, wie wir sicherstellen können, dass auch künftig das Unerwartete eine Chance hat, der große Sprung möglich ist. Dazu muss man immer wieder die Dinge in Frage stellen, Gewohnheiten umwerfen, darf keine Fünfjahrespläne aufstellen. Vor allem müssen wir verhindern, dass gute Ideen nach Konzernmanier so viele Genehmigungsstufen durchlaufen müssen, bis sie im Kompromiss gestorben sind.«[40]

Durchhaltevermögen zeigen – schwer kopierbare Wettbewerbsvorteile entwickeln

Die Studenten im Raum C-107 der WHU – Otto Beisheim School of Management in Vallendar sind begeistert. Und die Multimediashow, die Mark Oliver Schreiter, Co-Chef des Lüdenscheider Beleuchtungsspezialisten ERCO, vor ihren Augen ablaufen lässt, ist in der Tat beeindruckend. Schreiter belässt es nicht bei wohlgesetzten Worten, beeindruckenden Tabellen und Charts, um sein Unternehmen vorzustellen. Vor allem Filmausschnitte und Fotos von effektvoll beleuchteten Gebäuden, vom Petronas Tower in Kuala Lumpur, vom Hotel Burj al Arab in Dubai, vom Louvre in Paris, von der Hagia Sophia in Istanbul und von der vatikanischen Pinakothek, von den Flughäfen in München und London-Stansted, vom Brandenburger Tor, vom Reichstagsgebäude und vom Kanzleramt transportieren eine eindeutige Botschaft: ERCO ist nicht irgendein Unternehmen. ERCO ist Kult und verkörpert die gelungene Verbindung von Spitzentechnologie und Emotion. Das Unternehmen produziert nicht nur Lampen, es gestaltet mit Licht und bezeichnet sich zu Recht als Weltmarktführer in der Architekturbeleuchtung. Das war nicht immer so. Groß geworden ist ERCO, 1934 von Arnold Reininghaus gegründet, mit einem simplen Regelbruch: ERCO war Pionier für die Zugtechnik bei Hängeleuchten. Nach dem Zweiten Weltkrieg verlegte man sich zunächst auf die Herstellung kompletter Leuchten und Systeme, die neben ihrer Technik vor allem durch anspruchsvolles Design bestachen, und schließlich auf die Entwicklung hoch anspruchsvoller Beleuchtungskonzepte. »ERCO hat sich von einer Leuchtenfabrik zu einem Systemanbieter für Beleuchtung entwickelt, der nicht nur Komponenten wie Leuchten, Strahler, Installationsmaterial, Stromschienen u. Ä. anbietet, sondern auch Beleuchtungskonzepte für Gebäude und Stadtlandschaften entwickelt und die dazugehörigen Lichtsteuerungssysteme liefert. ERCO hat sich damit eine herausragende Position auf dem Weltmarkt erobert«, heißt es im Internetlexikon Wikipedia anerkennend.

Dieser Wandel ist untrennbar mit der Person von Klaus Jürgen Maack, dem Schwiegersohn des Unternehmensgründers, verbunden. Er hatte früh die Vision vom Lichtspezialisten und baute das Unternehmen ab 1970 mit Beharrlichkeit in diese Richtung um. Dabei war Maack konsequent bis ins Detail. Er vertraute nicht allein auf die Wirkung technologischer Überlegenheit, sondern sorgte auch dafür, dass diese glaubhaft erlebbar wurde. Maack veränderte das äußere Erscheinungsbild und den Auftritt sowie die internen Abläufe und die Unternehmenskultur. Er verpflichtete den Designer Otl Aicher, der 1972 das optische Bild der Münchener Olympiade gestaltet hatte, und entwickelte mit ihm ein neues Logo und ein Corporate Design, dessen Grundzüge sich bis heute erhalten haben. Die industrielle Architektur wurde an den neuen Anspruch angepasst und war wegweisend für ihre Zeit. Innen transportieren anspruchsvolles Design und (Licht-)Kunst die ERCO-Philosophie nicht minder augenfällig. Einheitlich gelbe Blumensträuße auf allen Tischen, nicht selten mit Beleuchtungseffekten zusätzlich in Szene gesetzt, und eine Kantine, deren Design einem großstädtischen Bistro zur Ehre gereichen würde, tun ihr Übriges. Der technologische Führungsanspruch wird durch aufwendige Publikationen wie den »ERCO Lichtbericht« unterstrichen, die längst ihren Platz in den Bibliotheken und auf den Arbeitstischen anspruchsvoll arbeitender Architekten gefunden haben. Nein, ERCO ist längst kein schlichter Leuchtenproduzent mehr. ERCO ist ein Gesamtkunstwerk, das für die konsequente Umsetzung seiner Firmenphilosophie »Licht statt Leuchten« zu Recht zahlreiche Auszeichnungen erfahren hat. »Die wichtigste Anerkennung aber kommt vom Kunden«, wird Mark Oliver Schreiter am Ende seines Vortrages sagen, »er hat uns zum Weltmarktführer in der Architekturbeleuchtung gemacht. Eine schönere Auszeichnung kann es für meinen Schwiegervater und unser Unternehmen nicht geben.«

Warum erzähle ich Ihnen diese Geschichte? Wahrscheinlich auch, weil ich durch meine Zusammenarbeit mit der Inhaberfamilie längst selbst zu einem ERCO-Fan geworden bin. Vor allem aber, weil sich an ihr eine weitere erfolgversprechende Wettbewerbsstrategie für Familienunternehmen darstellen lässt. ERCO ist ja kein Einzelfall. Auch Martin Viessmann, Volkmar Wywiol und andere haben ihre Unternehmen in jahrzehntelanger Konsequenz zu selbstreferenziellen Gesamtkunstwerken gestaltet. Herausragende unternehmerische Erfolge entstehen nicht von heute auf morgen. Sie sind das Ergebnis kontinuierlicher und beharrlicher Verbesserungsarbeit. Erst wenn die große Vision im Kleinen angekommen ist, wenn sie nicht nur in Skizzen und schönen Worten auf Papier steht, sondern von jedermann, täglich und bis in den letzten Unternehmensbereich hinein gelebt wird, ist das Ziel erreicht. Dafür braucht es einen langen Atem. Der legendäre Nestlé-Chef Helmut Maucher schreibt es in seinen »10 Grundsätzen für den Unternehmenserfolg« allen Kollegen ins Stammbuch: »Vergiss nie die langfristigen Aspekte und die langfristige Entwicklung des Unternehmens trotz aller kurzfristigen Pressures.«[41]

Publikumsgesellschaften tun sich mit dieser Forderung nicht leicht.

Sie sind den Gesetzen des Kapitalmarktes unterworfen, und der ist in erster Linie an kurzfristigen Steigerungen des Börsenkurses interessiert. Gute Nachrichten müssen her – und zwar schnell. Als ich Tim Henrik Maack, den Sohn von Klaus Jürgen Maack und jetzigen Sprecher der Geschäftsführung bei ERCO, fragte, wie lange sein Vater für den Umbau des Unternehmens vom Leuchtenhersteller zum Beleuchtungsspezialisten gebraucht habe, antwortete er, als wäre dies nichts Besonderes: »Erste Erfolge waren schon nach etwa zehn Jahren zu sehen. Aber im Grunde hat es eine ganze Generation gedauert.« Der Manager einer Publikumsgesellschaft hat so viel Zeit in aller Regel nicht. Seine durchschnittliche Verweildauer an der Unternehmensspitze beträgt nicht einmal mehr fünf Jahre, und für jeden neuen Quartalsbericht braucht er eine neue Nachricht, die den Kurs der Aktie befeuert. Langfristig wirksame Investitionen, deren Return erst in Jahrzehnten sichtbar wird, werden zwar auch bei Publikumsgesellschaften immer wieder gefordert, im Alltag des Kapitalmarktes aber selten honoriert. Kein Wunder, dass sich die Manager von Publikumsgesellschaften lieber auf kurzfristig wirksame Maßnahmen konzentrieren oder ihr Heil in spektakulären Übernahmen suchen als in einem Jahrzehnte dauernden Aufbau einer singulären Wettbewerbsposition aus eigener Kraft.

Im Familienunternehmen liegen die Dinge anders. Bei ihnen ist langfristig wirksames Handeln nicht nur möglich, sondern nötig, um die generationenübergreifende Zielsetzung ihrer Inhaber zu verwirklichen. Ihr primäres Ziel lautet nicht kurzfristige Wertsteigerung, sondern langfristige Unternehmenserhaltung, und bei der Realisierung dieser Zielsetzung weiß das Management die Inhaber hinter sich. Porsche-Chef Wendelin Wiedeking wurde in seiner erfolgreichen Zeit als Chef des damals noch selbständigen Zuffenhausener Automobilherstellers nicht müde zu betonen, wie viel angenehmer es für ein verantwortlich handelndes Management sei, sich mit den Inhabern über verbindliche Langfriststrategien abstimmen zu können, als permanent kurzfristig Luftblasen produzieren zu müssen.[42] Und auch Paolo dell'Antonio, Vorstandschef des Spirituosenherstellers Jägermeister, lässt in einem Vortrag vor Studenten der WHU – Otto Beisheim School of Management keinen Zweifel aufkommen: »Langfristig orientierte Inhaberschaft«, erklärt er, »ermöglicht eine langfristige strategische Orientierung und eine entsprechend langfristige Markenentwicklung. Ohne die spezifische Inhaberstruktur eines Familienunternehmens wäre der Umbau der Marke Jägermeister von einem altbackenen Kräuterschnaps zum Kultgetränk für junge Leute nicht möglich gewesen.«

Fassen wir zusammen: Echte, schwer zu kopierende und deshalb langfristig wirksame Wettbewerbsvorteile entstehen nicht aus kurzfristigen Aktionen und spektakulären Übernahmen. Sie sind das Resultat einer am Kundennutzen orientierten strategischen Ausrichtung und deren konsequenter Umsetzung bis in das letzte Unternehmensdetail. Dafür braucht es Beharrlichkeit und Zeit. Und genau die haben die Familienunternehmen. Ihre Wettbewerbsstrategie sollte deshalb zwingend folgende Fragen beantworten:

(1) Wo wollen wir hin?
(2) Was müssen wir tun, um dahin zu kommen?
(3) Wie lange dauert es?
(4) Und was darf es kosten?

»Never bet the company«

Bislang war nahezu ausschließlich von unternehmerischen Chancen die Rede. Doch gehört auch ein wirksames Risikomanagement zu einer guten Unternehmensstrategie.[43] Das ist die Grundlage jeder guten Unternehmensführung, gilt aber für Familienunternehmen in besonderer Weise. Immerhin soll nicht nur deren Überleben gewährleistet, sondern auch die Aufrechterhaltung der dominanten Inhaberschaft der Inhaberfamilie gesichert werden. Dieser weitergehende Anspruch begründet eine zusätzliche Anforderung an das Management von Familienunternehmen. Sie müssen nicht nur den Mut zum Regelbruch haben, sondern auch die Kraft zum Verzicht. »Sei des Tags mit Eifer bei den Geschäften, aber mach nur solche, dass du des Nachts gut schlafen kannst«, schreibt der alte Buddenbrook seinen Nachfolgern ins Stammbuch. Deshalb müssen Familienunternehmen bei der Risikobegrenzung nicht nur die allgemeinen Grundsätze beachten, sondern auch die Besonderheiten, die sich aus ihren spezifischen Charaktermerkmalen ergeben. Mein Kollege Hermut Kormann hat vor diesem Hintergrund eine eigenständige Sicherungsstrategie für Familienunternehmen gefordert.[44]

Das besondere Element einer solchen Sicherungsstrategie liegt auf der Hand: Wenn der Erhalt des Unternehmens als Familienunternehmen oberste Priorität hat, muss das Management alle Strategieoptionen meiden, die bei einem Fehlschlag – und sei dessen Eintritt auch noch so unwahrscheinlich – entweder die Überlebensfähigkeit des Unternehmens oder dessen Erhalt im Familienbesitz gefährden können. Wenn unser führender Managementdenker Hermann Simon davon spricht, es gelte, den »großen Fehler« zu vermeiden,[45] dann kann ich ihm nur zustimmen. Und möchte zugleich ergänzen, dass der »große Fehler« im Familienunternehmen eine Stufe früher ansetzt als in einer Publikumsgesellschaft. Das maßgebliche Ziel wird im Familienunternehmen nicht nur bei einem Scheitern des Unternehmens, sondern ebenso beim Verlust der Familienherrschaft verfehlt. Demgegenüber sind Veränderungen in der Inhaberstruktur als Folge unternehmerischer Fehler aus Sicht der Publikumsgesellschaft weniger dramatisch.

»Never bet the company« muss deshalb als unantastbarer Grundsatz über den Handlungen eines jeden Familienunternehmens stehen. Wer ihn verletzt, den kann sein Verstoß teuer zu stehen kommen. Das hat auch Maria-Elisabeth Schaeffler schmerzlich erfahren müssen. Jürgen Geißinger, Chef des Herzogenauracher Familienunternehmens INA Schaeffler, hatte der Inhaberfamilie zur Stärkung der eigenen Wettbewerbsposition die Übernahme des weit größeren, zudem stark verschuldeten Börsenkonzerns Continental vorgeschlagen. Die Chancen für eine Übernahme standen im Umfeld einer zur euphorischen Übertreibung neigenden Finanzwirtschaft der Jahre 2007/2008 durchaus gut. Aber auch die Risiken waren beachtlich. Der Rest ist bekannt. Mit der

Blase an den Finanzmärkten platzte der Traum der Schaefflers. Zwar ist die Conti-Story noch nicht zu Ende geschrieben, und Maria-Elisabeth Schaeffler hat sich im Kampf um ihr Unternehmen einmal mehr als beeindruckende Persönlichkeit gezeigt. Aber es ist nicht ausgeschlossen, dass die Schaefflers am Ende ihres Kampfes nicht nur die Kontrolle über Continental, sondern auch die Herrschaft über ihr eigenes Unternehmen verloren haben und weder Continental noch INA Schaeffler zukünftig Familienunternehmen sein werden. Dann hätten Jürgen Geißinger & Co. mit der Übernahme von Continental genau den verhängnisvollen »großen Fehler« gemacht, den ein Familienunternehmen nicht machen darf.

Der schwäbische Pionierunternehmer Adolf Merckle, der mit unternehmerischem Geschick das ererbte Vermögen gemehrt und in wenigen Jahrzehnten den Aufstieg in die Liga der reichsten Deutschen geschafft hatte, hat für seinen »großen Fehler« noch weitaus teurer bezahlen müssen. Mit der Übernahme eines Wettbewerbers durch die zu seinem Imperium gehörende HeidelbergCement und einer gleichzeitigen Spekulation mit VW-Papieren war der Unternehmer Risiken eingegangen, die er in der großen Krise der Finanzwirtschaft nicht mehr beherrschen konnte. Als er sein Lebenswerk vor dem Zusammenbruch sah, wählte Adolf Merckle den Freitod. Dabei war seine Ausgangssituation gar nicht so schlecht. Anders als die Schaefflers hatte Merckle sein unternehmerisches Engagement breit diversifiziert. Neben HeidelbergCement gehörten auch der Generika-Pionier Ratiopharm, der Pharmagroßhändler Phoenix und eine Reihe kleinerer Beteiligungen zum Portfolio der Merckles. Seinem Sohn Ludwig Merckle ist es denn auch in der Folge durch besonnenes Handeln und kluge Verkäufe gelungen, die erdrückende Verschuldung zu reduzieren und die Kontrolle über die Unternehmensgruppe zurückzugewinnen. Merckle wird als Familienunternehmen überleben – wenn auch mit deutlich verringertem Zuschnitt.[46]

Professionelles Management im Familienunternehmen muss solch dramatische Zuspitzungen vermeiden. Zu einer entsprechenden Sicherungsstrategie für Familienunternehmen gehören deshalb

(1) ein erklärter Verzicht auf den »großen Fehler« und ein Bekenntnis zu »Never bet the company«,
(2) eine Folgenabschätzung für strategische Entscheidungen und die ihnen zugrunde liegenden Optionen,
(3) der Einbau gezielter Sicherungsinstrumente, etwa durch eine haftungsbegrenzende Gestaltung der Unternehmensstruktur, und
(4) ein Notfallplan mit klaren Anweisungen, wie zu verfahren ist, wenn die vorgenannten Sicherungselemente versagen.

Dem Lebenszyklus ein Schnippchen schlagen

Zu den systemimmanenten Risiken für Unternehmen in Familienbesitz zählen die Gesetzmäßigkeiten des Lebenszyklus. Das Gesetz vom Entstehen, Wachsen, Reifen und Vergehen gehört auch zu unserer Wettbewerbswirtschaft. Ebenso wie Menschen, Tiere und Pflanzen vergehen auch Produkte, Märkte und Unternehmen. Für Unternehmen, die auf einen langen Zeitraum angelegt sind, ist der Lebenszyklus ein natürlicher Feind. Eine der zentralen strategischen Fragen für sie lautet: Wie können wir dem Lebenszyklus ein Schnippchen schlagen? Dabei sollten sie ein paar einfache Regeln beachten.

(1) Langlebige Märkte wählen: Erinnern Sie sich noch an die süßen kleinen Tamagotchis? Bei dem aus Japan stammenden Elektronikspielzeug handelte es sich um ein virtuelles Küken auf einem Computerdisplay, um das sich die meist kindlichen Spieler wie um ein richtiges Haustier kümmern mussten. Die Tamagotchis bescherten ihrem Hersteller, der Firma Bandai, in der zweiten Hälfte der 1990er Jahre weltweit einen kometenhaften Erfolg, verschwanden danach aber rasch wieder in der Versenkung.[47] Auch wenn es nicht immer so extrem ist wie bei den Tamagotchis: Vielen Produkten und Märkten ist ein verhältnismäßig kurzes Leben beschieden. Auch das Tonband, der Kassettenrecorder, der Walkman oder die Kugelkopfschreibmaschine waren kurzfristig erfolgreich, wurden aber ebenso schnell wieder vergessen. Märkte mit

Tamagotchi-Lebenszyklen sind für generationenübergreifend denkende Unternehmen weniger geeignet. Familienunternehmen sollten Märkte mit langen Lebenszyklen bevorzugen. Nicht zufällig sind die ältesten Familienunternehmen der Welt in der Ernährungsindustrie, im Geldgeschäft, im Beherbergungsgewerbe oder ähnlich dauerhaften Branchen tätig.

(2) Lebenszyklus-Radar einführen: Vollständige Sicherheit gewährt die Wahl eines langlebigen Marktes aber nicht. Auch wenn mein Vater mit seiner Behauptung »Gegessen und getrunken wird immer« recht hatte: Die Gefahr kreativer Zerstörung lauert auch in langlebigen Märkten. Kundenpräferenzen, Herstellungsverfahren und äußere Rahmenbedingungen ändern sich und bringen etablierte Produkte und Unternehmen zum Verschwinden. Wer sich nicht rechtzeitig anpasst, geht unter. Familienunternehmen brauchen deshalb einen verlässlichen Lebenszyklus-Radar, der ihnen jederzeit anzeigt, in welcher Phase des Lebenszyklus sie sich mit ihren wichtigsten Produkten und Dienstleistungen befinden. Zu den unverzichtbaren Analysewerkzeugen ihres Strategiebaukastens sollten deshalb die Lebenszyklus-Kurve, Michael Porters 5-Forces-Analyse und eine aussagekräftige Portfolio-Matrix gehören.

(3) Kontinuierliche Anpassungen vornehmen: Zur Abmilderung des Lebenszyklus-Risikos empfiehlt sich eine kontinuierliche Weiterentwicklung des Tätigkeitsspektrums entlang der eigenen Kernkompetenzen. Allzu enge Fokussierungen müssen kritisch hinterfragt, Poor Dogs im Portfolio konsequent eliminiert und die Kraft der Cash-Kühe genutzt werden, um frühzeitig neue Produkte und künftige Stars aufzubauen.

Hermann Simon attestiert den von ihm untersuchten Hidden Champions ein erstklassiges Portfoliomanagement und eine starke Tendenz zur weichen Diversifikation.[48] So hat beispielsweise Giesecke & Devriendt, Champion im Druck von Banknoten, auf die vorhersehbaren Veränderungen in diesem Markt frühzeitig reagiert und mit Erfolg in die Herstellung von Chipkarten investiert. TRUMPF hat seine Kompetenz in der Herstellung lasergesteuerter Werkzeugmaschinen auf die

Medizintechnik übertragen, und der Schaltschränkehersteller Rittal ist in die Herstellung von Klimageräten eingestiegen.

Nicht immer genügt die weiche Diversifikation. Manchmal ist es notwendig, in ganz andere Märkte umzusteigen. Echte Diversifikation verändert das Unternehmen nachhaltig und bedarf deshalb besonderer strategischer Kompetenz und Achtsamkeit. Vor allem braucht es eine enge Abstimmung mit den Inhabern. So muss geklärt werden, ob die Diversifikation auf Inhaber- oder auf Unternehmensebene erfolgen soll, welche zentralen Kompetenzen für das neue Geschäftsfeld und die Steuerung eines diversifizierten Unternehmens benötigt werden und ob diese vorhanden sind oder mit Erfolg aufgebaut werden können. Darüber hinaus wird durch eine echte Diversifikation auch in die organisatorische Struktur des Familienunternehmens eingegriffen. Nicht selten verändert es sich zu einer Holding-Organisation. Entsprechende Schritte bedürfen sorgfältiger betriebswirtschaftlicher, aber auch rechtlicher und steuerlicher Analyse.

(4) Mutige Entscheidungen treffen: Mitunter müssen Familienunternehmen noch weiter gehen und harte Entscheidungen treffen. Rechtzeitig bevor der Lebenszyklus einer Aktivität endet und das in ihr gebundene Vermögen vernichtet, muss man sich aus ihr verabschieden. Es hat den Herstellern von Pferdefuhrwerken wenig genutzt, dass der deutsche Kaiser sich 1906 öffentlichkeitswirksam zum Pferd bekannte und das Automobil als eine lediglich vorübergehende Erscheinung bezeichnete. Unternehmer, die aus Wilhelms Worten eine Lebensversicherung herauslesen wollten, haben dies mit dem Niedergang ihres Unternehmens bezahlen müssen. Wer in niedergehenden Märkten tätig ist, tut sich oft schwer, die Bedrohung durch Veränderung zu erkennen und einen sich daraus ergebenden Handlungszwang zu akzeptieren. Dies gilt umso stärker, je mehr die Veränderung nicht revolutionär, sondern auf leisen Sohlen daherkommt. Unternehmensführer verhalten sich dann oft wie der Frosch, der in dem berühmten Tierversuch die Gefahren der nur langsam fortschreitenden Erhitzung des ihn umgebenden Wassers zu spät bemerkt. »Warum etwas ändern? Wir sind doch immer noch

erfolgreich. Das Neue muss sich erst noch bewähren; längst nicht alle Bäume wachsen in den Himmel. So schlimm wird es schon nicht kommen. Und so schnell wird es auch nicht gehen«, lautet ein gefährliches Credo von Unternehmen in niedergehenden Märkten. Nehmen wir ein Beispiel aus jüngster Zeit. Schon kurz nach der Erfindung des Internets war außenstehenden Betrachtern klar, dass dieses Medium die auf Papierdruck und Anzeigenerlösen basierenden Geschäftsmodelle der klassischen Zeitungen erschüttern würde. Doch während findige Jungunternehmer wie Google & Co. ein neues Geschäftsmodell nach dem anderen entwickelten, stand die Mehrzahl der klassischen Verleger der sich abzeichnenden Veränderung ihrer medialen Umwelt passiv-reagierend gegenüber. »Was nicht sein darf, das nicht sein kann« ist keine überlebenssichernde Geisteshaltung für Unternehmer.

In Familienunternehmen kommt häufig eine weitere Erschwernis hinzu. Nicht nur der ökonomische, auch der emotionale Wert des Unternehmens ist eng mit der Gründungstätigkeit verknüpft. Mit ihr verbinden sich Gründungsmythen, Tradition, Stolz und die Identität von Familie und Unternehmen. Gemeinsam verstärken sie die Tendenz zur Beharrung und begründen ein Phänomen, das ich an anderer Stelle als strategische Starre bezeichnet habe.[49] Das Management des Familienunternehmens muss wissen: So verständlich die Tendenz zur Beharrung sein mag – unternehmerisch leisten können wir sie uns nicht. Es sollte daher in enger Abstimmung mit den Inhabern einen Katalog objektiver Kriterien entwickeln, die zu einem Wechsel in der unternehmerischen Betätigung führen. Die Duisburger Haniel-Gruppe, nicht nur hierzulande einer der Champions unter den Familienunternehmen, ist mehr als 250 Jahre nach ihrer Gründung als Kolonialwarenhändler nur deshalb noch quicklebendig und erfolgreich, weil das Unternehmen im Laufe seiner Geschichte seine unternehmerischen Betätigungsfelder mehrfach gewechselt hat[50] und seinen Entscheidungen klare, für Management und Inhaber gleichermaßen transparente und verbindliche Kriterien zugrunde legt.

Multiplikation vor Akquisition

Auch bei der Suche nach geeigneten Wachstumsstrategien werden die Besonderheiten des Familienunternehmens wirksam. Bei Publikumsgesellschaften sind die Begriffe Wachstum und Akquisition eng miteinander verbunden. Fusionen und Übernahmen sind spektakulär, beflügeln Kursfantasien und mehren die Reputation des übernehmenden Managements. Dass sie zugleich mit hohem Kapitaleinsatz und Risiko verbunden sind,[51] stört die Manager von Publikumsgesellschaften nicht wirklich. Das notwendige Kapital lässt sich über den Kapitalmarkt beschaffen. Und ein mit Wertvernichtung verbundener Fehlschlag der Operation ist zwar nicht angestrebt, aber auch nicht wirklich dramatisch. Den Aktionären bleibt zumindest die Möglichkeit, sich jederzeit zum Marktwert von ihrer Beteiligung zu trennen. Und die Verursacher des Fehlschlags werden mit einer satten Abfindung für den vorzeitigen Verlust ihres Arbeitsplatzes entschädigt und in den gut funktionierenden Arbeitsmarkt für Spitzenmanager entlassen.

Im Familienunternehmen liegen die Dinge anders. Wer Erfolg mit begrenzten Kapitalressourcen suchen muss und dauerhaft Familienkontrolle sichern will, sollte Wachstumsstrategien meiden, die mit großem Kapitaleinsatz und hohem Fehlschlagrisiko verbunden sind. Die Schicksale der Schaefflers und Merckles sollten das hinreichend deutlich gemacht haben. Erfolgreiche Familienunternehmen wachsen deshalb lieber aus eigener Kraft. Sie vertrauen der Multiplikation der eigenen Erfolgsidee mehr als der Integration einer andersgearteten unternehmerischen Kultur.[52]

Eine solche Strategie birgt deutlich weniger Risiken. Helmut Maucher, der langjährige Nestlé-Chef, hat zwar für sich und sein Unternehmen ein eindeutiges Bekenntnis zur Akquisition als Wachstumsstrategie abgelegt. »Akquisitionen«, schreibt er in einem Management-Brevier, das die Summe seiner unternehmerischen Erfahrungen bündelt, »können … wichtige strategische Ziele, zum Beispiel den Eintritt in neue Länder oder in neue Produktfelder, abkürzen, wenn der eigene Weg zu lange dauert. Hier sind … Zeitfaktoren gegen den Preis für Akquisitionen abzuwägen.« Aber er benennt auch eindeutig die zentralen Risiken der Akquisitionstätigkeit. Neben der Neigung, sich etwas vorzumachen und sich von der eigenen Leidenschaft den gesunden Menschenverstand verblenden zu lassen, kritisiert Maucher vor allem ein katastrophales Post-Merger-Management. »Der Erfolg einer Akquisition«, schließt er seine diesbezüglichen Betrachtungen, »hängt letztlich … davon ab, was man anschließend mit ihr macht. Die Integration einer akquirierten Firma … bedarf großer Behutsamkeit, Fingerspitzengefühls und psychologischen Einfühlungsvermögens. … In vielen Unternehmen hat sich immer wieder gezeigt, dass Akquisitionen deshalb schief gegangen sind, weil man anschließend alle Fehler gemacht hat, die man machen kann.«[53] Da dürfte es den ALDI-Managern leichter gefallen sein, ihre damals noch im Schuhkarton transportierbaren Grundsätze für den Aufbau eines funktionierenden Lebensmitteldiscounts nach immer gleichem Schema von Essen und Mülheim bis nach Flensburg und Berchtesgaden zu transportieren. Multiplikation, die auf konsequenter Standardisierung einer erfolgreichen Geschäftsidee beruht, reduziert das Fehlschlagrisiko signifikant. Nicht nur bei der Expansion im angestammten Markt mit angestammten Produkten. Auch beim Eintritt in neue Märkte und bei der Erschließung neuer Tätigkeitsfelder. Zwar sollte man sich davor hüten, in diesen Fällen das bisherige Erfolgswissen einfach zu übernehmen. Aber je besser die Standardisierung und mit ihr die Grundlagen für eine Multiplikation gelegt sind, desto besser kann man sich beim Eintritt in neue Märkte auf deren Besonderheiten und daraus resultierende Anpassungsnotwendigkeiten konzentrieren. Auf diese Weise hat ALDI sein in Deutschland erfolgreiches Geschäftsmodell Schritt für Schritt bis nach Australien exportiert.

Wachstum aus eigener Kraft ist nicht nur risikoärmer. Es ist auch weniger kapitalintensiv. Vor allem, wenn man bereit ist, sich das Wachstumstempo von den selbst generierten Finanzmitteln diktieren zu lassen. ALDI hat das getan und sein Wachstumstempo nicht nur an den vorhandenen Chancen, sondern in erster Linie am eigenen Cashflow ausgerichtet. Das setzt bewussten Verzicht voraus. Jedermanns Sache ist dies nicht. Aber für die Führung eines Familienunternehmens ist solch weise Selbstbeschränkung vorbildlich. Solange der dynastische Wille den Wunsch nach Sicherung der unternehmerischen Unabhängigkeit nährt, sollte das Familienunternehmen seine Risiken nicht dadurch erhöhen, dass seine unternehmerischen Aktivitäten schneller wachsen als seine Finanzmittel. Markus Miele und Reinhard Zinkann haben dies im *Handelsblatt* deutlich formuliert: »Unternehmen müssen wachsen, sonst sterben sie. Aber sie dürfen das nur so stark tun, wie ihr Eigenkapital wächst. Wenn man zusätzliche Chancen nutzen will und dies mit übermäßig viel Fremdkapital finanziert, ist das Hybris.«[54]

Lieber den Erfolg als die Herrschaft teilen

Die meisten von Ihnen kennen Fressnapf, OBI, Portas, Tee Gschwendner sowie Engel &Völkers. Es sind erfolgreiche Franchisesysteme. Und Familienunternehmen. Das ist kein Zufall, sondern Ergebnis einer klugen, familienunternehmensadäquaten Wachstumsstrategie.

Torsten Toeller war ein junger Angestellter bei einem deutschen Handelskonzern, als er sich Ende der 1980er Jahre auf einer USA-Reise für die Idee der Super-PET-Stores begeisterte. Solche Fachdiscounter für Tierbedarf wollte er auch in Deutschland etablieren. Sein Chef war von der Idee weniger begeistert. »Tierfutterbuden will in Deutschland keiner«, beschied er Toeller abschlägig. Und so nahm der die Idee kurzerhand selbst in die Hand. Am 18. Januar 1990 eröffnete der 24-Jährige im rheinischen Erkelenz den ersten Fressnapf-Markt. Toellers Idee war ein klassischer Regelbruch. Und sie kam an. Denn die Fressnapf-Märkte waren erfrischend anders als die klassischen Zoofachhandlungen. Schon bald erkannte der junge Unternehmer, dass die Wachstumsmöglichkeiten seiner Geschäftsidee die ihm zur Verfügung stehenden finanziellen Mittel weit überstiegen. Aber Toeller wollte beides: das Wachstumspotenzial seiner Idee ausschöpfen und Herr im eigenen Hause bleiben.

Und wählte eine ebenso einfache wie geniale Lösung. 1992 eröffnete er die ersten Franchisemärkte. Fortan standen die Zeichen bei Fressnapf auf Expansion. Das Unternehmen ist inzwischen Marktführer in Deutschland und in Europa. Und sein Gründer, der bekennende Familienunternehmer Torsten Toeller, nicht nur ein mehrfach ausgezeichneter Entrepreneur, sondern immer noch uneingeschränkter Herrscher im Fressnapf-Reich. Zumindest was das Herz des Unternehmens, die Fressnapf Tiernahrungs GmbH als Franchisegeber betrifft.[55]

Für Familienunternehmen, die ihr Wachstum nicht begrenzen und zugleich ihre unternehmerische Unabhängigkeit sichern wollen, stellt das Franchising eine interessante Option dar. Der Trick besteht darin, dass der Inhaber einer unternehmerischen Idee andere als Subunternehmer am Wachstum seiner Idee beteiligt. Dabei gewährt er die Beteiligung nicht an seinem Unternehmen, sondern lediglich an dessen Wachstumspotenzial. Und gewährt dementsprechend keinen Einfluss und keine Mitwirkungsrechte an seinem Familienunternehmen, sondern eine begrenzte unternehmerische Selbständigkeit. Konkret sieht das so aus: Der Franchisegeber liefert Geschäftsidee und Geschäftskonzept, Marke und Markenimage, Know-how und Ausbildung, der Franchisegeber vergütet dies mit Loyalität und Commitment, Teilübernahme der Finanzierungslast und einer Franchisevergütung. Eine echte Win-win-Situation. Und eine erstklassige Strategieoption für Familienunternehmen, die wachsen wollen und lieber den wirtschaftlichen Erfolg teilen als die Herrschaft über ihr Unternehmen.[56] Indem Franchise-Unternehmen wie Torsten Toellers Fressnapf andere an ihren Erfolgskonzepten teilhaben lassen, ermöglichen sie den Inhabern eine konzentrierte Multiplikation ihrer Geschäftsidee, ohne die finanzielle Leistungsfähigkeit ihres Unternehmens über Gebühr zu strapazieren.

Franchising ist nicht die einzige Möglichkeit einer intelligenten Wachstumsstrategie bei begrenzten finanziellen Ressourcen. Aber es ist ein gutes Beispiel dafür, wie Familienunternehmen zu intelligenten Strategiekonzepten gelangen, wenn sie sich nicht am Managementwissen von der Stange orientieren, sondern an den Besonderheiten ihres

Unternehmenstyps. Für einen Unternehmer, der von einem Zieldreieck aus schnellem Wachstum, begrenzten finanziellen Ressourcen und dem Wunsch nach Erhalt der unternehmerischen Unabhängigkeit ausgeht, liegt Franchising gewissermaßen auf der Hand.

Abb. 11: Zusammenfassende Übersicht – Strategieempfehlungen für Familienunternehmen

- Eine unverwechselbare Unternehmenskultur schaffen
- Geeignete Märkte suchen
- Den Inhaberbonus nutzen
- Näher am Kunden sein
- Mut zum Regelbruch
- Durchhaltevermögen zeigen – schwer kopierbare Wettbewerbsvorteile entwickeln
- »Never bet the company«
- Dem Lebenszyklus ein Schnippchen schlagen
- Multiplikation vor Akquisition
- Lieber den Erfolg als die Herrschaft teilen

6. Kapitel:

FINANZIERUNG

Ein paar einführende Bemerkungen

Mit dem Franchising als Wachstumsoption haben wir den Schnittpunkt von Strategischer Führung und Finanzierung erreicht. Die Finanzierung von Familienunternehmen ist ein immer noch wenig verstandenes Gebiet. Und sie ist stark mit Emotionen besetzt.

So denkt der langjährige Chef des Automobilzulieferers Brose und Architekt des Brose-Erfolges, Michael Stoschek, zuallererst an Finanzierung, wenn er nach seinem größten unternehmerischen Fehler befragt wird: »Nach der zweiten Ölkrise schlug ich meiner Familie vor, die Abhängigkeit vom Automobilgeschäft zu reduzieren und in den Maschinenbau zu investieren. Von einer renommierten Privatbank wurde uns ein Unternehmen im Bereich Sondermaschinen empfohlen. Die Firma war hoch verschuldet, unsere Hausbanken rissen sich geradezu darum, die Kredite der neuen Firma zu übernehmen. Später stellte sich heraus, dass der Maschinenpark deutlich älter war als in der Bilanz angegeben und bei Interpol über den Eigentümer eine Liste von Ermittlungen in Strafsachen vorlag. Da wir die Akquisitionsmethoden des Vorgängers nicht übernahmen, ging es mit dem Auftragseingang rapide bergab. Nach drei Jahren zog ich die Reißleine und beschloss, diese Diversifikation zu beenden. Ich bat die kreditgebenden Banken um Unterstützung beim Verkauf, den wir nach Ausgleich aller Verluste zu 1 D-Mark anboten. Die überraschende Reaktion war, dass unsere Hausbank persönliche Sicherheiten für die Kredite forderte, und als wir dies ablehnten, ihren Kredit innerhalb von zehn Tagen fällig stellte, die Insolvenz des Unternehmens auslöste und Guthaben meiner Familie in entsprechender Höhe beschlagnahmte. … Zwei Lehren habe ich aus dieser unerfreulichen Geschichte gezogen: Wir machen keine Geschäfte mehr, bei denen wir von Banken abhängig sind. Und auch bei Familienunternehmen verlasse ich mich nicht mehr blind auf deren Seriosität.«[1]

Sein Kollege Hans Riegel vom Bonner Familienunternehmen Haribo beantwortet die Frage nach seinem größten Fehler ähnlich: »Fünf Männer der Sparkasse Bonn liefen damals auf unserem Werksgelände herum, klebten Zettel auf die Zuckersäcke. Das sei jetzt Eigentum der Bank. Vom Pförtner hinzugerufen, stellte ich mich den Herren in den Weg, sagte ihnen, sie sollten schleunigst das Haribo-Gelände verlassen. Ich würde alles mit ihrem Direktor klären. Das war 1950 und für mich eine heilsame Lehrstunde, die meinen Umgang mit der Finanzbranche bis heute prägt. Es ging damals um einen Kredit in Höhe von 250 000 D-Mark, den ich benötigt hatte, weil sich vor dem Ostergeschäft die Aufträge stapelten. Die Händler mussten die gelieferten Süßigkeiten natürlich erst verkaufen, damit sie unsere Rechnungen begleichen konnten. Und das dauerte länger als geplant. So fehlte Geld am Zahltag, und die Bank wollte ihre Forderung mit unseren Vorräten sichern. Letztlich einigten wir uns, Haribo musste etwas mehr Zinsen überweisen. Doch fortan war ich erheblich vorsichtiger im Umgang mit Bankern und habe nie mehr Schulden bei einem Kreditinstitut gemacht. Ich wollte diese Form der Abhängigkeit auf gar keinen Fall noch einmal erleben.«[2]

Keine Frage: Familienunternehmen und ihre wichtigsten Financiers tun sich nicht leicht miteinander. Viele Banken verstehen nicht, wie Familienunternehmen funktionieren, und verkaufen ihnen Finanzierungsprodukte, mit denen beide Seiten nicht glücklich werden. Und viele Familienunternehmer wollen einfach nicht begreifen, dass Banken ganz normale Unternehmen sind, die ihr Geld mit einer Dienstleistung verdienen. Banken sind keine hoheitlichen Institute. Ihr Geschäftszweck ist nicht die Subventionierung unternehmerischer Tätigkeit. Ebenso wie das Management des Familienunternehmens ist auch die Führung der Bank in erster Linie den Interessen ihrer Inhaber verpflichtet. Sie muss versuchen, mit der Zurverfügungstellung von Geld möglichst erfolgreich zu wirtschaften. Das Familienunternehmen ist dabei Partner und Interessengegner zugleich – ebenso wie in jeder anderen Kunden-Lieferanten-Beziehung auch. Erst wenn die Familienunternehmen und ihre Financiers verstehen, welches Spiel sie gemeinsam spielen und welche Interessen den jeweils anderen bewegen, werden wir die Finanzierung von Familienunternehmen von ihrer mangelnden Professionalität und überbordenden Emotionalität befreien. Nur dann kann Finanzierung von Familienunternehmen gelingen. Es ist an der Zeit, einiges ins rechte Licht zu rücken.

Grundlegendes zum Verständnis von Unternehmensfinanzierung

Die Unternehmensfinanzierung leistet eine wichtige Unterstützungsfunktion bei der Führung des Unternehmens. Ihre Aufgabe ist es, die Unternehmung mit den Kapitalien zu versorgen, die dieses benötigt, um das im Unternehmen gebundene Vermögen und die gegen es gerichteten Zahlungsansprüche zu finanzieren. Grundstücke und Gebäude, Maschinen, Betriebs- und Geschäftsausstattung, Vorräte und noch nicht bezahlte Forderungen gegen Kunden wollen ebenso mit Kapital hinterlegt sein wie Gehaltsforderungen der Mitarbeiter oder die Zins- und Tilgungsansprüche der Hausbank. Dies sicherzustellen ist Aufgabe der Unternehmensfinanzierung.[3]

Ebenso wie bei den anderen Unternehmensfunktionen handelt es sich auch bei der Unternehmensfinanzierung um eine Optimierungsaufgabe. Eine allgemein richtige Unternehmensfinanzierung gibt es nicht. Die richtige Finanzierungsstrategie ist immer individuell zu bestimmen. Dazu müssen die Vor- und Nachteile der verschiedenen Finanzierungsangebote mit den Zielsetzungen und Möglichkeiten der jeweiligen Unternehmung abgeglichen und zu einem überzeugenden Gesamtkonzept verbunden werden.

Wichtige Kriterien zur Bestimmung der Vor- und Nachteile eines Finanzierungsinstrumentes sind seine Verfügbarkeit, seine Sicherheit und die mit ihm verbundenen Kosten. Es hilft wenig zu wissen, dass man Eigenkapital über die Börse beschaffen kann, wenn mein Unternehmen die Voraussetzungen für einen Börsengang nicht erfüllt. Und es hilft auch nicht, Factoring zu schätzen, wenn meine Kunden die Abtretung ihrer Forderungen vertraglich ausgeschlossen haben. Aus der Verfügbarkeit ergibt sich deshalb häufig eine erste wichtige Einschränkung der zur Verfügung stehenden Finanzierungsalternativen. Oder ein Aspekt für ihre Klassifikation: Denn häufig lautet die Antwort auf die Frage nach der Verfügbarkeit nicht »ja« oder »nein«, sondern »einfacher« oder »schwieriger«.

Ein zweiter Klassifikationsaspekt ergibt sich aus der Frage nach der Finanzierungssicherheit. Es ist für die Beurteilung eines Finanzierungsinstrumentes wichtig zu wissen, ob die zugesagten Kapitalien dem Unternehmen für die benötigte Finanzierungsperiode mit absoluter oder eingeschränkter Sicherheit zur Verfügung stehen. Ebenso ist von Bedeutung, ob der Finanzierungspartner ausgewechselt oder die vereinbarten Konditionen einseitig verändert werden können. Weniger Sicherheit bei diesen zentralen Fragen bedeutet weniger Attraktivität des Finanzierungsinstrumentes – und umgekehrt. Denn nur, wer jederzeit in der Lage ist, alle gegen ihn gerichteten Zahlungsansprüche zu befriedigen, überlebt. Nicht nur Überschuldung, auch Zahlungsunfähigkeit führt zur Insolvenz.

Zu guter Letzt bestimmen die Kosten die Attraktivität eines Finanzierungsinstrumentes. Dabei geht es nicht nur um die direkt sicht- und messbaren Kosten in Form des Finanzierungszinses. Auch die indirekten Kosten gehören in den Attraktivitätsvergleich. Entstehen zusätzliche Kosten für Beratung und Vermittlung? Für notarielle Beurkundungen, Anmeldungen zum Handelsregister oder zur Erfüllung kapitalmarktrechtlicher Anforderungen? Für PR-Kampagnen und Ähnliches? Auch wiederkehrende Kosten sollten nicht vergessen werden. Wer etwa mit seinem Unternehmen an die Börse geht, muss von nun an dauerhaft die sich aus Aktien- und Kapitalmarktrecht ergebenden Formalismen erfüllen; er muss einen Aufsichtsrat haben, eine öffentliche Hauptversammlung abhalten, festgelegten Veröffentlichungspflichten entsprechen und die Informationsbedürfnisse der Finanzanalysten befriedigen. Das ist oft teurer als gedacht. Und begrenzt den Gang an die Börse als Finanzierungsinstrument für eine Vielzahl kleinerer Unternehmen. Dazu kommen häufig noch qualitative Kosten. So wird die mit einem Börsengang verbundene größere Öffentlichkeit nicht von jedem Unternehmen positiv bewertet. Wer mit seinem Produkt in der Nische sitzt und dort viel Geld verdient, wird wenig Interesse daran haben, seine Wettbewerber und Kunden auf die Attraktivität seines Geschäfts hinzuweisen. Und wahrscheinlich lieber auf ein anderes Finanzierungsinstrument zurückgreifen. Auch etwaige Sicherheiten wie die Bestellung von Grundschulden, die Verpfändung von Anteilen, eine persönliche Haftung oder die Einräumung von Mitspracherechten bei Unternehmensentscheidungen müssen in die Abwägungsentscheidung einbezogen werden. Die Ermittlung der quantitativen und qualitativen Finanzierungskosten ist der spannendste und zugleich schwierigste Aspekt des Attraktivitätsvergleiches. Dieser Finanzierungsaspekt, aber auch die Gesamtbeurteilung setzt eine umfassende Analyse und Bewertung aller relevanten Vergleichsaspekte voraus.

Dafür braucht es taugliche Vergleichskriterien. Diese lassen sich aus den Finanzierungszielen, jene aus den Unternehmenszielen ableiten und letztere aus den übergeordneten Zielen der Inhaber. Erst wenn wir wissen, was wir wollen, können wir die Qualität der Mittel beurteilen, die uns zu ihrer Erreichung zur Verfügung stehen.

Das Zielsystem einer Unternehmung wird typischerweise durch das Dreieck Wachstum, Rentabilität und Stabilität bestimmt. Dabei folgen kapitalmarktorientierte Unternehmen im Grundsatz einer Zielhierarchie, die sich auf die einfache Formel bringen lässt: Wachstum vor Rentabilität und Rentabilität vor Stabilität.[4] Diese Sichtweise bestimmt das

Finanzierungsverhalten. Wenn Rentabilität im Zielsystem einen höheren Stellenwert hat als Stabilität, werde ich geneigt sein, einem unsicheren Kontokorrentkredit den Vorzug gegenüber einem teuren Langfristkredit einzuräumen. Und wenn Wachstum wichtiger ist als Rentabilität und Rentabilität wichtiger als Stabilität, dann werde ich den Turboeffekt der Fremdverschuldung nutzen, obwohl mit jeder Verschiebung von der Eigen- zur Fremdfinanzierung die Krisenresistenz des Unternehmens und seine Stabilität leiden. Die extensive Ausnutzung des Leverage-Effekts durch Finanzinvestoren und Publikumsgesellschaften ist die zwangsläufige Folge einer Philosophie, die Wachstum vor Rentabilität und Rentabilität vor Stabilität stellt und es den Agenten erlaubt, an möglichen Erfolgen zu partizipieren und sich vom Misserfolgsrisiko freizuzeichnen.

... und was bei Familienunternehmen anders ist

In Familienunternehmen liegen die Dinge anders.[5] Ihr Zielsystem unterscheidet sich grundlegend von dem der Finanzinvestoren und Publikumsgesellschaften. Wenn die Mieles und Zinkanns, die Aldis und viele andere erfolgreiche Familienunternehmer als Credo postulieren: »Wir wachsen nicht schneller als unser Eigenkapital«, dann stellen sie damit die Stabilität unmissverständlich an die Spitze ihrer Zielhierarchie. Und handeln entsprechend. Wer die dominante Stellung der Inhaberfamilie über Generationen sichern will, muss gewährleisten, dass sein Unternehmen auch bei der Finanzierung nichts tut, was diese Zielsetzung gefährdet. Er wird Finanzierungen meiden, die Außenstehenden einen nicht gewollten Einfluss auf das Unternehmen geben. Und er wird darauf achten, dass keine Situation entstehen kann, welche die Unabhängigkeit des Familienunternehmens gefährdet. Den »großen Fehler« kann man auch bei der Finanzierung machen. Schaeffler und Merckle sind nicht nur deshalb in Schwierigkeiten geraten, weil ihre Wachstumsstrategien überambitioniert waren. Zur tödlichen Gefahr für das Familienunternehmen wurden diese Strategien erst, weil sie mit Finanzierungskonzepten verbunden wurden, bei denen der Verlust der unternehmerischen Unabhängigkeit als Risiko nicht ausgeschlossen war. Wem die Unabhängigkeit des Unternehmens von Dritteinfluss über alles geht, weil er das Unternehmen als Familienunternehmen erhalten will, der muss Stabilität vor Rentabilität und Wachstum stellen. Er muss dafür mitunter auf Ertrags- und Wachstumschancen verzichten. Und er muss bereit sein, sich gegebenenfalls teurer, aber sicherer zu finanzieren.[6]

Norbert Winkeljohann, PWC-Chef und intimer Kenner vieler Familienunternehmen, bestätigt dies: »Die meisten Familienunternehmer empfinden … das nicht als Bürde: Erst finanzielle Unabhängigkeit … gibt ihnen neben der Entscheidungsgewalt im Betrieb die Chance, ihr Lebenswerk … an die nächste Generation zu übergeben und so eine Familientradition zu gründen oder weiterzugeben. … Natürlich kann die konservative Bewirtschaftung der Firmenfinanzen verhindern, dass bestimmte unternehmerische Wagnisse eingegangen werden – aber dieser Konsequenz sind sich die Inhaberfamilien bewusst und nehmen sie aus grundsätzlichen Erwägungen heraus in Kauf.«[7]

Finanzierungsregeln für Familienunternehmen

»Den Ausgleich zu finden zwischen höchstmöglicher Wahrung der Unabhängigkeit und bestmöglichem Zugang zu externer Finanzierung ist … eine der größten Herausforderungen, die es zu bewältigen gilt«, schreibt Joachim Schielke in der Festschrift für Brun-Hagen Hennerkes.[8] Bei der Bewältigung dieser Aufgabe sollten sich die Familienunternehmen von ein paar einfachen Grundsätzen leiten lassen. Sie sind das Ergebnis gesunden Menschenverstandes und ergeben sich logisch aus dem besonderen Charakter des Familienunternehmens und seiner Inhaberschaft. Sie sind erprobt und werden von den besten Familienunternehmen überall auf der Welt mit Erfolg praktiziert. Sie klingen oft einfach und sind doch schwer durchzusetzen. Denn dafür braucht es

Mut und Konsequenz. Wenig ist bekanntlich so schwer wie »einfach« – nicht nur bei der Finanzierung.

Der wichtigste Beitrag zur Finanzierung ist der Gewinn

Auf den ersten Blick ist es eine Selbstverständlichkeit: Je höher der Gewinn, desto höher ist der Betrag, der für die Finanzierung zur Verfügung steht. Dennoch gehört es gesagt. Denn die Bedeutung des Gewinns für die Unternehmensfinanzierung ist im Familienunternehmen noch höher als in der Publikumsgesellschaft. Wer fremden Einfluss ablehnt, der muss sich bei der Ausweitung seiner Eigenkapitalbasis auf die Finanzmittel beschränken, die ihm von der Inhaberfamilie zur Verfügung gestellt werden. Und da diese in der Regel nur begrenzt zu offenen Transfers aus der Privatsphäre bereit und in der Lage sind, stellt der einbehaltene Gewinn die wichtigste Quelle zur Stärkung des Eigenkapitals im Familienunternehmen dar.[9]

Je höher der Gewinn ist, desto leichter lassen sich Thesaurierungs- und Ausschüttungsinteressen der Inhaber miteinander versöhnen. Je höher der Gewinn, desto mehr davon kann im Unternehmen verbleiben, ohne dass der ökonomische und emotionale Wert der Beteiligung aus Inhabersicht Schaden nimmt. Es macht keinen Sinn, wenn das Management eines Familienunternehmens die Inhaber immer wieder an eine aus »Firma geht vor« abgeleitete Verpflichtung zum Ausschüttungsverzicht erinnert, gleichzeitig aber die eigene Korrespondenzverpflichtung zur Gewinnerzielung und Rentabilitätssicherung nicht erfüllt. Der Vorrang der Stabilität vor Rentabilität und Wachstum bedeutet ja nicht, dass Familienunternehmen ohne Rentabilität und Wachstum auskommen könnten. Vielmehr müssen sie einem simplen Dreiklang folgen: Zunächst müssen sie darauf achten, stets so solide finanziert und insbesondere mit Eigenkapital ausgestattet zu sein, dass sie auch Krisen überstehen können, ohne in finanzielle Abhängigkeiten zu geraten. Dann müssen sie so rentabel sein, dass sowohl die familiären Eigenkapitalgeber als auch die übrigen Kapitalgeber bereit sind, das benötigte Kapital im Unternehmen zu belassen oder neu zur Verfügung zu stellen. Und wachsen sollten sie stets nur so schnell, wie es der durch Stabilitäts- und Rentabilitätsziele vorgegebene Rahmen zulässt und Markterfordernisse notwendig machen. Dass diese Optimierungsaufgabe umso leichter zu lösen ist, je höher der Gewinn der Firma ist, muss das Management wissen. Und bereit sein, sich der damit verbundenen Herausforderung zu stellen. Gutes Finanzmanagement ist mit dem strategischen und operativen Management der Unternehmung untrennbar verknüpft.

Sorgen Sie dafür, dass möglichst viel Gewinn im Unternehmen verbleibt

Zur Finanzierung des Unternehmens steht in der Regel nicht der gesamte Gewinn zur Verfügung. Vielmehr erheben sowohl der Staat (in Form von Steuern) als auch die Inhaber (in Form von Dividenden) legitime Ansprüche auf eine Partizipation am erwirtschafteten Ergebnis. Steuer- und Ausschüttungspolitik sind deshalb weitere wichtige Bestandteile der Unternehmensfinanzierung. Sie fallen in die Entscheidungshoheit der Inhaber und werden deshalb schwerpunktmäßig im dritten Teil dieses Buches behandelt. Das soll uns aber nicht hindern, die wichtigsten Handlungsmaximen an dieser Stelle kurz zusammenzufassen.

Familienunternehmen haben ein berechtigtes Interesse daran, dass ein möglichst großer Teil des erwirtschafteten Gewinnes zur Stärkung der Eigenkapitalbasis im Unternehmen verbleibt. Leicht gemacht wird ihnen das nicht. In vielen Unternehmen ist der Staat mit seinen fiskalischen Ansprüchen zu einem bedeutenden »stillen Gesellschafter« geworden. Familienunternehmen, die dadurch bedingte Finanzmittelabflüsse nicht ohne weiteres durch Inanspruchnahme des externen Eigenkapitalmarktes kompensieren können, werden dadurch ungleich stärker betroffen als Publikumsgesellschaften. Sie sind deshalb im Rahmen ihrer Finanzierungsstrategien berechtigt, wenn nicht gar verpflichtet, Überlegungen zur Reduzierung der Steuerlast anzustellen. Intelligente Steuergestaltung ist ein wichtiger Eckpfeiler des Finanzmanagements in Familienunternehmen. Sie darf aber niemals nur die Steueroptimierung im Auge haben. Wichtige Grenzen ergeben sich aus dem geltenden Recht und aus der Betriebswirtschaftslehre. Ein Notwehrrecht zur Steuerhinterziehung gibt es nicht. Steueroptimierung hat sich strikt im Rahmen geltender Gesetze zu vollziehen. Und sie darf auch nicht dazu führen, dass im Unternehmen Komplexitäten geschaffen werden, die eine wertschaffende Unternehmensführung behindern. Wer sein Unternehmen nach Steuern steuert, steuert rasch am Erfolg vorbei. Mein Vater hatte dafür eine einfache Formel: »Lieber zahle ich fünf Millionen Steuern von zehn Millionen Gewinn als keine Steuern von vier Millionen Gewinn.« Es gilt das Primat der Betriebswirtschaftslehre. Steuern sparen ist wichtig. Kunden zufrieden zu stellen und besser zu sein als die Wettbewerber, ist wichtiger.

Darüber hinaus müssen die Inhaber Vorkehrungen gegen übermäßige und ungeplante Schmälerungen des Kapitalstocks treffen. Haben kommt von Halten. Kein Wunder, dass vorbildliche Familienbetriebe in ihrer Ausschüttungspolitik defensiver sind als Publikumsgesellschaften. Der Wirtschaftsjournalist Axel Gloger fasst das Ergebnis einer Vergleichsanalyse verschiedener Geschäftsberichte in puncto Ausschüttungen wie folgt zusammen: »Auch hier gilt der Grundsatz ›Firm First‹, der zur DNA vieler Eigentümerstrategien gehört. Die Familie als Anteilseigner wird mit mageren 15 Prozent des Vorsteuergewinns bedient. Bei den Börsenfirmen dagegen langten die Eigentümer deutlich kräftiger zu – selbst 2009 zogen sie 25 Prozent des Gewinns aus dem Unternehmen.«[10] Eine moderate Ausschüttungspolitik, die angemessene Begrenzung der Austrittsrechte durch Kündigungsbeschränkungen und Abfindungsbegrenzungen sowie in den privaten Bereich hineinragende Vereinbarungen mit Schutzwirkungen für das Unternehmenskapital gehören zur professionellen Finanzierungsstrategie im Familienunternehmen.

»Low Leverage is Key« – Warum Familienunternehmen hohe Eigenkapitalquoten brauchen

Das schwäbische Baustoffunternehmen Kemmler ist ein erfolgreiches Familienunternehmen.[11] 1885 gegründet, ist das Unternehmen in fünf Generationen familiärer Herrschaft mit inzwischen über 300 Millionen Euro Umsatz zur finanziellen Lebensgrundlage für mehr als 1300 Mitarbeiterfamilien geworden und hat mehr als eine Krise erfolgreich überstanden. Marc Kemmler, geschäftsführender Gesellschafter in fünfter Generation, erklärt, wie das gelingen konnte:

»Wir sind als Unternehmen überdurchschnittlich stark eigenfinanziert, besitzen nahezu alle Immobilien selbst und bezahlen per saldo keine Zinsen, sondern können die ersparten Zinsen in weitere Investitionen stecken.« Und er verweist auf den Vorzug einer hohen Eigenkapitalquote, auf die Fähigkeit, selbstbestimmt handeln zu können: »Wie wertvoll unsere hohe Eigenkapitalquote gerade in Zeiten einer Finanzkrise für unsere tägliche Arbeit ist, kann man an einem einfachen Beispiel zeigen: Hätten wir nämlich statt unserer 53 Prozent nur die in der deutschen Wirtschaft durchschnittliche Eigenkapitalquote von 24 Prozent, dann müssten wir die Hälfte unseres Eigenkapitals fremdfinanzieren. Dann hätten wir bei allen Fragen Banken als Fremdinvestoren und faktische Miteigentümer am Tisch sitzen, die in wesentlichen Entscheidungen ein Mitspracherecht geltend machen würden. Für uns als Familienunternehmen Kemmler ist es aber wichtig, dass wir von Banken unabhängig und damit in unseren unternehmenspolitischen Entscheidungen frei sind. … Solange wir … unseren Eigenkapitalrahmen nicht verlassen, brauchen wir uns über die Finanzierbarkeit einer von uns als sinnvoll erachteten Investition nicht den Kopf zu zerbrechen und können schnell handeln. Unsere Führungskräfte müssen sich nicht um ein zeitaufwendiges und nervenaufreibendes Liquiditätsmanagement kümmern, sondern haben die Freiheit zur sachlich richtigen unternehmerischen Entscheidung. Sie können sich bei Kemmler ganz ihrer Hauptaufgabe widmen, nämlich die Kundenprobleme zu lösen und auf diese Weise die Marktstellung unseres Unternehmens weiter zu verbessern. Unsere Eigenkapitalsituation ist damit der Garant dafür, dass wir unsere Zukunftschancen entschlossen wahrnehmen können. Und das ist ein echter Erfolgsfaktor.«[12]

Mit dieser Haltung steht Marc Kemmler nicht alleine. Eine erstklassige Eigenkapitalausstattung gehört gewissermaßen zu den Erkennungsmerkmalen erfolgreicher Familienunternehmen. Während in der Öffentlichkeit die Eigenkapitallücke des deutschen Mittelstandes beklagt wird, sind die erfolgreichen Familienunternehmen wahre Eigenkapital-Champions. Die Eigenkapitalquote der von mir betreuten Familienunternehmen liegt regelmäßig zwischen 35 und 70 Prozent, Hermann Simon hat für die von ihm untersuchten Hidden Champions eine durchschnittliche Eigenkapitalquote von über 40 Prozent ermittelt,[13] und eine von INTES gemeinsam mit der WHU – Otto Beisheim School of Management in Vallendar durchgeführte Untersuchung war 2007 zu ähnlichen Ergebnissen gekommen.[14] Auch Norbert Winkeljohann assistiert unter Hinweis auf eine Studie des Center for Entrepreneurial and Financial Studies (CEFS) an der TU München: »Die Eigenkapitalquote der Familienunternehmen liegt bei durchschnittlich 44,7 Prozent – jedes fünfte Unternehmen ist sogar zu über 70 Prozent aus Eigenkapital finanziert.«[15] Dass die großen Familienunternehmen damit besser dastehen als andere Großunternehmen, haben Ljuba Haunschild und Frank Wallau empirisch nachgewiesen. In einer vom BDI und der Deutschen Bank initiierten Arbeit kommen die Forscher vom Institut für Mittelstandsforschung in Bonn zu dem eindeutigen Ergebnis: »Die Eigenkapitalquote der großen Familienunternehmen betrug im Jahr 2007 im Durchschnitt 30,8 Prozent. … Die durchschnittliche Eigenkapitalquote von allen Großunternehmen lag bei 28,3 Prozent … In Bezug auf die Eigenkapitalquote zeigt sich, dass es den großen Familienunternehmen besser als den anderen großen Unternehmen gelungen ist, ihre finanzielle Bestandsfestigkeit zu wahren bzw. zu erhöhen.«[16]

Abb. 12: Ausgewählte Eigenkapitalquoten führender deutscher Familienunternehmen im Jahre 2008

Unternehmen	Eigenkapitalquote
Benteler	31 %
Bertelsmann	31 %
Braun Melsungen	37 %
Freudenberg	46 %
Haniel	35 % *
Henkel	41 %
Heraeus	56 %
Knauf	51 % *
Merck	61 %
Oetker	61 %
Phoenix Contact	36 % **
Wacker Chemie	45 %
Würth	41 %
*2007 ** 2007/2008	

Quelle: Süddeutsche Zeitung *vom 09.07.2009, S. 28*

Während Finanzinvestoren den Turboeffekt des Leverage nutzen, um die Rendite des eingesetzten Eigenkapitals zu maximieren, gehen die Familienunternehmen den entgegengesetzten Weg. Um ihre Unabhängigkeit zu schützen, geben sie der finanziellen Stabilität den Vorrang vor risikoreicher Renditeoptimierung. Peter Zinkann (Miele) gibt dieser Philosophie im persönlichen Gespräch Ausdruck: »Wir halten gar nichts von Leverage und Bank Financing. Unser Ziel ist es nicht, kurzfristig die höchstmögliche Kapitalrendite zu erreichen, sondern auch über die nächsten 100 Jahre rentabel zu bleiben. Das ist leichter ohne Leverage und Bank Financing.« Und Karl-Erivan Haub (Tengelmann) assisitert: »Als Familienunternehmen bleiben wir beim Wachstum immer in dem Rahmen, den wir uns leisten können, ohne uns massiv zu verschulden.«[17] Wer unabhängig bleiben will, sollte auf einen niedrigen Leverage und eine hohe Eigenkapitalquote achten. Und den damit verbundenen Verzicht auf eine Optimierung der Kapitalrendite und extreme Wachstumsoptionen bewusst in Kauf nehmen. Denn aus Sicht eines Familienunternehmens hat die hohe Eigenkapitalquote ansonsten nur Vorteile. Sie reduziert das unternehmerische Risiko und die Kapitalkosten, erhöht die unternehmerische Unabhängigkeit und schafft gute Voraussetzungen für einen familienunternehmenstypischen Wettbewerbsvorteil in Form schneller und von äußeren Zwängen unbeeinflusster Entscheidungen. Das Streben nach hohen Eigenkapitalquoten ist damit ein weiterer Beleg für die Fähigkeit guter Familienunternehmen, vermeintliche Nachteile zu begrenzen und in Vorteile zu verwandeln. Das ist die Botschaft der Kemmlers & Co.

Sorgen Sie für Bankenunabhängigkeit

Eine hohe Eigenkapitalquote ist eine notwendige, aber keine hinreichende Bedingung für finanzielle Unabhängigkeit. Das Management des Familienunternehmens muss auch darauf achten, dass keiner der externen Kapitalgeber in eine Position gelangt, die für die Unabhängigkeit des Familienunternehmens gefährlich werden könnte.

Dieser Hinweis gilt vor allem für die Banken. Ich will keine gängigen Vorurteile schüren. Die Banken sind nicht der natürliche Feind des Familienunternehmens. Sie sind normale Geschäftspartner, deren Aufgabe darin besteht, mit dem ihnen von ihren Kapitalgebern anvertrauten Geld möglichst viel zu verdienen. Da Banken im Gegensatz zu Lieferanten in der Regel kein über die Finanzierungstätigkeit hinausgehendes Interesse an der Geschäftsverbindung haben und viele Unternehmer ihren Bankpartnern knappe Margen und den Verzicht auf Sicherheiten abgetrotzt haben, ist es nur normal, dass wir es bei den Banken mit tendenziell nervösen Finanzierungspartnern zu tun haben. Das in Deutschland lange vorherrschende Hausbankprinzip[18] hat den Blick für eine angemessene Rolle der Kreditfinanzierung durch Banken verstellt. Banken leisten weit mehr als Kreditfinanzierung und sind als Partner in Gelddingen für Familienunternehmen in vielfacher Hinsicht von Bedeutung.[19] Doch müssen die Familienunternehmen darauf achten, bei der Finanzierung ihrer Geschäftsaktivitäten von ihren Bankpartnern unabhängig zu bleiben. Man muss dabei zwar nicht gleich so weit gehen wie Miele-Chef Reinhard Zinkann, der in einem Vortrag auf dem Symposium Oeconomicum an der Universität Münster im Mai 2010 selbstbewusst verkündete: »Bei einem westfälischen Familienunternehmen gehört die Bank auf die linke Seite der Bilanz.« Aber man sollte zumindest darauf achten, dass die Verbindlichkeiten gegenüber Kreditinstituten eine kritische Relation im Verhältnis zu den von den Inhabern bereitgestellten Finanzmitteln nicht übersteigen. Bei den Top-Familienunternehmen habe ich selten ein schlechteres Verhältnis als 1:2 angetroffen. Nur so lässt sich verhindern, dass die Banken in die Rolle des wirtschaftlichen Eigentümers hineinrutschen und sich spätestens im Krisenfall auch so verhalten.

Gute Finanzierung hat ihren Preis

Common Sense ist die Zurückhaltung gegenüber der klassischen Bankfinanzierung bei den deutschen Familienunternehmen noch nicht. Im Gegenteil. Die bereits erwähnte Studie von Haunschild und Wallau stellt auch fest, dass die Verbindlichkeiten gegenüber Kreditinstituten bei den großen Familienunternehmen mit 24,5 Prozent Anteil an der Gesamtfinanzierung deutlich über denen anderer Großunternehmen liegen, die lediglich 6,3 Prozent ihres Finanzierungsvolumens über Bankkredite decken.[20] Tatsächlich rangiert der Bankenkredit gleich hinter der Finanzierung durch einbehaltene Gewinne.[21] Und das, obwohl mit Leasing, Factoring & Co. attraktive Alternativen zur Verfügung stehen. Der Grund für die Beliebtheit des klassischen Bankkredits ist einfach: Geld von der Bank ist in Deutschland vergleichsweise billig. Leasing, Factoring, Lieferantenkredite, ja sogar Gesellschafterdarlehen sind in der Regel teurer als der Kredit von der Hausbank. Und werden von kostenbewussten Familienunternehmern entsprechend seltener genutzt.

Ich behaupte: Es ist an der Zeit, dass die deutschen Familienunternehmer ihre Finanzierungsstrategien korrigieren. Die Kosten der Finanzierung sind ein wichtiger Parameter bei der Auswahl eines Finanzierungsinstruments. Aber für einen Unternehmenstypus, dem der Erhalt der Unabhängigkeit über alles geht, muss Finanzierungssicherheit einen höheren Stellenwert haben. Und in dieser Hinsicht schneiden der jederzeit kündbare Kontokorrentkredit, aber auch Darlehen, deren Fortbestand an die Erreichung sogenannter Covenants geknüpft ist, schlechter ab als bestehende Finanzierungsalternativen. Leasing, Factoring, Lieferantenkredite und Gesellschafterdarlehen sind oft teurer, dafür aber sichere Finanzierungsalternativen. Billig allein genügt nicht. Sicherheit ist Trumpf. Und die hat bekanntlich ihren Preis. Wer es mit der Unabhängigkeit seines Familienunternehmens ernst meint, muss bereit sein, die Mehrkosten als eine Art Versicherungsprämie gegen den Verlust der Unabhängigkeit in Kauf zu nehmen. Bankkredite sind ein wichtiges Element der Unternehmensfinanzierung, auch im Familienunternehmen. Aber ihre Bedeutung muss deutlich zurückgehen.[22]

Verschieben Sie keine Risiken in die Zukunft

Der Unternehmer Marcus Moller-Racke ist aufgewühlt. Soeben muss er einem Kreis befreundeter Familienunternehmer die Insolvenz seines Unternehmens, der Bingener Racke-Gruppe, erklären. Viele Jahre hatte Moller-Racke gekämpft. Zunächst um die Macht im Unternehmen. Dann gegen den Wettbewerb und ungünstige Markttrends. Am Ende war alles vergeblich. Für Marcus Moller-Racke steht der Schuldige fest. Nicht Managementfehler, sondern die Pensionslasten aus einer vom Vater geerbten betrieblichen Altersversorgung hätten dem Traditionsunternehmen den Garaus gemacht. Mit dieser Einschätzung steht der Unternehmer keineswegs alleine da. Die Finanzierung mit Hilfe von Pensionsrückstellungen, jahrzehntelang als Königsweg der Unternehmensfinanzierung für sozial kompetente Unternehmer gepriesen,[23] ist in Verruf geraten. Und das zu Recht. Was einst gut gedacht war, hat sich zu einem schwer kalkulierbaren Risiko entwickelt.

Die Finanzierungsidee hinter der betrieblichen Altersversorgung über Pensionszusagen war einfach. Der Unternehmer versprach denjenigen seiner Mitarbeiter, die bei Erreichung des Pensionsalters noch in seinem Betrieb tätig waren, eine betriebliche Zusatzrente. Und der Gesetzgeber erlaubte ihm, die dafür erforderlichen Mittel über die Restarbeitszeit des Mitarbeiters zurückzustellen und aus ersparten Steuern mitzufinanzieren. Da der Steuerspareffekt bereits während der Beschäftigungszeit der Arbeitnehmer eintrat, die Verpflichtung zur Rentenzahlung hingegen erst Jahrzehnte später, konnten die Pensionsrückstellungen in der Aufbauphase der betrieblichen Versorgungswerke als willkommene Instrumente zur Finanzierung anderer betrieblicher Investitionen genutzt werden. So weit, so gut. Eine echte Win-win-Situation, könnte man meinen. Doch hatten die Unternehmer die Rechnung ohne den Wirt gemacht. In den Folgejahren verbesserten Gesetzgeber und Arbeitsgerichte sukzessive die Anspruchsposition der begünstigten Arbeitnehmer; der Fiskus kam auf der Suche nach zusätzlichen Steuereinnahmen auf die Idee, den für die Finanzierung wichtigen Abzinsungsfaktor zuungunsten der Unternehmen zu verändern, und die Demografie tat ihr Übriges. Die Menschen wurden immer älter und die Leistungsperioden für Betriebsrenten länger als ursprünglich angenommen. Nichts davon war rechtswidrig, nichts davon höhere Gewalt – und doch war nichts davon bei der Begründung dieses Versorgungsweges vorausgesehen worden. Was ursprünglich als günstige Finanzierung verkauft worden war, wurde am Ende zu einer teuren, für manche unbezahlbaren Sozialleistung.

Ich will hier nicht über die Pensionszusagen richten. Das zu ihnen Gesagte gilt ebenso für mezzanine Finanzierungsprogramme, Anleihen und jede andere Form der Finanzierung. Es genügt nicht, dass sie leicht zu bekommen sind. Man muss sie auch zurückzahlen können – selbst unter ungünstigen Umständen. Wer die Unabhängigkeit seines Unternehmens sichern will, darf keine Risiken eingehen, die er nicht übersehen kann. Die Zukunft ist weder vorhersehbar noch beherrschbar. Wer Risiken in die Zukunft verschiebt, handelt im Sinne einer Unabhängigkeit sichernden Unternehmensphilosophie unverantwortlich. Im Familienunternehmen sollte das verboten sein. Unterschreiben Sie keine ungedeckten Schecks. Und nichts, was Sie nicht verstehen oder nicht übersehen.

Streng fristenkongruent finanzieren

Die goldene Bilanzregel ist tot. Was früher als Inbegriff des ehrbaren Kaufmannes galt, wagt heute kaum einer mehr auszusprechen: dass nämlich das langfristig im Unternehmen gebundene Vermögen vollständig durch Eigenkapital gedeckt sein sollte. Weil die Praxis dieser hehren Forderung nur noch in seltenen Ausnahmefällen genügt, hat die Theorie sie aufgegeben und durch mildere Forderungen ersetzt.[24]

Dabei gibt es durchaus Reservate, in denen die goldene Bilanzregel überlebt hat. Erstklassige Familienunternehmen, denen ihre Unabhängigkeit über alles geht, legen unverändert Wert darauf, ihr Anlagevermögen mit eigenem Kapital zu hinterlegen. Kein Wunder: Fristenkongruenz ist ein elementarer Grundsatz unabhängigkeitssichernder Unternehmensfinanzierung. Die Finanzierung muss dem Unternehmen immer länger zur Verfügung stehen, als der zu finanzierende Vermögensgegenstand gebraucht wird. Die alten, modernen Finanzakrobaten als antiquiert und verstaubt geltenden Grundregeln fristenkongruenter Finanzierung gehören deshalb unverändert zu den Elementarbausteinen der Finanzierung im Familienunternehmen:

(1) Langfristig gebundenes Vermögen darf nicht kurzfristig finanziert sein. Auch wenn die Kurzfristfinanzierung billiger ist. Wer Investitionen

über kurzfristige Kredite finanziert, weil er dabei ein paar Zehntelprozentpunkte spart, riskiert die Unabhängigkeit seines Unternehmens und dessen Fortbestand als Familienunternehmen. Langfristig gebundenes Vermögen muss langfristig finanziert sein, und zwar am besten durch die Kapitalklasse, die am sichersten zur Verfügung steht – das Eigenkapital der Inhaber.

(2) Die langfristige Finanzierung kurzfristig gebundenen Vermögens ist keine Schande – im Gegenteil. Je mehr Vorräte, Forderungen und andere Bestandteile des Umlaufvermögens durch langfristige Finanzierungen gedeckt sind, desto besser ist es unter Aspekten der Sicherheit. Eine etwaige Versicherungsprämie für diese Sicherheit ist durchaus akzeptabel.

(3) Kurzfristig fällig werdendes Fremdkapital muss zu jeder Zeit durch kurzfristig realisierbares Vermögen bezahlt werden können. Deshalb ist streng darauf zu achten, dass das Vermögen stets schneller verfügbar ist, als die Ansprüche auf Rückzahlung kurzfristiger Verbindlichkeiten fällig werden. Auf dieser einfachen Wahrheit beruht das Konzept der Liquidität 1., 2. und 3. Grades.[25]

Die Steuerungsinstrumente der Anlagendeckung und der Liquidität 1., 2. und 3. Grades sowie eine professionelle Liquiditätsrechnung gehören in die Toolbox eines jeden Familienunternehmens. Und sie sollten nach dem Grundsatz gehandhabt werden: Je sicherer, desto besser.

Keine unnötigen Haftungsrisiken eingehen

Zur Sicherung der Unabhängigkeit gehört auch, Haftungsrisiken so zu begrenzen, dass aus ihnen keine Risiken für den Fortbestand des Unternehmens und seinen Verbleib in Familienbesitz resultieren. Dabei geht es mir nicht so sehr um die umfassende persönliche Haftung. Viele Familienunternehmer müssen oder wollen mit ihrem Privatvermögen gegenüber ihren Gläubigern einstehen. Dies ist eine persönliche Entscheidung, und ich kann nur hoffen, dass sie die damit verbundenen Vorteile

(z. B. bei Mitwirkungsrechten, Publizitäts- und Mitbestimmungspflichten sowie beim Renommee) und Risiken (nicht zuletzt im Hinblick auf den Erhalt der unternehmerischen Unabhängigkeit) umfassend und sorgfältig gegeneinander abgewogen haben.

Mir geht es um die Familienunternehmen, die zur Sicherung ihres Vermögens und ihrer Unabhängigkeit umfassende Anstrengungen unternommen haben. Neben der Wahl einer haftungsbegrenzenden Rechtsform gestalten diese Unternehmen Haftungsbegrenzung häufig mit Hilfe sogenannter Holding-Konstruktionen, bei denen die verschiedenen unternehmerischen Aktivitäten haftungsmäßig voneinander getrennt werden. Kommt ein Bereich in Schwierigkeiten, infiziert dieser nicht gleich das gesamte System.[26] »Im schlimmsten Fall verliert man einen Arm oder ein Bein, niemals aber das Leben«, hat mir ein befreundeter Unternehmer seine dahinterstehende Philosophie im persönlichen Gespräch erläutert. Es wäre fatal, wenn diese normative Grundentscheidung der Inhaber durch Fehler im Finanzmanagement ausgehebelt würde. Familienunternehmen, die ihre Unabhängigkeit sichern wollen, müssen deshalb darauf achten, dass sie bei ihren Finanzierungsaktivitäten eine erreichte Haftungsbegrenzung nicht wieder öffnen. Haftungen sollten nach Möglichkeit auf das zu finanzierende Objekt beschränkt werden. Querverhaftungen der rechtlich separierten Unternehmensteile oder gar eine Haftungsübernahme der Gesamtgruppe müssen vermieden werden. Gleiches gilt für eine isolierte Übernahme der persönlichen Haftung gegenüber einzelnen Gläubigern. Diese erhöht lediglich die Erpressbarkeit im Krisenfall und gefährdet die finanzielle Unabhängigkeit mehr, als es sie stärkt. Wenn schon persönliche Haftung, dann gegenüber allen.

Gute Finanzierung beginnt auf der Aktivseite

»Die beste Finanzierung ist die, die man nicht braucht«, hat mir ein weiser Unternehmer am Anfang meiner Karriere ins Stammbuch geschrieben. Gutes Finanzmanagement beschränkt sich nicht auf die Passivseite der Bilanz. Es begnügt sich nicht damit, geeignete Finanzierungsinstrumente ausfindig zu machen und zu einem tauglichen Finanzierungsmix zusammenzustellen. Professionelle Finanzierung beginnt auf der Aktivseite der Bilanz. Denn ein Vermögen, das ich nicht habe, muss ich auch nicht finanzieren. Die Reduktion des im Unternehmen gebundenen Vermögens bewirkt wahlweise eine Verbesserung der finanziellen Stabilität oder die Möglichkeit zu unternehmerischem Wachstum ohne gleichzeitige Erhöhung des Risikos.[27] Dafür stehen im Wesentlichen drei Ansatzpunkte zur Verfügung.[28]

(1) Verkauf nicht betriebsnotwendigen Vermögens: Ich erinnere mich noch gut an eine Auseinandersetzung, die ich vor Jahren mit einem befreundeten Familienunternehmer führen musste. Der Unternehmer beabsichtigte, sein Unternehmen umzubauen und ihm eine neue strategische Ausrichtung zu geben. Zwischen uns war unstrittig, dass die Restrukturierung erhebliches Kapital verzehren und das Unternehmen auf eine existenzielle Probe stellen würde. In diesem Zusammenhang wies ich ihn auf eine im Unternehmen liegende Finanzierungsmöglichkeit hin. Das Familienunternehmen war im Besitz einer großartigen Immobilie in bester Innenstadtlage. Aus den Verkaufserlösen hätte sich der Unternehmensumbau vollständig finanzieren lassen. Wir diskutierten heftig. »Die Immobilie ist ein großartiger Kundenmagnet«, argumentierte der Unternehmer. »Sie verkörpert Tradition, Kultur und Prestige unseres Unternehmens. Zudem beherbergt sie die Verwaltung und den Vertrieb unserer Firma.« »Verwaltung und Vertrieb können auch in gemieteten Räumen sitzen«, entgegnete ich, »und das Prestige können wir uns einfach nicht mehr leisten.« Überzeugt hat meine Argumentation ihn nicht. Der Unternehmer konnte sich nicht dazu durchringen, die emotionsbeladene Immobilie zu veräußern. Lieber ließ er sich die Restrukturierung von seinen Banken finanzieren. Gereicht hat es nicht. Wenige Jahre später hat mein Freund seine Immobilie und sein Familienunternehmen verloren.

Die Geschichte illustriert die Möglichkeiten und Grenzen einer aktiven Bewirtschaftung des Anlagevermögens für Finanzierungszwecke.

Die meisten Familienunternehmen verfügen über ein erhebliches Anlagevermögen, das teilweise – anstatt selbst finanziert werden zu müssen – aktiv für Finanzierungszwecke eingesetzt werden könnte. Doch stehen dem Verkauf nicht betriebsnotwendigen Vermögens häufig emotionale Barrieren entgegen. Professionelles Finanzmanagement sieht anders aus. Gefordert ist eine objektive Abwägung zwischen den mit einem Behalt verbundenen Vorteilen (z. B. Betriebsnotwendigkeit, steuerliche Aspekte, Reservefunktion bei abgeschriebenen Immobilien etc.) und den positiven Aspekten einer Veräußerung (z. B. Finanzierungsfunktion, Nutzung real existierender Wachstumschancen etc.). Das konkrete Ergebnis einer solchen Abwägung vermag ich nicht zu prognostizieren. Aber ich wage eine Behauptung: Im bilanziellen Anlagevermögen deutscher Familienunternehmen schlummert ein riesiges Potenzial zur Finanzierung unternehmerischen Wachstums aus eigener Kraft.

(2) Working Capital Management: Was für das Anlagevermögen richtig ist, gilt sinngemäß auch für das Umlaufvermögen. Auch im Working Capital liegen beachtliche Finanzierungsreserven. Die planmäßige Reduzierung von Vorräten und Forderungen vermindert den Finanzbedarf und schafft Sicherheit und Wachstumschancen.[29] Nehmen Sie sich ALDI zum Vorbild und organisieren Sie Ihr Working Capital so, dass es vom Finanzmittelverzehrer zum Finanzmittelgenerator wird. Sorgen Sie dafür, dass Ihre Vorräte sich schneller umschlagen und Ihre Kunden Sie früher bezahlen. ALDI hat es bekanntlich geschafft, dass seine Vorräte bereits bezahlt sind, wenn das Unternehmen seine Lieferanten bezahlen muss. »Unmöglich«, sagen Sie? »Nichts ist unmöglich« oder »Geht nicht, gibt's nicht«, lauten zwei der wichtigsten Leitsätze erfolgreicher Unternehmer. Zur Not verändern Sie eben Ihr Geschäftsmodell – etwas anderes hat ALDI auch nicht getan.

(3) Sparsamkeit: Zu guter Letzt möchte ich Sie auf eine besondere Spielart aktiver Bewirtschaftung der Vermögensseite hinweisen. Es handelt sich um die für viele Familienunternehmen sprichwörtliche Sparsamkeit.[30] Wer mit knappen Ressourcen wirtschaften muss, weiß, dass er einen Euro, den er nicht ausgibt, auch nicht finanzieren muss.

Und er weiß zudem, dass er seine Mitarbeiter am besten dadurch zu sparsamem Ausgabeverhalten anleitet, dass er dieses konsequent und sichtbar vorlebt. Familienunternehmer, die in den Betriebstoiletten das Licht ausschalten oder wie der selige Robert Bosch Büroklammern vom Fußboden aufheben, sind keine skurrilen Geizhälse, sondern strategisch agierende Unternehmensführer. Ingvar Kamprad, der IKEA-Gründer und ungekrönte König der Vorbildsparer, hat sich in einem seiner seltenen Interviews offen dazu bekannt: »Warum ich lieber billig fliege? Warum ich in der Eisenbahn zweiter Klasse reise? Wie zum Teufel soll ich von meinen Mitarbeitern verlangen, dass sie Spesen sparen, wenn ich selbst im Luxus schwelge?« Sparsamkeit ist im Familienunternehmen nicht (nur) Knauserigkeit, sondern Finanzierungsprinzip.

Seien Sie kreativ – Mut zum Regelbruch lohnt sich auch bei der Finanzierung

Wenn Haniel Geld für eine Wachstumsfinanzierung benötigt, dabei aber weder externen Inhabern Mitspracherechte einräumen noch seine Bankenunabhängigkeit reduzieren möchte, kann das Unternehmen eine Unternehmensanleihe am öffentlichen Kapitalmarkt platzieren. Von dieser Möglichkeit hat das Duisburger Familienunternehmen bereits mehrfach Gebrauch gemacht. Und befindet sich damit in bester Gesellschaft. Auch Merck, Dräger, Heraeus und andere große Familienunternehmen sind oder waren mit Unternehmensanleihen am Kapitalmarkt aktiv.[31]

Für Johannes Freiherr von Perger, Saftfabrikant aus Breitbrunn am Ammersee, kam diese Möglichkeit nicht in Betracht. Gerade einmal 3,3 Millionen Euro Umsatz erwirtschaftete das von ihm in zweiter Generation geführte Familienunternehmen 2008. Für den Kapitalmarkt ist das zu wenig. Doch der Unternehmer wollte wachsen, und Wachstum will finanziert sein. Auf die Banken wollte Perger dabei nicht setzen. Und so verfiel er auf eine ungewöhnliche Idee. Er legte für 190 000 Euro eigene Genussscheine auf, ließ Werbeprospekte drucken und verteilte sie an seine Kunden. Pergers Genussscheine laufen sieben Jahre, danach erhalten die Anleger ihr Geld zurück. Die jährliche Basisverzinsung beträgt 4 Prozent, macht das Unternehmen Gewinn, kommen noch einmal 4 Prozent obendrauf. Zusätzlich gibt es einen Einkaufsrabatt. Kauft ein Genussscheininhaber Säfte, wird ihm ein Nachlass von 20 Prozent auf seinen Einkauf gewährt. So bestimmt am Ende jeder Zeichner seine Rendite selbst. Je mehr Perger-Säfte er kauft, desto höher ist sein Ertrag. So etwas nennt man eine Win-win-Situation. Perger hat seine Genussscheine längst an den Mann gebracht. Und schwärmt: »Dieses Modell gibt Sicherheit und ein gutes Gefühl.«[32]

Johannes Perger ist kein Einzelfall. Und er war auch nicht der Erste. Angefangen hat alles mit dem Wursthersteller Zimbo. Weil Unternehmenschef Zimmermann frisches Geld benötigte, externe Eigenkapitalgeber nicht aufnehmen wollte, Bankkredite für zu ihn vertretbaren Konditionen nicht bekam und von den Banken als nicht kapitalmarktfähig eingestuft wurde, entwickelte der Unternehmer kurzerhand eine Finanzinnovation. Er legte eine Unternehmensanleihe auf und verkaufte sie via Inserat über die großen deutschen Tageszeitungen. Zimmermanns Finanzinnovation hat die Welt der Unternehmensfinanzierung verändert. Privat platzierte Unternehmensanleihen sind längst keine Exoten mehr. »Gerade in der jetzigen Zeit, in der sich die Zusammenarbeit mit den Kreditinstituten verändert, sind privat platzierte Unternehmensanleihen eine interessante Alternative, die dem Wesen der Familienunternehmen entgegenkommt«, schreiben die Autoren einer von der Stiftung Familienunternehmen 2009 veröffentlichten Studie über »Familienunternehmen und die aktuelle Weltwirtschaftskrise«[33] zum Thema Finanzierung.

Perger, Zimmermann & Co. stehen für ein wichtiges Prinzip. Raum für Schumpeter'sches Unternehmertum ist auch bei der Unternehmensfinanzierung. Der Mut zum Regelbruch lohnt sich auch hier. Mit »Geht nicht« gibt sich ein echter Unternehmer nicht zufrieden. Wenn es etwas nicht gibt, dann muss es eben erfunden werden. Für jedes Finanzierungsproblem gibt es eine Lösung. Mit diesem Wissen und der ihnen

Abb. 13: Zusammenfassende Übersicht – Finanzierungsregeln für Familienunternehmen

- Der wichtigste Beitrag zur Finanzierung ist der Gewinn
- Sorgen Sie dafür, dass möglichst viel Gewinn im Unternehmen verbleibt
- »Low Leverage is Key« – Warum Familienunternehmen hohe Eigenkapitalquoten brauchen
- Sorgen Sie für Bankenunabhängigkeit
- Gute Finanzierung hat ihren Preis
- Verschieben Sie keine Risiken in die Zukunft
- Streng fristenkongruent finanzieren
- Keine unnötigen Haftungsrisiken eingehen
- Gute Finanzierung beginnt auf der Aktivseite
- Seien Sie kreativ – Mut zum Regelbruch lohnt sich auch bei der Finanzierung

eigenen unternehmerischen Kraft ausgestattet, erfinden die einen neue Finanzierungsinstrumente und die anderen neue Geschäftsmodelle. Das Ergebnis ist das gleiche: Am Ende haben sie ein Problem gelöst und etwas für die Zukunftssicherung ihres Familienunternehmens getan. Nur »Geht nicht« – das gibt es für echte (Familien-)Unternehmer wirklich nicht.

Wichtige Finanzierungsinstrumente im Attraktivitätsvergleich

Die Finanzierungsregeln erlauben uns eine Beurteilung der wichtigsten Finanzierungsinstrumente aus der Sicht der Familienunternehmen.[34] Dabei folgen wir dem Bilanzaufbau und bewerten die Finanzierungsinstrumente der Aktiv- und der Passivseite anhand der klassischen Kriterien Verfügbarkeit, Finanzierungssicherheit und Kosten unter besonderer Berücksichtigung des familienunternehmensspezifischen Bedürfnisses nach Unabhängigkeit.

Verkauf nicht betriebsnotwendigen Vermögens

Der Verkauf nicht betriebsnotwendigen Vermögens rangiert auf der Beliebtheitsskala der Finanzierungsinstrumente bei den Familienunternehmen immer noch auf den hinteren Plätzen.[35] Viele Familienunternehmer tun sich schwer mit dem Verkauf dessen, was sie als ihr »Tafelsilber« begreifen. Zu Unrecht. Objektiv ist die Finanzierung des Familienunternehmens durch Verkauf nicht betriebsnotwendigen Vermögens attraktiv. Denn die gewünschten Finanzierungseffekte sind erreichbar und sicher. Zwar muss unter Kostenaspekten geprüft werden, inwieweit der Verkaufserlös durch Steuerbelastung geschmälert wird und ob gegebenenfalls neue Kosten entstehen, weil beispielsweise anstelle der verkauften Immobilie ein Gebäude angemietet werden muss. Doch lassen sich diese Aspekte leicht rechnen und fallen gegenüber den Vorzügen des Verkaufs nicht betriebsnotwendigen Vermögens nur selten ins Gewicht. Das sture Festhalten an toten Steinen ist keine gute Politik. Ihr Verkauf reduziert die Bilanzsumme und spült Geld in die Kasse. Er verbessert die Bilanzrelationen, erhöht die finanzielle Stabilität und schafft Spielräume für Wachstum. Er ist ein wichtiger Baustein zur Sicherung der Unabhängigkeit und gehört deshalb zwingend in die Finanzierungsstrategie des Familienunternehmens.

Leasing

Leasing, insbesondere das klassische Finanzierungsleasing für Mobilien, ist inzwischen bei Familienunternehmen hoch akzeptiert und gehört zu den vier wichtigsten Finanzierungsinstrumenten.[36] Seine Nutzung nähert sich dem des klassischen Bankkredits.[37] Und das zu Recht. Leasingfinanzierungen sind leicht verfügbar und gewähren dem Unternehmen eine hohe Finanzierungssicherheit. Zwar ist das Leasing in der Regel teurer als die klassische Kreditfinanzierung, doch halten sich die Mehrkosten aufgrund steuerlicher Privilegierung in der Regel in Grenzen. Dafür ist Leasing unter dem Aspekt der Unabhängigkeitssicherung attraktiv. Der Leasinggeber tritt als Financier an die Stelle der Bank und trägt damit zur Verbesserung der Bankenunabhängigkeit bei. Zudem verkürzt das Leasing die Bilanzsumme, verbessert die Bilanzrelationen und in begrenztem Umfang die Finanzierungsspielräume. Für Gegenstände des Anlagevermögens, die man zwar nutzen, nicht aber selbst zu Eigentum haben muss, ist Leasing damit eine erstrangige Finanzierungsalternative.[38]

Das gilt für das Sale-and-Lease-Back erst recht, weil bei diesem zur Finanzierungsfunktion attraktivitätserhöhend die Kapitalfreisetzungsfunktion des vorgeschalteten Verkaufs hinzutritt. Beim Sale-and-Lease-Back werden langlebige Wirtschaftsgüter aus dem Bestand des Unternehmens – in der Regel Immobilien oder besonders werthaltige mobile Wirtschaftsgüter – zunächst an den Leasinggeber verkauft und dann zurückgeleast. Dabei fließen dem Unternehmen teilweise erhebliche finanzielle Mittel zu, die für die Wachstumsfinanzierung genutzt werden können. Wenn die Unternehmer dem Sale-and-Lease-Back immer noch vergleichsweise zurückhaltend gegenüberstehen,[39] dann gilt das zum Verkauf nicht betriebsnotwendigen Vermögens Gesagte entsprechend. Berechtigt ist die Zurückhaltung gegenüber dem Verkauf des angeblichen »Tafelsilbers« in der Regel nicht. Wer sein Familienunternehmen sicher finanzieren und seine Wachstumspotenziale ausschöpfen will, der sollte Sale-and-Lease-Back als Finanzierungsalternative ernsthaft prüfen.[40]

Working Capital Management

Die Instrumente einer die Kapitalbindung reduzierenden Bewirtschaftung des Umlaufvermögens sind in Familienunternehmen zwar hinreichend bekannt. Professionell genutzt aber werden sie längst noch nicht. Das sollte sich ändern. Denn als Finanzierungsinstrument ist das Working Capital Management kaum zu schlagen. Verfügbarkeit und Sicherheit hängen von der eigenen Managementleistung ab, die

Kosten sind quantifizierbar und in der Regel überschaubar – und die Unabhängigkeit des Unternehmens wird durch die bilanzverkürzenden Effekte signifikant gesteigert. Vor diesem Hintergrund fällt eine Empfehlung leicht: Professionelles Working Capital Management gehört in jeden Werkzeugkasten professionellen Finanzmanagements im Familienunternehmen.

Factoring

Obwohl es sich im Grunde um das Pendant zum Leasing für den Bereich des Umlaufvermögens handelt, ist die Forfaitierung von Kundenforderungen, das sogenannte Factoring, von der Beliebtheit und dem Nutzungsgrad des Leasings noch weit entfernt.[41] Der Grund liegt im nichtrationalen Bereich. »Während das Factoring beispielsweise in England längst fester Bestandteil der Unternehmensfinanzierung ist«, schreiben Matthias Redlefsen und André Knöll in ihrem Beitrag zur Finanzierung von Familienunternehmen, »begegnet man hierzulande dem laufenden Forderungsverkauf noch mit dem Vorurteil, es handele sich um eine Finanzierungsform für Unternehmen, die in Zahlungsschwierigkeiten stecken.«[42]

Zu Unrecht: Factoring ist ein interessanter Baustein für den Finanzierungsmix im Familienunternehmen. Soweit kein kundenseitiges Abtretungsverbot entgegensteht, ist es gut verfügbar und zudem ausgesprochen sicher. Störend sind allenfalls die mitunter recht hohen Kosten.[43] Denen stehen jedoch die Verringerung des Kreditrisikos und eine Reduzierung des Verwaltungsaufwandes durch Übertragung des Forderungsmanagements auf das Factoring-Unternehmen gegenüber. Vor allem aber leistet das Factoring einen Beitrag zur Erhöhung der unternehmerischen Unabhängigkeit. Ebenso wie Leasing reduziert es die Bankabhängigkeit, weil der Verkauf der Forderungen an das Factoring-Unternehmen eine (meist kurzfristige) Bankfinanzierung überflüssig macht. Zudem verbessert es die Bilanzrelationen und damit die finanziellen Spielräume des Familienunternehmens. Und wie das Sale-and-Lease-Back setzt es liquide Mittel frei. »Das Unternehmen ist so gestellt, als würden alle seine Abnehmer am Tag des Rechnungserhalts bezahlen«, erklärt Joachim Schielke diesen Effekt anschaulich. »Durch dieses professionelle Forderungsmanagement lassen sich in vielen Unternehmen in kurzer Zeit hohe Beträge in die Kasse spülen.«[44] Factoring eignet sich deshalb nicht nur als Instrument zur Finanzierung von Forderungen, sondern in begrenztem Umfang auch zur Wachstumsfinanzierung. Wenn man bedenkt, dass die Forderungen in den Unternehmen durchschnittlich 25 Prozent der Bilanzsumme ausmachen,[45] dann wird es Zeit, dass sich die deutschen Familienunternehmen stärker als bisher darauf besinnen, die in ihren Forderungsbeständen schlummernden Finanzierungsreserven zu heben.[46]

Eigenmittel der Inhaber

Zur Finanzierung durch Kapitalerhöhungen und einbehaltene Gewinne seitens der Familieninhaber ist wenig zu sagen. Bei keinem anderen Finanzierungsinstrument mit Ausnahme des Verkaufs nicht betriebsnotwendigen Vermögens und des Working Capital Management fügen sich Finanzierungssicherheit, Kosten und Unabhängigkeit so günstig zusammen. Niemand steht verlässlicher zum Unternehmen als die Inhaber selbst. Niemand ist ein besserer Garant für die unternehmerische Unabhängigkeit als sie. Und das zu den variablen Kosten einer Eigenkapitalverzinsung. Das Familienunternehmen braucht »patient capital«. Und ruhigeres Kapital als das Geld der Inhaber ist schwer zu finden. Schade nur, dass es nicht mehr davon gibt.

Denn Unternehmer wie Wolfgang Grupp gibt es nur wenige. Die Eigenkapitalquote seiner Trigema beträgt 100 Prozent. Das war keineswegs immer so. Als Grupp das Unternehmen 1969 von seinem Vater übernahm, hatte das Unternehmen mehr als 10 Millionen D-Mark Schulden bei einem Umsatz von 18 Millionen. Schon 1975, sechs Jahre nach seinem Einstieg, hatte Wolfgang Grupp die Schulden getilgt. Heute macht sein Unternehmen einen Umsatz von rund 80 Millionen Euro – bei einer Umsatzrendite von über 10 Prozent. »Da fällt es ihm nicht schwer, die Eigenkapitalquote von 100 Prozent zu halten«[47], schreibt Norbert Winkeljohann in seinem Buch über die Erfolgsgeheimnisse der Unternehmerdynastien. Für die meisten Familienunternehmen sind Eigenkapitalquoten von 100 Prozent eine Utopie. Die Finanzierungskraft des Unternehmens aus Gewinnen und die Kraft seiner Inhaber zum Gewinnverzicht oder zur Zuführung weiteren Eigenkapitals aus der privaten Sphäre reichen hierfür nicht aus. Eine vollständige Finanzierung über Eigenkapital ist aber auch nicht erforderlich. Auch Eigenkapitalquoten von 35 Prozent und mehr gewähren im Verbund mit den übrigen Finanzierungsregeln eine hohe finanzielle Stabilität. Und ermöglichen zugleich die Nutzung der rentabilitäts- und wachstumssteigernden Effekte eines angemessenen Fremdkapitaleinsatzes.

Weil Inhabergeld ruhiges Geld ist, versuchen viele Familienunternehmen, die zuvor ausgeschütteten Dividenden über Gesellschafterdarlehen wieder an das Unternehmen zu binden. Gesellschafterdarlehen sind bei Familienunternehmen ebenso verbreitet wie beliebt. Dabei darf jedoch nicht übersehen werden, dass sie im Gegensatz zu echten Kapitalerhöhungen und einbehaltenen Gewinnen kein wirkliches Eigenkapital darstellen. Als von den Inhabern bereitgestelltes Geld sind sie zwar überdurchschnittlich loyal, und rechtlich werden sie in der Krise auch wie Eigenkapital behandelt. Im Normalfall handelt es sich jedoch um eine Darlehensfinanzierung, die je nach Ausgestaltung mehr oder minder unsicher ist. Die weit verbreiteten Gesellschafterkontokorrentkonten sind jederzeit kündbar und häufig teurer als Bankdarlehen. Um den Verbleib der Gesellschafterdarlehen im Unternehmen attraktiv zu machen, zahlen die Familienunternehmen nämlich für ihre Gesellschafterdarlehen meist höhere Zinsen als für vergleichbare Bankkredite. Die Inhaberfremdfinanzierung ist ein schwieriges Kapitel. Sie berührt rationale ebenso wie emotionale Aspekte. Umso wichtiger ist es, dass sie professionell gemanagt wird. Dazu gehört eine angemessene Balance zwischen echter Eigenkapitalfinanzierung durch einbehaltene Gewinne und Inhaberfremdfinanzierung durch Gesellschafterdarlehen. Und eine Ausgestaltung der Inhaberfremdfinanzierung, bei der langfristige Bindungen gegenüber kurzfristigen durch eine attraktivere Verzinsung belohnt werden.

Eigenkapital von außen

Das zur Unternehmensfinanzierung erforderliche Eigenkapital muss nicht notwendig nur von der Inhaberfamilie kommen. Der Unternehmer Dirk Rossmann hat die Expansion seiner Drogeriemarktkette mit Hilfe eines Private-Equity-Partners vorangetrieben, und Otmar Hornbach das Wachstum seiner Baumärkte mittels Börsengang ermöglicht. Seine Mitarbeiter würdigten diesen Schritt in einer ganzseitigen Zeitungsanzeige anlässlich des 80. Geburtstages ihres Chefs am 6. Juni 2010: »Wenn Otmar Hornbach am heutigen Sonntag in der Pfalz seinen 80. Geburtstag feiert, dann blickt der Pionier und Gründer unserer Hornbach-Gruppe auf ein langes, erfolgreiches und erfülltes Leben als Unternehmer zurück. Und er sieht ... einen erfolgreichen europaweit tätigen Konzern mit derzeit 131 Bau- und Gartenmärkten und mehr als 13 000 Mitarbeitern in neun Ländern. ... 1966, im Jahr der schwersten Rezession der Nachkriegszeit, unternahm Otmar Hornbach ... eine USA-Reise. ... Sein ›Souvenir‹ ... war die Begeisterung für die neue DIY-Welt, d. h. die Erkenntnis, alle Waren zum Bauen und Renovieren unter einem Dach anzubieten, und das in Form der Selbstbedienung. ... Visionen, Mut und Geschick prägten ... in der Folge Otmar Hornbachs unternehmerisches Handeln ... Wegweisend aber für die Zukunft des Unternehmens war die Entscheidung, 1987 an die Börse zu gehen – ein unüblicher Schritt für ein Familienunternehmen des Einzelhandels. Denn Wachsen oder Weichen stand zur Debatte in jener Zeit, und ohne zusätzliches Kapital wäre kein Wachstum möglich gewesen. Mit neuem Kapital ... erhöhte sich die Schlagzahl der Markteröffnungen deutlich.«[48]

Dirk Rossmann und Otmar Hornbach stehen nicht alleine. Auch andere Familienunternehmen wie Henkel, Merck, Fielmann, der Axel Springer Verlag oder die Wacker Chemie aus München haben den Sprung aufs Börsenparkett gewagt und sind zugleich Familienunternehmen geblieben. Auch Private Equity ist als Finanzierungsalternative für Familienunternehmen verbreiteter, als manch eingefleischter Skeptiker zugeben mag. Es muss schon etwas dran sein an einer Story, wenn der legendäre Warren Buffett, selbst Familienunternehmer und mit seiner Berkshire Hathaway börsengehandelter Private-Equity-Investor, nach Deutschland reist, um in einem Frankfurter Nobelhotel hochrangigen Vertretern deutscher Familienunternehmen die Vorzüge eines Einstiegs als Private-Equity-Investor schmackhaft zu machen. Und doch: In den Beliebtheits- und Nutzungshitlisten rangiert das Eigenkapital von außen weiterhin auf den hinteren Plätzen.[49] Das kommt nicht von ungefähr. Private Equity und IPO mögen auch für Familienunternehmen interessante Finanzierungsalternativen darstellen – doch sie taugen längst nicht für jedermann.

Denn die Hereinnahme externen Eigenkapitals verändert ein Familienunternehmen tiefgreifend. »Das Geschäft wird mit der Öffnung für externes Eigenkapital volatiler, das Interesse an kurzfristiger Ertragssteigerung wächst, und die Familieneigentümer müssen gegensteuern, wenn sie die alten Ideale bewahren wollen«[50], warnt Norbert Winkeljohann. Bevor sie sich für externe Eigenkapitalgeber öffnen, müssen sie einige wichtige Fragen beantworten. Sie alle kreisen um ein Grundsatzthema: Sind wir überhaupt bereit, fremden Inhabereinfluss auf unser Unternehmen zu dulden? Zu welchem Nutzen? Und um welchen Preis? Bei ihrer Beantwortung sind vordergründige Emotionen wenig hilfreich. Vielmehr sollten wir uns um eine rationale Bewertung entlang der klassischen Beurteilungskriterien für Finanzierungsinstrumente bemühen. Dies führt zu folgenden Erkenntnissen:

(1) Verfügbarkeit: Zwar bestehen sowohl für Private Equity als auch für den Börsenhandel mit Unternehmensanteilen voll funktionsfähige Märkte. Diese stehen aber längst nicht jedermann offen. So bestehen für

die verschiedenen Börsensegmente abgestufte Zulassungsvoraussetzungen, die erfüllen muss, wer seine Anteile dort handeln lassen will. Dazu hegen die Anleger am Kapitalmarkt bestimmte Erwartungen, die befriedigt sein wollen, wenn ein Unternehmen am Kapitalmarkt langfristig Erfolg haben will. Und auch die Private-Equity-Gesellschaften haben in der Regel klare Kriterien, in welche Unternehmen sie investieren. Erfüllen wir diese Kriterien? Sind wir aus Sicht der Financiers ausreichend attraktiv? Für viele Familienunternehmen endet die Reise in Richtung externes Eigenkapital bereits an dieser Hürde.

(2) Finanzierungssicherheit: Zwar ist Eigenkapital grundsätzlich sicheres Kapital. Für viele Private-Equity-Beteiligungen gilt das aber nur eingeschränkt. Von Private-Equity-Gesellschaften bereitgestelltes Geld ist Eigenkapital auf Zeit. Und es tendiert dazu, den Anlagezeitraum so kurz wie möglich zu halten. Das sollte jeder wissen, der sich mit Private Equity einlässt. Und bei der Auswahl seiner Partner und bei der Ausgestaltung der Verträge berücksichtigen. Familienunternehmen sollten Private-Equity-Gesellschaften mit langen Anlagehorizonten und einer entsprechenden vertraglichen Bindungsbereitschaft bevorzugen. Mit einem klassischen Private-Equity-Investor werden sie nur im Ausnahmefall glücklich. Anders verhält es sich womöglich mit den sogenannten Family Investors, wohlhabenden Privatpersonen oder vermögenden Unternehmerfamilien, die den langfristig-nachhaltigen Anlagehorizont des Familienunternehmens und seine unternehmerischen Ziel- und Wertvorstellungen teilen. Wie auch immer: Wer sich mit Private Equity einlässt, muss klare Verträge abschließen und sicherstellen, dass ihm das versprochene Eigenkapital auch tatsächlich für die zugesagte Periode zur Verfügung steht. Und er sollte sich früh genug Gedanken über eine geeignete Anschlussfinanzierung machen.

(3) Kosten: Eigenkapital hat einen großen Vorteil. Seine Verzinsung ist variabel und nur aus erwirtschafteten Gewinnen und/oder Wertsteigerungen zu bezahlen. Das macht es in schwierigen Zeiten sicher und preiswert. In guten Zeiten kann es dafür ganz schön teuer werden. Denn als Ausgleich für das übernommene Ertrags- und Substanzrisiko

erwarten die Eigenkapitalgeber eine entsprechend attraktive Verzinsung des von ihnen eingesetzten Kapitals. Ungeachtet dessen ist der Gang an die Börse unter Kapitalkostengesichtspunkten für Familienunternehmen attraktiv, weil die vom Unternehmen zu zahlende Dividendenrendite eher mäßig ist[51] und die den Löwenanteil der Eigenkapitalrendite ausmachende Wertsteigerung nicht vom Unternehmen bezahlt werden muss, sondern vom jeweiligen Anteilserwerber. Dafür ist die Börsennotierung mit erheblichen Nebenkosten verbunden. Bereits die erstmalige Zulassung zum Kapitalmarkt verschlingt viel Geld, und die alljährlich wiederkehrenden Aufwendungen, die vom Gesellschafts- und Kapitalmarktrecht sowie von den Informationsbedürfnissen des Marktes diktiert werden, übersteigen das, was viele Familienunternehmen leisten können oder leisten wollen. »Ich bin Unternehmer und kein Roadshow-Clown«,[52] zitiert Florian Berthold in seiner Dissertation über »Familienunternehmen im Spannungsfeld zwischen Wachstum und Finanzierung« einen typischen Familienunternehmer.

Beim Private Equity wiegen die Nebenkosten zwar weniger schwer. Dafür haben Private-Equity-Investoren in der Regel Renditeerwartungen, die über denen einer durchschnittlichen Aktienrendite liegen und zum großen Teil bei Beendigung des Eigenkapitalengagements gezahlt werden müssen. Wie auch immer: Ohne eine vorherige Erfassung aller rationalen und emotionalen Kosten sollte es eine externe Eigenkapitalfinanzierung im Familienunternehmen nicht geben.

(4) Unabhängigkeit: Die größte Bedeutung im Entscheidungsprozess aber haben die Auswirkungen auf die unternehmerische Unabhängigkeit. Der Erhalt der Familiendominanz und die Möglichkeit, das Unternehmen nach den eigenen Vorstellungen führen zu können, sind aus Familiensicht ein hohes Gut. Das führt bei der Hereinnahme externen Eigenkapitals zu Problemen. Denn wer sich mit Risikokapital an der Unternehmung eines anderen beteiligt, erwartet die Möglichkeit, auf die unternehmerischen Entscheidungen angemessen Einfluss nehmen zu können. Und wer für seine Unternehmung nicht nur eigenes, sondern auch das Risikokapital eines anderen nutzen will, muss das wissen.

Die Aufnahme familienfremder Eigenkapitalgeber verändert das Familienunternehmen. Sie verschafft ihm nicht nur finanzielle Freiräume, sondern relativiert auch die organisationstypischen Stärken und Schwächen. Und das umso mehr, je stärker die Rechtsposition der Externen ist. Bereits die faktische Drittkontrolle, das Handeln unter den Augen des Kapitalmarktes, begünstigt die Tendenz zur Objektivierung. Dazu birgt die Aufnahme familienfremder Mitgesellschafter das Risiko des Kontrollverlustes über das Familienunternehmen. Der Druck auf die unternehmerische Unabhängigkeit ist groß. Private-Equity-Investoren wollen womöglich in der Krise die Macht übernehmen oder zur Unzeit aussteigen. Der Streubesitz der Börse ist zwar vordergründig weniger gefährlich. Aber wie lange lässt sich sicherstellen, dass kein Aufkäufer Anteile bündelt und dann Forderungen stellt? Dazu ist der Hunger der Kapitalmärkte nach guten Nachrichten und Kapitalerhöhungen unersättlich. Wie lange wird die Familie dabei mithalten können? Minderheitsbeteiligungen, stimmrechtslose Anteile und rechtliche Spezialkonstellationen gewähren nur unvollkommenen Schutz. Die Hereinnahme externen Eigenkapitals bleibt für dynastisch orientierte Unternehmerfamilien ein Spiel mit dem Feuer. Im Finanzierungsset des Familienunternehmens taugt sie deshalb nur als Ultima Ratio. Oder als Einstieg in den Ausstieg.

Rückstellungen

Zwischen Eigen- und Fremdkapital sind die Rückstellungen angesiedelt. Dass sie von Familienunternehmen gerne genutzt werden, liegt an ihrer Wirkungsweise. Rückstellungen ermöglichen es, etwaige gegen das Unternehmen gerichtete Ansprüche bereits zu einem Zeitpunkt gewinnmindernd zu bilanzieren, zu dem noch gar nicht genau feststeht, ob und in welcher Höhe der Anspruch tatsächlich begründet ist. Die Bildung einer Rückstellung führt also zu einer vorgezogenen Gewinnminderung mit entsprechenden Folgen für die Steuerlast. In den aufgeschobenen

Steuern liegt der Finanzierungseffekt. Wer da nicht zugreift, ist selber schuld.

Ganz so einfach ist es trotzdem nicht. Bei den Finanzierungsregeln für Familienunternehmen haben wir festgestellt, dass die Finanzierung über Rückstellungen durchaus zu einer Gefahr für die Unabhängigkeit des Familienunternehmens werden kann. Das ist immer dann der Fall, wenn zum Zwecke der Rückstellungsbildung Leistungsansprüche gegen das Unternehmen begründet werden, von denen im Zeitpunkt ihrer Begründung nicht sicher gesagt werden kann, ob das Unternehmen zu ihrer späteren Erfüllung in der Lage ist. Oder wenn im Zeitpunkt der Anspruchsbegründung Rahmenbedingungen angenommen werden, deren spätere Veränderung den Finanzierungseffekt ins Ungleichgewicht bringen kann. Dies ist bei der Unternehmensfinanzierung mittels Pensionsrückstellungen geschehen. Im Sinne einer soliden Unternehmensfinanzierung hätten sie unterbleiben sollen.[53]

Mezzanine Finanzierungsinstrumente

Als mezzanine Finanzierungsinstrumente bezeichnen wir in Anlehnung an das italienische Wort *mezzanine* (Zwischengeschoss) alle Finanzierungen, die nicht eindeutig dem Eigen- oder Fremdkapital zugeordnet werden können. Zu ihnen zählen Wandelanleihen, Nachrangdarlehen, stille Beteiligungen oder Genussrechte. Sie haben in den letzten Jahren einen beachtlichen Aufschwung erlebt.[54] So unterschiedlich diese Instrumente in ihrer individuellen Ausprägung sein mögen, so übereinstimmend ist die Grundidee. Vom Fremdkapital unterscheiden sie sich durch die gesteigerte Beteiligung am unternehmerischen Risiko und die zum Ausgleich dafür gewährte höhere Ertragsbeteiligung. Und vom Eigenkapital trennt sie typischerweise das Fehlen der mit diesem verbundenen Mitwirkungsrechte, wofür in der Regel ein Ausgleich bei der Verzinsung gewährt wird.

Aufgrund dieser Struktur fällt die Beurteilung und Einordnung der mezzaninen Finanzierungsinstrumente in das System der Familienunternehmensfinanzierung nicht schwer. Mezzanine Finanzierungen sind in der Regel teure Finanzierungen. Dafür bieten sie ein hohes Maß an Sicherheit – zumindest während der Dauer der vereinbarten Laufzeit.[55] Und sie beschränken die unternehmerische Unabhängigkeit weit weniger als klassische Eigenkapitalinstrumente. Für Familienunternehmer, die Eigenkapital oder eigenkapitalähnliche Finanzierungen im Bilanzausweis brauchen und dafür lieber etwas mehr Geld als Mitspracherechte ausgeben, sind mezzanine Finanzierungen eine gute Alternative zum Eigenkapital von außen. »Mezzanine stärken die Eigenkapitalquote des Unternehmens, verbessern Bonität und Rating, ohne den Kapitalgebern Einflussnahmerechte zu gewähren. Die unternehmerische Freiheit wird nicht eingeschränkt, und die Eigentümerstruktur bleibt erhalten. Auch deshalb ist Mezzanine-Kapital besonders geeignet für mittelständische Familienunternehmen, die für ihre Finanzierung auf zusätzliches Eigenkapital angewiesen sind«[56], bestätigt der Vorstandsvorsitzende der Baden-Württembergischen Bank, Joachim Schielke. Und es ist inzwischen auch gut verfügbar. Standardisierte Lösungen werden bereits in Tranchen deutlich unter 10 Millionen angeboten.[57] Individuelle Mezzanine-Finanzierungen gibt es sogar darunter. »Über 90 Prozent der deutschen Unternehmen haben einen Jahresumsatz unter 5 Millionen Euro. Ihnen ist der Zugang zur klassischen Private-Equity-Finanzierung allein aus Gründen der Unternehmensgröße verstellt. Aber mit einem Nachrangdarlehen oder einer stillen Beteiligung können auch diese Unternehmen ihr Eigenkapital stärken«[58], schreibt Joachim Schielke in der Festschrift für Brun-Hagen Hennerkes.

Anleihen

Wer nicht unbedingt Eigenkapital, sondern nur langfristig gebundenes Fremdkapital braucht, ist mit einer Anleihe besser bedient. Denn die Anleihe ist in der Regel preiswerter als die mezzanine Finanzierung, weil sie als reinrassiges Fremdkapital nicht für eine Teilnahme am unternehmerischen Risiko und das Fehlen unternehmerischer Mitwirkungsrechte entschädigen muss. Sie ist sicher, und durch die Streuung über den Kapitalmarkt wird die Unabhängigkeit weniger tangiert als bei einem Bankkredit. Zu Recht erfreut sich die Finanzierung mittels Unternehmensanleihen deshalb bei Familienunternehmen zunehmender Beliebtheit.

Und sie ist längst nicht mehr nur großen Unternehmen vorbehalten. Öffentliche Platzierungen sind inzwischen schon ab 25 Millionen Euro möglich[59], und darunter liegende Volumina können privat platziert werden, wie das Beispiel des Saftherstellers Perger belegt. Matthias Redlefsen und André Knöll preisen die Vorzüge einer privat platzierten Unternehmensanleihe für kleinere Familienunternehmen: »Auch hier wird Fremdkapital ohne Mitwirkungsrechte und im Regelfall ohne Stellung von Sicherheiten für lange Laufzeiten ohne laufende Tilgung von Investoren zur Verfügung gestellt. Im Gegensatz zur öffentlichen Anleihe sind die Kapitalgeber eines Private Placements … vor allem private Anleger. Die Platzierung findet … ohne Einbindung einer Investmentbank statt. Stattdessen werden auf diese Produkte spezialisierte ›Placing Agents‹ … involviert. … In der jüngeren Vergangenheit haben bereits einige Familienunternehmen mit diesem Instrument gute Erfahrungen gemacht und günstiges Kapital gesammelt.«[60]

Lieferantenkredite

Der Lieferantenkredit gilt in der Theorie als eine besonders teure Form der Fremdfinanzierung[61] und wird daher in den Hitlisten der Finanzierungsinstrumente nur am Rande erwähnt. Aus meiner Sicht ist das eine fragwürdige Einschätzung. Lieferantenkredite sind ja nicht wirklich teuer. Der Lieferant verlangt keine Zinsen für die verzögerte Zahlung seiner Ware oder Dienstleistung. Die hohen Kosten ergeben sich nur durch einen Vergleich mit einem vom Lieferanten angebotenen Skontoabzug. Aber macht es wirklich Sinn, einerseits auf hohen Forderungsbeständen gegen Kunden zu sitzen, andererseits die Forderungen der Lieferanten schnellstmöglich zu bezahlen und beides durch scheinbar billige Kredite der Hausbank zu finanzieren? Als Bestandteil einer Strategie, die Rentabilität über Stabilität stellt, mag das noch angehen. Wem aber Unabhängigkeit und finanzielle Stabilität der höchste Wert sind, der sollte wissen, dass Lieferantenkredite vielleicht teurer, in jedem Fall aber sicherer sind als Bankkredite. Die Lieferanten zählen zu den loyalsten Finanzierern, die wir haben. Denn sie wollen und müssen nicht mit der Finanzierung, sondern an der ihr zugrunde liegenden Geschäftsbeziehung Geld verdienen. Solange die Geschäftsbeziehung Gewinn verspricht und die Kreditierung einigermaßen sicher ist, steht ein vernünftiger Lieferant zu seinen Kunden. Und da die Gewinnmargen in den meisten Waren- und Dienstleistungsgeschäften auskömmlicher sind als bei der bloßen Geldverleihung, tut er das in der Regel auch dann noch, »wenn die Banken längst einen Pool gebildet oder sich vom Acker gemacht haben«, wie es ein Unternehmer mir gegenüber einmal drastisch formulierte. Es sollte uns zu denken geben, dass ALDI und andere große Händler ihre Finanzierungsstrategie maßgeblich auf dem Lieferantenkredit aufgebaut haben. Auch andere Familienunternehmen täten gut daran, dieses Finanzierungsinstrument zu einem zentralen Baustein ihrer Finanzierungsstrategie zu machen und wesentliche Teile ihres kurzfristigen Vermögens durch Lieferantenkredite zu finanzieren.

Bankkredite

Weil Bankkredite in Deutschland traditionell billig und leicht verfügbar sind, dominieren sie die Fremdfinanzierung der Familienunternehmen hierzulande. 89 Prozent der von Redlefsen und Eiben im Rahmen einer Studie befragten Unternehmer nutzen Bankkredite.[62] Kein anderes Fremdfinanzierungsinstrument kann vergleichbare Werte aufweisen.

Die starke Konzentration auf die Kreditfinanzierung ist nicht ungefährlich. Wem die Erhaltung der Unabhängigkeit der oberste Wert ist, der darf nicht zulassen, dass einzelne Financiers einen überproportional hohen Anteil an der Gesamtfinanzierung darstellen. Er muss Klumpenrisiken vermeiden und sein Finanzierungsrisiko möglichst breit streuen. Und er darf nicht wegen ein paar Zehntelprozenten eine Finanzierung präferieren, die – wie der klassische Kontokorrentkredit der Hausbank – nur »bis auf weiteres« gewährt ist. Ich bin immer wieder verwundert, wenn Unternehmer mich bei der Frage nach ihrer Finanzierungssicherheit stolz auf ihre großzügigen Kreditlinien verweisen. Wissen sie wirklich nicht, auf welchem Pulverfass sie da sitzen? Haben sie noch nie einen Unternehmerkollegen kennengelernt, dem seine großzügigen Kreditlinien nichts genutzt haben, als sein Unternehmen in die Krise kam? Nein, auf Kontokorrentkrediten darf die Finanzierung des Familienunternehmens nicht aufgebaut sein. Aber auch bei Langfristfinanzierungen ist Vorsicht geboten. Die zugesagte Finanzierung muss wirklich sicher, das bestehende Risiko aus der Finanzierung klar eingegrenzt und kalkulierbar sein. Die immer stärker um sich greifenden Sonderkündigungsrechte bei Verfehlen bestimmter Covenants werden dem ebenso wenig gerecht wie Vertragsklauseln, die es den Banken erlauben, ihre Stellung als Kreditgeber ohne Zustimmung des Vertragspartners auf einen Dritten zu übertragen.

Es ist an der Zeit, die Rolle der Bankfinanzierung in deutschen Familienunternehmen zu überdenken. Bankkredite stellen einen wichtigen, häufig unverzichtbaren Bestandteil im Finanzierungsmix der Familienunternehmen dar. Aber sie sollten eher als Spitzenausgleich denn als Basisfinanzierungsinstrument genutzt werden. Eine entsprechende Neubewertung wird das Verhältnis zwischen den Familienunternehmen und ihren Banken positiv verändern. Sie wird es von romantischen Vorstellungen und unerfüllbaren Erwartungen befreien und ein zwischen quasi hoheitlichem Anspruch und Basarmentalität schwankendes Verhältnis in eine Partnerschaft auf Augenhöhe verwandeln. Es ist an der Zeit, dass die deutschen Familienunternehmen nicht nur so reden, sondern auch entsprechend handeln. So wie René Krass, Gründer der Optikerkette Krass Optik. Er und sein Geschäftsführerkollege Thomas Görtz haben die Finanzierung ihres Unternehmens von Anfang an ohne große Bankverbindlichkeiten betrieben. »Wir sind vollkommen unabhängig von Banken und ... sitzen ... auf keiner zittrigen Kreditlinie«, verrät der Gründer im Unternehmergespräch mit der *Frankfurter Allgemeinen Zeitung* stolz.[63]

Eine abschließende Bemerkung

Das Gesagte fügt sich zu einer spezifischen Finanzierungsstrategie für Familienunternehmen. Diese basiert auf den Spezialbedürfnissen dieses Unternehmenstyps und steht in mancher Hinsicht quer zu den Erkenntnissen traditioneller Finanzierungslehre. Auch viele Familienunternehmen handeln noch nicht konsequent genug nach den sich aus ihrem Bedürfnis nach Unabhängigkeit ergebenden Vorgaben, deren wichtigste Implikationen ich abschließend noch einmal zusammenfassen möchte:

(1) Familienunternehmen finanzieren sich in weitestmöglichem Umfang aus Eigenkapital, das sie insbesondere aus einbehaltenen Gewinnen generieren.

(2) Zur Erreichung einer möglichst hohen Eigenkapitalquote reduzieren sie das im Unternehmen gebundene Vermögen so weit wie möglich. Sie sind sparsam, trennen sich konsequent von nicht betriebsnotwendigem Vermögen und betreiben ein konsequentes Working Capital Management.

(3) Den verbleibenden Finanzbedarf decken sie möglichst langfristig oder bei Gläubigern, die aus eigenem Interesse eine möglichst hohe Loyalität gegenüber dem Unternehmen aufweisen. Dabei wird die teurere, aber sichere Finanzierungsalternative der billigeren, aber risikoreicheren vorgezogen. Der klassische Bankkredit fungiert als Spitzenausgleich und ist auf ein Maß beschränkt, welches die Unabhängigkeit des Unternehmens in der Krise nicht gefährden kann.

(4) Im Idealfall wird das Anlagevermögen zu mindestens 100 Prozent durch Eigenkapital und Leasing, ggf. ergänzt um Anleihen und langfristig sichere Bankkredite, und das Umlaufvermögen durch Lieferantenkredite, Factoring und ausnahmsweise kurzfristige Bankkredite finanziert.

(5) Das Unternehmen verfügt über eine klare Finanzierungsstrategie und setzt diese konsequent um. Die Finanzierungsstrategie beschreibt den Weg zur Erreichung der Finanzierungsziele. Diese konkretisieren die Unternehmensziele, die wiederum widerspruchsfrei aus den Inhaberzielen abgeleitet sind.

Das klingt auf den ersten Blick ungewohnt. Bei genauerem Hinsehen verkörpern diese Maximen jedoch nichts anderes als elementare Grundsätze des gesunden Menschenverstandes im Verbund mit den Verhaltensweisen des ehrbaren und vorsichtigen Kaufmanns.

Abb. 14: Wesentliche Elemente einer Finanzierungsstrategie für Familienunternehmen

Aktiva (Vermögen)		**Passiva (Kapital)**	
	Bewirtschaftung / Reduzierung durch	**Finanzierung durch**	
Anlagevermögen	▪ Verkauf nicht betriebsnotwendigen Vermögens ▪ Sale & Lease Back ▪ Leasing	▪ Kapitaleinlagen der Inhaberfamilie ▪ Einbehaltene Gewinne	**Eigenkapital**
		▪ ggf. Anleihen und /oder langfristige Bankkredite (ausnahmsweise mezzanine Finanzierungen)	
Umlaufvermögen	▪ Working Capital Management ▪ Factoring	▪ Lieferantenverbindlichkeiten ▪ Gesellschafterdarlehen ▪ ggf. kurzfristige Bankkredite	**Fremdkapital**

7. Kapitel:

CORPORATE GOVERNANCE

Ein paar einführende Bemerkungen

Warum gute Governance wichtig ist

Gute Strategien wollen nicht nur finanziert sein. Sie müssen auch umgesetzt werden. Dazu braucht es Führung. Und einen Rahmen, der gute Führung ermöglicht. Das ist das Geschäft der Corporate Governance. Sie handelt von den Regeln guter Führung im Unternehmen.[1] Und betrifft damit vor allem die Organe, durch die ein Unternehmen handelt – ihre Aufgaben, ihre Zusammensetzung und ihre Arbeitsweise.[2]

Die Bedeutung der Corporate Governance wurde erst in den letzten Jahren richtig erkannt. Managementexzesse, vor allem in angelsächsischen Publikumsgesellschaften, schärften die Sensibilität für die Erkenntnis, dass gute Unternehmensführung keine Selbstverständlichkeit ist. Wer will, dass die Führung im Interesse ihrer Inhaber und anderer Interessengruppen handelt, muss einen Rahmen schaffen, der Interessenidentität zwischen ihnen fördert und aufrechterhält. In dieser Erkenntnis liegt der zentrale Beitrag der Prinzipal-Agenten-Theorie für die moderne Betriebswirtschaftslehre.[3]

Der vom Gesetzgeber bereitgestellte Rahmen reicht dafür nicht aus. Dafür ist er zu weit. Recht ist bekanntlich das eine, tatsächlich geübte Praxis das andere. Auf die Problematik zersplitterter Inhaberschaft in der Publikumsgesellschaft hat das Aktiengesetz ja durchaus sinnvoll reagiert und mit dem Aufsichtsrat ein Kontrollorgan geschaffen, das anstelle der Inhaber den Vorstand überwachen soll. Doch hat das Gesetz nicht verhindern können, dass der gute Grundgedanke in der Praxis ins Gegenteil verkehrt wurde. Das negative Bild der »Deutschland AG« hat eine Menge mit einer tatsächlich geübten Wahlpraxis zu tun, die darauf hinauslief, dass sich eine kleine Clique deutscher Spitzenmanager gegenseitig – und damit im Ergebnis nicht, jedenfalls nicht im Sinne ihrer Inhaber – kontrollieren durfte.

Um dies zu verhindern und umfassende organisatorische Grundlagen für gute Unternehmensführung zu begründen, wurde die Idee der Corporate Governance und ihr Ausbau zu einer umfassenden Disziplin der Unternehmensführung geschaffen. Die Grundlagen dazu haben Adolf Berle und Gardiner Means bereits in den 1930er Jahren gelegt.[4] Ab 1990 haben sie ihren Niederschlag weltweit in gesetzesergänzenden Regelwerken gefunden.[5] In Deutschland wurde am 26. Februar 2002 der Deutsche Corporate Governance Kodex[6] verabschiedet, der regelmäßig überprüft und weiterentwickelt wird. Er hat zwar keine Gesetzeskraft, übt jedoch einen hohen faktischen Druck aus. Wenn der Kodex beispielsweise verlangt, die Vergütungen der Vorstände offenzulegen, dann muss sich ein betroffenes Unternehmen gut überlegen, welches Signal es an den Kapitalmarkt aussendet, wenn es dieser Forderung nicht entspricht.

… und was bei Familienunternehmen anders ist

Auch Familienunternehmen brauchen gute Führung. Doch liegen die Dinge hier offensichtlich anders. Die Forderung nach guter Governance lässt sich bei ihnen mit der Prinzipal-Agenten-Theorie nur unzureichend begründen. Im Familienunternehmen geht es nicht so sehr um den Schutz machtloser Inhaber vor Machtmissbrauch ihrer Treuhänder in den Verwaltungsorganen des Unternehmens. Den können die dominanten Inhaber ohne schützende Corporate-Governance-Verpflichtung selbst bewerkstelligen. Wenn im Familienunternehmen die Forderung nach guter Corporate Governance erhoben wird, dann mit entgegengesetzter Zielstellung: Corporate Governance im Familienunternehmen will nicht machtlose Inhaber vor Dritten, sondern machtvolle Inhaber vor sich selbst schützen – und die übrigen Stakeholder gleich mit. Im Familienunternehmen ist Corporate Governance zuvörderst ein Akt weiser Selbstbeschränkung. Sie macht Familienunternehmen besser. Und hilft ihnen, ihre Chancen auf ein Überleben in Familienbesitz zu erhöhen.

Anforderungen an eine gute Corporate Governance im Familienunternehmen

Ihr Ziel muss sein, durch geeignete Führungsstrukturen und Regeln die systemimmanenten Vorzüge eines Familienunternehmens bestmöglich zur Geltung zu bringen und ihre Schwächen in den Griff zu bekommen.[7] Die höhere Übereinstimmung von Inhabern und Führung, Familyness und Kontinuität müssen ausgespielt, Machtmissbrauch, familiärer Streit und nachlassender Unternehmergeist begrenzt werden. Was aber heißt das konkret? Was zeichnet gute Governance im Familienunternehmen aus?

Individualität

Zunächst einmal ihre Individualität. Familienunternehmen sind unterschiedlich. Sie unterscheiden sich in Inhaberschaft, Größe, Kultur und Rechtsform zum Teil signifikant voneinander. Eine Governance-Regel, die für ein Familienunternehmen sinnvoll ist, kann in einem anderen ein Fehler oder schlicht nicht umsetzbar sein. Einheitsempfehlungen für eine gute Family Business Governance kann es vor diesem Hintergrund nicht geben. Deshalb beschränken sich die mittlerweile in vielen Ländern entwickelten Governance-Kodizes für Familienunternehmen[8] in der Regel darauf, deutlich zu machen, welche Fragestellungen die Inhaber zur Sicherung guter Governance beantworten sollen. Sie wollen ein Leitfaden zu guter Governance sein, kein Einheitsdogma, wie der deutsche Governance Kodex für Familienunternehmen in seiner Präambel ausdrücklich hervorhebt.[9]

Der Umstand, dass es bei Familienunternehmen im Gegensatz zu großen Publikumsgesellschaften keine Einheitsregelung geben kann, bedeutet allerdings nicht, dass die Inhaber bei der Ausgestaltung ihrer individuellen Governance in einem beurteilungsfreien Raum agieren. Wenn der legendäre Jack Weil im Alter von 107 Jahren nur durch Tod als CEO der eigenen Firma abberufen werden kann, dann ist das zwar individuell, aber sicher nicht richtig. Die Berücksichtigung der Besonderheiten des Einzelfalles ist eine notwendige, aber keine hinreichende Bedingung guter Governance im Familienunternehmen. Es braucht auch inhaltliche Maßstäbe, die eine verlässliche Beurteilung der Qualität der von den Inhabern gefundenen Regeln und Strukturen ermöglichen. Die betriebswirtschaftliche Forschung hat in den letzten Jahren große Fortschritte in dem Bemühen gemacht, die Wirkung von Governance-Regeln unter verschiedenartigen Rahmenbedingungen zu erforschen.[10] Sie gilt es zu nutzen.

Sicherung einer größtmöglichen Interessenidentität zwischen Inhabern und Unternehmensführung

Zu den Merkmalen eines Familienunternehmens gehört die dominante Inhaberschaft. Wo Inhaber und Unternehmensführung identisch, teilidentisch oder zumindest eng miteinander verbunden sind, kann schnell und mutig gehandelt werden. Der reduzierte Prinzipal-Agenten-Konflikt gehört zu den systemimmanenten Wettbewerbsvorteilen des Familienunternehmens. Eine gute Family Business Governance stellt sicher, dass dieser Vorteil so weit wie möglich erhalten und zur Geltung gebracht werden kann. Sie bevorzugt Strukturen und Regeln, die schnelle und mutige Entscheidungen ermöglichen und eine größtmögliche Interessenidentität zwischen Inhabern und Unternehmensführung gewährleisten. Abweichungen von diesem Prinzip werden nur vorgenommen, soweit es im Interesse anderer schützenswerter Belange erforderlich ist.

Professional Ownership leben

Die dominante Inhaberschaft hat auch eine Kehrseite. Niemand hindert den dominanten Inhaber, seine Macht zu missbrauchen und Entscheidungen nach sachfremden Erwägungen zu treffen. Patriarchen, die trotz hohen Alters an ihren Stühlen kleben, Eltern, die ihre nicht ausreichend befähigten Kinder in Führungspositionen hieven, und andere Entscheidungen, die zuvörderst im persönlichen Interesse der Beteiligten getroffen werden, gehören zu den Gefahrenquellen dominanter Inhaberschaft im Familienunternehmen. Eine gute Family Business Governance stellt sicher, dass die Inhaber verantwortungsvoll mit ihrer dominanten Inhaberschaft umgehen. Denn nur wenn die Inhaber sich dazu verstehen, ihre Macht in weiser Selbstbeschränkung professionell und verantwortungsbewusst auszugestalten, wird ihre Inhaberschaft dauerhaft sein. Maßstab für die bei der Governance zu beantwortenden Fragen darf nicht sein: Wie hätte ich es gerne? Vielmehr sollten sich die Familieninhaber stets vor Augen führen, wie ein objektiver Dritter handeln würde, der die gleiche Zielsetzung wie sie verfolgt.[11]

Familyness zur Geltung bringen

Die Tatsache, dass es sich bei den dominanten Inhabern um eine Familie handelt, begründet einen weiteren Systemvorteil des Familienunternehmens. Eine Familie weist aufgrund ihrer verwandtschaftlichen Verbindung in der Regel eine größere Homogenität auf als die Inhaberkonstellation in einer Publikumsgesellschaft oder in einem Private-Equity-Fonds. Zudem verfügen die Familienmitglieder über ein einzigartiges Bündel individueller Fähigkeiten, die für das Unternehmen, insbesondere zur Bildung von Vertrauenskapital, nutzbar gemacht werden können. Gute Family Business Governance stellt sicher, dass dieser Systemvorteil auf- und ausgebaut und im Interesse von Unternehmen und Familie optimal zur Geltung gebracht werden kann.

Fairness gewährleisten

Auch diesem Systemvorteil korrespondiert eine systemspezifische Herausforderung. In Familien sind immer auch interpersonale Dynamiken am Werke. Sie erzeugen nicht selten ein gefährliches Gemisch aus Neid, Eifersucht und Missgunst, das umso stärker wirkt, je mehr es dabei um Geld, Macht und Liebe geht. Unternehmerfamilien sind ein bevorzugtes Betätigungsfeld für den sogenannten NEM-Virus. Eine gute Family Business Governance versteht es, das damit verbundene Konfliktpotenzial zu entschärfen. Dazu trägt vor allem »Fair Process« bei.[12] Die Gewährleistung innerfamiliärer Fairness muss ein wesentliches Element bei der Ausgestaltung der Governance-Regeln im Familienunternehmen sein. Sie setzt voraus, dass Macht und Willkür durch klare Spielregeln ersetzt werden, dass deren Einhaltung sichergestellt ist und dass die auf ihrer Grundlage getroffenen Entscheidungen für alle Beteiligten transparent sind. Macht und Willkür sind keine geeigneten Promotoren für den Erhalt eines Familienunternehmens. Denn sie befeuern den NEM-Virus, anstatt ihn zu entschärfen.

Voraussetzungen für Generationenkontinuität schaffen

Das dritte konstituierende Merkmal des Familienunternehmens ist der dynastische Wille der Inhaberfamilie. Familienunternehmen sind ein generationenübergreifendes Projekt. Wer ein Unternehmen dauerhaft unter dem dominanten Einfluss seiner Familie halten will, muss bei der Gestaltung der Governance die rechtlichen Voraussetzungen dafür schaffen. Er muss die familiäre Inhaberschaft vor dem ungewollten Eindringen familienfremder Außenseiter schützen und sicherstellen, dass die Familieninhaber dem Unternehmen eine finanzielle Basis zur Verfügung stellen, die seinen Erhalt im Familienbesitz ermöglicht. Generationenkontinuität lässt sich durch Governance alleine zwar nicht bewerkstelligen. Aber eine gute Governance kann einen Beitrag zur Erreichung dieses Zieles leisten, indem sie die Regelungen über die Ergebnisverwendung, die Übertragbarkeit der Inhaberschaft und über das Ausscheiden aus dem Kreis der Inhaber im Sinne der übergeordneten Zielsetzung ausgestaltet und für das notwendige Verständnis für die mit diesen Maßnahmen verbundenen Einschränkungen sorgt.

Emotionalen Mehrwert schaffen

Die Inhaberschaft an einem Familienunternehmen hat nicht nur Vorteile. Sie verlangt von den Inhabern auch die Bereitschaft, im Interesse des dynastischen Projektes Einschränkungen hinzunehmen. Diese Bereitschaft wird umso größer sein, je mehr die Inhaber für die hinzunehmenden Nachteile auf andere Weise entschädigt werden. Eine gute Family Business Governance versteht es, den Wert eines Familienunternehmens nicht allein auf seine ökonomische Komponente zu beschränken. Sie wird einen emotionalen Mehrwert für die Inhaber schaffen, der diese langfristig an das Unternehmen bindet und sowohl den Zusammenhalt in der Familie als auch die Zustimmung zum gemeinsamen Projekt sichert. Und sie wird sich dabei nicht auf Regeln und Strukturen für das Unternehmen begrenzen. Sie wird auch die Familie in den Blick nehmen und die Corporate Governance um eine ebenso gute Family Governance ergänzen.

Anpassungsfähigkeit gewährleisten

Wer ein Unternehmen langfristig in Familienbesitz erhalten will, darf nicht jede Mode mitmachen und muss langfristig wirksame Strukturen schaffen, die generationenübergreifendes Denken überhaupt erst möglich machen. Aber er muss auch anpassungsfähig bleiben. Die Inhaberfamilie und ihr Unternehmen, die Welt, in der sie agieren, sie alle ändern sich – immer wieder und mit zunehmender Geschwindigkeit. Auf diese Herausforderung angemessen zu reagieren ist nicht nur eine Sache des strategischen Managements. Auch der Family Business Governance kommt eine wichtige Aufgabe zu. Sie muss sicherstellen, dass die für den langfristigen Erfolg von Familie und Unternehmen maßgeblichen Faktoren geschützt werden und gleichzeitig notwendige Anpassungen möglich bleiben. Das sollten vor allem diejenigen bedenken, die ihre Inhaberschaft am Unternehmen in eine Stiftung einbringen wollen.

Abb. 15: Zusammenfassende Übersicht – Anforderungen an eine gute Governance im Familienunternehmen

- Individualität
- Sicherung einer größtmöglichen Interessenidentität zwischen Inhabern und Unternehmensführung
- Professional Ownership leben
- Familyness zur Geltung bringen
- Fairness gewährleisten
- Voraussetzungen für Generationenkontinuität schaffen
- Emotionalen Mehrwert schaffen
- Anpassungsfähigkeit gewährleisten

Wichtige Einzelfragen guter Corporate Governance

Die Ausgestaltung der Corporate Governance im Familienunternehmen ist Sache der Inhaber. Sie sind die oberste Instanz und sowohl rechtlich als auch tatsächlich dazu in der Lage. Einzelheiten werde ich deshalb in Zusammenhang mit der Strategie der Inhaber im dritten Teil dieses Buches vorstellen. Einige wichtige Einzelaspekte möchte ich jedoch vorab behandeln. Und dabei eines vorwegnehmen: Weil dominanter familiärer Inhaberschaft immer sowohl Vor- als auch Nachteile innewohnen, können sie nicht abstrakt im Sinne eines »Entweder-oder«, sondern immer nur im Sinne eines »Sowohl-als-auch« beantwortet werden. Im Familienunternehmen geht es um das Management von Paradoxien. Es kommt stets auf den Einzelfall an.

Familienmitglieder im Unternehmen – Fluch oder Segen?

Die Bestimmung des geeigneten Führungspersonals ist wahrscheinlich die wichtigste Aufgabe im Rahmen der Corporate Governance. Unternehmerische Erfolge sind ebenso untrennbar mit den Menschen an der Spitze verbunden wie der Aufstieg von Staaten, politischen Parteien oder Fußballclubs. Wer an den Aufstieg Preußens denkt, der denkt an Friedrich den Großen, wer den Aufstieg der CDU zur führenden Volkspartei erklären will, dem fällt Konrad Adenauer ein, und die Erfolge von Bayern München werden zu Recht mit Uli Hoeneß verbunden. Bei Unternehmen verhält es sich nicht anders. Ford wäre ohne den legendären Henry Ford ebenso wenig denkbar wie Microsoft ohne Bill Gates, Apple ohne Steve Jobs oder ALDI ohne Karl und Theo Albrecht. Und der Aufstieg von General Electric zwischen 1980 und 2000 wird für immer mit dem Namen Jack Welch verbunden bleiben.[13] Führer machen Erfolge. Und Misserfolge. Deshalb ist ihre Auswahl so wichtig.

Im Familienunternehmen kommt ihr eine besondere Bedeutung zu, weil dominante Inhaberstellung und familiäre Verbundenheit es naheliegend erscheinen lassen, dass Bewerber aus den eigenen Reihen bevorzugt werden. Zwar verdankt das Familienunternehmen seine Existenz einem Gründer aus der Familie. Aber schon mit dem ersten Generationswechsel entsteht die Frage, ob die Übergabe des Marschallstabes an ein Familienmitglied richtig ist.[14] Unternehmer wie Wolfgang Grupp werden diese Frage nicht verstehen. Für den Trigema-Chef steht fest, dass familiäre Führungsnachfolge die einzig richtige Lösung für sein Unternehmen ist. Schließlich sei niemand stärker mit dem Unternehmen identifiziert als der Inhaber selbst. Zur Bestätigung kann Grupp auf den eigenen Erfolg verweisen. Der schwäbische Vorzeigeunternehmer hat seine Trigema in einer tiefen Krise übernommen und binnen weniger Jahre in die Erfolgsspur zurückgeführt. So wie Grupp denken viele Unternehmer – nicht nur die kleinen, die sich etwas anderes als eine familiäre Führungsnachfolge gar nicht leisten können. Die Kritiker werden sie damit nicht zum Verstummen bringen. Denn ebenso wie die Befürworter viele Beispiele gelungener familiärer Nachfolge ins Feld zu führen vermögen, können ihre Gegner auf etliche andere hinweisen, die mit ihrer Führungsaufgabe überfordert waren und einst erfolgreiche Familienunternehmen abgewirtschaftet haben. Die Sinnhaftigkeit familiärer Führungsnachfolge lässt sich nicht abstrakt-generell beantworten. Sie kann sowohl Fluch als auch Segen sein. Und muss in jedem Einzelfall aufgrund der individuellen Umstände entschieden werden. Dabei sind verschiedene Aspekte gegeneinander abzuwägen.

Die Führung eines Familienunternehmens durch ein Mitglied der Inhaberfamilie hat unbestreitbare Vorteile. Sie verhindert oder verringert das Prinzipal-Agenten-Problem und ermöglicht schnellere, mutigere und langfristig orientierte Entscheidungen. Zusätzlich ermöglicht sie die Ausnutzung des Inhaberbonus und den Aufbau des damit verbundenen Vertrauenskapitals bei den wichtigen Stakeholdern. Keine Frage: Wer die systemimmanenten Vorzüge eines Familienunternehmens optimal zur Geltung bringen möchte, dem muss an einer familieninternen Nachfolge gelegen sein.

Aber er darf nicht die Risiken ausblenden, die von einer familiären

Führungsnachfolge ausgehen können. Es ist für die Unternehmensentwicklung fatal, wenn die Inhaber Nachfolger an die Spitze hieven, denen die Voraussetzungen für den Führungsjob fehlen. Identität von Prinzipal- und Agenteninteresse sind ein wichtiges Entscheidungskriterium bei der Abwägung – ausreichend sind sie nicht. Fachliche und – mehr noch – persönliche Qualifikation sind unverzichtbar. Nicht nur, weil der, dem sie fehlt, falsche Entscheidungen trifft und das Unternehmen auf die Verliererstraße führt. Ebenso dramatisch sind die mittelbaren Effekte, die von der Entscheidung ausgehen. Schwache Chefs ziehen auf Dauer schwache Mitarbeiter an und damit das gesamte Qualifikationsniveau im Unternehmen nach unten. Und wenn im Markt für Führungspersonal erst einmal der Eindruck entsteht, dass Spitzenpositionen für Mitglieder der Inhaberfamilie reserviert sind, verliert ein Unternehmen rasch an Attraktivität für qualifizierten Nachwuchs. Erst recht, wenn der Chef nicht ausreichend qualifiziert ist. Gute Leute arbeiten zwar gerne für »Schmidt«, aber nicht für »Schmidtchen«.

Zu berücksichtigen sind auch die innerfamiliären Konfliktpotenziale, die mit einer Entscheidung für oder gegen einen familiären Bewerber verbunden sein können. Neid, Eifersucht und Missgunst sind ständige Begleiter im Familienunternehmen. Häufig kommt es zu Streit, wenn der Wunschnachfolger eines Inhabers angenommen, ein anderer hingegen abgelehnt wird. Oder es werden faule Kompromisse gemacht, um den Familienfrieden zu erhalten. Gut ist beides nicht. Für die Inhaber von ALDI SÜD war das Grund genug, auf die Möglichkeit familiärer Führung fortan zu verzichten. Die Inhaber dürfen das Unternehmen nur noch steuern, nicht mehr selbst führen. »Wir wollten eine Führung durch die Besten – und verhindern, dass unsere Kinder darüber in Streit geraten, wer von ihnen der bestgeeignete Kandidat für diesen Posten ist«, begründete ein Mitglied der Inhaberfamilie diese weitreichende Entscheidung mir gegenüber. Ganz so weit wie die Albrechts muss man zur Erreichung seiner Ziele vielleicht nicht gehen. Doch sollte klar sein: Familienmitglieder dürfen nur an die Spitze, wenn sie ausreichend qualifiziert sind und vom Vertrauen der übrigen Inhaber getragen werden.

Gute Corporate Governance schafft die Voraussetzung dafür, dass die Abwägung zwischen den Vorteilen und Risiken familiärer Führung bestmöglich getroffen wird. Sie trifft eine klare Aussage dazu,

(1) ob eine Führung des Familienunternehmens durch Mitglieder der Unternehmerfamilie gewollt ist,
(2) unter welchen Voraussetzungen,
(3) wer darüber entscheidet und
(4) welche Kriterien bei der Entscheidung zu berücksichtigen sind und in welchem Umfang sie die Abwägung beeinflussen.[15]

Gleiches gilt für die Mitwirkung von Familienmitgliedern im Aufsichtsrat und für die Mitarbeit in der Unternehmenshierarchie. In meinem Lieblingsrestaurant an der belgischen Küste arbeiten vom Service bis zur Küche fast ausschließlich Mitglieder der Inhaberfamilie. Ann Arnou, die Tochter des langjährigen Patriarchen John Arnou, führt das Restaurant seit Jahren, ein Bruder wirkt in der Küche, ein anderer sowie dessen Frau machen den Service, und in der Hochsaison stehen die Kinder als Aushilfskräfte bereit. Das gibt dem Restaurant seine besondere familiäre Note und sorgt dafür, dass man sich im Restaurant »Rita« immer ein Stück zu Hause fühlt. Aber es funktioniert nur, weil jedes Familienmitglied seinen Job gut macht, die Verhältnisse klar sind und die Arbeitsbeziehung der Familienmitglieder zueinander von gegenseitigem Vertrauen geprägt ist.

Kontinuität in der Führung – aber nicht zu lange

Kontinuität ist ein weiterer Systemvorteil des Familienunternehmens. Sie ermöglicht die Erringung nachhaltiger Wettbewerbsvorteile und den Aufbau von Vertrauenskapital. Die Sicherung dieses Vorteils ist eine wichtige Aufgabe der Corporate Governance. Denn Kontinuität in der Strategie »ergibt sich ganz ungezwungen aus der Konstanz der Strategieträger und deren Amtsdauer«, stellt Hermut Kormann zu Recht fest.[16] Erfolgreiche Familienunternehmer wissen das. Während die durchschnittliche Amtszeit der CEOs von Publikumsgesellschaften immer kürzer wird und inzwischen bei unter fünf Jahren angelangt ist[17], beträgt die Zeit, die ein Unternehmensführer an der Spitze eines Familienunternehmens verbringt, nicht selten eine ganze Generation.[18] Viele großartige Familienunternehmen belegen die Theorie vom Nutzen langer Führungszyklen. Dorma, Weltmarktführer für Türschließsysteme, ist in seiner mehr als 100-jährigen Geschichte bislang mit drei Unternehmensführern ausgekommen, der Gelatinespezialist GELITA hat mit der gleichen Anzahl von Unternehmenschefs sogar über 130 Jahre hinter sich gebracht. Hans Riegel steht seit 1946 an der Spitze von Haribo, und auch Wolfgang Böllhoff, Heinz-Horst Deichmann, Reinhold Würth, Hans-Joachim Langmann (Merck), Heinz Gries (Griesson de Beukelaer) und Hermann Bühlbecker (Lambertz) haben ihre Familienunternehmen mindestens 40 Jahre lang geleitet.[19]

Damit das möglich wird, kommen die CEOs von Familienunternehmen oft früh an die Macht. Erfolgreiche Familienunternehmer wie Arend Oetker, Heiner Weiss (SMS), Hans-Georg Näder (Otto Bock), Eduard Dörrenberg (Dr. Wolff) und Michael Stoschek (Brose) haben die Führungsverantwortung bereits vor ihrem dreißigsten Geburtstag übernommen. Managementexperte Hermann Simon sieht das nicht kritisch: »Jünger bedeutet dynamisch, energiegeladen, langfristiger Horizont, aber auch weniger Erfahrung, mögliche Überforderung durch Komplexität, Fehlen von Gelassenheit … Diese Vor- und Nachteile entziehen sich einer generellen Abwägung. Ich bin allerdings der Meinung, dass Topmanager in großen Unternehmen oft erst in zu hohem Alter in die obersten Führungspositionen kommen und dass die Hidden Champions aus der frühen Berufung ihrer Topführungskräfte per saldo erhebliche Vorteile ziehen.«[20]

Zudem bleiben die CEOs von Familienunternehmen länger. Nicht immer zum Vorteil für das Unternehmen. Selbst der legendäre Warren Buffett, Gründer von Berkshire Hathaway und vielleicht der größte Investor des 20. Jahrhunderts, musste sich zuletzt kritische Fragen gefallen lassen. »Warren Buffett is a phenomenon. But no one, not even him, can beat the market of eternity«, hieß es in einem *Financial Times*-Leitartikel mit der bezeichnenden Überschrift »Warren Buffett's biggest question«.[21] Unternehmer wie Buffett oder Hans Riegel, die auch jenseits der achtzig noch an der Spitze ihrer Firmen stehen, müssen sich die Frage gefallen lassen, ob größere Erfahrung und gereifte Persönlichkeit die nachlassende Kraft und unternehmerische Dynamik ausreichend kompensieren können. Auch wenn wir immer älter und im Alter leistungsfähiger sind als früher: Niemand ist unsterblich, und niemandes Energiereserven sind unerschöpflich. Ich kenne nur wenige, die auch mit achtzig noch einen guten Unternehmenschef abgeben. Aber selbst, wo dies zutrifft: Gehört zu einer gelungenen Nachfolge nicht auch, den Nachfolger frühzeitig genug ins Amt zu bringen und Platz zu machen, bevor das Prinz-Charles-Syndrom eintritt und die Autorität des Nachfolgers in nicht wiedergutzumachender Weise beschädigt ist?

Unternehmer, die zu lange an ihren Stühlen kleben, müssen sich den Vorwurf gefallen lassen, ihre Macht zum Schaden des Familienunternehmens zu missbrauchen. Gute Corporate Governance im Familienunternehmen muss dem vorbeugen.[22] Sie wird

(1) durch Werte- und Zielvorgaben dafür sorgen, dass Führungskontinuität tatsächlich gelebt wird,
(2) durch selbstbindende Maßnahmen wie Altersgrenzen oder dergleichen sicherstellen, dass die Unternehmensführer nicht über ein bestimmtes Alter hinaus in ihrem Amt verbleiben,
(3) eine professionelle Planung der Führungsnachfolge sicherstellen
(4) und dabei nicht nur Regeln zum Übergang der Führungsverantwortung im Management, sondern auch Richtlinien für den Wechsel von der Unternehmensführung in das Kontrollorgan aufstellen. Es ist wenig gewonnen, wenn der Altunternehmer den Vorsitz der Geschäftsführung abgibt, nur um anschließend aus einem Aufsichtsrat oder Beirat heraus als eine Art Obergeschäftsführung zu agieren.

Das richtige Persönlichkeitsprofil – Unternehmer und Treuhänder zugleich

Erstklassige Unternehmensführer sind nicht nur gute Manager, sie sind vor allem auch gute Unternehmer. Zwar sollten Manager- und Unternehmerqualitäten nicht als Gegensatz gedacht werden.[23] »Aber Unternehmertum / Führung«, betont Hermann Simon zu Recht, »ist unter den beiden der wichtigere Aspekt.«[24] Was aber macht den Unterschied aus? Nach Helmut Maucher liegen die Stärken des Managers vor allem im Verwalten und Optimieren und in der Fähigkeit, Entscheidungen aufgrund einer rationalen und nachvollziehbaren Abwägung möglicher Vor- und Nachteile zu treffen. Manager sind vor allem gute Handwerker und verdanken ihre Autorität primär fachlicher Kompetenz. Anders der Unternehmer. Er ist zuvörderst Unternehmensentwickler, weckt Begeisterung und hat den Mut und die Beharrlichkeit, erkannte Chancen gegen alle Widerstände durchzusetzen. Unternehmer arbeiten Maucher zufolge mit einfachen Grundsätzen, vertrauen in erheblichem Umfang ihrer Intuition und verdanken ihre Autorität weniger fachlicher Kompetenz als inspirierender Persönlichkeit.[25] Hermann Simon bestätigt das. Für ihn beruht die mitreißende Kraft großer Unternehmensführer auf einem Kern sichtbar gelebter Werte, auf der weitgehenden Übereinstimmung von Person und Aufgabe, auf fokussierter Zielstrebigkeit und Furchtlosigkeit sowie auf einer weit überdurchschnittlichen Energie, Vitalität und Ausdauer. Mir geht es im Umgang mit großen Unternehmensführern ähnlich wie Hermann Simon, wenn er festhält: »Bei meinen Besuchen glaubte ich häufig, die Energie zu spüren, die diese Führungspersönlichkeiten ausstrahlen. Gibt es eine Art unbekannter Energie, die nur wenige Menschen besitzen?«[26]

Im Familienunternehmen kann dieser Typus leichter gedeihen als anderswo. Je größer die Identität zwischen Inhaberschaft und Führung ist, desto leichter und attraktiver ist es für einen Unternehmenschef, mit seinem Unternehmen zu einer Einheit zu verschmelzen. »Unternehmensführer wie Hans Riegel, Reinhold Würth, Kurt Kober, Heinz-Horst

Deichmann oder Günther Fielmann«, schreibt Simon, »bilden mit ihrem Unternehmen eine Einheit, eine Quasi-Identität. Person und Firma sind nicht voneinander zu trennen.« Was diese Leute antreibt, ist nicht primär Geld oder sozialer Status. Ihr Thema ist Selbstverwirklichung. »Die Hauptmotivation resultiert aus der Identifikation mit dem Unternehmen und aus der Befriedigung durch ihre Arbeit«, nicht selten handelt es sich »um ›Monomaniacs‹, die von einer Mission besessen sind«, konstatiert der bekannte Managementberater.[27] Die hohe Identifikation mit der unternehmerischen Aufgabe ist nicht auf die »Unternehmer des Aufbaus« (Simon) beschränkt. Ich treffe sie in meiner Arbeit mit Familienunternehmen häufig an. Auch Unternehmer, die eine seit Generationen bestehende unternehmerische Tradition fortsetzen, wie Andreas Dethleffsen, Hermann Bühlbecker und William Verpoorten, und ihre gestalterische Aufgabe dabei, wie Christian Gläsel (Weidmüller) oder Franz Haniel, womöglich nicht einmal in vorderster Reihe, sondern aus dem Aufsichtsrat heraus wahrnehmen, weisen eine andere Identifikation mit dem Unternehmen auf als der Durchschnitts-CEO einer Publikumsgesellschaft. Das ist ein wichtiger Wettbewerbsvorteil des Familienunternehmens und sollte durch Corporate-Governance-Instrumente gefördert werden. Gute Corporate Governance stellt sicher, dass Unternehmensführer mit unternehmerischem Potenzial und einer hohen Identifikation mit ihrer unternehmerischen Gestaltungsaufgabe gefunden und durch geeignete Anreizsysteme an das Unternehmen gebunden werden.

In den meisten Familienunternehmen genügt das nicht. »Manager müssen Treuhänder sein«, habe ich vor Jahren im *Harvard Business Manager* gefordert.[28] Der Alleininhaber, der das ihm gehörende Familienunternehmen selbst führt, wird diese Forderung kaum verstehen. Und muss es auch nicht. Aber schon der geschäftsführende Gesellschafter, der nicht nur für eigenes Geld, sondern auch für das unternehmerische Vermögen der nicht im Unternehmen tätigen Inhaber verantwortlich ist, tut gut daran, sich die teilweise treuhänderische Qualität seiner Aufgabe klarzumachen. Nur dann werden ihm die inaktiven Inhaber jenes

Vertrauen entgegenbringen, ohne das erfolgreiches Gestalten im Familienunternehmen auf Dauer nicht möglich ist. Der Typus des Treuhänder-Unternehmers, der in der Theorie mit dem griffigen Bild des Stewards belegt ist, ist nicht leicht zu finden. Gute Unternehmer werden lieber für eigene Rechnung tätig. »Ich habe lieber drei eigene Frittenbuden, als dass ich als Geschäftsführender Gesellschafter einen Milliardenkonzern für eine Gruppe nichttätiger Gesellschafter leite«, hat mein Bruder Thomas frühzeitig klargemacht. Das ist ein klares Statement. Und keineswegs zu beanstanden. Nur qualifiziert man sich mit einer solchen Einstellung nicht zum Familien-CEO, sondern zum Gründerunternehmer. Familien-CEOs müssen einen schwierigen Spagat bewältigen. Sie müssen unternehmerische Führung anbieten und sich gleichzeitig als Sachwalter der Kapitalisten- und Familieninteressen verstehen.

Jürgen Behrend vom Automobilhersteller Hella verkörpert das Ideal eines solchen Stewards. Der langjährige Chef des Lippstädter Familienunternehmens ist bescheiden und zurückhaltend. Er spricht lieber von Verpflichtung und Verantwortung als von persönlichen Erfolgen. Zwar hat Behrend großen Anteil an der erfolgreichen Entwicklung von Hella in den letzten Jahren. Sagen würde er das aber nie. Er spricht lieber davon, dass er ohne den Rückhalt der übrigen Hella-Inhaber gar nichts gestalten könnte. Jürgen Behrend ist ein leiser Führer. Und hat über viele Jahre sogar die Verantwortung des persönlich haftenden Gesellschafters getragen – in einer Branche, in der das keineswegs eine Formalie ist. Im Gegenzug haben die Inhaber Jürgen Behrend mit einer Macht ausgestattet, wie sie für einen, der erst durch Heirat zur Familie stieß, ungewöhnlich ist. Aber so ist das häufig im Familienunternehmen: Wer groß auftrumpft und fordert, bringt die Inhaber schnell gegen sich auf und bekommt am Ende womöglich weniger, als er sich vorgestellt hat. Und wer den Inhabern als Treuhänder dient, wird von ihnen mitunter stärker gemacht, als er es in einem Powerplay hätte erreichen können.

Gute Corporate Governance sorgt mittels geeigneter Auswahlkriterien und Auswahlverfahren dafür, dass Treuhänder-Unternehmer an die Spitze gelangen. Und dass die Anreize und Kontrollsysteme so ausgestaltet werden, dass sie eine größtmögliche Interessenidentität zwischen ihm und den nicht im Unternehmen tätigen Inhabern gewährleisten. Etwas anderes können sich nur aktive Alleininhaber leisten.

Führungsinstrumente – Vorbild und professionelle Systeme

Nicht auf das, was wir sagen, kommt es an, sondern auf das, was wir tun. Diese einfache Wahrheit gehört zum Grundwissen eines jeden Führenden. Führung geschieht weniger durch schöne Worte als durch sichtbar gelebtes Vorbild. Stefan Messer ist ein solcher Vorbild-Führer. »Ich bin stolz auf meinen Chef«, vertraut mir Messers PR-Chefin Diana Buss an dem Abend an, an dem wir Stefan Messer auf Schloss Bensberg bei Köln als Familienunternehmer des Jahres 2010 auszeichnen. »Mit seinem Mut, seiner Beharrlichkeit, seiner Bescheidenheit und seinem unbedingten Eintreten für das Familienunternehmen – auch gegen scheinbar übermächtige Widerstände – steckt er uns alle an. Es ist eine Ehre, für einen Unternehmer wie Stefan Messer zu arbeiten.«[29] Nichts wirkt so stark auf Mitarbeiter wie das sichtbar gelebte Vorbild. Es zieht all jene an, die sich mit dem, was da vorgelebt wird, identifizieren können. Die es gut finden und dazugehören wollen. Denen die Stärke des Führers Sicherheit vermittelt. Die sich von ihm inspirieren und zu einer besseren Leistung anleiten lassen wollen. Und es hält diejenigen fern, die mit dem angebotenen Vorbild nichts anfangen können. Unternehmen sind die Spiegelbilder ihrer Unternehmer. Deshalb ist Führung durch Vorbild so wichtig.[30] Ein starkes Vorbild an der Unternehmensspitze ist ein Vorteil im Wettbewerb. Und es kann im Familienunternehmen besser gedeihen als bei anderen Organisationstypen. Denn wem die Firma gehört, der kann sich in ihr auch ausleben. Gute Corporate Governance wird deshalb Führung durch Vorbild nicht behindern, sondern befördern. Zum Beispiel dadurch, dass sie die Vorbildfähigkeit zu einem zentralen persönlichen Qualifikationsmerkmal im Anforderungsprofil für den Unternehmensführer macht.

Aber sie wird auch darauf achten, dass ein gutes Vorbild auf Dauer nicht das einzige Führungsinstrument ist, über das die Ziele und Wertvorstellungen der Inhaber in das Familienunternehmen transportiert werden. Charismatische Aufbauunternehmer neigen dazu, nahezu ausschließlich auf Führung durch Persönlichkeit zu setzen. Dabei übersehen sie, dass eine allein auf Persönlichkeit beruhende Führung ein großes Risiko schafft, weil auf eine Persönlichkeit vom Schlage eines Hans Riegel, eines Reinhold Würth, eines Karl oder Theo Albrecht selten eine Persönlichkeit gleichen Kalibers folgt. Und dass dies in einem Familienunternehmen, das sich allmählich von einem Alleininhaber zu einer Geschwistergesellschaft oder in ein Vetternkonsortium wandelt, auch gar nicht notwendig ist. Um die Abhängigkeit des Familienunternehmens von einer charismatischen Gründerpersönlichkeit zu verringern, wird eine gute Corporate Governance deshalb dafür sorgen, dass gewünschte Verhaltensweisen nicht nur durch ein großes Vorbild, sondern auch durch mit diesem kongruente Managementsysteme in das Unternehmen hineingetragen werden. Dies verbessert die Stabilität, weil die gewünschten Verhaltensweisen nicht mehr ausschließlich an die Person des Vorbildes und ihr Charisma gebunden sind.[31]

Nur wenigen Unternehmen ist das so gut gelungen wie ALDI SÜD. Karl Albrecht war eine charismatische Unternehmerpersönlichkeit und hat sein Unternehmen stark durch Vorbild geprägt. Aber er hat auch dafür gesorgt, dass alles, was ihm wichtig und richtig erschien, in klar verständliche Führungsgrundsätze gegossen und durch die gesamte Unternehmenshierarchie hindurch von allen Führungskräften im Unternehmen angewendet wurde. Seine Führungsgrundsätze sind inzwischen angepasst und weiterentwickelt worden. Aber sie bilden immer noch den Kern der ALDI-Unternehmenskultur. Dadurch, dass Karl Albrecht das Führungsverhalten im Unternehmen sowohl auf Vorbild als auch auf professionelle Systeme gegründet hat, ist es ihm gelungen, das Unternehmen und seine weitere Entwicklung von sich unabhängig zu machen. Und genau darum geht es.

Chancen- oder Risikoorientierung – Eine gute Corporate Governance sichert beides

Kongo Gumi galt lange Zeit als ältestes Familienunternehmen der Welt. 1428 Jahre befand sich das 578 gegründete Bauunternehmen im Besitz der Nachfahren von Shigemitsu Kongo. Im März 2006 meldeten die Medien das Aus für den ehemaligen Alterschampion. Um sein Unternehmen vor dem Untergang zu bewahren, hatte der 40. Kongo an einen Konkurrenten verkaufen müssen.[32] Was war schiefgegangen? Unternehmensgründer Shigemitsu Kongo war 578 aus dem Königreich Baekje nach Japan eingewandert und hatte in Osaka einen der ersten buddhistischen Tempel des Kaiserreiches errichtet. In der Folge etablierte sich Kongo Gumi als Japans Topadresse für Tempelbauten. Über 40 Generationen und viele Jahrhunderte war das ein gutes Geschäftsmodell. Doch die Säkularisierung hat auch vor Japan nicht haltgemacht. Vom Bau neuer Tempel kann im 21. Jahrhundert niemand mehr leben. Masakazu Kongo hat dies offensichtlich falsch eingeschätzt. Und wurde so zu einem prominenten Opfer der unerbittlichen Gesetzmäßigkeit des Lebenszyklus. Mit einem funktionierenden Risikomanagement hätte dies vermieden werden können. Die Veränderung der Märkte und die von ihr ausgehenden Gefahren wären mit einem Strategieradar durchaus erkennbar gewesen. Und hätten die Führung von Kongo Gumi womöglich veranlasst, aus dem rückläufigen Markt für Tempelbau aus- und in ein erfolgversprechenderes Segment einzusteigen.

Wer einen generationenübergreifenden Ansatz verfolgt, muss im besonderen Maße daran interessiert sein, die das Unternehmen oder seine Unabhängigkeit gefährdenden Risiken zu begrenzen. Davon gibt es genug. Und sie sind keineswegs nur strategischer, finanzieller oder familiärer Art. Davon weiß auch die William Prym GmbH & Co. KG ein Lied zu singen. Das 1530 gegründete Unternehmen gehört zu den ältesten Familienunternehmen der Welt.[33] Und ist strategisch nicht einmal schlecht aufgestellt. Doch weil das Unternehmen gleich zwei Mal in kurzer Folge mit empfindlichen Geldbußen wegen Kartellvergehen belegt wurde, geriet es zuletzt in schwere Wasser. Kartellstrafen gegen Familienunternehmen sind längst keine Seltenheit mehr. Und sie können existenzbedrohende Ausmaße annehmen. Auch Alfred Ritter, Chef des gleichnamigen Schokoladenherstellers, trat Anfang Dezember 2010 vor die Presse und verkündete, dass eine vom Kartellamt angedrohte Strafe »das Ende« für sein Familienunternehmen bedeuten könne. Seine Firma wäre dann »so sterbenskrank, dass ich sie nicht fortführen würde«[34], sagte Ritter dem *Handelsblatt*. Auch andere Risiken wie untreue Mitarbeiter, Produkthaftungen und Reputationsschäden, Produktpiraterie und Industriespionage, Betriebsunterbrechungen, der Ausfall von Schlüsselpersonal und ungeklärte Nachfolgesituationen können eine Existenzgefährdung auslösen.

Viele Familienunternehmen stehen einem professionellen Risikomanagement gleichwohl immer noch kritisch gegenüber. »Sie sehen es eher als Arbeitsbeschaffungsprogramm für Wirtschaftsprüfer und sogenannte Governance-Experten denn als sinnvolle Maßnahme der Unternehmenssicherung«, bemerkt Hans-Jürgen Fahrion, Wirtschaftsprüfer und Mitherausgeber eines Standardwerks zur Family Business Governance.[35] »Die Qualität des Risikomanagements in Familienunternehmen entspricht nur selten dem, was aus Prüfersicht wünschenswert wäre«, ergänzt sein Kollege Peter Bartels, der bei PWC für Familienunternehmen zuständig ist. Das muss sich ändern. Wer einen generationenübergreifenden Ansatz verfolgt, darf Risikomanagement nicht als überflüssig oder als lästige Pflichtübung ansehen. Er muss sicherstellen, dass der »große Fehler« nicht passieren kann – weder im Bereich der strategischen Ausrichtung noch in der Unternehmensfinanzierung, noch in irgendeinem anderen Bereich. Wer seine unternehmerische Unabhängigkeit wahren will, der muss seine Risiken begrenzen. Und im Rahmen seiner Corporate Governance ein wirksames Risikomanagementsystem etablieren.[36] Das fordert der Governance Kodex für Familienunternehmen explizit: »Die Unternehmensführung soll für die Einhaltung der gesetzlichen Bestimmungen und der unternehmensinternen Richtlinien (Compliance) sowie für ein angemessenes Chancen- und Risikomanagement im Unternehmen in Übereinstimmung mit den Werten und Zielen der Inhaber sorgen«.[37]

Dabei dürfen Familienunternehmen keinesfalls einseitig risikofixiert sein. Wer lange leben will, muss sich immer wieder neu erfinden. Der Lebenszyklus kann nur durch permanenten Wandel überwunden werden. Die Sauerländer Unternehmerfamilie Wrede hat nur überlebt, weil sie in jeder Generation ein neues Geschäftsmodell entwickelt hat. Und auch Haniel existiert mehr als 250 Jahre nach seiner Gründung nur deshalb noch, weil das Unternehmen das Portfolio seiner unternehmerischen Aktivitäten regelmäßig durchwechselt. Der Governance Kodex für Familienunternehmen spricht expressis verbis nicht nur von Risiko-, sondern auch von Chancenmanagement. Gute Corporate Governance im Familienunternehmen fördert die Nutzung unternehmerischer Chancen und setzt sie in ein angemessenes Verhältnis zu den mit ihnen verbundenen Risiken. Sie reportet nicht nur Risiken, sondern auch Innovationsfähigkeit. Und schafft Führungs- und Entscheidungsstrukturen, in denen ein innovativer Geist aktiv gefördert wird. So wie beim Hanauer Familienunternehmen Heraeus. Dort haben die Inhaber das Management ausdrücklich auf Innovation als zentralen Unternehmenswert verpflichtet. Und verlangt, dass vom Management geeignete Kennzahlen zur Messung der Innovationskraft entwickelt und den Inhabern berichtet werden.

Das Zusammenwirken der Organe

Ein Unternehmen kann nicht selbst handeln. Es handelt durch seine Organe. Und diese durch die Menschen, die zur Mitwirkung in den Organen berufen sind. Deren Zusammenwirken so zu organisieren, dass ein bestmögliches Zusammenspiel im Interesse der gemeinsamen Ziele gewährleistet wird, ist ein zentrales Anliegen guter Corporate Governance. Konkret geht es darum, jedem Organ und Organmitglied eine klar definierte Rolle zuzuweisen, dafür zu sorgen, dass diese Rollen, insbesondere an den Schnittstellen, reibungslos ineinandergreifen, dass die Rollenbilder allen Beteiligten bekannt sind, ihre Inhalte und Grenzen akzeptiert und gelebt werden, und vor allem das richtige Personal zur Ausfüllung der Rollen zu finden.

Die Gestaltung dieses Zusammenwirkens ist Aufgabe der Inhaber. Bei ihrer Bewältigung gewährt ihnen das Gesetz in der Regel eine beachtliche Organisationsfreiheit. Sie legen fest, welche Organe es geben soll, welche Funktionen sie haben, wie sie zusammengesetzt sein und welche Regeln für die Arbeit und die Entscheidungsfindung in den Organen gelten sollen. Im Interesse guter Governance sollten sie sich dabei an den Maßstäben von Professional Ownership und Fair Process orientieren.

In diesem Zusammenhang werden häufig freiwillige Kontrollorgane als Instrumente für Corporate Governance im Familienunternehmen empfohlen.[38] Sie können in der Tat gute Dienste leisten. Eine standardisierte Allzweckwaffe sind die sogenannten Beiräte allerdings nicht. Nur wenn ihre Aufgaben und ihre personelle Zusammensetzung der individuellen Situation des Unternehmens und seiner Inhaber entsprechen, erweisen sich Beiräte als Segen. So wird der geschäftsführende Alleininhaber bestenfalls einen beratenden Beirat als Sparringspartner und zur Vorbereitung der Nachfolge einrichten, während mit wachsender Gesellschafterzahl und allmählichem Verlust der Identität von Inhaberschaft von Führung zunehmend auch Entscheidungskompetenzen Sinn machen. Welche das sind und wie der Beirat zusammengesetzt sein soll, um die in ihn gesetzten Erwartungen erfüllen zu können, kann nur im Einzelfall entschieden werden. Alibigremien, in denen der Steuerberater, der Anwalt und der Hausberater der Familie sitzen, machen jedenfalls wenig Sinn.

Eine optimal abgestimmte Organverfassung, bestmögliches Personal und eine reibungslose Zusammenarbeit sind wichtige Ingredienzen guter Governance. Vor allem zwischen dem Chef der Unternehmensführung und dem obersten Repräsentanten des Kontrollorgans muss die Chemie stimmen, wenn das Projekt gelingen soll.

Eine abschließende Bemerkung

Familienunternehmen sind eine besondere Organisationsform unternehmerischer Tätigkeit. Ihre Besonderheit beruht auf der spezifischen Art ihrer Inhaberschaft. Wer als dominanten Inhaber eine Familie mit einem generationenübergreifenden Unternehmerverständnis hat, kann andere systemimmanente Vorzüge ins Rennen werfen als derjenige, der auf eine zersplitterte Inhaberschaft blickt und sein Verhalten den Erfordernissen des Kapitalmarktes anpassen muss. Er steht aber auch vor anderen Herausforderungen. Familienunternehmen brauchen in weiten Teilen Strategien, Finanzierungsregeln und ein Corporate-Governance-Verständnis, das von der traditionellen Lehre abweicht. Eine eigenständige Managementtheorie für Familienunternehmen trägt dem Rechnung.[39]

Sie baut auf den erkannten Besonderheiten einer dynastisch orientierten familiären Inhaberschaft auf und bemüht sich, die systemimmanenten Vorzüge von Familienunternehmen als Wettbewerbsvorteile zu nutzen und ihre Schwächen zu begrenzen oder gar in Vorzüge zu verwandeln. Wenn das gelingt, muss uns um die Zukunft von Familienunternehmen nicht bange sein: »The ability of family businesses to successfully pursue unconventional strategies is their key competetive advantage«[40], behauptet John Ward. Und Hermann Simon schlägt in die gleiche Kerbe, wenn er für die Hidden Champions feststellt: »Mehr denn je bin ich davon überzeugt, dass dauerhaft herausragende Führung und Strategie eher bei den Hidden Champions als bei den Großunternehmen zu finden sind.«[41] Es ist an der Zeit, dass wir uns bemühen, die besonderen strategischen Verhaltensweisen der Familienunternehmen besser zu verstehen. Und dass wir sie nicht länger als »Unconventional Wisdom« begreifen, sondern als adäquate Normstrategien eines weit verbreiteten Unternehmenstyps.

Teil 3:

STRATEGIEN FÜR DIE INHABER

8. Kapitel:

WARUM DIE INHABER EIGENE STRATEGIEN BRAUCHEN

Keine Frage: Den Inhabern kommt bei der erfolgreichen Führung eines Familienunternehmens eine bedeutende Rolle zu. Aber was heißt das genau? Und wie gehen sie professionell mit ihrer Verantwortung um? Als ich 1998 von den Veranstaltern des I. Wittener Kongresses für Familienunternehmen gebeten wurde, den Hauptvortrag zu halten, entschloss ich mich, den Zuhörern dazu eine Geschichte zu erzählen.[1] Sie ist immer noch aktuell, und ich möchte sie Ihnen deshalb nicht vorenthalten.

Die Geschichte vom Aufstieg und Fall der Familie Max Müller

Max Müller ist der klassische Pionier. Eines Tages, in der Mitte seines Lebens, geht der begnadete Verkäufer zu seinem Chef und sagt: »Herr Oberberg, ich mache mich selbständig!« Max Müller hat den richtigen Riecher. Er sieht frühzeitig den unaufhaltsamen Aufstieg der Lebensmitteldiscounter voraus, aber auch deren Schwierigkeiten, von den etablierten Markenherstellern ausreichend mit Ware versorgt zu werden. Und so beschließt Max Müller, ein verlässlicher Partner der jungen Discounthändler zu werden. Er kratzt all seine Ersparnisse zusammen, beleiht das Einfamilienhaus und das Erbe seiner Ehefrau, kauft zwei Maschinen und beginnt in einem an das Haus angrenzenden Schuppen mit der Produktion von Apfel- und Orangensäften.

Das kleine Unternehmen ist ein Familienunternehmen im wahrsten Sinne des Wortes: Ehefrau Luise sitzt auf der Kasse, die Söhne Max jun. und Moritz kaufen ein, betreuen Produktion, Lager und Versand, und Max sen. verkauft. Und weil Max ein begnadeter und mit allen Wassern gewaschener Verkäufer ist, wächst der Umsatz rasch und stetig.

Bald werden erste Mitarbeiter eingestellt, aber immer noch nahezu ausschließlich improvisiert. Erst spät, und nur aufgrund des dauerhaften Drängens des mit Max befreundeten Steuerberaters Klaus Weitsicht, entsteht so etwas wie eine Betriebsorganisation. Zwischen Chef und Mitarbeitern werden Abteilungsleiterstellen eingerichtet, und auch Max' Söhne dürfen fortan den Titel Abteilungsleiter führen. Aber auch jetzt gibt es noch keine Organigramme, keine Stellenbeschreibungen oder gar Handbücher und auch keine Stäbe. Dafür kennt Max alle seine Mitarbeiter mit Vornamen, von den meisten sogar den Geburtstag. Zum Geburtstag gibt es Blumen, zur Silberhochzeit gibt sich der Chef höchstpersönlich die Ehre. Als Chef ist Max ein typischer Patriarch. Sein Wort ist Gesetz, Widerworte gibt es nicht. Sein Führungsstil ist direkt und intuitiv. Max traut dem Bauch mehr als dem Kopf, achtet nur »gestandene Praktiker« und schimpft auf »studierte Theoretiker«. Er liebt das Detail und macht am liebsten alles selbst. Selbstverständlich besucht er die Kunden persönlich, mit den meisten ist er befreundet. Jeden Nachmittag um fünf weiß er den Umsatz des Tages und die aktuellen Kontostände.

Als Max schließlich 63-jährig an den Folgen eines Herzinfarktes stirbt, hinterlässt er ein Unternehmen mit einem Umsatz von mehr als 100 Millionen Mark, mit etwa 150 Mitarbeitern, mit viel Drive, aber wenig Ordnung. Er hat viel erreicht, aber auch manches verpasst. Das Unternehmen macht Gewinn, hat aufgrund expansiver Investitionspolitik aber dennoch zu wenig Eigenkapital. Bei seinem Tod ist Max vollhaftender Einzelkaufmann; ein Testament oder eine Bestimmung, wer die Nachfolge im Unternehmen antreten soll, existiert nicht.

Zum Glück sind sich die beiden Söhne, Max jun. und Moritz, rasch einig. Unter fachkundiger Beratung von Steuerberater Weitsicht zahlen sie die Mutter aus, wandeln das einzelkaufmännische Unternehmen in eine GmbH & Co. KG um und schließen einen ausführlichen Gesellschaftsvertrag mit zwei Stämmen, denen jeweils gleiche Anteile und gleiche Rechte zustehen. Dazu gehört auch das Recht, den eigenen Nachfolger in der Geschäftsführung bestimmen zu dürfen. Im Übrigen haben sie Glück. Denn Max und Moritz haben unterschiedliche Begabungen und friedfertige Naturen. Max jun. übernimmt den Verkauf und Moritz die Technik. Sie vertragen sich gut, bis auf manchmal, aber dann, da sind sich Max und Moritz einig, sind fast immer ihre Frauen schuld.

Und so starten sie durch. Denn Max und Moritz haben längst erkannt, dass sie das vom Vater begründete Nutzenpotenzial, leistungsfähiger und verlässlicher Discountlieferant zu sein, ausbauen und ausnutzen können. Bald stellen sie nicht nur Saft, sondern auch Marmelade, Butter, Milch und Käse her. Später kommen noch Bier, Kaffee und Schnaps dazu. Max jun. und Moritz gelten als die aggressivsten Anbieter und die unumstrittenen Kostenführer im Markt. Sie beliefern ALDI, Lidl und die anderen Discounter. Sie verkaufen in Deutschland und bald in ganz Europa. Nur 15 Jahre später ist die Zahl der Mitarbeiter auf über 1000 angestiegen. Das gesamte Unternehmen ist von einem ausgeprägten Expansionsstreben erfasst. Es gibt eine klare Identifikation nach dem Motto: »Wo wir sind, ist vorne.«

Die Kontakte zu den wichtigsten Kunden werden immer noch persönlich gepflegt. Dennoch lässt sich die allmähliche Delegation von Verantwortung in dem größer gewordenen Unternehmen nicht mehr vermeiden. Nach und nach entstehen kleine Stäbe. Auch will man Stellenbeschreibungen und ein Unternehmenshandbuch erstellen, findet dafür aber keine Zeit. Neben Max jun. und Moritz gibt es inzwischen auch einen Finanzprokuristen. Der ist nicht nur für die Zahlen, sondern nach Ansicht von Max und Moritz auch sonst für alles verantwortlich, was im Unternehmen nicht funktioniert. Beide Brüder halten Emil Vorsicht für einen engstirnigen Bürokraten und einen rückgratlosen Intriganten, feuern wollen sie ihn trotzdem nicht. Immer wenn Max jun. von Entlassung spricht, ist Moritz dagegen – und umgekehrt.

Alle im Unternehmen arbeiten viel und schlafen wenig. Und so kommt es, wie es kommen muss: Max jun. verliert die Übersicht, und Moritz bekommt eine Gelbsucht. Kurz nach dieser Erkrankung gibt es den ersten ernsthaften Streit zwischen den Brüdern. Moritz, der nur eine Tochter hat, will seinen Schwiegersohn, einen Juristen, als Nachfolger präsentieren. Max jun., der von seinem Vater die Abneigung gegen »studierte Theoretiker« übernommen hat, ist dagegen. Es kommt zu einem Schiedsverfahren. Als Resultat wird ein Beirat eingerichtet, der Schwiegersohn wird akzeptiert, aber nur, weil gleichzeitig der einzige Sohn von Max jun., der im Übrigen fünf Töchter hat, zum Finanzchef des Unternehmens berufen wird. Schon wenig später bereut Max jun. seine Entscheidung. Nicht nur, dass sein Sohn Edzard, ein mittelmäßiger Versicherungsmakler, nicht reüssiert. Auch das bis dahin gute Verhältnis zwischen seiner Frau und seiner Schwiegertochter artet nach dem Generationswechsel rasch in einen privaten Kleinkrieg aus. Jeden Abend beschwert sich Frau Müller sen. bei ihrem Mann über das angeblich anmaßende und auftrumpfende Auftreten der jungen Frau Müller, die alles in den Dreck trete, wofür die alten Müllers so lange gekämpft hätten, vor allem aber den nötigen Respekt vor ihr, der Seniorin, vermissen lasse. Max jun. ist unglücklich. Aber noch bevor er sich auf Drängen seiner Frau dazu entschließen kann, seinen Sohn zu enterben und aus dem Familienunternehmen zu verbannen, verstirbt er 70-jährig. Sein Bruder Moritz folgt ihm nur wenig später.

Damit sind wir bei der dritten Generation angelangt. Das Unternehmen hat wiederum zwei Geschäftsführer, nun aber schon sieben Gesellschafter, von denen nur noch einer im Unternehmen tätig ist. Von den sechs nichttätigen Töchtern sind vier verheiratet, und zwar überwiegend mit Lehrern, Künstlern oder anderen aus Unternehmersicht »problematischen« Menschen. Die beiden anderen Schwestern bleiben unverheiratet und genießen ihren Status als umworbene Erbtanten. In dem nach dem Stammesprinzip paritätisch besetzten Beirat sitzen ein Rechtsanwalt, der Sohn von Steuerberater Weitsicht sowie die Ehefrau und ein Jagdfreund des Juristen. Der Beirat tagt dreimal im Jahr, in der Regel ohne die Geschäftsführung. Dabei beschäftigt er sich mit so grundsätzlichen Fragen wie einer Tanksatzung für die Betriebstankstelle, einem Beratungsvertrag für den mit der ältesten Tochter verheirateten Lehrer und mit dem Problem, ob Aufwendungen für einen Jagdausflug mit Kunden steuerlich absetzbar sind.

Dessen ungeachtet verdient das Unternehmen stabil, zumindest in den ersten Jahren. Es besitzt eine prall gefüllte Kasse, glänzende Bilanzen und eine geringe Investitionsneigung, weshalb es von den Banken hoch geschätzt wird. Auch in der Öffentlichkeit genießen die Müllers hohes Ansehen, vor allem weil sie ihr öffentliches Engagement in dem Maße verstärken, in dem sie den Einsatz für das Unternehmen reduzieren. So ist der Jurist, Dr. von Scharenberg, Präsident der IHK und Vorsitzender des regionalen Unternehmerverbandes. Der ehemalige Versicherungsmakler Edzard Müller kauft sich einen Doktortitel, wird Konsul von Togo und Mitglied im Beirat der Allianz und der Deutschen Bank. Dafür stagniert der Umsatz. Das Unternehmen hat kaum noch neue Produkte; seit Jahren ist es nicht mehr in neue Märkte eingestiegen. Überall wird optimiert, reorganisiert und restrukturiert, es gibt Handbücher, Stellenbeschreibungen, Arbeitsanweisungen, ein umfangreiches Reporting und ein noch umfangreicheres Planungsinstrumentarium. Es gibt viel Papier, noch mehr Komitees und Ausschüsse, jede Menge Strategien, aber wenig Umsetzung, ein ausgeprägtes Kästchendenken und bald Machtkämpfe auf allen Ebenen.

Auch Dr. von Scharenberg und Edzard Müller bleiben davon nicht verschont. Frau von Scharenberg hat nie verstanden, warum ihr Mann, den sie für eindeutig besser qualifiziert hält, nicht eine herausgehobene Stellung und mehr Geld erhält als ihr Vetter Edzard Müller. Jeden Abend weist sie ihren Mann auf diese Ungerechtigkeit hin, bis Herr Dr. von

Scharenberg es schließlich selbst glaubt. Frau Müller ist selbstverständlich ganz anderer Ansicht, weil ihrem Mann als »Müller« ein natürliches Vorrecht gegenüber einem eingeheirateten Schwiegersohn gebühre. Als Frau von Scharenberg wieder einmal auf den Betriebsgärtner warten muss, weil dieser zuvor den Rasen bei Müllers mäht, kommt es zur offenen Auseinandersetzung zwischen den beiden Frauen, in die zunächst beide Ehemänner und schließlich alle Gesellschafter hineingezogen werden. In der Folge streitet man um die Abberufung von Dr. von Scharenberg und Edzard Müller, um die Höhe der Ausschüttungen, um Einsichts- und Informationsrechte sowie um das Recht einzelner Gesellschafter, ihre Unternehmensanteile an ein Konkurrenzunternehmen zu verkaufen.

Wenig später kommt das Aus für die Müllers. Das Unternehmen sieht sich zunehmend in Preiskämpfe und Verdrängungswettbewerb verstrickt und zu stetigen Preisnachlässen gezwungen. Qualifizierte Führungskräfte und Mitarbeiter wandern ab. Das verbleibende Management ist überaltert und kämpft weniger mit dem Wettbewerb als um das eigene Überleben. Der Umsatz geht zurück, zunächst wird das Jahresergebnis, dann auch der Cashflow negativ. Kurz vor dem Konkurs betreibt die Hausbank den Verkauf des Unternehmens an einen internationalen Wettbewerber. So retten die Müllers zwar nicht ihr Unternehmen, aber zumindest einen Rest ihres Vermögens.

Gute Unternehmensstrategien sind nicht genug

Die Botschaft der Geschichte ist eindeutig. Das Familienunternehmen Müller verdankt Erfolg und Misserfolg nicht nur wichtigen Weichenstellungen auf der Unternehmensebene. Nicht minder bedeutend sind die Entscheidungen, die von den Inhabern außerhalb der unternehmensstrategischen Sphäre getroffen wurden. Die Identität von Inhaberschaft und Führung ist eines der Erfolgsgeheimnisse des Unternehmensgründers Max Müller sen., die Einigkeit seiner beiden Söhne Max und Moritz für den Unternehmenserfolg eine ebenso wenig hinwegzudenkende Bedingung wie ihre strategische Grundsatzentscheidung für Fokussierung und konzentrierte Multiplikation einer erfolgreichen Geschäftsidee. Auch das Scheitern der Müllers ist keineswegs nur Resultat nicht bewältigter Reifung und Erstarrung, sondern ebenso auf Streit und faule Kompromisse bei der Besetzung zentraler Führungspositionen zurückzuführen. Damit kommt eine zusätzliche Dimension ins Spiel, welche die klassische Betriebswirtschaftslehre bislang nicht befriedigend erklären kann.

Dabei wird es höchste Zeit, dass wir die auf der Inhaberebene angesiedelten Fragestellungen mit gleicher Professionalität behandeln wie unternehmensstrategische Weichenstellungen. Nicht nur in der fiktiven Geschichte des Familienunternehmens Müller, auch in der Realität zeigt sich immer wieder, wie sehr die Entwicklung eines Unternehmens von Entscheidungen auf der Inhaberebene beeinflusst wird. So hat der ALDI-Chronist Dieter Brandes in einem unserer Seminare auf die Frage, was seiner Ansicht nach die wichtigste strategische Entscheidung für den ALDI-Erfolg gewesen sei, die überraschten Teilnehmer beschieden: »Die wohl wichtigste Entscheidung der beiden Albrecht-Brüder war ihre frühzeitige Trennung. So konnten Karl und Theo Albrecht jeder für sich ihre Vorstellung vom optimalen Discountunternehmen in die Tat umsetzen, ohne ein Leben lang über den richtigen Weg miteinander streiten zu müssen.«[2] Auch die berühmte Realteilung der beiden Dassler-Brüder war weniger unternehmensstrategischer Ratio geschuldet als Resultat der Erkenntnis, dass die beiden Inhaber nicht mehr miteinander konnten.[3] Realteilungen von Familienunternehmen haben in der Regel wenig mit klassischer Unternehmensstrategie zu tun. Sie und andere Strukturentscheidungen wie Verkauf oder Fusion haben ihre Wurzeln oft auf der Inhaberebene. Selbst bei Entscheidungen, die vordergründig eindeutig unternehmensstrategischer Natur zu sein scheinen, spielen inhaberstrategische Überlegungen häufig eine große Rolle. Wenn es im Familienunternehmen heißt »Wachstum nur aus eigener Kraft und soweit es ohne Inanspruchnahme von Bankkrediten finanziert werden kann«, dann sind das nur auf den ersten Blick Fragestellungen der Unternehmensstrategie und der Unternehmensfinanzierung. Derartige Strategien entsprechen in der Regel inhaberstrategischen Vorgaben. Und es bleibt zu hoffen, dass die Inhaber bei der Formulierung dieser Vorgaben mit der gleichen Professionalität agieren, die sie von der Unternehmensführung bei ihrer Umsetzung erwarten.

Und schon da beginnen die Schwierigkeiten. Der professionelle Umgang mit der Inhaberrolle steckt noch in den Kinderschuhen. Den meisten Inhaberfamilien fehlt das Gefühl dafür, wie ein professioneller Umgang mit der Inhaberrolle konkret aussieht. Kein Wunder: Eine Managementtheorie für Inhaber existiert nicht. Die Standardwerke der Betriebswirtschaftslehre bieten zum Thema Inhaberstrategie wenig Unterstützung an. Die an der Publikumsgesellschaft ausgerichtete Betriebswirtschaftslehre der Gegenwart ist nahezu ausschließlich auf das Unternehmen und seine Strategie fokussiert. Inhaberstrategische Fragestellungen blendet sie weitgehend aus. In der Beratung sieht es nicht besser aus. Die strategische Beratung der Inhaber von Familienunternehmen wird quasi nebenher erledigt, und zwar von den Fachleuten, die von Berufs wegen ohnedies mit den Inhabern zu tun haben. Das sind insbesondere die Steuerberater, Wirtschaftsprüfer und Rechtsanwälte. Sie tun dies in der Regel mit großem Engagement und auf der Grundlage persönlicher Erfahrung, aber ohne hinreichendes theoretisches Fundament. Es wird Zeit, dass die Betriebswirtschaftslehre die vorhandene Lücke füllt und den Inhabern von Familienunternehmen und ihren Beratern verlässliche Maßstäbe für professionell gelebte Inhaberschaft an die Hand gibt. Denn wenn es richtig ist, dass die Entscheidungen dominanter Inhaber die ihnen gehörenden Unternehmen maßgeblich beeinflussen, dann liegt es im allgemeinen Interesse, dass sie dies professionell tun.[4]

Welch schlimme Auswirkungen eine nicht ausreichend professionelle Inhaberschaft haben kann, zeigt der Fall Arcandor. Gustav und Grete Schickedanz hatten mit dem Versandhaus Quelle eine der Erfolgsgeschichten der Nachkriegszeit geschrieben und die materiellen Grundlagen für ein erfolgreiches Familienunternehmen gelegt. Aber sie haben ihre Tochter Madeleine weder ausreichend auf die Rolle als dominante Inhaberin eines großen Familienunternehmens vorbereitet, noch waren sie bereit, die Konsequenzen aus diesem Umstand zu ziehen und ihr Unternehmen rechtzeitig zu verkaufen. So blieb Tochter Madeleine eine »Unternehmerin wider Willen, die vom Geschäft nichts wissen wollte, sich nie richtig darum kümmerte, aber auch keinen sauberen Schlussstrich zog«, resümiert ihre Biografin Anja Kummerow.[5] Madeleine Schickedanz war mit ihrer Inhaberrolle überfordert und auf Manager und Berater angewiesen, die für sie Entscheidungen von großer Tragweite getroffen oder vorbereitet haben. Sie selbst war nie in der Lage, die Qualität dieser Empfehlungen zu beurteilen. Der Rest ist bekannt. Nach Jahren des Niedergangs und des fortschreitenden Vermögensverzehrs verlor Madeleine Schickedanz 2009 ihr mittlerweile in Arcandor umbenanntes Unternehmen und den Großteil ihres Vermögens.[6]

Um solche Schicksale zu verhindern, müssen wir die Betriebswirtschaftslehre weiterentwickeln. So wie sie sich einst von der Beschäftigung mit betriebsorganisatorischen Fragestellungen über Produkt-Markt-Strategien und Geschäftsfeldstrategien zur Entwicklung umfassender Unternehmensstrategien vorgearbeitet hat, muss sie jetzt die nächsthöhere Strategieebene in den Blick nehmen, eigenständige Strategiekonzepte für dominante Inhaber entwickeln und diese mit den Unternehmensstrategien der von ihnen dominierten Unternehmen verknüpfen.[7] Mit den herkömmlichen Unternehmensstrategien alleine werden wir die Welt der Familienunternehmen nicht erfassen können.

Auch das von mir Ende der 1990er Jahre entwickelte Konzept der Familienstrategie[8] genügt nicht, um die besonderen strategischen Herausforderungen einer Inhaberfamilie vollständig zu erfassen. Familienstrategien sind wichtig. Sie stabilisieren den für den Erfolg eines Familienunternehmens wichtigen Faktor Familie und stellen sicher, dass familiäre Probleme nicht zu Sprengsätzen für den unternehmerischen Erfolg werden. Ausreichend sind sie nicht. Wer Familienunternehmen in ihrer Ganzheit erfassen will, muss die Familie und das Unternehmen in den Blick nehmen und versuchen, Familienstrategien und Unternehmensstrategien zu einer übergeordneten Inhaberstrategie zu verbinden. Diese muss nicht nur beide Bereiche gleichwertig betrachten, sondern auch deren wechselseitige Beeinflussung verstehen und in einen individuell richtigen Ausgleich bringen.

Abb. 16: Regelungsbereiche der Inhaberstrategie

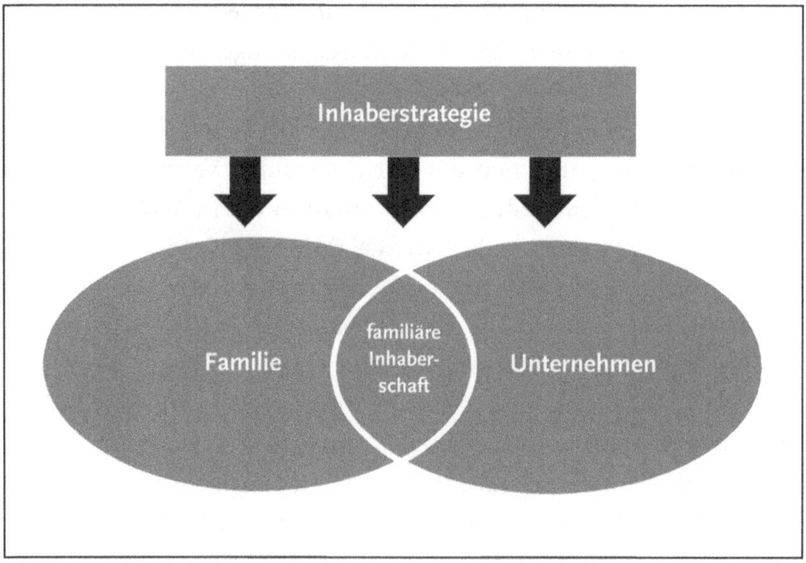

9. Kapitel:

DIE RICHTIGEN FRAGEN STELLEN

Das 3-Dimensionen-Modell – Ein Ansatz zum besseren Verständnis von Familienunternehmen

Am Rande eines Unternehmerkongresses treffen die beiden Unternehmer Franz Markus Haniel und Torsten Toeller zu einem vertraulichen Gespräch zusammen. Beide sind Chefs großer deutscher Familienunternehmen. Franz Haniel steht als Vertreter der Inhaberfamilie an der Spitze des Aufsichtsrates der Franz Haniel & Cie. GmbH. Torsten Toeller hat 1990 Fressnapf gegründet und die Firma zum führenden Fachdiscounter für Tiernahrung und Tierzubehör entwickelt.[1] Die Unternehmer kennen sich, Toeller hat Franz Haniel um das Gespräch gebeten. »Ich wollte dich um einen Rat fragen«, eröffnet der Gründer das Gespräch. »Ich habe begonnen, mir Gedanken über meine Nachfolge zu machen. Vor allem die Frage, wer nach mir an die Spitze des Unternehmens rücken soll, beschäftigt mich. Ich habe keine Ahnung, was da alles auf mich zukommt. Da ihr schon etliche Generationswechsel erfolgreich bewältigt habt, hoffe ich, von deinen Erfahrungen profitieren zu können.« Franz Haniel antwortet mit einiger Verzögerung. »Ich bin mir da nicht so sicher«, beginnt er schließlich. »Bei uns gibt es seit Generationen eine Regel, nach der kein Mitglied der Inhaberfamilie im Unternehmen arbeiten darf, auch nicht in der Geschäftsführung. Ich weiß nicht, ob ich dir mit meinen Erfahrungen wirklich helfen kann.« Toeller ist erstaunt. »Aber du bist doch auch Familienunternehmer«, meint er überrascht. »Was beschäftigt dich denn zurzeit?« Der einige Jahre ältere Clanchef lächelt. »Themen haben wir genug, doch bezweifle ich, ob sie für dich von Interesse sind. Wir haben inzwischen über 600 Gesellschafter, und es braucht immer wieder neue Ideen und Konzepte, um sie bei der Stange zu halten. Vor allem die Übernahme der Mehrheit bei der Metro und umstrittene Personalentscheidungen an der Unternehmensspitze haben eine interne Diskussion über unsere fundamentalen Werte losgetreten, die wir jetzt analysieren müssen. Und dann haben wir ja nicht nur eine Beteiligung, sondern ein ganzes Beteiligungsportfolio. Dies gilt es immer wieder neu zu bewerten und auf den Prüfstand zu stellen.« Torsten Toeller ist beeindruckt. »Das sind in der Tat gewichtige Fragen. Aber für mich ist tatsächlich keine von ihnen relevant. Ich hätte nicht gedacht, dass Familienunternehmen so unterschiedlich sein können.«

Das Gespräch hat so niemals stattgefunden. Aber es hätte so stattfinden können. Und es illustriert ein Kernproblem bei der Entwicklung von Inhaberstrategien für Familienunternehmen. Wer eine Strategie für seine Inhaberschaft formulieren will, muss die richtigen Fragen stellen. Und das ist im Familienunternehmen gar nicht so leicht. Dafür sind die Familienunternehmen zu unterschiedlich. Was den einen berührt, ist für den anderen Nebensache. So wäre es für Torsten Toeller wahrscheinlich sinnvoller gewesen, sich mit dem Trigema-Inhaber Wolfgang Grupp oder mit Emil Underberg über sein Nachfolgeproblem zu unterhalten, als mit Franz Haniel. Und Franz Haniel würde mit seinen Fragestellungen bei den Kollegen von Merck, Freudenberg oder Heraeus mehr Verständnis finden als bei dem Gründerunternehmer Torsten Toeller.

Aus diesem Grunde habe ich das 3-Dimensionen-Modell entwickelt.[2] Es teilt die bunte Welt der Familienunternehmen entlang dreier Dimensionen in eine Vielzahl von Teilgruppen mit ähnlichen Problemstellungen. Auf diese Weise wird es der Inhaberfamilie möglich, sich als ein spezifischer Typus von Familienunternehmen zu erkennen und die mit dieser Einordnung typischerweise verbundenen Herausforderungen zu verstehen. Das Modell hat sich in der praktischen Anwendung bewährt. Hilfreich ist es nicht nur bei der Analyse typusadäquater Herausforderungen, sondern insbesondere auch bei Transitionsprozessen. Wenn ein Familienunternehmen den Übergang von einem Alleininhaber zu einer Geschwistergesellschaft, von einer Fokussierung zur Diversifikation oder von der Inhaberführung zum Fremdmanagement plant, ist es gut, nicht nur zu wissen, was bislang wichtig war, sondern auch, welche neuen Herausforderungen mit der geplanten Veränderung verbunden sind. Auf diese Weise lassen sich Übergangsprozesse rationalisieren und Probleme adressieren, bevor sie auftreten. Das ist die Grundlage erfolgreicher Prävention.

Das Geheimnis des Erfolgs ist die zutreffende Typenbildung. Ist sie erfolgt, ergeben sich die zentralen Fragestellungen geradezu zwangsläufig. Die drei maßgeblichen Dimensionen aus dem 3-Dimensionen-Modell möchte ich nachfolgend näher vorstellen. Es sind:

(1) die Art der familiären Inhaberschaft (Inhaberstruktur),
(2) die Art des unternehmerischen Engagements der Familie (Unternehmensstruktur)
(3) und die Art der Einflussnahme auf das Unternehmen (Governance-Struktur).

Abb. 17: Das 3-Dimensionen-Modell im Überblick

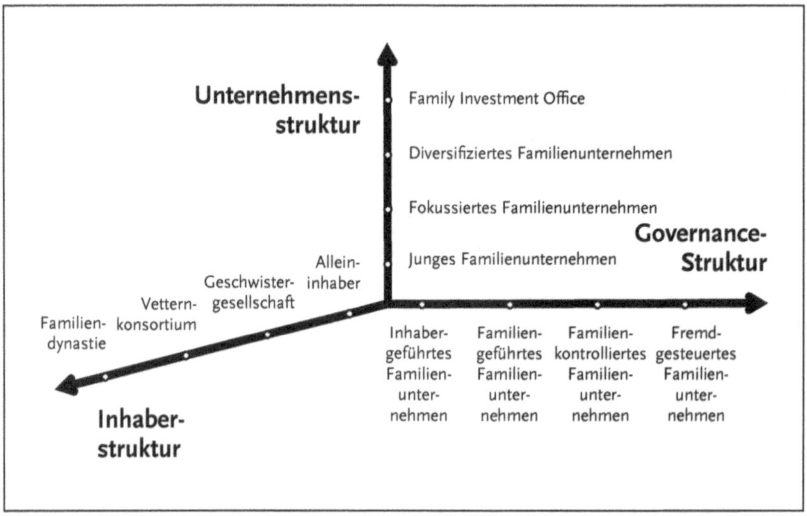

Die Art der familiären Inhaberschaft (Inhaberstruktur)

Zwar eint alle Familienunternehmen die dominante Inhaberschaft einer Familie mit einem generationenübergreifenden Unternehmerverständnis, doch kann diese in verschiedenen Erscheinungsformen auftreten.[3]

Der Alleininhaber

Am Anfang steht fast immer ein familiärer Alleininhaber. Nur selten werden Familienunternehmen von mehreren Familienmitgliedern gegründet. Die alleinige Inhaberschaft über die in Familienbesitz befindlichen Unternehmensanteile ist ein typisches Erscheinungsmerkmal der Gründergeneration. Sie kann aber auch in späteren Generationen auftreten, wenn der Inhaber nur einen Nachfolger hat oder sich für einen von mehreren potenziellen Nachfolgern entscheidet.[4] Die Familien Underberg, Grupp (Trigema) und Rusche (SØR) sind prominente Vertreter dieser bei großen Familienunternehmen selten gewordenen Spezies. Manchmal entsteht eine Alleininhaberschaft auch neu, etwa wenn ein Familienmitglied die anderen auskauft oder ein Familienunternehmen im Wege der Realteilung zwischen verschiedenen Familienmitgliedern aufgeteilt wird.[5]

Die Alleininhaberschaft ist von den Erscheinungsformen familiärer Inhaberschaft diejenige mit der geringsten Komplexität. Konflikte zwischen den Inhabern sind beim Alleininhaber ausgeschlossen. Dafür kann die uneingeschränkte Machtfülle zu Machtmissbrauch verleiten. Und auch mangelnde Fähigkeiten des Alleininhabers finden kein wirksames internes Korrektiv. Die hohe Abhängigkeit des Unternehmens vom Alleininhaber stellt Chance und Herausforderung zugleich dar, für die adäquate Lösungen gefunden werden müssen. Dies gilt auch für die letzte große Aufgabe des Alleininhabers – die Regelung seiner Nachfolge als Unternehmensinhaber. Wem überträgt er seine Beteiligung am Unternehmen? Wann tut er es? Welche Vorkehrungen sind für den Fall getroffen, dass der Alleininhaber vorzeitig und ungeplant ausfällt? Und wie wird sichergestellt, dass das vorgesehene Nachfolgekonzept auch funktioniert? Eine freiwillige Selbstbeschränkung der Inhabermacht durch Etablierung einer professionellen Governance sowie ein professionelles Management der Unternehmensnachfolge sind die angemessenen Antworten auf die Herausforderungen der Alleininhaberschaft.[6]

Die Geschwistergesellschaft

Für kleine Familienunternehmen, die nur eine Familie ernähren können, gibt es zur Alleininhaberschaft praktisch keine Alternative. In großen Familienunternehmen ist sie heutzutage eher die Ausnahme. Im inneren Konflikt zwischen dem rationalen Unternehmer-Ich und dem nach Gleichbehandlung verlangenden Eltern-Ich schlägt sich die überwiegende Zahl der Unternehmensgründer auf die Familienseite. Und so wird aus der Alleininhaberschaft des Gründers in der zweiten Generation in der Regel eine Geschwistergesellschaft, bei der die familiäre Inhaberschaft auf mehrere Geschwister aufgeteilt ist. Prominente Vertreter dieses Typs sind aktuell etwa die Familien Haub (Tengelmann), Rehm (Jägermeister) und Hoyer. Mitunter können Geschwistergesellschaften aber auch durch eine gemeinsame Unternehmensgründung entstehen oder als Folge einer Realteilung oder eines Family-Buy-out.

Die Geschwistergesellschaft weist gegenüber der Alleininhaberschaft eine gesteigerte Komplexität der familiären Inhaberschaft auf. Zwar ist es positiv, dass die Gefahren des Machtmissbrauchs in der Geschwistergesellschaft durch die gegenseitige Kontrolle reduziert werden. Doch stehen diesem Vorteil erhebliche neue Risiken gegenüber. Wie ist es um den Unternehmergeist und die Inhaberqualifikation der Erben bestellt? Und wie gehen sie mit Neid, Eifersucht und Missgunst um, vor allem dann, wenn Geld, Macht und Erbe zwischen den Geschwistern ungleich verteilt sind? Geschwistergesellschaften gelten als besonders konfliktanfällig und die Konflikte in ihnen wegen der meist großen Beteiligungen der Konfliktparteien als besonders gefährlich. Etliche der berühmtesten Streitfälle in Familienunternehmen – erwähnt seien nur die Fälle Benteler, Burda, Dassler, Herz und Wünsche – sind in Geschwistergesellschaften angesiedelt. Die Beherrschung der zerstörerischen Kraft der Geschwistergesellschaft durch Professional Ownership und Fair Process sind die zentralen Aufgabenstellungen auf dieser Stufe.

Das Vetternkonsortium

In den Folgegenerationen verändert sich die Geschwistergesellschaft meist in ein Vetternkonsortium.[7] An die Stelle von Brüdern und Schwestern treten Vettern und Cousinen als Träger der dominanten familiären Inhaberschaft. Prominente Vertreter dieses Typs sind zurzeit etwa der Logistikkonzern Dachser, der Maschinenbauer SMS, das Pharmaunternehmen Merz sowie der Gipshersteller Knauf.

Die mit dem Übergang zum Vetternkonsortium einhergehenden Veränderungen sind beachtlich. Die Zahl der Inhaber wächst, die Nähe zum Unternehmen und innerhalb der Familie nimmt ab. Dabei muss die Familie lernen, mit dem Problem wachsender Diversität umzugehen. Da die Inhaber in der Regel unterschiedliche Lebensplanungen haben, entstehen Unterschiede bei Beteiligung und Teilhabe, die sich mit jeder Generation weiter verstärken. Bei dem spanischen Familienunternehmen Roca, einem führenden Hersteller von Sanitäreinrichtungen, variiert die Beteiligungshöhe in der vierten Generation zwischen 25 und weniger als einem Prozent. Die wachsende Zahl der Inhaber und ihre Diversität bleiben nicht ohne Auswirkungen auf die Verteilung von Geld und Macht. Je höher die Zahl der Gesellschafter ist, desto geringer ist die Möglichkeit, familiären Gleichbehandlungserwartungen auf der Unternehmensebene Rechnung tragen zu können. Im Vetternkonsortium ist es faktisch nicht mehr möglich, alle Familienmitglieder zu Geschäftsführern zu machen oder in der Firma mitarbeiten zu lassen. Auch bei der Verteilung von Stimmrechten und Dividenden gibt es zunehmende Unterschiede. Dies führt bei manchen Inhabern zu einer nachlassenden Identifikation mit dem generationenübergreifenden Projekt und zu der Frage, ob es sinnvoll ist, das Unternehmen als Familienunternehmen fortzuführen. Dass diese Frage reichlich Konfliktstoff beinhaltet, versteht sich von selbst. Dafür sind die interpersonalen Konflikte im Vetternkonsortium typischerweise reduziert. Die wachsende Entfremdung tut gut. Wer nicht gemeinsam im Sandkasten gespielt hat, steht weniger in der Gefahr, seine kindlichen Rivalitäten im Erwachsenenalter auf das Spielfeld des Unternehmens zu übertragen. Mitunter kommt es im Vetternkonsortium allerdings zu einem Ausstrahlungseffekt der Rivalitäten aus der Geschwistergeneration, wenn Kinder von ihren Eltern instrumentalisiert werden, gewonnenes Terrain gegenüber einem anderen Familienstamm zu sichern oder verlorenes Terrain zurückzuerobern. Die Sprengstoffwirkung, die in solchen Rückspielen liegt, darf nicht unterschätzt werden. Dazu kommen die Problemstellungen aus der Geschwistergesellschaft: Ein möglicherweise nachlassender Unternehmergeist und mangelnde Inhaberqualifikation werden mit fortschreitender Entfremdung vom gemeinsamen Projekt immer wahrscheinlicher. Gezielte Programme, dem entgegenzuwirken, sowie die Gestaltung professioneller Governance-Strukturen für Familie und Unternehmen, die neben einem ökonomischen auch einen emotionalen Wert erzeugen, sind richtige Antworten auf die systembedingten Herausforderungen des Vettern- bzw. Cousinenkonsortiums.

Die Familiendynastie

Das Vetternkonsortium währt in der Regel mehrere Generationen, bevor es quantitativ in eine neue Erscheinungsform, die Familiendynastie, umschlägt. Mein ehemaliger Kollege Matthias Redlefsen, der inzwischen selbst als Familienunternehmer tätig ist, hat im Rahmen seiner Dissertation herausgefunden, dass das Konfliktpotenzial beim Ausscheiden von Gesellschaftern spürbar nachlässt, wenn die Zahl der Familiengesellschafter auf über 30 ansteigt.[8] Als Folge der marginalen Beteiligung ist das Thema emotional reduziert und in seinen Auswirkungen für die Firma nicht mehr bedrohlich. Redlefsens Ergebnisse decken sich mit meinen Erfahrungen. Mit der quantitativen Zunahme der Inhaberzahl verändert sich die Inhaberschaft auch qualitativ. Marginalisierung der Anteile sowie Entpersonalisierung der Beziehungen zum Unternehmen und innerhalb der Familie sind die konstituierenden Merkmale der Familiendynastie, von denen es hierzulande eine Reihe gibt. Etliche unserer größten Familienunternehmen, darunter so traditionsreiche und bekannte Namen wie Brenninkmeyer, Freudenberg, Haniel, Hella Hueck, Henkel, Heraeus, Merck, Prym, Röchling, Villeroy & Boch oder Werhahn gehören in diese Kategorie.

Die Herausforderungen, denen sich eine Familiendynastie gegenübersieht, sind mit denen des Vetternkonsortiums kaum mehr zu vergleichen. Rivalitäten zwischen den Inhabern spielen praktisch keine Rolle mehr. Dafür wird es zunehmend schwieriger, den Zusammenhalt zwischen den Familienmitgliedern und deren Identifikation mit dem Familienunternehmen aufrechtzuerhalten. Wenn Franz Haniel seine mehr als 600 Familieninhaber zur Gesellschafterversammlung oder zum Familientag begrüßt, kennt er im Zweifel nicht einmal alle mit Namen. Und er muss davon ausgehen, dass sich die Beteiligung bei Haniel für viele von ihnen ökonomisch nicht grundsätzlich von anderen Vermögenswerten unterscheidet. Wer ein Familienunternehmen mit einer Familiendynastie als dominantem Inhaber langfristig erfolgreich gestalten will, muss deshalb vor allem dafür Sorge tragen, dass sich die Beteiligung am Unternehmen für die Inhaber sowohl ökonomisch als auch emotional überdurchschnittlich rentiert. Nicht zufällig besitzen erfolgreiche Familiendynastien immer auch große und erfolgreiche Familienunternehmen. Wer will, dass die Mitglieder der Dynastie bei der Stange bleiben, muss sicherstellen, dass der Wert des Unternehmens schneller wächst als die Zahl seiner Inhaber. Dazu sollte er eine Corporate Governance etablieren, die dem Problem der wachsenden Entfremdung der Gesellschafter durch eine zielgerichtete Repräsentation und Information, z. B. mittels eines Gesellschafterausschusses, begegnet. Und last, but not least benötigt die Familiendynastie eine Family Governance, welche ausreichend Anlässe schafft, die Familienmitglieder an das Unternehmen und an die Familie zu binden. Was in der Geschwistergesellschaft noch erlebte Selbstverständlichkeit ist, muss in der Familiendynastie zunehmend künstlich geschaffen werden.

Zwischenfazit

Der Schlüssel für den richtigen Umgang mit den verschiedenen Typen familiärer Inhaberschaft ist Komplexität. Diese nimmt von der Alleininhaberschaft bis zur Familiendynastie beständig zu. Als besonders konfliktträchtig erweisen sich die beiden mittleren Stufen, die Geschwistergesellschaft und das Vetternkonsortium, während es beim Alleininhaber mangels Komplexität eher um Professionalität und in der Familiendynastie um die Sicherung von Zusammenhalt und Zustimmung zum gemeinsamen Projekt geht. Wer dies einmal erkannt hat, wird die mit der Art der Inhaberschaft einer Unternehmerfamilie verbundenen Probleme leichter lösen können.

Abb. 18: Das 3-Dimensionen-Modell – Inhaberstruktur

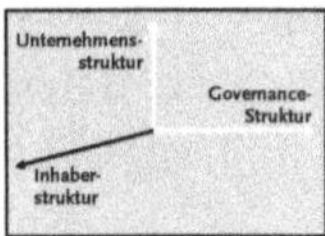	**Alleininhaber**	**Geschwister-gesellschaft**	**Vetternkon-sortium**	**Familien-dynastie**
Begriff	▪ ein Familien-inhaber	▪ Geschwister als Inhaber	▪ Vettern und Cousinen als Inhaber	▪ mehr als 30 Familien-inhaber
Beispiele (Stand: 2011)	▪ Fressnapf ▪ Trigema ▪ Underberg	▪ Tengelmann ▪ Jägermeister ▪ Hoyer	▪ Dachser ▪ Knauf ▪ Merz	▪ Haniel ▪ Heraeus ▪ Merck
Zentrale Herausforde-rungen	▪ Machtmiss-brauch ▪ Abhängigkeit vom Allein-inhaber ▪ Nachfolge	▪ Geschwister-rivalität ▪ Inhaber-qualifikation ▪ Unterneh-mergeist	▪ Diversität ▪ Alte Rivali-täten ▪ Identifikation ▪ Zusammen-halt ▪ Inhaber-qualifikation ▪ Unterneh-mergeist	▪ Identifikation ▪ Zusammen-halt ▪ Inhaber-qualifikation ▪ Unterneh-mergeist ▪ Wachstums-dilemma
Wichtige Lösungs-ansätze	Professionali-sierung, ins-besondere bei Governance und Nachfolge	Sicherung von Professional Ownership und Fair Process	Sicherung von Professional Ownership, Fair Process und Emotional Value	Sicherung von Professional Ownership, Fair Process, Wertwachstum und Emotional Value

Die Art des unternehmerischen Engagements der Familie (Unternehmensstruktur)

Die zweite Dimension, in der Familienunternehmen sich voneinander unterscheiden, ist die Art des unternehmerischen Engagements. Jägermeister, Oetker oder die Family Offices wohlhabender Unternehmerfamilien – sie alle sind Familienunternehmen und verkörpern doch unterschiedliche Erscheinungsformen dieses Typs. Um die zentralen Herausforderungen der verschiedenen Erscheinungsformen besser zu verstehen, ist es sinnvoll, sie näher zu betrachten.

Das junge Familienunternehmen

Im Jahr 1908 macht die Hausfrau Melitta Bentz in Dresden eine kleine, aber bedeutende Erfindung. Die dreifache Mutter ärgerte sich so lange über den unangenehmen Kaffeesatz und den üblen Nachgeschmack bei der traditionellen Kaffeezubereitung, dass sie eines Tages ein Löschblatt in den Kaffeebecher legt und den Kaffeefilter aus Papier erfindet. Er wird zum Grundstein eines erfolgreichen Familienunternehmens. Inzwischen entwickelt, produziert und vertreibt die Melitta-Gruppe Produkte für die Kaffeezubereitung, die Aufbewahrung von Lebensmitteln (Toppits) und für die Sauberkeit im Haushalt (Swirl). Die Unternehmensgruppe ist in 18 Ländern tätig und erzielte 2008 mit knapp 3400 Mitarbeitern einen Umsatz von rund 1,65 Milliarden Euro. Sie hat sieben Gesellschafter und ist auf dem Weg zum Vetternkonsortium. Die Gründerin Melitta Bentz gilt als eine bedeutende Pionierin der deutschen Wirtschaft; 2010 wurde sie gemeinsam mit Carl Boehringer posthum in die »Hall of Fame der Familienunternehmen« aufgenommen.[9]

Nicht immer steht am Beginn eines Familienunternehmens eine geniale Erfindung. Stets aber beginnt seine Geschichte mit einer Unternehmensgründung und mit einem Pionier, der den Mut und die Kraft besitzt, eine solche Gründung zu wagen und zum Erfolg zu führen. Im jungen Familienunternehmen sind Chancen und Risiken extrem ausgeprägt.[10] Die unternehmerische Kraft des Pioniers und eine überzeugende Geschäftsidee, Schnelligkeit, Flexibilität, eine hohe Mitarbeitermotivation sowie die anfängliche Nichtbeachtung durch die Großen im Markt eröffnen Chancen, wie sie in späteren Phasen des Lebenszyklus nicht wiederkehren. Aber auch die Risiken sind unvergleichlich groß. Das Unternehmen ist nicht nur stark von der Person des Unternehmers und der Kraft seiner Geschäftsidee abhängig, sondern aufgrund des geringen Geschäftsvolumens, einer oft unzureichenden personellen und finanziellen Ausstattung, mangelnder Professionalität sowie fehlender Risikodiversifikation auch in hohem Maße verletzbar. Und der Erfolg lässt meist länger auf sich warten, als der junge Unternehmer glaubt. Bei Melitta Bentz war das nicht anders. Als sie drei Jahre nach der Unternehmensgründung ihren Vornamen als Marke anmeldet, »ist ihr Kaffeefilter noch immer nicht richtig vom Fleck gekommen«[11], berichten die Journalisten Claudia Tödtmann und Christoph Hardt in einem Porträt der Unternehmerin. »Als Firmensitz dient ihr … ein acht Quadratmeter großer Raum ihrer Fünf-Zimmer-Wohnung in der Dresdner Marschallstraße 31, zweiter Stock. … Melitta stanzt die Filter aus und packt sie in Kartons. Oppa Hugo führt unten im Schaufenster vor, wie der Kaffeefilter benutzt wird, [und] die Söhne Willy und Horst liefern die Filter mit einem Bollerwagen aus.« Schneller Erfolg sieht anders aus. Das junge Familienunternehmen braucht den Mut, das Durchhaltevermögen und die Selbstausbeutung des Unternehmers, nicht selten auch die seiner Familie. Dazu muss es rasch eine geeignete Geschäftsidee finden, professionell werden und lernen, die wichtigsten Risiken zu beherrschen.

Das fokussierte Familienunternehmen

Übersteht das junge Unternehmen die Pionierphase erfolgreich, wird es in der Regel zu einem fokussierten Familienunternehmen. Es hat eine erfolgversprechende Geschäftsidee gefunden und begonnen, diese auszunutzen. Es wächst und reift und bleibt doch fokussiert, auch wenn Ausflüge in verwandte Produkte oder Dienstleistungen die Abhängigkeit von der ursprünglichen Geschäftsidee verringern helfen. Viele erfolgreiche Familienunternehmen gehören in diese Kategorie. Es sind Industrieunternehmen wie Jägermeister, Miele oder Boehringer Ingelheim, Medienunternehmen wie Springer, Burda oder DuMont, Händler wie IKEA, Fressnapf oder ALDI, Dienstleister wie der Konstrukteur Ferchau, das Bankhaus Metzler oder der Wirtschaftsprüfer Rödl. Auch mein Lieblingscafé, mein Optiker, mein Herrenausstatter und viele andere mittelständische Familienunternehmen gehören in diese Gruppe.

Das fokussierte Familienunternehmen kann die Vorzüge der Fokussierungsstrategie für sich nutzbar machen. ALDI, Jägermeister und Hexal unter der Inhaberschaft der Brüder Strüngmann sind großartige Beispiele dafür, welch außergewöhnlicher Unternehmenserfolg sich bei konsequenter Fokussierung auf die richtige Geschäftsidee erzielen lässt. Der IKEA-Gründer Ingvar Kamprad hat das Motto der Fokussierer auf den Punkt gebracht: »Ein Feldherr, der seine Kräfte zersplittert, wird unweigerlich den Kürzeren ziehen. … Auch für uns gilt, dass wir uns konzentrieren müssen – unsere Kräfte sammeln. Wir können sowieso nicht überall alles gleichzeitig erledigen.«[12] Wahrscheinlich gibt es kein Strategiekonzept, das kurzfristig eine bessere Wertentwicklung ermöglicht, als eine konsequent angewandte Fokussierungsstrategie. Und zwar nicht nur in ökonomischer, sondern auch in emotionaler Hinsicht. Kein anderer Unternehmenstypus ist in der Lage, mehr Stolz und Identifikation mit dem eigenen Unternehmen zu erzeugen, als ein fokussiertes Unternehmen mit einer starken (Marken-)Persönlichkeit. Aber Fokussierung birgt auch Risiken. Zwar hat das fokussierte Familienunternehmen die typischen Risiken der Gründungsphase in den Griff bekommen. Es ist erfolgreich, stark und mit den erforderlichen Ressourcen ausgestattet. Dafür sieht es sich nun neuen, andersartigen Risiken ausgesetzt.[13] Das mit der Fokussierung verbundene Wachstum stellt hohe Anforderungen an das Management und birgt die Gefahr einer überambitionierten Expansion. Später kommen dann die Risiken der Reifephase, insbesondere der Sieg der Optimierung über die Innovation, hinzu. Das für fokussierte Familienunternehmen größte Risiko aber resultiert aus dem Gesetz des Lebenszyklus der Märkte. Wenn es richtig ist, dass Märkte nicht nur entstehen und wachsen, sondern auch reifen und vergehen, dann ist das fokussierte Familienunternehmen einem systemimmanenten Existenzrisiko ausgesetzt. Und es gehört zu den zentralen Aufgabenstellungen in fokussierten Familienunternehmen, auf Inhaber- und/oder auf Unternehmensebene eine adäquate Antwort auf dieses Risiko zu finden.

Das diversifizierte Familienunternehmen

Manche Inhaberfamilien entscheiden sich deshalb zu einer Diversifikation ihres unternehmerischen Risikos. So wie die Oetkers aus Bielefeld. 1891 brachte der Apotheker Dr. August Oetker das gebrauchsfertige Backpulver Backin auf den Markt. Auch seine Erfindung wurde zur Grundlage für ein erfolgreiches Familienunternehmen. Dabei erzielt Oetker seine inzwischen rund 9 Milliarden Euro Umsatz längst nicht mehr nur mit Backpulver und artverwandten Produkten. Die Oetker-Gruppe ist breit aufgestellt und mit über 400 Firmen in den Bereichen Nahrungsmittel, Getränke, Schifffahrt, Bankgeschäfte, Chemie und Hotels tätig.[14] Damit verkörpert Oetker den Idealtypus eines diversifizierten Familienunternehmens. Anstatt alle Eier in einen Korb zu legen, haben die Inhaber eine Strategie der Risikostreuung gewählt, ohne ihren unternehmerischen Führungsanspruch aufzugeben. Alle Unternehmensbereiche werden unternehmerisch geführt. Der Unterschied zum fokussierten Familienunternehmen besteht lediglich darin, dass es sich um verschiedene Unternehmen mit unterschiedlichem Risikoprofil handelt. Ein passendes Bild für diese Strategie hat der Unternehmer Andreas Strüngmann mir gegenüber anlässlich des Verkaufs von Hexal gebraucht: »Wir wollen künftig aus einem Straußenei mehrere Hühnereier machen.« Einen vergleichbaren Weg wie Oetker haben die Haniels aus Duisburg, Heraeus, Freudenberg und die Inhaber der Bitburger Brauerei gewählt. Diversifizierte Familienunternehmen sind häufiger, als man denkt. Und sie sind keineswegs auf Großunternehmen beschränkt. Auch im Mittelstand gibt es diversifizierte Familienunternehmen wie etwa die Flensburger Dethleffsen-Gruppe oder die von Nordeck-Gruppe, die aus der Realteilung des Familienunternehmens Bahlsen hervorgegangen ist.

Eine Diversifikationsstrategie begrenzt nicht nur objektiv das Risiko der Inhaber. Sie kommt auch dem Umstand entgegen, dass deren Risikoneigung mit dem Fortschreiten in der Generationenfolge in der Regel nachlässt. Während für den Gründer Risiko beinahe ein Fremdwort ist, haben die nachfolgenden Generationen ein anderes Verhältnis zu diesem Thema. Kein Wunder: Anders als der Gründer haben sie etwas zu verlieren, noch dazu etwas, das sie nicht oder nur teilweise selbst geschaffen haben. Wer sich als Teil einer Generationenkette versteht, muss von seinem Selbstverständnis her die Risiken des ihm vorübergehend zur treuhänderischen Verwaltung anvertrauten Gutes begrenzen und ein angemessenes Verhältnis zwischen der Nutzung unternehmerischer Chancen und der Vermeidung unternehmerischer Risiken herzustellen versuchen. Die diversifizierte Familienunternehmung ist eine geeignete Antwort auf diese Herausforderung. Aber sie stellt auch neue und andersartige Herausforderungen an Management und Inhaberschaft. Diversifikation ist kein leichtes Geschäft. Wer erfolgreich in einem Markt ist, muss dies nicht automatisch auch in jedem anderen sein. Die Kompetenzen, die den Erfolg eines Unternehmens begründen, lassen sich nicht ohne weiteres in andere Geschäftsfelder übertragen. Ganz abgesehen davon, dass es für den Aufbau und die Führung einer diversifizierten Unternehmensgruppe anderer Kompetenzen bedarf als für die Führung eines fokussierten Unternehmens. Ohne die Fähigkeit zu einem professionellen Portfoliomanagement lässt sich ein diversifiziertes Familienunternehmen nicht erfolgreich betreiben. Hinzu kommt, dass die für Familienunternehmen ohnedies bestehende Herausforderung, Erfolg mit knappen Ressourcen suchen zu müssen, durch die Aufteilung auf verschiedene Aktivitäten weiter erschwert wird. Und zu guter Letzt habe ich bei meiner Arbeit mit diversifizierten Familienunternehmen die Erfahrung gemacht, dass diese in der Regel eine wesentlich geringere emotionale Bindekraft und Identifikation der Inhaber mit ihrem Unternehmen erzeugen als fokussierte Familienunternehmen. Keine Frage: Die dargestellten Probleme sind lösbar. Aber keine Inhaberfamilie sollte sich im Vertrauen auf die risikobegrenzenden Effekte einer Diversifikationsstrategie allzu leichtfertig in das Abenteuer eines diversifizierten Familienunternehmens stürzen. Diese stellen sich nämlich keineswegs von alleine ein, sondern nur, wenn die Inhaber für eine überzeugende Diversifikationsstrategie, den Aufbau der notwendigen Kompetenzen und dafür sorgen, dass der unvermeidliche Identifikationsverlust durch ein Maßnahmenpaket zur Stärkung des emotionalen Wertes auf Eigentümerseite kompensiert wird.

Das Family Investment Office

Im Juni 1999 verkaufte der Unternehmer Otto Happel sein Familienunternehmen, den Anlagenbauer GEA, an die Metallgesellschaft. Es war das Ende der GEA als Familienunternehmen, das Ende von Otto Happel als Familienunternehmer war es keineswegs. Happel änderte lediglich den Gegenstand seiner unternehmerischen Tätigkeit und verwandelte sein Unternehmen von einem fokussierten Familienunternehmen à la Jägermeister in ein Family Investment Office. Das Happel'sche Familienunternehmen investiert heute mit unternehmerischem Anspruch in den verschiedensten Asset-Klassen von Direktbeteiligungen über Private Equity und Hedgefonds bis hin zu Aktien und Immobilien. Happel ist kein Einzelfall. Auch die ehemaligen Pharmaunternehmer Engelhorn (Boehringer Mannheim) und Schwarz-Schütte (Schwarz Pharma) sowie etliche andere Inhaberfamilien, die ihre ursprünglichen Familienunternehmen verkauft haben, agieren inzwischen mit Family Investment Offices am Markt. Im Vergleich zum diversifizierten Familienunternehmen wird die Risikobegrenzung beim Family Investment Office noch einen Schritt weiter getrieben. Unternehmerfamilien, die ein Family

Investment Office besitzen, handeln als Investoren, nicht als aktive Unternehmer (sieht man vom Family Investment Office selbst einmal ab). Ihr Erkennungsmerkmal ist der (überwiegende) Verzicht auf unternehmerische Führung, ihr Primärziel die unternehmerische Vermögensverwaltung und nicht das Betreiben eines oder mehrerer Unternehmen.

Für die Chancen und Herausforderungen dieses Unternehmenstyps gelten die Ausführungen zum diversifizierten Familienunternehmen daher in gesteigerter Form. So ist die risikobegrenzende Wirkung der Diversifikation durch die stärkere Vermögensstreuung noch größer als beim diversifizierten Familienunternehmen. Aber auch die Herausforderungen sind entsprechend größer. Die Kompetenzen, die für Aufbau und Betrieb eines Family Investment Office benötigt werden, sind gänzlich andere als diejenigen, die für die Führung eines oder mehrerer Unternehmen erforderlich sind. Und eine emotionale Bindekraft für die Inhaber geht von einem Family Investment Office kaum noch aus. Geld alleine macht selten stolz. Etliche Familien, die ihre Familienunternehmen zunächst verkauft und ein Family Investment Office betrieben haben, sind später wieder zum Betrieb eines »richtigen« Familienunternehmens zurückgekehrt. Der Familienunternehmer Patrick Schwarz-Schütte gibt dieser Haltung Ausdruck, wenn er in einem Interview bekennt: »Ich suche noch nach einer größeren Direktbeteiligung. Es wäre schon schön, einen wesentlichen Teil meines Vermögens in einem Kerninvestment zu haben, schon als Identifikation für die nächste Generation. Ich würde meinen vier Kindern gern mehr mitgeben als nur die Kinder eines vermögenden Vaters zu sein.«[15]

Zwischenfazit

Der zentrale Aspekt in der Dimension »unternehmerisches Engagement der Familie« lautet Risiko bzw. Risikobegrenzung. Letztere nimmt vom jungen Familienunternehmen über das fokussierte und das diversifizierte Familienunternehmen bis zum Family Investment Office konti-

Abb. 19: Das 3-Dimensionen-Modell – Unternehmensstruktur

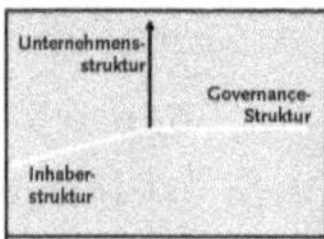	**Junges Familien-unternehmen**	**Fokussiertes Familien-unternehmen**	**Diversifiziertes Familien-unternehmen**	**Family Investment Office**
Begriff	▪ Familienunternehmen in der Pionier- oder Wachstumsphase	▪ Reifes Familienunternehmen mit einer Kernaktivität	▪ Reifes Familienunternehmen mit mehreren Kernaktivitäten bei (überwiegend) unternehmerischer Führung	▪ Familienunternehmen als Investor (überwiegend) ohne unternehmerischen Führungsanspruch
Beispiele (Stand: 2011)	▪ jedes Familienunternehmen in der Pionier- oder Wachstumsphase	▪ Jägermeister ▪ Miele ▪ Burda	▪ Oetker ▪ Freudenberg ▪ Haniel	▪ Happel ▪ Engelhorn ▪ Schwarz-Schütte
Zentrale Herausforderungen	▪ Abhängigkeit vom Gründer ▪ Geschäftsidee ▪ Knappe Ressourcen ▪ Fehlende Professionalität ▪ Hohes Risiko	▪ Lebenszyklus-Risiken	▪ Andere Kompetenzen ▪ Professionelles Portfoliomanagement ▪ Ressourcenzersplitterung ▪ Identifikation	▪ Andere Kompetenzen ▪ Identifikation
Wichtige Lösungsansätze	▪ Mut und Durchhaltevermögen ▪ Geeignete Geschäftsidee ▪ Professionalisierung ▪ Risikomanagement	▪ Management des Lebenszyklus ▪ Risikodiversifikation auf Inhaberseite	▪ Überzeugende Diversifikationsstrategie ▪ Aufbau neuer Kompetenzen ▪ Steigerung des emotionalen Wertes	▪ Überzeugende Investmentstrategie ▪ Aufbau neuer Kompetenzen ▪ Steigerung des emotionalen Wertes

nuierlich zu. Gleichzeitig wandeln sich die zentralen Herausforderungen von der Risikobegrenzung allmählich zu den Fragestellungen: Wie sichern wir die notwendigen Kompetenzen und die Identifikation der Inhaber mit ihrem zunehmend diversifizierten Investment? Ausgehend von dieser Erkenntnis lassen sich durchaus adäquate Lösungsstrategien entwickeln.

Die Art der Einflussnahme der Familie auf das Unternehmen (Governance-Struktur)

Die dritte zentrale Dimension, in der sich Familienunternehmen voneinander unterscheiden, ist die Art und Weise, in der die Inhaberfamilie Einfluss auf die Führung ihres Unternehmens nimmt. Es ist wichtig, diese Unterschiede zu kennen, wenn wir die mit den verschiedenen Governance-Strukturen verbundenen Fragen angemessen beantworten wollen.[16]

Das inhabergeführte Familienunternehmen

Volkmar Wywiol ist ein erfolgreicher Unternehmensgründer. Der inzwischen über 70-Jährige hat sich 1978 selbständig gemacht und mit der Stern-Wywiol-Gruppe in kurzer Zeit ein außergewöhnliches Spezialunternehmen für Zusatzstoffe für Lebensmittel und Tiernahrung geschaffen. Das Unternehmen wurde nach seiner Gründung viele Jahre von seinem alleinigen Inhaber geführt und geprägt. Auch Hubert Burda, der nach der brüderlichen Realteilung die alleinige Verantwortung beim Medienhaus Burda übernahm, und Wolfgang Grupp (Trigema) verkörpern oder verkörperten den Typus des inhabergeführten Familienunternehmens, das sich durch die vollständige Identität von Inhaberschaft und Führungsmacht auszeichnet.[17] Dieses Phänomen trifft zwar häufig mit Alleininhaberschaft zusammen, zwingend ist das aber nicht. Vollständige Identität von Inhaberschaft und Führungsmacht kann auch vorliegen, wenn Inhaberschaft und Führung von mehreren Personen geteilt werden,[18] wie dies beim Bonner Süßwarenhersteller Haribo viele Jahre der Fall war. Die Anteile am Unternehmen lagen bis zum Tode von Paul zu je 50 Prozent bei den Brüdern Hans und Paul Riegel, die sich auch die oberste Führungsverantwortung für das Unternehmen teilten.

Die Vorzüge des inhabergeführten Familienunternehmens liegen auf der Hand. Als Folge der vollständigen Übereinstimmung von Inhaberschaft und Führungsmacht kann das Unternehmen alle Vorteile ausspielen, die sich aus der Abwesenheit des Prinzipal-Agenten-Konfliktes ergeben. Ein weiterer Vorzug ergibt sich mit Blick auf das familiäre Konfliktpotenzial. Neid, Eifersucht und Missgunst sind bei vollständiger Identität von Führung und Inhaberschaft ausgeschlossen oder – bei mehreren Inhabermanagern – zumindest reduziert.[19] Auch die Herausforderungen sind offenkundig und im Grunde die gleichen wie bei der Alleininhaberschaft. Die Abhängigkeit des Unternehmens von einem Inhaber, der sein Unternehmen nach seinen Vorstellungen gestalten kann, ist Fluch und Segen zugleich. Meine Kollegin Sabine Klein, Professorin an der WHU – Otto Beisheim School of Management in Vallendar, hat dies gut zusammengefasst: »Die Chance und das Risiko einer solchen Struktur liegen in der Person des Unternehmers. Seine Grenzen definieren die Grenzen des Unternehmens. Seine Ausbildung, sein Wissen, seine Erfahrung und seine Intuition sind die Faktoren, von denen das Wohl und Wehe des gesamten Unternehmens … abhängt. Grenzen, die er persönlich nicht in der Lage oder willens ist, zu überschreiten, sind auch für das Unternehmen die Grenzen seiner Betätigung.«[20] Wie groß die Abhängigkeit vom Inhaber und Unternehmensführer tatsächlich ist, wird besonders beim vorzeitigen Ausfall des Unternehmers sowie bei der Regelung seiner Führungsnachfolge deutlich. Wer diese Probleme lösen will, muss dafür Sorge tragen, dass der Inhaberunternehmer zielgerichtet an der Verbesserung seiner persönlichen Wirksamkeit arbeitet, fehlende eigene Kompetenzen durch eine entsprechende Ergänzung des Managementteams kompensiert, einen Notfallplan für den Fall seines ungeplanten Ausfalls entwickelt und frühzeitig eine professionelle Planung seiner Nachfolge in Angriff nimmt.

Das familiengeführte Familienunternehmen

Wenn Gründersohn Torsten Wywiol von seinem Vater dereinst endgültig die unternehmerische Verantwortung übernimmt, erbt er zwar dessen Titel, nicht aber seine Machtfülle. Denn im Gegensatz zu den Familien Underberg und Grupp hat Volkmar Wywiol seinem Sohn zwar die alleinige Führung, nicht aber das alleinige Eigentum übertragen. Aus der Stern-Wywiol-Gruppe wird in der zweiten Generation eine Geschwistergesellschaft. Und damit aus einem inhabergeführten ein familiengeführtes Familienunternehmen. In diesem besteht nur noch eine Teilidentität von Inhaberschaft und Führungsmacht. Die Gruppe der Inhaber teilt sich in »tätige« und »nichttätige« Gesellschafter. Familiengeführte Familienunternehmen sind weit verbreitet. Sie entstehen oft in der zweiten, besonders häufig in der dritten Generation und sind nicht nur im Mittelstand, sondern auch bei großen Familienunternehmen anzutreffen. Prominente Vertreter sind die Handelsgruppe Tengelmann, bei der von drei Brüdern nur noch zwei Führungsverantwortung tragen, der Waschmaschinenhersteller Miele, wo Markus Miele und Reinhard Zinkann in vierter Generation die Familienclans der Mieles und Zinkanns repräsentieren, sowie der Logistikkonzern Dachser, der als Vetternkonsortium von dem Familienmitglied Bernhard Simon geführt wird.

Familiengeführte Familienunternehmen sind keine einfache Konstellation.[21] Zwar ist der Prinzipal-Agenten-Konflikt als Folge der Führung durch eine Person aus dem Inhaberkreis reduziert. Vollständige Interessenidentität besteht zwischen den Inhabern aber nicht mehr. Während das Unternehmen für die aktiven Inhaber Vermögenswert, Arbeitsplatz und Ort persönlicher Selbstverwirklichung ist, reduziert sich seine Bedeutung für die nicht im Unternehmen mitarbeitenden Inhaber auf einen emotional aufgeladenen Vermögenswert. Weil infolgedessen wichtige unternehmens- und inhaberstrategische Fragen unterschiedlich beurteilt werden, kommt es in familiengeführten Familienunternehmen häufig zu Konflikten zwischen tätigen und nichttätigen Inhabern. Konfliktträchtig ist auch die Auswahlentscheidung selbst. Tätige Inhaber sind bei der Verteilung von Geld und Macht privilegiert, und ihre Bevorzugung verletzt die familiäre Gleichbehandlungserwartung der anderen Inhaber. Keinesfalls alle Inhaberfamilien gehen professionell mit dieser Herausforderung um; Neid, Eifersucht und Missgunst sind an der Tagesordnung. Im familiengeführten Unternehmen stehen den Vorteilen aus der Reduktion des Prinzipal-Agenten-Konfliktes also durchaus gewichtige Risiken gegenüber. Eingehen sollte sie nur, wer ihnen mit einer Governance gegenübertritt, die den Prinzipien der Professional Ownership (im Verhältnis zum Unternehmen) und der Fairness (im Verhältnis der Inhaber untereinander) verpflichtet ist.

Das familienkontrollierte Familienunternehmen

Manche Inhaberfamilie zieht daraus den Schluss, es sei besser, die Führung des Unternehmens familienfremden Personen zu überlassen und sich auf die Wahrnehmung der Steuerungs- und Kontrollfunktion zu beschränken.[22] Die Duisburger Haniel-Gruppe ist ein oft zitiertes Beispiel. Haniel verbietet die Übernahme von Managementpositionen durch Mitglieder der Inhaberfamilie. Dafür ist der mächtige Aufsichtsrat auf Anteilseignerseite ausschließlich mit Mitgliedern der Inhaberfamilie besetzt. Sein Vorsitzender hat nicht nur eine starke Position in der Unternehmenshierarchie inne, er wird auch entsprechend wahrgenommen. Ähnliche Konstellationen finden sich bei Boehringer Ingelheim, Merck und Freudenberg sowie beim börsengehandelten Familienunternehmen Henkel, wo mit Simone Bagel-Trah 2009 erstmals eine Frau den Aufsichtsratsvorsitz eines DAX-Unternehmens übernommen hat. Aber nicht nur für Großunternehmen, auch für große Mittelständler stellt das familienkontrollierte Familienunternehmen eine ernst zu nehmende Alternative dar. Für Kristina Stabernack, Alleininhaberin des Verpackungsherstellers STI, ist die Übertragung der Managementverantwortung auf ein familienfremdes Management »die beste Lösung, das Unternehmen als Familienunternehmen zu erhalten, ohne etwas tun zu müssen, was ich weder richtig kann noch will.«[23] Kristina Stabernack genießt ihre Rolle als Aufsichtsratsvorsitzende und ist mit ihrem CEO Frank Ohle inzwischen offenbar so zufrieden, dass die kinderlose Unternehmerin ihn zum Unternehmenserben eingesetzt hat.

Das familienkontrollierte Familienunternehmen vermeidet die Probleme des familiengeführten. Wo alle gleichermaßen von der Führung ausgeschlossen sind, können Neid und Interessenkonflikte zwischen tätigen und nichttätigen Inhabern nicht gedeihen. Dafür entstehen im familienkontrollierten Familienunternehmen neue Herausforderungen. Wie finden und binden wir geeignete Manager von außen? Wie beherrschen wir den nun erstmals vollständig aktualisierten Prinzipal-Agenten-Konflikt und stellen sicher, dass die Manager von außen im Sinne der Familie handeln? Und wie gehen wir mit der Tatsache um, dass die Identifikation der Inhaber durch die wachsende Entfernung von der Macht leidet und der emotionale Wert ihrer Beteiligung sinkt? Auch das familienkontrollierte Familienunternehmen benötigt eine professionelle Governance. Allerdings verschieben sich deren Schwerpunkte im Vergleich mit dem familiengeführten Unternehmen. Nicht Maßnahmen zur Befriedung des Innenverhältnisses der Inhaber stehen jetzt im Mittelpunkt, sondern Governance-Regeln, die das Unternehmen für von außen kommende Manager attraktiv machen, den Prinzipal-Agenten-Konflikt begrenzen und den emotionalen Wert der Unternehmensbeteiligung für die Inhaberfamilie sichern.

Das fremdgesteuerte Familienunternehmen

Noch weniger Einfluss nimmt eine Familie, die nicht nur die Führung, sondern auch die Kontrolle ihres Unternehmens familienfremden Personen überlässt. Fremdgesteuerte Familienunternehmen sind in der Praxis selten. In der Regel führt der Verlust der Inhaberkontrolle früher oder später zum Verlust des Familienunternehmens. Wie in dem bereits erwähnten Beispiel Arcandor, das von familienfremden Managern und Aufsichtsräten so gründlich zugrunde gerichtet wurde, dass Madeleine Schickedanz nicht nur die Herrschaft über ihr Unternehmen, sondern auch einen großen Teil ihres Vermögens verlor. Allerdings wäre es falsch, die Verantwortung für das Scheitern allein den Externen zuzuweisen. Eine wesentliche Fehlleistung liegt bei den Inhabern selbst. Die Investition in ein Unternehmen stellt für die meisten Inhaber ein Klumpenrisiko dar, das bestenfalls so lange gerechtfertigt werden kann, wie die Inhaber in der Lage sind, die wirtschaftliche Entwicklung dieses Risikos maßgeblich zu gestalten. Eine Inhaberfamilie, die den Willen oder die Fähigkeit verliert, ihr Unternehmen entweder zu führen oder aus dem Kontrollorgan heraus zu steuern, muss im eigenen Interesse darüber nachdenken, ihr Risiko durch – zumindest teilweisen – Verkauf ihrer Unternehmensbeteiligung zu reduzieren und zu diversifizieren. Oder die Voraussetzungen schaffen und eine Rückgewinnung der Familienkontrolle anstreben.

Zwischenfazit

Zentraler Aspekt in der Governance-Dimension ist der Prinzipal-Agenten-Konflikt. Dieser nimmt vom inhabergeführten über das familiengeführte und das familienkontrollierte bis zum fremdgesteuerten Familienunternehmen stetig zu. Wer die mit der unterschiedlichen Einflussnahme der Inhaberfamilie verbundenen Fragestellungen bewältigen will, muss den Prinzipal-Agenten-Konflikt verstehen und aus diesem Verständnis heraus angemessene Lösungsstrategien entwickeln.

Abb. 20: Das 3-Dimensionen-Modell – Governance-Struktur

Unternehmensstruktur Governance-Struktur Inhaberstruktur	**Inhabergeführtes Familienunternehmen**	**Familiengeführtes Familienunternehmen**	**Familienkontrolliertes Familienunternehmen**	**Fremdgesteuertes Familienunternehmen**
Begriff	▪ Vollständige Identität von Inhaberschaft und Führungsmacht	▪ Teilidentität von Inhaberschaft und Führungsmacht (einzelne, aber nicht alle Inhaber in der Führungsverantwortung)	▪ Führungsmacht liegt bei familienfremden Personen, Inhaberfamilie steuert über Kontrollorgan	▪ Führungs- und Kontrollfunktion liegen bei familienfremden Personen
Beispiele (Stand: 2011)	▪ Trigema (Wolfgang Grupp) ▪ SØR Rusche (Thomas Rusche) ▪ Haribo (Hans und Paul Riegel) – bis 2009	▪ Tengelmann ▪ Miele ▪ Dachser	▪ Haniel ▪ Henkel ▪ Boehringer Ingelheim	▪ Arcandor
Zentrale Herausforderungen	▪ Abhängigkeit vom Unternehmer ▪ Ungeplanter Ausfall ▪ Nachfolge	▪ Interessengegensätze zwischen tätigen und nichttätigen Inhabern ▪ Neid, Eifersucht, Missgunst	▪ Finden und Binden geeigneter Manager ▪ Prinzipal-Agenten-Konflikt ▪ Identifikation der Inhaber	▪ Klumpenrisiko für die Inhaber
Wichtige Lösungsansätze	▪ Kompetenzergänzung ▪ Notfallplan ▪ Nachfolgeplanung	▪ Professionelle Governance mit den Schwerpunkten Professional Ownership und Fair Process	▪ Professionelle Family Business Governance mit den Schwerpunkten Reduktion des Prinzipal-Agenten-Konflikts sowie Steigerung des emotionalen Werts für Inhaber	▪ Risikodiversifikation der Inhaber oder Rückgewinnung der Familienkontrolle

Zur Arbeit mit dem 3-Dimensionen-Modell

Kehren wir zurück zum Ausgangsfall. Mit Hilfe des 3-Dimensionen-Modells können sowohl Torsten Toeller als auch Franz Haniel ihre unternehmerischen Herausforderungen als Inhaber identifizieren und bearbeiten. Toeller ist Alleininhaber eines fokussierten inhabergeführten Familienunternehmens. Seine zentralen inhaberstrategischen Herausforderungen lauten dementsprechend: Wie reduziere ich die Abhängigkeit vom Alleininhaber und Unternehmer Torsten Toeller? Wie regele ich meine Nachfolge in Inhaberschaft und Führung, insbesondere auch für den Fall eines vorzeitigen ungeplanten Ausfalls? Und wie begegne ich den Risiken, die sich aus der Konzentration meines Vermögens in einer unternehmerischen Beteiligung ergeben?

Für Franz Haniel sieht die Welt ganz anders aus. Als Clanchef einer Familiendynastie, die in diversifizierten Geschäften tätig ist und ihr Unternehmen von familienfremden Managern führen lässt, lauten seine Schlüsselthemen: Wie begegne ich dem nachlassenden familiären Zusammenhalt und der nachlassenden Identifikation der Inhaber mit dem Unternehmen? Wie sorge ich für ein exzellentes Portfoliomanagement? Und wie finde und binde ich die richtigen Unternehmensführer und reduziere zugleich die Risiken, die sich aus der Prinzipal-Agenten-Thematik ergeben?

Die Analyse nach dem 3-Dimensionen-Modell erlaubt jeder Inhaberfamilie, die sich aus der spezifischen Struktur ihrer familiären Inhaberschaft, ihres unternehmerischen Engagements und der Art ihrer Einflussnahme auf das Unternehmen ergebenden Herausforderungen zu erkennen und geeignete Lösungsansätze zu entwickeln. Bei der Suche nach passenden Lösungen sollten Sie auch die Größe und den kulturellen Bezugsrahmen Ihres Familienunternehmens berücksichtigen. Was für einen Haniel, Henkel oder Heraeus richtig sein kann, muss für einen mittelständischen Handwerksbetrieb noch lange keine Lösung sein. So kann beispielsweise die Übergabe der Führung an familienfremde Manager für ein größeres Familienunternehmen eine adäquate Empfeh-

Abb. 21 a: Arbeiten mit dem 3-Dimensionen-Modell – Zuordnung vornehmen

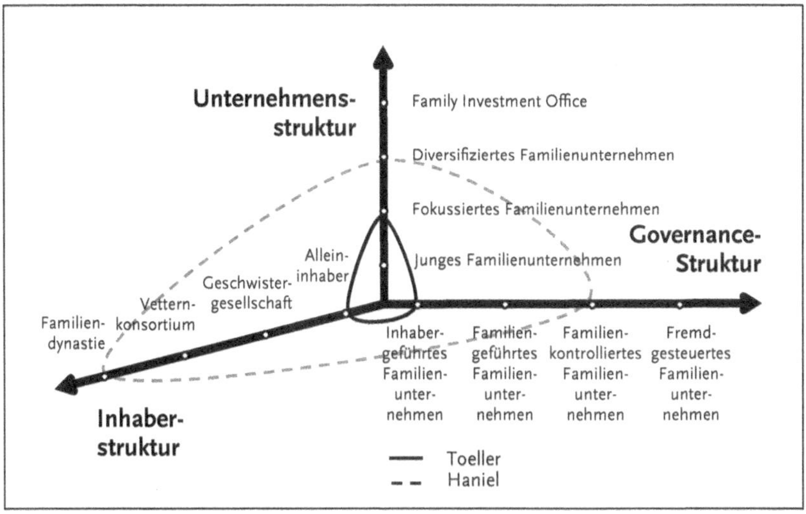

lung sein. Für kleinere Betriebe kommt sie in der Regel nicht in Frage. Diversifikationsstrategien oder die Entwicklung zu einer Geschwistergesellschaft, einem Vetternkonsortium oder gar einer Familiendynastie setzen zwingend gewisse Mindestgrößen voraus.

Auch der kulturelle Rahmen, in dem sich das Familienunternehmen und seine Inhaberfamilie bewegen, macht individuelle Unterschiede in der Lösungsfindung erforderlich. Lösungen werden nur dann als richtig empfunden, wenn sie zum eigenen Selbstverständnis passen. Was in Kontinentaleuropa richtig ist, wird in angelsächsischen Ländern noch lange nicht als zutreffend empfunden. Selbst auf dem europäischen Kontinent herrscht keineswegs uneingeschränkte Übereinstimmung in Sachen Familienunternehmen. Während wir Deutschen uns schwertun mit dem Gedanken, mehrere Geschwister gemeinsam in einem Unternehmen arbeiten zu lassen, ist das Geschwisterproblem für die Italiener weniger relevant. Wer im System Familie den Vorrang des Ältesten anerkennt, kann Gleiches auch im Unternehmen leichter akzeptieren. Zudem un-

Abb. 21 b: ... und typusspezifische Inhaberherausforderungen erkennen

Inhaberstruktur	Investmentstruktur	Governance-Struktur
Alleininhaber ▪ Machtmissbrauch ▪ Abhängigkeit vom Alleininhaber ▪ Nachfolge	**Junges Familienunternehmen** ▪ Abhängigkeit vom Gründer ▪ Geschäftsidee ▪ Knappe Ressourcen ▪ Fehlende Professionalität ▪ Hohes Risiko	**Inhabergeführtes Familienunternehmen** ▪ Abhängigkeit vom Unternehmer ▪ Ungeplanter Ausfall ▪ Nachfolge
Geschwistergesellschaft ▪ Geschwisterrivalität ▪ Inhaberqualifikation ▪ Unternehmergeist	**Fokussiertes Familienunternehmen** ▪ Lebenszyklus-Risiken	**Familiengeführtes Familienunternehmen** ▪ Interessengegensätze zwischen tätigen und nichttätigen Inhabern ▪ Neid, Eifersucht, Missgunst
Vetternkonsortium ▪ Diversität ▪ Alte Rivalitäten ▪ Identifikation ▪ Zusammenhalt ▪ Inhaberqualifikation ▪ Unternehmergeist	**Diversifiziertes Familienunternehmen** ▪ Andere Kompetenzen ▪ Professionelles Portfoliomanagement ▪ Ressourcenzersplitterung ▪ Identifikation	**Familienkontrolliertes Familienunternehmen** ▪ Finden und Binden geeigneter Manager ▪ Prinzipal-Agenten-Konflikt ▪ Identifikation der Inhaber
Familiendynastie ▪ Identifikation der Inhaber ▪ Zusammenhalt ▪ Inhaberqualifikation ▪ Unternehmergeist	**Family Investment Office** ▪ Andere Kompetenzen ▪ Fehlende Identifikation	**Fremdgesteuertes Familienunternehmen** ▪ Klumpenrisiko für die Inhaber

☐ Toeller

☐ Haniel

terliegen Kulturen einem Wandel, dem sich die Familienunternehmen anpassen müssen, wenn sie überleben wollen. Mit dem auf Tradition und patriarchalischer Autorität begründeten Folgeanspruch ist es in der Post-68er-Ära vorbei. Unsere Familienunternehmen müssen sich auf diesen Wandel einstellen, wenn sie überleben wollen. Mit den Konzepten von gestern ist das Familienunternehmen von heute nicht attraktiv – weder für die Außenwelt noch für seine Inhaber. Zu guter Letzt gibt es eine individuelle Unternehmens- und Familienkultur, die das kollektive Bewusstsein prägt und die Handlungen seiner Mitglieder beeinflusst. Es ist deshalb wichtig, die Geschichte der eigenen Inhaberfamilie und des eigenen Familienunternehmens zu kennen und bei der Suche nach individuell richtigen Lösungen angemessen zu berücksichtigen.[24]

Aber damit sind wir schon mittendrin in der Lösungsfindung – und bei der Inhaberstrategie. Was genau ist das? Und wie erarbeitet man sie?

10. Kapitel:

ANTWORTEN FINDEN MIT DER INHABERSTRATEGIE

Ein paar einführende Bemerkungen

Die Inhaberstrategie ist ein machtvolles Instrument. So wie die Unternehmensstrategie dem Unternehmen ein Ziel gibt und den Weg zu seiner Erreichung beschreibt, tut es die Inhaberstrategie für die dominante Inhaberschaft der Familie. Dabei nimmt sie Unternehmen und Familie gleichermaßen in den Blick und verbindet sie zu einer starken Einheit.

Eine Familie bleibt nur Unternehmerfamilie, wenn sich ihr Unternehmen am Markt behauptet. Die professionelle Wahrnehmung der dominanten Inhaberrolle ist dafür eine wichtige Voraussetzung. Eine Inhaberstrategie stellt Professional Ownership sowohl bei der Ausgestaltung der Rahmenbedingungen für das Unternehmen als auch mit Blick auf die Wahrnehmung der Inhaberrolle selbst sicher. Ausreichend ist das aber noch nicht. Denn ein Unternehmen bleibt nur so lange Familienunternehmen, wie die Familie funktioniert und zum Unternehmen steht. Nur starke Familien sind in der Lage, dominante Unternehmensinhaberschaft dauerhaft aufrechtzuerhalten. Familiäre Einigkeit und Zustimmung zum Projekt Familienunternehmen ergeben sich aber nicht von selbst. Sie wollen erarbeitet werden. Inhaberstrategien machen Familienunternehmen besser und Unternehmerfamilien stärker. Das hat eine von der INTES Akademie für Familienunternehmen gemeinsam mit PWC und der WHU – Otto Beisheim School of Management durchgeführte Studie empirisch nachgewiesen. Der Unternehmer Christian Gläsel, der an der Studie teilgenommen und mit seiner Familie eine Inhaberstrategie erarbeitet hat, erläutert den Nutzen an einem praktischen Beispiel: »Im Krisenjahr 2009 war es erforderlich, für eine unbestimmte Dauer auf Dividenden zu verzichten. In unserer Inhaberstrategie hatten wir festgelegt: ›Das Unternehmen geht vor.‹ Aufgrund dieser eindeutigen Regel fiel die Entscheidung über den Verzicht auf die Dividende in wenigen Minuten.« Gläsel betont, die Arbeit an der Inhaberstrategie habe ihm und seiner Familie Klarheit gebracht und seine Arbeit als Familienrepräsentant und Aufsichtsratsvorsitzender erleichtert und professionalisiert.[1]

Voraussetzung dafür ist, dass es den Inhabern gelingt, die verschiedenen Anforderungen der beiden unterschiedlichen Systeme Familie und Unternehmen in einen angemessenen Ausgleich zu bringen. Unternehmen sind zwar primär ökonomisch orientiert; um für die Familie attraktiv zu bleiben, müssen sie aber auch die emotionalen Bedürfnisse der Familieninhaber befriedigen. Das ist keine leichte Aufgabe. Zu viel Rücksichtnahme auf die familiären Belange kann den ökonomischen Erfolg, zu wenig das Commitment für den Fortbestand der familiären Inhaberschaft gefährden. Nicht anders sieht es in der Familiensphäre aus. Um als Familie mit Erfolg ein Unternehmen zu betreiben, muss die primär emotionale Orientierung der Familie um die Einsicht in ökonomische Notwendigkeiten aus der Unternehmenssphäre ergänzt werden. Wo aber liegt hier das richtige Maß? Zu viel ökonomischer Rigorismus kann den Familienzusammenhalt zerstören und die Basis für das gemeinsame Projekt beschädigen, zu wenig Rücksichtnahme auf ökonomische Notwendigkeiten die Familie der Professionalität berauben, die für den langfristigen Erfolg des Projektes Familienunternehmen ebenso unverzichtbar ist. Hier den richtigen Ausgleich zu finden ist Aufgabe der Inhaberstrategie.[2]

Ihre Entwicklung erfolgt in einem strukturierten Prozess, der alle Inhaber einbezieht. Dies wird noch keineswegs von allen akzeptiert. Nicht nur die traditionelle Betriebswirtschaftslehre tut sich schwer mit einem Unternehmensverständnis, das die Inhaber zur höchsten Entscheidungsinstanz erklärt. Auch viele »geschäftsführende Gesellschafter« sehen sich als die eigentlichen Familienunternehmer und bestreiten den nicht im Unternehmen tätigen Mitinhabern das Recht, von Gleich zu Gleich über Inhaberstrategien und deren Konsequenzen für die Unternehmensführung zu diskutieren. Richtig ist das nicht, und es ist Ursache vieler unnötiger Konflikte. Wir müssen lernen, künftig trennschärfer zwischen Inhaber- und Führungsrolle im Familienunternehmen zu unterscheiden. So wichtig die Führung für den Unternehmenserfolg ist: Die normativen Rahmenbedingungen werden von den Inhabern gesetzt – und zwar unabhängig davon, ob diese in der Führung tätig sind oder nicht.

Bei der Erarbeitung der Inhaberstrategie geht es um ein paar einfache Fragen:

(1) Wer darf mitmachen?
(2) Welches Selbstverständnis legen wir unserer Familie und unserer unternehmerischen Tätigkeit zugrunde?
(3) Welche Auswirkungen hat das Selbstverständnis auf unsere unternehmerischen Aktivitäten und die Geschäftspolitik unseres Familienunternehmens?
(4) Welche Strukturen braucht es in Unternehmen und Familie, damit Selbstverständnis und Strategie bestmöglich umgesetzt werden können?
(5) Und last, but not least: Wer füllt die dabei geschaffenen Rollen in Familie und Unternehmen aus?

Mitgliedschaft

Jede Gemeinschaft, die sich zu einem gemeinsamen Projekt verbindet, muss sich die Frage stellen: Wer darf mitmachen? Wer gehört dazu? Nur die Mitglieder des Verbandes kommen in den Genuss der mit der Mitgliedschaft verbundenen Vorteile. Und nur von ihnen kann erwartet werden, dass sie die mit ihr verbundenen Nachteile auf sich nehmen. Das gilt für Staaten ebenso wie für Religionsgemeinschaften, für politische Parteien wie für Sportvereine. Und für Familien, die ein Unternehmen betreiben. Wenn das gemeinsame Projekt gelingen soll, muss feststehen, wer dabei mitspielen darf – und in welcher Rolle. Zwar wird man in eine Familie hineingeboren, Inhaber eines Familienunternehmens wird man deshalb noch lange nicht. Dafür bedarf es eines willentlichen Aktes. Und es sollte aus Gründen der Fairness klar sein, welche Regeln dabei zur Anwendung kommen.

Wie viele Inhaber verträgt das Unternehmen?

Das ist nicht einfach und führt die Inhaberfamilie rasch in Interessengegensätze zwischen Familie und Unternehmen hinein. Schon die Ausgangsfrage hat es in sich: Soll die Inhaberschaft am Unternehmen an alle Kinder weitergegeben werden, oder müssen wir eine Auswahl treffen? Die Betrachtung aus der Familienperspektive legt Gleichbehandlung nahe; aus Unternehmenssicht kann die Antwort ganz anders ausfallen. Viele Unternehmen sind zu klein, um die ökonomischen Bedürfnisse einer wachsenden Zahl von Familienmitgliedern zu befriedigen. Ein Einzelhandelsgeschäft oder ein Handwerksbetrieb vermögen eine Inhaberfamilie zu ernähren, nur selten mehrere. Aber auch größere Familienunternehmen sollten sich eine simple Wahrheit bewusst machen: Damit die ökonomische Zufriedenheit der Inhaber mit ihrem Unternehmen gleich bleibt, muss sich der Wert des Unternehmens in gleichem Maße verändern wie die Zahl seiner Inhaber – und das nach Inflation.

Jürgen Kluge, seit 2010 CEO von Haniel, hat dies in einem Interview mit der *Frankfurter Allgemeinen Sonntagszeitung* auf einen einfachen Nenner gebracht: »Die Familie mit ihren über 600 Gesellschaftern wächst jährlich um acht Prozent. Das verpflichtet auch das Unternehmen zu einer entsprechenden Wertsteigerung, allein um die Dividende für den Einzelnen stabil zu halten.«[3] Kein Wunder, dass die gemessen an der Zahl ihrer Gesellschafter größten Familienunternehmen Deutschlands, die Haniels, Henkels, Heraeus und Co., in der Regel auch unter den wertgrößten und wertvollsten Familienunternehmen zu finden sind. Und dass es bei wachsenden Gesellschafterkreisen nur allzu gerne zu Streitigkeiten kommt, wenn die Wachstumsdynamik des Unternehmens gebrochen wird. Die Inhaber müssen wissen: Die Entscheidung für ein Wachstum auf Inhaberseite zwingt auch das Familienunternehmen auf einen Wachstumspfad. Wer das nicht will, muss entweder die Zahl der Inhaber oder die finanziellen Erwartungen der Nachfolgegenerationen mit Erfolg beschneiden.

Die Beschneidung des Familienbaums sollte noch aus einem anderen Grund diskutiert werden. »Der größte Wertvernichter ist der Streit«, wird mein Kollege Brun-Hagen Hennerkes nicht müde zu betonen.[4] Sein ehemaliger Partner Mark Binz, einer der Stars unter den Spezialisten für Familienangelegenheiten, pflichtet ihm bei: »Jeder Gesellschafterkonflikt zerstört ökonomisches und emotionales Kapital, für das lange gearbeitet wurde. Das lässt sich nun einmal nicht vermeiden. Insbesondere Geschwistergesellschaft und Vetternkonsortium gelten unter Fachleuten als besonders konfliktanfällig.«[5] Wer die Zerstörungskraft solcher Konflikte ausschalten will, für den stellt das Thronfolger-Modell, bei dem die Inhaberschaft an ein Familienmitglied weitergegeben wird, eine attraktive Alternative dar.

Es kann also gute Gründe geben, den Familienbaum schlank zu halten. Experten weisen gerne darauf hin, dass Familienunternehmen, die sich über Generationen im Besitz eines Inhabers befinden, länger überleben als Firmen mit wachsendem Inhaberkreis.[6] Gleichwohl tun sich die Inhaber größerer Familienunternehmen schwer damit, die sich aufdrängenden Konsequenzen zu ziehen. Im Konflikt zwischen Unternehmens- und Familiensphäre obsiegt meist der familiäre Wunsch nach Gleichbehandlung. Inhaberfamilien wie die Underbergs, die Grupps oder die Rusches, die sich konsequent zu einer Thronfolger-Lösung bekennen, sind in der Minderheit, weil gesellschaftlich anerkannte Konventionen, die ein solches Verfahren selbstverständlich erscheinen lassen und verlässliche Regeln für die Auswahlentscheidung bereitstellen, nicht mehr bestehen. Gut ist das nicht. Im Rahmen der Inhaberstrategie braucht es eine ebenso klare wie vernünftige Entscheidung zu dieser Frage. Die Augen vor der Wirklichkeit zu verschließen nützt niemandem – weder dem Unternehmen noch der Familie.

Wer darf Inhaber werden?

Dazu müssen die Inhaber den Kreis der Familienmitglieder, die für eine Inhaberschaft in Frage kommen, verbindlich und für alle Beteiligten nachvollziehbar festlegen. Allgemein verbindliche Vorgaben dazu gibt es nicht. Die Frage, wer Inhaber eines Familienunternehmens sein kann, unterliegt ständigem Wandel der gesellschaftlichen Anschauung. War der Kreis möglicher Unternehmensinhaber im 19. Jahrhundert noch wie selbstverständlich auf eheliche, leibliche und zudem männliche Abkömmlinge des Unternehmensgründers beschränkt, wird in Unternehmerfamilien heutzutage um die Problematik der Patchworkfamilien, die Kinder alleinerziehender oder unverheiratet zusammenlebender Eltern und andere nicht eheliche Kinder gerungen. Auch der lange Zeit gültige Konsens, dass Ehepartner zur Sicherung der Inhaberschaft in der Blutlinie und zur Vermeidung steuerlicher Mehrfachbelastungen nicht am Unternehmen beteiligt werden sollten, gerät zunehmend ins Wanken. Und wenn man schon fragt, ob Ehepartner Mitinhaber werden können, dann darf man auch fragen, ob dies für die homosexuellen Partner einer eingetragenen Lebenspartnerschaft gleichermaßen gelten soll. Unsere Lebenswelt ist nicht einfacher geworden. In Ermangelung gesellschaftlicher Vorgaben muss jede Unternehmerfamilie heute selbst entscheiden, welchen Familienbegriff sie mit Blick auf die gemeinsame Inhaberschaft an ihrem Unternehmen leben will. Dabei sollte sie nicht leichtfertig handeln. Mit den Konsequenzen wird sie eine Zeitlang leben müssen.

Und wer gehört sonst noch zur Inhaberfamilie?

Zur Unternehmerfamilie gehören aber nicht nur die Inhaber selbst. Der Staat kennt bekanntlich nicht nur Bürger, sondern auch andere Personen, die ohne Staatsbürger zu sein, im Land leben und arbeiten. Auch sie sind Mitglieder der staatlichen Gemeinschaft, allerdings mit reduzierten Rechten und Pflichten. Im Familienunternehmen ist das nicht anders. Neben den Inhabern gibt es weitere Mitglieder der Inhaberfamilie, wie das im ersten Teil des Buches vorgestellte 3-Kreis-Modell anschaulich darstellt. Dabei handelt es sich in der Regel um die Kinder und die Partner der Inhaber. Ein Automatismus ist das aber nicht. Auch in den Status eines Mitgliedes der Inhaberfamilie (anders als in den familiären Status überhaupt) wird man nicht hineingeboren. Dafür bedarf es vielmehr eines besonderen Aktes. Umso wichtiger, dass die Regeln für den Erwerb und den Verlust der Zugehörigkeit feststehen und transparent sind.

Und dass klar ist, welche Rechte und Pflichten mit der Inhaberschaft einerseits und dem Status eines bloßen Mitgliedes der Inhaberfamilie andererseits verbunden sind. Keine Frage: Die Mitglieder der Inhaberfamilie haben in der Unternehmenssphäre mindere Rechte und Pflichten als die Inhaber. Aber nur wenn klar ist, wozu sie berechtigt sind und was von ihnen erwartet wird, werden sie zu wertvollen Unterstützern des gemeinsamen Projektes heranwachsen. In vielen Unternehmerfamilien werden Nachfolger nicht ausreichend auf ihre Aufgabe als Inhaber vorbereitet und »Inlaws« als »Outlaws« behandelt. Wer so handelt, verschenkt wertvolles Potenzial. Die Erarbeitung einer Inhaberstrategie ist eine gute Gelegenheit, das zu korrigieren. Und sie sollte sich nicht auf die Unternehmenssphäre beschränken, sondern auch die familiäre Seite in den Blick nehmen. Wenn die Nichtinhaber auch bei familiären Veranstaltungen am Katzentisch Platz nehmen müssen und als Familienmitglieder zweiter Klasse behandelt werden, wird dies ihre Unterstützungsbereitschaft für das gemeinsame Projekt bestimmt nicht fördern.

Selbstverständnis

Als Barack Obama im Januar 2009 kurz nach Ausbruch der Weltfinanzkrise sein Amt als 44. Präsident der Vereinigten Staaten von Amerika antrat, wählte er starke Worte. »Our challenges may be new. The instruments with which we meet them may be new. But those values upon which our success depends – hard work and honesty, courage and fair play, tolerance and curiosity, loyalty and patriotism – these things are old. These things are true.«[7] Die Rede war eine rhetorische Meisterleistung. Dem Präsidenten war bewusst, dass die Bewältigung der Krise den Amerikanern eine außergewöhnliche Kraftanstrengung abverlangen würde. Deshalb appellierte er an die gemeinsame Identität und beschwor die Werte und Tugenden, die Amerika zur führenden Macht in der Welt hatten werden lassen.

Um Erfolg zu haben, benötigen Gemeinschaften eine starke Identität. Diese muss für die Mitglieder so attraktiv sein, dass sie bereit sind, ihre individuellen Interessen partiell für die Mitgliedschaft in der Gemeinschaft und die damit verbundenen Rechte und Pflichten zurückzustellen. Je attraktiver das Identifikationsangebot der Gemeinschaft ist, desto besser sind ihre Aussichten im Wettbewerb. Starke Gemeinschaftsidentitäten bündeln die Energien der Mitglieder und geben ihrem Tun Orientierung. So entsteht gemeinsam mehr, als der Einzelne allein vermöchte. Dies gilt für Staaten ebenso wie für Religionsgemeinschaften, für politische Parteien wie für Sportvereine. Und auch Unternehmen haben den Sinn sogenannter »Mission Statements« erkannt.[8] Für Inhaberfamilien gilt nichts anderes: Je eindeutiger und attraktiver die gemeinschaftliche

Identität als Unternehmerfamilie formuliert werden kann, desto besser sind ihre Erfolgsaussichten.

Wollen wir eine Unternehmerfamilie sein?

Am Anfang entsprechender Überlegungen muss die Frage stehen, ob die Familie überhaupt eine Unternehmerfamilie sein und ein Familienunternehmen betreiben möchte. Selbstverständlich ist das nicht. Der verstorbene Bertelsmann-Patriarch Reinhard Mohn bekannte in einem Interview: »Ich habe mir sehr wohl Gedanken gemacht, ob eine Familie weiter als Träger eines Unternehmens auftreten kann. ... Das geht nicht. Man muss es klipp und klar sagen: Das ist eine schlimme Sackgasse.«[9] Auch wenn ich Reinhard Mohn nicht zustimmen möchte: Eine verantwortungsvoll handelnde Unternehmerfamilie muss sich immer wieder die Frage stellen, ob sie über den Willen und die Fähigkeiten verfügt, die erforderlich sind, um als dominanter Inhaber eines Unternehmens aufzutreten.

Davon zu trennen ist die Frage, ob ein bestimmtes Unternehmen weiter in Familienbesitz gehalten werden soll. Der Verkauf eines Familienunternehmens muss nicht das Ende einer Unternehmerfamilie bedeuten. Etliche Unternehmerfamilien haben ihre Familienunternehmen verkauft, nur um sich anschließend ein neues zu kaufen oder – wie die Familie Happel und andere Family Investors – als Family Investment Office weiterzumachen. Wer lange leben will, muss veränderungsbereit sein.

Wird der Wille zur Aufrechterhaltung der dominanten Inhaberschaft bekräftigt, sollten die Inhaber klarmachen, was das genau bedeutet. Konkret geht es dabei um die Thematik, ob man ein geschlossenes oder offenes Familienunternehmen sein will. Viele Inhaberfamilien wollen unter sich bleiben und legen fest, dass Firmenanteile ausschließlich von Familienmitgliedern gehalten werden dürfen. Andere, wie die Düsseldorfer Henkel-Dynastie, der Porsche-/Piëch-Clan oder der

Bonner Unternehmer Frank Asbeck (SolarWorld) schätzen die Vorzüge erweiterter Wachstumschancen durch Kapitalzufuhr von außen höher ein und öffnen den Inhaberkreis für familienfremde Mitinhaber. Bei der Definition ihres Selbstverständnisses müssen sie infolgedessen wichtige Folgefragen beantworten: Wie viel Kapital und Einfluss sollen abgegeben werden? An wen? Bevorzugt die Inhaberfamilie einen Börsengang oder private Investoren? Wieder andere versuchen, die Vorzüge beider Optionen miteinander zu verbinden, indem sie ihre unternehmerischen Aktivitäten unter dem Dach einer Holding zusammenfassen und festlegen, dass externe Kapitalbeteiligungen nur bei nachgeordneten Konzernunternehmen zulässig sein sollen. So verfügt Haniel über mehrere börsengehandelte Unternehmen im Konzernverbund, während die Obergesellschaft unverändert im alleinigen Eigentum der inzwischen über 600 Familieninhaber steht. Es ist Aufgabe einer professionellen Inhaberstrategie, sich die Existenz der verschiedenen Optionen bewusst zu machen und ihre Vorzüge und Nachteile im Lichte der Möglichkeiten von Unternehmen und Familie gegeneinander abzuwägen.

Family First oder Business First?

In Deutschland besteht die Überzeugung, dass Unternehmen auf Dauer nur in Familienbesitz gehalten werden können, wenn die Inhaber nach dem Leitmotiv handeln: »Firma geht vor.«[10] Das beschreibt zunächst einmal eine Selbstverständlichkeit. Jede Gemeinschaft kann nur erfolgreich sein, wenn ihre Mitglieder im Kollisionsfall den Vorrang des Gemeinschaftsinteresses vor dem Individualinteresse anerkennen. Weitaus spannender ist die Frage, ob dem Unternehmensinteresse auch dann ein Vorrang einzuräumen ist, wenn Interessen des gemeinschaftlichen Unternehmens mit Interessen der Familiengemeinschaft kollidieren, wenn also Gemeinschaftsinteresse gegen Gemeinschaftsinteresse steht. Diese Problematik wird unter dem Stichwort »Family First versus Business First«[11] erörtert und ist weit weniger eindeutig zu beantworten.

Eine Familie, die ein Unternehmen betreibt, ist in zwei Welten tätig und muss versuchen, deren Anforderungen miteinander zu versöhnen. Weil für Unternehmen und Familie unterschiedliche Erfolgsprinzipien gelten, sollte sie anstreben, Fragen aus der Unternehmenssphäre nach dem Grundsatz Business First und familiäre Themen nach dem Prinzip Family First zu behandeln. Das ist der Inhalt des Zwei-Hüte-Konzepts[12]. Unternehmen stehen in Wettbewerb und müssen sich gegen externe Konkurrenten behaupten. Die notwendige überlegene Leistung werden sie nur erbringen können, wenn in der Organisation das Leistungsprinzip gelebt und mittels hierarchischer Entscheidungsstrukturen umgesetzt wird. Familiäre Erwartungen nach Zugehörigkeit und leistungsunabhängiger Gleichbehandlung schwächen das Unternehmen in seinem Selbstbehauptungskampf. Inhaberfamilien, die diese Zusammenhänge verleugnen und im Unternehmen zu stark nach familiären Mustern entscheiden, laufen Gefahr, das Unternehmen und ihren Status als Unternehmerfamilie zu verlieren.

Andererseits benötigt das Familienunternehmen den Rückhalt durch eine starke Inhaberfamilie, die den Willen hat, die familiäre Inhaberschaft über das Unternehmen aufrechtzuerhalten. Diesen Willen wird die Familie nur behalten, wenn auch die familiären Erwartungen nicht vollends durch objektivierbare Belange des Unternehmens verdrängt werden. Ein Stück familiärer Geist schadet ja auch nicht. Im Gegenteil: Er kann sogar einen Vorteil des Familienunternehmens im Wettbewerb mit seinen anonymen Konkurrenten begründen.

Kritisch wird es vor allem, wenn der Business-First-Ansatz zu weit in die Familiensphäre hineingetragen wird. Zwar müssen Unternehmerfamilien sich bewusst sein, dass ihr familiäres Miteinander als Inhaber eines Unternehmens auch ökonomischen Einflüssen unterliegt. Doch sollten sie mit dieser Erkenntnis vorsichtig umgehen. Familien, die allzu stark nach einem auf das Unternehmen bezogenen Leistungsprinzip funktionieren, produzieren häufig das Phänomen des »schwarzen Schafes«, des familiären Außenseiters, der die unternehmensdominierte Familienkultur entweder offensiv ablehnt oder an ihr zerbricht.[13] Das spezifische Selbstverständnis vieler Unternehmerfamilien bringt auch ein gerüttelt Maß an Leid über ihre Angehörigen. Destruktion und Autodestruktion gehören zur Unternehmerfamilie wie das Amen in der Kirche.

Ein besonders dramatisches Beispiel einer solchen Fehlentwicklung beschreibt das Schicksal der österreichischen Industriellenfamilie Wittgenstein.[14] Karl Wittgenstein (1847–1913) war einer der größten Unternehmer seiner Zeit; der Stahl- und Finanzunternehmer galt als »Krupp Österreichs«. Doch obwohl – oder vielleicht auch weil – der Patriarch in seiner Familie ein strenges Regime führte und abweichende Neigungen bereits im Ansatz unterdrückte, fand sich unter seinen Kindern keines, das bereit oder in der Lage gewesen wäre, seine Nachfolge anzutreten. Zwei der drei Töchter heirateten zwar standesgemäß, doch ohne Fortune; ihre Ehemänner endeten in Krankheit oder durch Tod von eigener Hand. Von den fünf Söhnen Karl Wittgensteins begingen drei Selbstmord; lediglich die beiden jüngsten machten glänzende Karrieren. Paul Wittgenstein avancierte zum gefeierten Konzertpianisten, obwohl er im Ersten Weltkrieg seinen rechten Arm verlor, und Ludwig Wittgenstein wurde zu einem der berühmtesten Philosophen des 20. Jahrhunderts. Grandiosität oder Selbstauslöschung – einen anderen Ausweg scheint die Familienkultur der Wittgensteins ihren Mitgliedern nicht gelassen zu haben.

Dass es anders geht, beweisen Unternehmerfamilien wie die Rocas, die 2008 als vorbildliches Familienunternehmen mit dem begehrten IMD-LODH Award ausgezeichnet wurden. Das spanische Familienunternehmen wurde 1917 von vier Geschwistern gegründet und gehört heute zu den führenden Anbietern von Sanitäreinrichtungen weltweit. Das Unternehmen befindet sich im Übergang von der dritten zur vierten Generation und hat inzwischen über 100 Gesellschafter, weil ein Familienzweig Geburtenkontrolle strikt ablehnt und sich entsprechend zahlreich vermehrt. Den familiären Zusammenhalt der Inhaberfamilie haben die unterschiedlichen Lebenszuschnitte der Familienmitglieder nicht in Mitleidenschaft gezogen. »In unserer Familie darf jeder nach seiner Façon glücklich werden«, hat mir Javier Roca, einer der beiden Familienrepräsentanten, im persönlichen Gespräch anvertraut, »entscheidend ist nur, dass wir bei allen die Firma betreffenden Entscheidungen an einem Strang ziehen und persönliche Interessen hinter Firmeninteressen zurückstellen.«

In der Firma wird Business First dafür mit äußerster Konsequenz gelebt. Das haben die Rocas bereits Mitte der 1970er Jahre bewiesen. Damals waren praktisch alle Familienmitglieder in der Firma tätig – in unterschiedlichsten Positionen, vom Vorsitzenden der Geschäftsführung bis zum einfachen Lagerarbeiter. Das Familienoberhaupt erkannte, dass diese Praxis mit Blick auf die stark wachsende Anzahl der Familienmitglieder nicht aufrechterhalten werden konnte, und bewegte die Familie zu einer radikalen Entscheidung: Fortan sollte kein Mitglied der Familie mehr für das Unternehmen arbeiten dürfen – weder im Management noch in irgendeiner anderen Funktion. Die Rocas haben gezeigt, dass sie in der Lage sind, familiäre und unternehmerische Belange miteinander in Einklang zu bringen und in verantwortungsvolle inhaberstrategische Entscheidungen zu übersetzen. Und das mit beispielgebender Konsequenz. Als die Familie den Richtungswechsel beschloss, vereinbarte sie zugleich, dass er sofort wirksam werden solle. Alle im Unternehmen tätigen Familienmitglieder beendeten damals ihre aktive Tätigkeit für das Unternehmen, obwohl sie zwischen fünfzig und sechzig Jahre alt waren. »Zu alt, um noch etwas Neues zu finden, und zu jung, um mit der Arbeit aufzuhören«, wie Javier Roca betont. »Mein Vater hat damals sehr gelitten. Er war viel zu Hause und wusste nichts Rechtes mit sich anzufangen. Aber wenn ich ihn fragte, ob er seine Entscheidung bereue, verneinte er. Und wenn ich ihn fragte: ›Warum?‹, antwortete er stets: ›Weil sie richtig war. Es gibt Dinge, die wichtiger sind als wir selbst.‹«

Jede Inhaberfamilie muss ihre eigene Position zu »Family First versus Business First« bestimmen und festlegen, nach welchen Regeln Familie und Unternehmen geführt werden sollen. In der Unternehmenssphäre angesiedelte Fragestellungen sollten zwar grundsätzlich nach Business-First-, in der Familiensphäre beheimatete Themen nach Family-First-

Aspekten entschieden werden. Reine »Entweder-oder«-Lösungen sind allerdings selten sinnvoll. Die Paradoxien des Familienunternehmens sprechen häufig für ein gut abgewogenes »Sowohl-als-auch«.

Werte und Ziele

Werte und Ziele bilden den Kern des Selbstverständnisses. Sie geben der Gemeinschaft Identität und Richtung.[15] Barack Obama hat sie in der Krise des Jahres 2009 bewusst adressiert. Dabei ist die Aufgabenverteilung klar: Ziele sagen, wohin wir gehen, Werte bestimmen den Rahmen, innerhalb dessen wir uns dabei bewegen. Ziele trennen »wichtig« von »unwichtig«, Werte »richtig« von »falsch«. Erfolgreiche Unternehmerfamilien wissen das längst. Nicht selten stoßen wir in der Welt der Familienunternehmen auf teilweise über 100 Jahre alte Werte- und Zielkataloge. Sie konkretisieren das unternehmerische Selbstverständnis der Familie, nicht zuletzt im Hinblick auf ihr Business-First- oder Family-First-Verständnis.[16] Und das idealiter in dreifacher Hinsicht.

(1) Werte und Ziele für die familiäre Inhaberschaft: Die Inhaberschaft an einem Familienunternehmen ist in der Regel eine Eigentumsposition besonderer Art. Es ist nicht das seit der industriellen Revolution dominierende Herrschaftseigentum, dem Goethe im *Faust II* mit dem Zitat »Herrschaft gewinn ich, Eigentum« ein Denkmal gesetzt hat. Die Inhaberstellung an einem Familienunternehmen ähnelt mehr dem vorindustriellen »patrimonium«.[17] Inhaber von Familienunternehmen fühlen sich meist als Glied einer Kette, ihren Eltern und Kindern gleichermaßen verpflichtet. Mit Folgen: »Ein Familienunternehmen ist wie ein Baum«, hat mir ein befreundeter Familienunternehmer einmal gesagt. »Jede Generation darf die Früchte ernten, allenfalls kranke Äste abschneiden, aber niemals Hand an den Stamm legen.« Im Gegenteil: Wenn die Zahl derer, die von den Früchten leben wollen, größer wird, muss sie den Baum hegen und pflegen und ebenfalls größer machen. Das ist ein hoher Anspruch. Und es schwingt berechtigter Stolz mit,

wenn ein Unternehmer wie Christian Boehringer im Interview mit der Wochenzeitung *DIE ZEIT* feststellt: »Bisher konnte jede Generation das Unternehmen in jeweils besserem Zustand übergeben, als sie es übernommen hatte.«[18] Vor diesem Hintergrund muss der Wertekatalog ein möglichst konkretes Bekenntnis zu den mit der Inhaberschaft verbundenen Verpflichtungen, aber auch zu den diesbezüglichen Erwartungen der Inhaber enthalten.

Und das nicht allein in ökonomischer Hinsicht. Im Familienunternehmen spielt der emotionale Wert der Inhaberschaft eine große Rolle.[19] »Es sind nicht die Dividenden, es sind die Emotionen«, hat der Familienunternehmer Jürgen Heraeus die Bedeutung des Emotional Value für den Erhalt eines Familienunternehmens treffend zusammengefasst.[20] In der Tat: Mit dem ökonomischen Nutzen allein lässt sich die Begeisterung vieler Inhaber für ihr Familienunternehmen nicht begründen. Dafür sind die Einschränkungen, die der durchschnittliche Inhaber eines Familienunternehmens bei Dividende und Fungibilität hinnehmen muss, zu groß. Als Ausgleich für den ökonomischen Verzicht gewähren Familienunternehmen ihren Inhabern eine emotionale Dividende, die sich in Dimensionen wie Stolz auf das Unternehmen, sein Produkt oder seine Marke, die mit der Inhaberstellung verknüpfte Reputation oder Ähnlichem manifestiert. Die Inhaberfamilie sollte diesbezügliche Erwartungen klar formulieren, damit sie als Orientierungsrahmen für diejenigen dienen können, die im Unternehmen Verantwortung tragen.

(2) Werte und Ziele für das Unternehmen: Der Governance Kodex für Familienunternehmen fordert es ausdrücklich: »Die Inhaber sollen nicht nur mit Blick auf ihre familiäre Inhaberschaft, sondern auch für ihr Familienunternehmen die maßgeblichen Werte und Ziele festlegen.«[21] Wenn eine Familie den Bestand des Unternehmens als Familienunternehmen zur Maxime erhebt, muss die Sicherung der Unabhängigkeit ein wichtiges Ziel für die Führung des Unternehmens sein. Und wenn sie einen generationenübergreifenden Ansatz verfolgt, sollte sie sicherstellen, dass sich ihr Unternehmen auf Nachhaltigkeit und eine

langfristige strategische Ausrichtung verpflichtet. Verantwortlich handelnde Inhaberfamilien haben dies längst erkannt. Vorgaben zu Stabilität, Rentabilität und Wachstum sowie qualitative Aussagen zum Umgang mit Kunden, Lieferanten, Mitarbeitern und Umwelt finden sich in den Werte- und Zielkatalogen vieler Familienunternehmen und haben das Bild vom Familienunternehmen als einer sozial verantwortlichen Spielart des Kapitalismus mitgeprägt.

Das gilt auch für einen weiteren wichtigen Aspekt. In engem Zusammenhang mit der Erkenntnis, dass sich der Wert der Inhaberschaft im Familienunternehmen oft nicht nur ökonomisch, sondern auch emotional manifestiert, steht die Feststellung, dass Geldverdienen in vielen Familienunternehmen nicht an oberster Stelle steht. Nicht selten ist der langfristige Erhalt des Unternehmens in Familienbesitz oder die Umsetzung einer unternehmerischen Idee wichtiger als die schnelle Mark. »Mir arbeitet net für de schnelle Gewinn«, hat der schwäbische Erfolgsunternehmer Arthur Handtmann in einem Interview mit der *ZEIT* stellvertretend für viele festgestellt.[22] Noch deutlicher hat es IKEA-Gründer Ingvar Kamprad formuliert: »Geld kann man ja nicht essen. Wohlhabend zu werden, das ist eine Sache, aber die Triebfeder, ist die nicht, das zu verwirklichen, wovon du geträumt hast? Und etwas tun zu können für Vater, für Mutter, für dich selbst oder sonst jemand, der dir etwas bedeutet?« Lägen die Dinge anders, würden Familienunternehmer viel eher Hedgefonds auflegen und sich als Investmentbanker betätigen, als Orgeln zu bauen oder Buchverlage zu gründen. Um schnell reich zu werden, gibt es oft bessere Alternativen. Wer Familienunternehmer verstehen will, muss wissen, dass es ihnen häufig darum geht, sich selbst zu verwirklichen und eine Idee zu realisieren, von der sie überzeugt sind. Das ist nicht zu beanstanden. Aber es ist notwendig, dass diese nichtmonetären Zielsetzungen allen Beteiligten bewusst sind und ihre positiven und negativen Implikationen im Rahmen der Erarbeitung einer Inhaberstrategie professionell-verantwortungsbewusst gegeneinander abgewogen werden.

Jede Unternehmerfamilie muss ihre eigene Balance zwischen Ökonomie und Emotion, zwischen Wert- und Werteorientierung, finden. Gelingt dies gut, legt sie den Grundstein zu einer starken, mitunter einzigartigen Unternehmenskultur, die von ihrem Unternehmen als Vorteil im Wettbewerb genutzt werden kann.

(3) Werte und Ziele für die Familie: Unternehmerfamilien sind keine normalen Familien. Mit der Inhaberschaft an einem Unternehmen sind Vorzüge und Herausforderungen verbunden, die bewusst und gewollt sein müssen, wenn das gemeinsame Projekt gelingen soll. Auch mit Blick auf die Unternehmerfamilie sollten daher Werte und Ziele festgelegt werden. Welche Konsequenzen ergeben sich aus der Inhaberschaft an einem Unternehmen für die Familie und ihre Mitglieder? Commitment zum gemeinsamen Projekt, die Bereitschaft, Individualinteressen hinter das Gemeinschaftsinteresse zurückzustellen, und die Pflege des Zusammenhaltes innerhalb der Unternehmerfamilie sind in diesem Zusammenhang häufig anzutreffende Familienwerte. Doch auch die Grenzen dieser Verpflichtungen wollen ausgelotet sein. Wo verläuft eine sinnvolle Grenze zwischen kollektiver Verpflichtung und individuellem Freiraum? Zu viel Gemeinsamkeit kann bekanntlich ebenso schädlich sein wie zu wenig.

Beantwortet werden muss auch die Frage, welche Kultur in der Inhaberfamilie Gültigkeit haben soll. Das bürgerliche Familienunternehmen basierte bekanntlich auf einem patriarchalisch geprägten Machtverständnis, dessen Grundlage ein auf Tradition und Autorität gestützter Folgeanspruch war. Der Patriarch bestimmte, und wer sich ihm widersetzte, hatte mit vom System akzeptierten Sanktionen zu rechnen. Mit dem Ende der Dominanz der bürgerlichen Familie und der mit ihr verbundenen Machtstrukturen ist dieses Verständnis ins Wanken geraten. Patriarchalische Autorität ist in der Post-68er-Ära keine Selbstverständlichkeit mehr. Heutzutage muss jede Inhaberfamilie individuell entscheiden, ob sie ihre Verhältnisse nach Macht- oder nach Konsensgesichtspunkten ordnen will.[23]

Das gilt auch für die Frage, wie die Inhaberfamilie den Zugang zum Unternehmen und dessen Leistungen organisieren will. Waren sie früher typischerweise von der Willkür des Patriarchen abhängig, wird in der Post-68er-Ära zunehmend die Bedeutung von Fairness hervorgehoben.[24] Unter Fair Process wird dabei ein System verstanden, dass unabhängig von der Person durch Aufstellung verbindlicher Spielregeln, deren konsequente Einhaltung und die Transparenz der getroffenen Entscheidungen gegenüber allen Beteiligten Chancengleichheit gewährleistet.

Zu guter Letzt sollte die Inhaberfamilie noch festlegen, wie sie außerhalb des durch das Unternehmen geprägten Bereiches miteinander umgehen will. Auch eine Inhaberfamilie ist mehr als nur eine Zweckgemeinschaft zur Verfolgung eines gemeinsamen unternehmerischen Interesses. Welche Wertvorstellungen sollen den gemeinsamen Umgang miteinander prägen? Inwieweit sollen insbesondere zentrale familiäre Werte wie Solidarität und Gleichbehandlungserwartung das familiäre Miteinander prägen?

Auf all diese Fragen muss jede Inhaberfamilie ihre eigenen Antworten geben. Für die Werte- und Zielkataloge von Inhaberfamilien gibt es keine Blaupausen. Die individuell richtige Lösung hängt von vielen Einflussfaktoren ab. Familiendynastien benötigen womöglich andere Werte und Ziele als Geschwistergesellschaften. Fokussierte Familienunternehmen müssen ihre Schwerpunkte anders setzen als diversifizierte, und Unternehmen mit einer Familienführung können nicht mit der gleichen Elle gemessen werden wie Unternehmen unter externem Management. Kleine Unternehmen brauchen andere Lösungen als große, und auch die durch die Geschichte geprägten Kulturen des Unternehmens und der Familie dürfen bei der Suche nach den richtigen Werten und Zielen nicht vernachlässigt werden. Die Arbeit lohnt sich. Denn die Festlegung der Ziel- und Wertvorstellungen für Familie und Unternehmen ist der Kern jeder Inhaberstrategie. Wie in einem genetischen Code lassen sich in ihm die Grundelemente unternehmerischer Einzigartigkeit festhalten und vererbbar machen.

Strategische Ausrichtung

Der dritte große Komplex der Inhaberstrategie betrifft die Frage nach der strategischen Ausrichtung der unternehmerischen Aktivitäten. Je eindeutiger die Festlegung der inhaberstrategischen Werte und Ziele, desto einfacher sollte es sein, daraus die richtigen Schlussfolgerungen für ihre Umsetzung in unternehmerisches Tun zu ziehen.

Fokussieren oder diversifizieren?

Dies betrifft vor allem die Grundsatzfrage nach dem optimalen Diversifikationsgrad. »Fokussierung oder Diversifikation«? Diese Frage wird von der Betriebswirtschaftslehre bislang fast ausschließlich auf Unternehmensebene diskutiert. Und ist noch längst nicht entschieden.[25] Mal gewinnt die eine Seite, mal die andere die Oberhand. Kein Wunder: Schließlich haben beide Strategiekonzepte Vor- und Nachteile. Die Konzentration der Kräfte ermöglicht kurzfristig eine höhere Rentabilität, erkauft sich diesen Vorteil aber durch ein höheres Risiko. Mit der Diversifikation verhält es sich umgekehrt: Die Streuung reduziert das Risiko zulasten der Rentabilität. Der legendäre Nestlé-Chef Helmut Maucher hat dazu in seinem Management-Brevier treffend ausgeführt: »Generell gilt …, dass eine zu enge Ausrichtung … das Risiko erhöht … Andererseits hat eine zu große Differenzierung oft die Folge, dass die Gesamtrentabilität des Unternehmens verringert wird, weil man nicht auf allen Gebieten gleich gut ist. Im Allgemeinen ist eine starke Reduzierung auf das Kerngeschäft eher eine kurzfristig wirksame Politik, während eine gewisse Diversifizierung längerfristig zu mehr Erfolg führt.«[26]

Für die Inhaber ist die Sache damit klar: So richtig Fokussierung auf Unternehmensebene auch sein mag, auf der Inhaberebene muss eine Antwort auf die mit ihr verbundenen Risiken gefunden werden. Der generationenübergreifende Anspruch verlangt nach der Reduzierung von Risiken, die den Erfolg des dynastischen Projektes gefährden können. Eine Anlagestrategie, bei der alle Eier in einen Korb gelegt werden, ist mit dem Wesen des Familienunternehmens schwer vereinbar. Christian Boehringer, Clanchef der Unternehmerfamilie Boehringer aus Ingelheim, bekennt sich ausdrücklich zu dieser Aufgabe: »Aufgabe unserer Familie ist es ..., die Risiken im Pharmageschäft in vernünftiger Form auszubalancieren«, sagt er im Interview mit der Wochenzeitung *DIE ZEIT*.[27]

Jungen Unternehmensgründern bleibt für risikobegrenzende Inhaberstrategien allerdings meist wenig Raum; sie müssen Risiko eingehen, wollen sie ihr Unternehmen zum Erfolg führen. Aber spätestens dann, wenn das Unternehmen die Pionier- und frühe Wachstumsphase hinter sich gelassen hat und aus dem jungen Familienunternehmen ein stabiles geworden ist, wird es Zeit, über Risikobegrenzungsstrategien aus Inhabersicht nachzudenken. Dafür stehen der Inhaberfamilie verschiedene Alternativen zur Verfügung:

(1) Märkte mit langen Lebenszyklen wählen: So kann die Inhaberfamilie für ihr unternehmerisches Engagement bewusst einen Markt mit langen Lebenszyklen wählen. Die ältesten Familienunternehmen der Welt sind in Bereichen tätig, die als langweilig, aber dauerhaft gelten. Houshi, Antinori, Zötler und die anderen Alters-Champions sind auch deshalb so alt geworden, weil sie einem Leitspruch folgten, den mein Vater plastisch so zusammengefasst hat: »Mit dem Verkauf von Lebensmitteln kann man zwar selten richtig reich werden. Aber es lässt einen wenigstens ruhig schlafen. Denn gegessen und getrunken wird immer.«

(2) Rechtzeitiger Umstieg: Vollständigen Schutz bietet die Wahl eines langlebigen Marktes allerdings nicht. Denn das Lebenszyklus-Risiko ist nicht das einzige Risiko, mit dem sich ein Familienunternehmen bei seinem Streben nach Langlebigkeit konfrontiert sieht. Wer auch die anderen Risiken begrenzen will, kann die Erkenntnisse des Portfoliomanagements anwenden, die anzeigen, wann es an der Zeit ist, sich aus einer unternehmerischen Aktivität zu verabschieden und in eine neue unternehmerische Aktivität zu wechseln. Zu wahrer Meisterschaft dabei hat es die Sauerländer Unternehmerfamilie Wrede gebracht. Die Unter-

nehmensgruppe wurde 1880 von Eberhard Wrede als Sägewerk gegründet und von ihm und seinem Sohn zu einem führenden Holzverarbeiter ausgebaut. Als dieser Markt weniger Erfolg versprach, stellte Gründerenkel Paul Wrede die Produktion von Holz auf Kunststoffplatten um, die unter dem Markennamen Duropal rasch eine marktführende Stellung eroberten. Aber auch der Erfolg von Duropal währte nicht ewig. Und so nahm die vierte Generation der Wredes wieder etwas Neues in Angriff. Unter Führung von Thomas Wrede verkaufte die Unternehmerfamilie Duropal an einen Wettbewerber und setzte fortan auf Dekorfolien, die vornehmlich bei Möbel- und Fußbodenherstellern abgesetzt werden.[28]

(3) Weiche Diversifikation auf Unternehmensebene: Eine dritte Möglichkeit zur Begrenzung der mit Fokussierung verbundenen Risiken bietet die weiche Diversifikation. Dabei wird das Kerngeschäft des Unternehmens allmählich um artverwandte Aktivitäten erweitert. So hat sich beispielsweise der Spirituosenhersteller Underberg unter der Führung von Emil Underberg und Wilfried Mocken vom Marktführer für Magenbitter zu einem Spezialisten für nationale und internationale Spirituosen entwickelt. Und Dieter Schwarz kontrolliert neben den Lidl-Discountmärkten auch die Kaufland-Warenhäuser.

(4) Echte Diversifikation auf Unternehmensebene: Unternehmerfamilien wie die Oetkers, die Ottos und die Haniels gehen noch einen Schritt weiter. Sie begrenzen nicht nur das Produkt-, sondern auch das Marktrisiko und investieren in gänzlich andere Geschäfte. Oetker hat den Schritt vom fokussierten zum diversifizierten Familienunternehmen mit großer Konsequenz vollzogen und kontrolliert heute – wie bereits dargestellt – ein Unternehmensportfolio, dass von der Pizzaherstellung bis zur Vermögensverwaltung für wohlhabende Kunden reicht.

(5) Diversifikation mit Hilfe gemeinsamer Vermögensanlage: Andere, wie die Inhaber des Wolfenbütteler Spirituosenherstellers Jägermeister, vertrauen lieber dem Grundsatz »Schuster, bleib bei deinem Leisten«, wählen für ihre unternehmerischen Aktivitäten weiter einen streng fokussierten Ansatz und diversifizieren, indem sie einen Teil der im Unternehmen erwirtschafteten Erträge in eine gemeinsame Vermö-

gensverwaltung stecken. Etliche Inhaber erfolgreicher Familienunternehmen betreiben inzwischen solche Investmentvehikel neben ihrer unternehmerischen Kernaktivität. Sie haben häufig den Charakter eines Sparstrumpfs für Notfälle und verfolgen eine dementsprechend konservative Anlagepolitik. Zunehmend finden sich unter den Family Offices der großen Familien aber auch solche, die mit einem deutlich höheren Renditeanspruch auf dem Markt für Unternehmensbeteiligungen aktiv werden.[29]

(6) Individuelle Diversifikation: Allen genannten Risikobegrenzungsstrategien ist gemein, dass sie von den Inhabern gemeinschaftlich realisiert werden. Das ist nicht zwingend. Die Inhaberfamilie kann sich auch entscheiden, die Diversifikation den einzelnen Familienmitgliedern zu überlassen. Voraussetzung dafür ist die bewusste Entscheidung, einen Teil des Ertrages oder Wertes des gemeinsamen Familienunternehmens für Diversifizierungszwecke zu entnehmen und den einzelnen Inhabern für ihre individuelle Diversifikationsstrategie zur Verfügung zu stellen.

Entsprechende Entscheidungen müssen mit großer Sorgfalt vorbereitet werden. Dabei muss auch das individuelle Wollen und Können der Inhaberfamilie berücksichtigt werden. Es macht wenig Sinn, eine Strategie vorzulegen, die rational richtig ist, von den Mitgliedern der Inhaberfamilie aber emotional nicht getragen wird. Zudem setzt jede Risikobegrenzungsstrategie spezifische Fähigkeiten voraus. Die Eigenschaften, die eine Familie zur erfolgreichen Inhaberschaft eines fokussierten Familienunternehmens befähigen, machen sie nicht automatisch zu einem guten Inhaber einer diversifizierten Familienholding. Zu einer qualifizierten Inhaberstrategie gehört es, die mit den verschiedenen Arten unternehmerischer Betätigung verbundenen Anforderungen und ihre individuellen Fähigkeiten vorurteilsfrei zu ermitteln und miteinander abzugleichen. Nur wenn Soll und Haben ausreichend Deckung aufweisen, kann eine Inhaberstrategie erfolgreich sein.

Die Grundsätze der Geschäftspolitik bestimmen

Die Inhaber sollten es aber nicht dabei bewenden lassen, ihr Verhältnis zu unternehmerischen Chancen und Risiken zu definieren und daraus Schlussfolgerungen für die richtige Anlagestrategie zu ziehen. Wenn sie wollen, dass ihr Familienunternehmen sich im Sinne ihrer Philosophie verhält, müssen sie von ihrer normativen Kompetenz Gebrauch machen und neben Werten und Zielen für ihr Unternehmen auch Richtlinien für seine Geschäftspolitik, namentlich in den Bereichen Strategische Führung und Finanzierung, vorgeben. Der Governance Kodex für Familienunternehmen fordert ausdrücklich: »Die Inhaber [sollen] ihre Erwartungen an die unternehmerische Ausrichtung, insbesondere an das Verhältnis von Stabilität, Rentabilität und langfristigem Wachstum, hinreichend deutlich formulieren.«[30] Empfehlungen für familienunternehmensadäquate Grundsätze der Geschäftspolitik habe ich im zweiten Teil dieses Buches vorgelegt, namentlich im 5. (Strategische Führung) und 6. Kapitel (Finanzierung). An ihnen kann sich orientieren, wer individuelle Richtlinien entwickeln will.

Zuvor muss allerdings noch eine Barriere in den Köpfen der Beteiligten überwunden werden. Common Sense ist die Richtlinienkompetenz der Inhaber nämlich noch lange nicht. Ein Managementverständnis, das von der Publikumsgesellschaft geprägt ist und den Inhabern nur eine Zuschauerrolle zuweist, tut sich schwer mit der Vorstellung, die wesentlichen Grundsatzentscheidungen für das Unternehmen von der Unternehmensführung auf die Inhaber zu verlagern. Und argumentiert dabei nicht selten mit der Behauptung, die Inhaber seien mit dieser Aufgabe schlicht überfordert. Das ist ebenso falsch wie unzulässig. Auch der Inhaber eines Wertpapiervermögens mag mit seiner Richtlinienkompetenz überfordert sein. Daraus lässt sich jedoch nicht die Konsequenz ziehen, die Festlegung der Anlagerichtlinien dem Management zu überlassen. Vielmehr wird man an den Inhaber die Forderung richten müssen, sich so zu qualifizieren, dass er seine Aufgabe verantwortungsbewusst wahrnehmen kann. Für ein unternehmerisches Vermögen kann nichts anderes gelten. Eine mangelnde Qualifikation der Inhaber kann nicht deren Entmachtung, sondern nur die Forderung begründen, die für die professionelle Wahrnehmung der Inhaberrolle notwendige Qualifikation zu erwerben. Hier liegt der Grund für die zutreffende Forderung nach »Family Education«.[31] Zwar finden die inhaberstrategischen Weichenstellungen zur Geschäftspolitik auf einem anderen Abstraktionsniveau statt als deren Umsetzung in Unternehmensstrategien und operative Managemententscheidungen, und von den Inhabern muss daher nicht eine gleich tiefe Kenntnis von Unternehmensführung erwartet werden wie von der Führung. Aber ohne ein Mindestmaß an Verständnis für unternehmerische Zusammenhänge ist professionelle Inhaberschaft nicht zu haben. Eine Inhaberfamilie, die dazu nicht bereit oder in der Lage ist, sollte über den Fortbestand ihrer dominanten Inhaberrolle nachdenken.

Organisation von Unternehmen und Familie

Im vierten Schritt müssen Regeln und Strukturen geschaffen werden, die es möglich machen, die Vorgaben der Inhaber in ihrem Unternehmen zu leben. Und die Inhaberfamilie zu einer starken Rückendeckung für das Unternehmen zu machen. Dabei geht es um die Organisation von Firma und Familie. Und die ist gar nicht so einfach.

Friedrich Flick ist an ihr gescheitert. Der Bauernsohn aus dem Siegerland hatte in der ersten Hälfte des 20. Jahrhunderts ein Stahlimperium geschaffen und war mit Hitlers Unterstützung zum reichsten Mann im Deutschen Reich aufgestiegen. Hitlers Niederlage setzte seiner Karriere nur ein vorläufiges Ende. Zwar wurde Flick von den Alliierten zu sieben Jahren Zuchthaus verurteilt und verlor drei Viertel seines Vermögens. Doch war sein Unternehmergeist ungebrochen. Nur zehn Jahre nach der Entlassung war sein Unternehmen bereits wieder das größte Privatunternehmen in der jungen Bundesrepublik. Aber so erfolgreich

Friedrich Flick als Unternehmer gewesen sein mag, so sehr versagte er als Familienunternehmer. Flick gelang es nicht, für sein Unternehmen und seine Familie Strukturen und Regeln zu schaffen, die ihn als Gründerpersönlichkeit überdauert und die Flicks als erfolgreiche Unternehmerdynastie etabliert hätten. Zwar hatte er seinen beiden Söhnen Otto-Ernst und Friedrich Karl bereits frühzeitig Führungspositionen und Unternehmensanteile übertragen, wirklich loslassen wollte der Gründer allerdings nie. Als Otto-Ernst einmal gegen den Willen des Vaters Einblick in die Geschäftsunterlagen eines zu seinem Verantwortungsbereich gehörenden Unternehmens begehrte, herrschte dieser ihn an: »Du lebst nur von meiner Gnade. Ich kann dich rausschmeißen und wieder holen. Allein bist du nichts. Alles, was du bist, hast du von mir!« Selbst als Otto-Ernst entnervt aufgibt, findet die Familie keine Ruhe. »Bis zu seinem Tod im Jahr 1972 schürte Friedrich Flick Zwietracht in der Familie, um damit seinen eigenen Einfluss zu sichern«, urteilt Thomas Ramge, ein Chronist der Flick'schen Familiengeschichte. Am Ende ist Friedrich Flick mit seiner Strategie gescheitert. 1985 wurde sein Unternehmen an die Deutsche Bank verkauft.[32]

Unternehmerische Vision, Mut und Durchsetzungsfähigkeit stehen am Beginn des erfolgreichen Familienunternehmens. Streit, Unfähigkeit und Machtmissbrauch besiegeln nicht selten sein Ende. Das gilt für die kleinen nicht anders als für die großen Unternehmen, für die weniger bekannten ebenso wie für die berühmten Namen. Aber es ist keine Zwangsläufigkeit. Der kleine japanische Ryokan Houshi wird seit fast 1300 Jahren erfolgreich in Familienbesitz geführt, Herbert Zötler leitet die gleichnamige Allgäuer Privatbrauerei in der zwanzigsten Generation, und den Haniels gelingt es, mehr als 600 Inhaber auch über 250 Jahre nach der Unternehmensgründung noch bei der Stange zu halten. Was ist das Geheimnis dieser Erfolge? Was unterscheidet die Zötlers, Houshis und Haniels von den Flicks & Co.?

Neben klaren Werten und Zielen und einer zum Familienunternehmen passenden Geschäftspolitik sind es vor allem vorbildliche Regeln zur Family Business Governance, die die Champions unter den Unternehmerfamilien auszeichnen. Erfolgreiche Inhaberfamilien finden immer wieder die richtigen Antworten auf drei wichtige Fragen:

(1) Auf welche Weise steuern wir unser Unternehmen?

(2) Wie regeln wir das Verhältnis der Familieninhaber zueinander?

(3) Wie stärken wir den für unseren Erfolg so wichtigen Faktor Familie?

Und orientieren sich dabei insbesondere an Professional Ownership, Fair Process und Emotional Value.

Umsetzung des Inhaberwillens im Unternehmen

»Die Inhaber sind die oberste Entscheidungsinstanz.« So sagt es der von mir initiierte Governance Kodex für Familienunternehmen ausdrücklich.[33] Das heißt zwar nicht, dass sie ihr Unternehmen selbst führen müssten. Aber es bedeutet, dass sie dafür verantwortlich sind, Führungsverhältnisse zu schaffen, die ihre inhaberstrategischen Grundsatzentscheidungen bestmöglich fördern. Eine gute Corporate Governance im Familienunternehmen gewährleistet die Umsetzung der von den Inhabern festgelegten Ziele, Werte und geschäftspolitischen Grundsatzentscheidungen durch die Unternehmensführung. Je höher die Übereinstimmung zwischen Inhabern und Unternehmensführung, desto positiver sind die Auswirkungen auf den Unternehmenserfolg.[34] Damit rückt die Frage, wie die Inhaber die Führungs- und Kontrollstrukturen in ihrem Unternehmen ausgestalten und welchen Einfluss sie auf das Unternehmen nehmen wollen, in den Mittelpunkt des Interesses der Corporate Governance im Familienunternehmen.

Zu kaum einem anderen Thema sind mehr Hinweise gegeben worden. Dabei sind allgemeingültige Empfehlungen gar nicht möglich. Dafür sind alle Verhältnisse zu unterschiedlich. Familienunternehmen gibt es nicht nur in unterschiedlichen tatsächlichen, sondern auch rechtlichen Ausprägungen. Je nachdem, welcher Rechtsform sie sich bedienen, können sie zwischen ein-, zwei- oder dreigliedrigen Rechtsstatuten für die Organisation von Führung und Kontrolle wählen. Hinzu kommt, dass die meisten Rechtsformen mehr oder weniger große Abweichungen vom gesetzlichen Regelstatut zulassen, so dass die Inhaber bei der konkreten Ausgestaltung ihres Führungs- und Kontrollstatuts weitgehend frei sind. Damit liegt die Verantwortung für die Umsetzung des Inhaberwillens im Unternehmen bei den Inhabern selbst. Bei ihrer Wahrnehmung sollten sie sich von ein paar einfachen Regeln leiten lassen.

Führung

Identität von Inhaberschaft und Führung bietet die größte Gewähr für die Umsetzung der Inhaberinteressen im Unternehmen. Solange der Inhaber sein Unternehmen selbst führt, ist bereits vom System her sichergestellt, dass die Führung in Übereinstimmung mit den Werten und Zielen des Inhabers handelt.

Dies gilt in abgeschwächter Form auch dann noch, wenn nicht mehr alle, sondern nur noch einzelne Inhaber in der Führung tätig sind. Die aktiven Inhaber bieten als Repräsentanten der Inhaberfamilie eine höhere Gewähr für die reibungslose Umsetzung der Inhaberinteressen als ein nicht am Unternehmen beteiligter Manager von außen. Das bedeutet nicht, dass Inhaberführung in jedem Fall die beste Lösung sein muss. Professional Ownership gebietet eine Abweichung in allen Fällen, in denen kein Familienmitglied zur Verfügung steht, das über die erforderlichen Fähigkeiten zur Führung des Unternehmens verfügt. Oder wenn seine Berufung innerhalb der Inhaberfamilie zu nicht auflösbaren Konflikten führen würde. Im familiengeführten Familienunternehmen existieren bekanntlich sehr wohl Interessengegensätze zwischen tätigen und nichttätigen Inhabern.[35] Vorzeigefamilien wie die ALDI-SÜD-Inhaber, die vom IMD ausgezeichnete Roca-Familie oder der Duisburger Haniel-Clan haben sich nicht von ungefähr dazu durchgerungen, Familienmitgliedern den Zugang zu Führungspositionen in der eigenen Firma zu verwehren. Die Gründe für diese weitreichende Entscheidung hat mir Franz Markus Haniel in einem persönlichen Gespräch erläutert: »Wir sind uns bewusst, dass der Verzicht auf qualifizierte Familienmitglieder an der Spitze des Familienunternehmens eine Einschränkung bedeutet – für die Familie und möglicherweise auch für das Unternehmen. Aber wir halten die mit diesem Verzicht verbundenen Nachteile für geringer als die Vorteile, die sich aus der Vermeidung familiärer Streitigkeiten ergeben. Und das gilt nicht nur für die Frage des Zugangs zur Unternehmensführung, sondern mehr noch für die Abberufung aus diesem Amt. Bei einem Fremdmanager, der nicht reüssiert, beschränkt sich das Problem auf ein arbeitsvertragliches. Bei einem Familienmitglied kommen gesellschaftsrechtliche und familiäre Implikationen hinzu. Wir glauben nicht, dass es das wert ist.« Man muss nicht so weit gehen wie die Haniels. Aber man sollte sich nicht nur der Vorzüge, sondern auch der Risiken einer Inhaberführung im Familienunternehmen bewusst sein und beide sorgfältig gegeneinander abwägen.[36]

Auch Führung durch nicht zur Familie gehörende Manager ist nicht per se gut oder schlecht. Manager von außen können großartige Treuhänderunternehmer sein. Aber man muss sich klarmachen, dass das Prinzipal-Agenten-Problem in dieser Konstellation weit stärker ausgeprägt ist als bei Inhaberführung. Welche Risiken damit verbunden sein können, schildert der niederländische Journalist Jeroen Smit in seinem preisgekrönten Buch *Het drama Ahold*. Der Handelskonzern Ahold (Albert Heijn) galt lange Jahre als Kronjuwel der niederländischen Wirtschaft. Mit einem Umsatz von knapp 20 Milliarden Euro war das Familienunternehmen Marktführer in den Niederlanden, bevor die Familie Heijn die Führung in die Hände von Cees van der Hoeven legte, einem renommierten Manager von außen. Dem genügte der bisherige Erfolg von Ahold nicht. In nur zehn Jahren vervierfachte er den Umsatz und machte Ahold zu einem der größten Supermarktkonzerne der Welt. Am 24. Februar 2003 war der Spuk vorbei. Ahold war am Ende, das Familienunternehmen gescheitert. Auf dem Rücken zerstrittener und unfähiger Familieninhaber hatte Cees van der Hoeven eine Expansionsstrategie verfolgt, welche die finanziellen Möglichkeiten des Familienunternehmens überforderte und Ahold seine Unabhängigkeit kostete.[37] Wer so etwas verhindern will, muss dem Prinzipal-Agenten-Konflikt im familienkontrollierten Familienunternehmen die Spitze nehmen. Hilfreich dabei sind:

(1) Auswahl geeigneter Personen: Die Auswahl geeigneter Personen ist wahrscheinlich der wirksamste Erfolgsbeitrag. Fachliche Eignung ist eine notwendige, aber keine hinreichende Bedingung für gutes Führungspersonal. Persönliche Qualifikationsmerkmale, insbesondere Führungsfähigkeiten und die Identifikation mit den Werten und Zielvorstellungen der Inhaber, sind von nicht minder großer Bedeutung. Nur wer in der Lage ist, das Vertrauen der Inhaberfamilie zu gewinnen und zu erhalten, kann im Familienunternehmen reüssieren. Familienunternehmen brauchen Unternehmertreuhänder an der Spitze, keine selbstoptimierenden Ich-AGs.

(2) Vertrauensvoller und professioneller Umgang miteinander: Übereinstimmung braucht Vertrauen, und zwar wechselseitig. Inhaber, die ihre Manager von oben herab behandeln und ihnen ständig klarmachen müssen, dass sie doch »nur Angestellte« seien, können von ihren Spitzenmanagern schwerlich die letzte Identifikation mit ihren Interessen erwarten. Denn nicht nur der Manager kann froh sein, ein tolles Unternehmen führen zu dürfen. Auch die Inhaberfamilie sollte sich glücklich schätzen, für ihr tolles Unternehmen einen nicht minder tollen Chef gefunden zu haben. Auch wenn die Inhaber die oberste Entscheidungsinstanz sind, dürfen sie nicht vergessen, dass sie ihren Erfolg in erheblichem Umfang der Arbeit ihrer Treuhänder verdanken. Eine auf diesem Verständnis aufbauende Vertrauensbeziehung gründet auf gegenseitigem Respekt und Wertschätzung. Und vernachlässigt dabei nicht, dass neben einem grundsätzlichen Vertrauen auf der Beziehungsebene auf der Sachebene ausreichend Raum für eine professionell gestaltete Kontrollverfassung sein muss.

(3) Kommunikation und Information: Vertrauen und Übereinstimmung beruhen auf wechselseitiger Kommunikation und Information. Ebenso wie die Familie erwarten darf, von ihrem Manager über das Unternehmen und seine Entwicklung unterrichtet zu werden, darf das Management erwarten, die Vorstellungen der Familie in Bezug auf ihr

Unternehmen zu kennen. Es genügt nicht, eine Inhaberstrategie überhaupt zu erstellen. Sie muss dem Management auch mitgeteilt werden. Denn nur mit dem, was man kennt, kann man übereinstimmen. Ich habe leider mehr als einmal erlebt, dass einem Manager der Stuhl vor die Tür gesetzt wurde, weil er gegen Familienwerte verstoßen hatte, die ihm nicht bekannt waren. Professional Ownership ist das nicht.

(4) Aktive Einbindung: Noch effektiver als schlichte Information ist die aktive Einbindung in die Erarbeitung der Inhaberstrategie. Auch wenn der angestellte Manager kein Stimmrecht hat, erhöht die partielle Einbeziehung als sachverständiger Dritter seine Identifikation mit der familiären Inhaberstrategie und sein Verständnis für die in ihr getroffenen Entscheidungen. Ganz abgesehen davon, dass er inhaltliche Beiträge leisten kann, vor allem in Bereichen, in denen seine Kenntnisse besser sind als die der beteiligten Inhaber.

(5) Finanzielle Interessenidentität herstellen: Über Vergütung, Beteiligung und Haftung lässt sich womöglich der größte Beitrag zum Interessengleichklang von Inhabern und Unternehmensführung herstellen. Auf ihre Ausgestaltung sollte deshalb besondere Sorgfalt verwendet werden. Anreizsysteme sollten so ausgestattet sein, dass sie das Management in größtmöglichem Umfang an die Erreichung der Inhaberziele koppeln. Dies stellt sicher, dass die Unternehmensführung bei ihrem Tun aus eigenem Antrieb im Sinne der Inhaber handelt. Das Auseinanderfallen von Prinzipal- und Agenten-Interesse wird systematisch reduziert. Um Inhaberinteresse und Managementinteresse gleichzuschalten, empfiehlt es sich, einen Teil der kurzfristigen Managementvergütung an das ausschüttungsfähige Ergebnis zu koppeln und um eine langfristig wirksame Komponente zu ergänzen. Entsprechende Long Term Incentives – ob sie nun in Form einer realen oder virtuellen Beteiligung gewährt werden[38] – sollten an die nachhaltige Entwicklung des inneren Unternehmenswertes anknüpfen, nicht nur Wertsteigerungen belohnen, sondern auch Wertvernichtung sanktionieren und zusätzlich im Interesse der Sicherung der Unabhängigkeit die von der Familie geforderten Stabilitätskennziffern berücksichtigen.

Heinz Gries, Chef des Gebäckherstellers Griesson de Beukelaer, hat vorgemacht, wie die Fortführung eines Familienunternehmens mit Hilfe eines von außen kommenden Managers zu einer Erfolgsgeschichte werden kann. Als Gries erkannte, dass seine Kinder mit der Übernahme der unternehmerischen Führungsverantwortung überfordert sein würden, engagierte er mit Andreas Land einen Unternehmenschef von außen und beteiligte ihn an seinem Unternehmen. Zwar muss Land seine Beteiligung dereinst an die Familie Gries zurückgeben, bis dahin handelt er jedoch als Miteigentümer wie ein Familienmitglied. Und so wird er von der Familie auch behandelt. Alle wichtigen Entscheidungen werden im Familienkreis besprochen. Land sagte bei Gries übrigens erst zu, nachdem ihm die Kinder von Heinz Gries versichert hatten, mit seiner Berufung zum Firmenchef keine Probleme zu haben. Das hat sich bis heute bewährt: Peter Gries arbeitet unter Andreas Land im Unternehmen mit – eine Rivalität zwischen den beiden ist nicht erkennbar.

Ein anderes vorbildliches Beispiel, wie Interessengleichklang durch geeignete Anreizsysteme realisiert werden kann, ist das Pharmaunternehmen Merck. Das Familienunternehmen ist an der Börse notiert und wird in der Rechtsform der KGaA geführt. An seiner Spitze steht ein nicht zur Inhaberfamilie gehörender Manager, der in der Entscheidungshierarchie von einem Gesellschafterausschuss und einem Familienrat flankiert wird. Der Merck-CEO ist für die Dauer seiner Bestellung nicht nur am Unternehmen beteiligt; er haftet als Komplementär der KGaA auch persönlich mit seinem Vermögen – und das nicht alleine, sondern gemeinsam mit den beiden obersten Familienrepräsentanten. Auf diese Weise wird ein optimaler Interessengleichklang zwischen den Beteiligten gewährleistet – im Guten ebenso wie im Bösen. Und die Merck-Inhaber können sicher sein, dass ihre obersten Entscheider nicht nur geschäftliche Chancen wahrnehmen wollen, sondern auch existenzgefährdende Risiken im eigenen Interesse mit der gebotenen Vorsicht behandeln werden.

Kontrolle

Ähnlich wichtig wie die Führung ist die Kontrolle für die Einflussnahme der Familie. Über das Kontrollorgan lässt sich der Einfluss der Inhaber zwar nicht so unmittelbar zur Geltung bringen wie durch Mitwirkung in der Unternehmensführung. Unterschätzen sollte man die Mitwirkungsmöglichkeiten dieses Organs allerdings nicht. Es ist zwar nicht an der operativen Führung des Unternehmens beteiligt, wirkt jedoch an dessen strategischer Ausrichtung mit und hat die Personalkompetenz über die Unternehmensführung. Anschaulich könnte man die Aufgabenverteilung zwischen Unternehmensführung und Kontrollorgan wie folgt beschreiben: Die Unternehmensführung führt, das Kontrollorgan steuert das Unternehmen; gemeinsam tragen sie die Verantwortung für den Erfolg im Sinne der Inhaberinteressen. Dabei sind sie umso erfolgreicher, je besser beide Organe und deren Spitzenrepräsentanten aufeinander abgestimmt sind.

Weil es einen allgemein verbindlichen Rahmen für das Kontrollorgan im Familienunternehmen nicht gibt, sollte er von der Familie im Rahmen ihrer Inhaberstrategie festgelegt werden. Regelungsbedürftig sind alle wichtigen Fragen der Kontrollverfassung, insbesondere welche Organe es gibt, welche Kompetenzen sie haben, wie sie zusammengesetzt sind und wie sie zusammenarbeiten sollen. In der Praxis spielt insbesondere die Ausgestaltung freiwilliger Kontrollorgane (häufig als Beirat bezeichnet) eine Rolle[39] sowie die Frage, welchen Einfluss die Inhaberfamilie auf die Kontrollfunktion nehmen will. Allzu große Zurückhaltung sollte sie sich dabei im wohlverstandenen Eigeninteresse nicht auferlegen. Immerhin geht es um ihr Geld, und es steht zu erwarten, dass sie bei dessen Verwaltung tendenziell bessere Ergebnisse (und geringere Transaktionskosten) produzieren als externe Agenten. Das sieht auch der Gesetzgeber so. Ein von den Inhabern getrenntes Kontrollorgan hat er lediglich bei der als Publikumsgesellschaft konzipierten AG vorgesehen, während er bei allen personalistisch strukturierten Rechtsformen die Kompetenz zur Kontrolle der Unternehmensführung bei den Inhabern selbst belässt. Ein Bedürfnis, die Inhaber von der Kontrollfunktion auszuschließen oder sie in der Wahrnehmung dieser Funktion zu begrenzen, hat der Gesetzgeber offenbar nicht gesehen. Die Kontrolle der Unternehmensführung durch die Inhaber ist also keine Ausnahme, die besonderer Rechtfertigung bedürfte. Sie ist die vom Gesetzgeber sanktionierte Regel, die sich aus der Natur der Inhaberschaft ergibt. Nicht ihre Ausübung, sondern ihre Beschränkung bedarf eines rechtfertigenden Grundes.[40]

Ein solcher ist gegeben, wenn die Inhaberfamilie den inhaltlichen Anforderungen der Kontrollaufgabe nicht mehr hinreichend gewachsen ist. Auch die Unternehmenssteuerung ist eine verantwortungsvolle Tätigkeit. Auch für ihre Wahrnehmung braucht es fachliche und persönliche Kompetenzen, die mit wachsender Größe und Komplexität des Unternehmens zunehmen. Im Rahmen ihrer Inhaberstrategie sollte sich die Inhaberfamilie Gedanken machen, wie sie etwa fehlende Kompetenzen auf Inhaberseite ergänzen kann. Dies kann dadurch geschehen, dass die Inhaber externe Persönlichkeiten mit beratender Stimme zu ihren Sitzungen hinzuziehen. Sie können aber auch ein eigenständiges Kontrollorgan bilden, an dem nicht zur Inhaberfamilie gehörende Personen mit Sitz und Stimme beteiligt werden. Ob die Externen oder die Inhaber dabei die Mehrheit stellen sollen, ist eine Frage, deren richtige Beantwortung von den Umständen des jeweiligen Einzelfalles abhängt.[41] In jedem Fall sollte es sich die Familie gut überlegen, bevor sie ihr Kontrollorgan ausschließlich mit Nichtinhabern besetzt. Unproblematisch ist ein solcher Schritt nur, solange die Familie maßgeblich in der Unternehmensführung mitwirkt. Eine Unternehmerfamilie, die weder die Führung noch die Steuerung des Unternehmens maßgeblich beeinflussen kann, sollte in Betracht ziehen, ob nicht ein Verkauf oder Teilverkauf die bessere Lösung ist.

Nachfolge

Bei alledem darf das generationenübergreifende Unternehmensverständnis nicht außer Acht gelassen werden. Der dynastische Wille lässt sich nur verwirklichen, wenn es gelingt, den Übergang der unternehmerischen Verantwortung rechtzeitig, reibungslos und qualifiziert zu organisieren. Der Governance Kodex für Familienunternehmen hat allen Inhabern ins Stammbuch geschrieben: »Familienunternehmen sollten über eine langfristig angelegte Nachfolgeplanung verfügen.« Diese sollte »mindestens eine verbindliche Altersgrenze für Mitglieder der Unternehmensführung, Überlegungen zur Vorbereitung potenzieller Nachfolger, zur Auswahlentscheidung sowie zur Gestaltung des Übergabeprozesses« enthalten. Weil der Nachfolgefall nicht selten überraschend und vor der Zeit eintritt, sollte zudem »ein Notfallplan bestehen, der festlegt, was bei ungeplantem vorzeitigen Eintritt des Nachfolgefalls zu geschehen hat.«[42] Grund genug, der Nachfolgeplanung im Rahmen einer Inhaberstrategie hinreichend Aufmerksamkeit zu widmen.

Das Verhältnis der Inhaber zueinander regeln

Bei den von der Familie zu treffenden strukturellen Grundsatzentscheidungen darf es nicht allein um die Frage gehen: Wie organisieren wir den familiären Einfluss auf das Unternehmen? Eine gute Inhaberstrategie muss auch die Konfliktfelder adressieren, die sich aus dem Verhältnis der Inhaber zueinander sowie aus einer möglichen Ungleichbehandlung zwischen ihnen ergeben. Dabei wird sie umso erfolgreicher sein, je umfassender mögliche Sprengstoff-Fragen geregelt werden und je mehr sich die gefundenen Lösungen an den Maßstäben von Professional Ownership und Fair Process orientieren.

Bei den Rechten und Pflichten der Inhaber wird üblicherweise zwischen Mitwirkungs- und Vermögensrechten unterschieden. Bei der ersten Gruppe geht es in der Regel um Macht, bei der zweiten um Geld. Beiden Gruppen wohnt von daher ein erhöhtes Konfliktpotenzial inne, weshalb ihre Behandlung eine besondere Professionalität und Sensibilität erfordert. Auch wenn Ergebnisse immer nur individuell richtig sein können, möchte ich deshalb einige allgemeine Hinweise geben.

Mitwirkungsrechte

Das Recht auf Information, auf Teilnahme an den Versammlungen der Inhaber und das Stimmrecht gehören zu den zentralen Mitwirkungsrechten der Inhaber. Ihre Ausübung und die Gleichbehandlung der Inhaber dabei sollten gewährleistet sein. Das ist noch keineswegs selbstverständlich. Viele Gesellschaftsverträge sehen zum Teil signifikante Beschränkungen dieser Inhabergrundrechte vor. Das dem zugrunde liegende autoritär-patriarchalische Verständnis passt eigentlich nicht mehr in die Zeit und führt zunehmend zu Konflikten. Kaum ein Thema hat die Gerichte in den vergangenen Jahrzehnten so beschäftigt wie der Streit um die Rechtmäßigkeit gesellschaftsvertraglicher Beschränkungen des Auskunfts- und Informationsrechts.[43] Die Inhaber haben Geld in das Unternehmen investiert. Das legitimiert sie, sich über dessen wirtschaftliche Lage zu unterrichten und an den ihnen zugewiesenen Entscheidungen zu beteiligen. Beschränkungen dieser Rechte oder eine ungleiche Behandlung der Inhaber bei ihrer Ausübung sind »besonders zu begründen und zurückhaltend zu handhaben«.[44] Entscheidend ist, ob für etwaige Ungleichbehandlungen ein nachvollziehbarer sachlicher Grund angeführt werden kann. Dies zu beurteilen ist Sache des Einzelfalls.

Eine andere Frage ist, inwieweit die genannten Rechte persönlich wahrgenommen werden müssen oder ob die Inhaber sich bei ihrer Ausübung vertreten lassen können. Die gängige Praxis ließ als Vertreter in der Regel nur Mitinhaber und bestimmte, zur Verschwiegenheit verpflichtete Berufsgruppen zu. Neuerdings werden verstärkt auch die nicht am Unternehmen beteiligten Mitglieder der Unternehmerfamilie, namentlich Ehepartner und Kinder, als Vertreter oder als Gäste zugelassen. Wie die Inhaberfamilie sich dazu stellt, ist eine Frage ihrer individuellen Kultur. Will sie die Familienmitglieder, die nicht Inhaber sind, näher an das Unternehmen heranführen oder von ihm fernhalten? In jedem Fall sollte sich die Antwort widerspruchsfrei in ihr übergeordnetes Kulturverständnis einfügen und aus ihren Werten ableiten lassen.

Dies gilt auch für die weitere Frage, inwieweit die individuellen Mitwirkungs- und Vermögensrechte zugunsten sogenannter Stammesregelungen eingeschränkt werden dürfen. Die Zusammenfassung von Gesellschaftergruppen zu Stämmen war früher beliebt. Sie erleichterte die Organisation, schob den Nachteilen einer zunehmenden Zersplitterung für den Bereich der Meinungsbildung einen Riegel vor und garantierte die Konstanz bestehender Machtstrukturen. Damit entsprachen sie ganz dem Geist autoritär-patriarchalischer Führung. Hermut Kormann[45] sieht ihren Ursprung denn auch »in ehemals feudal geprägten Zeitaltern«. Die Kinder des postpatriarchalischen Zeitalters sehen sie entsprechend kritisch. Ihre Haltung fasst der Familienunternehmer Michael Klett wie folgt zusammen: »Stämme sind das Gefährlichste, was man sich antun kann. Jeder fängt an, den anderen zu beäugen.«[46] In der Tat: In Stammesorganisationen neigen die Inhaber dazu, als Primärinteresse nicht das übergeordnete Gesamtinteresse der Inhaberfamilie, sondern das Partikularinteresse des eigenen Stammes zu sehen. Dazu wird der Vorteil einer leichteren Abstimmung zwischen den Stammesfürsten teuer erkauft: Aufgrund der Konzentration der Inhabermacht auf wenige Stämme bleibt die gefährliche Machtkonstellation der Geschwistergesellschaft erhalten, während gleichzeitig die emotionale Bindung der Inhaber überproportional abnimmt. Die Inhaber tun also in der Regel gut daran, bestehende Stammesregelungen aufzugeben und sich als eine Familie zu verstehen.

Förderpflichten

Den Rechten der Inhaber korrespondieren Verpflichtungen. Aber wie weit reichen diese konkret? Inwieweit entspricht dem Recht auf Information, Teilnahme an der Inhaberversammlung und den Abstimmungen der Inhaber eine Erwartung, dass die Inhaber an den Versammlungen und an Abstimmungen auch tatsächlich teilnehmen und sich die Informationen und Kenntnisse verschaffen, die sie zu einer verantwortungsvollen Teilnahme befähigen? In welchem Umfang sind sie zur Geheimhaltung der ihnen zur Verfügung gestellten Informationen verpflichtet? Und inwieweit sind sie gehindert, im Aktionsfeld des Familienunternehmens tätig zu werden? Bei der Beantwortung dieser Fragen sollten sich die Inhaber nicht nur am Maßstab von Fair Process orientieren und Gleichbehandlung gewährleistende Regeln schaffen. Sie sollten sich auch an den Erfordernissen von Professional Ownership ausrichten und solche Einschränkungen ihrer persönlichen Freiheit hinnehmen, die im Interesse des gemeinsam verabredeten dynastischen Projektes geeignet, förderlich und angemessen sind. Dabei dürfen die den einzelnen Inhabern zumutbaren Einschränkungen umso weiter gehen, je stärker diese sich im Rahmen ihres Selbstverständnisses auf den Erhalt des Unternehmens im Familienbesitz verpflichtet haben. Das Bekenntnis zum Familienunternehmen ist keine plakativ-unverbindliche Formel. Es hat bei der konkreten Ausformulierung der Rechte und Pflichten der Inhaber spürbare Folgen. Wer die Vorzüge einer Beteiligung an einem Familienunternehmen für sich reklamiert, muss auch zu den mit ihr verbundenen Nachteilen stehen.

Besonders deutlich wird das dort, wo die Freiheitsbeschränkungen die Privatsphäre des Inhabers tangieren. Der klassische Anwendungsfall für diese Problematik ist die in Familienunternehmen regelmäßig erhobene Forderung, die Inhaber müssten mit ihren Partnern ehe- und erbrechtliche Vereinbarungen eines bestimmten Inhalts treffen, ansonsten könnten sie aus dem Familienunternehmen ausgeschlossen werden.[47] Es ist den Beteiligten, insbesondere den von außen hinzukommenden Partnern, auf den ersten Blick nur schwer zu vermitteln, warum unternehmerische Belange sogar in ihre Privatsphäre hineinwirken sollen. Dies ändert sich aber in der Regel, wenn die Hintergründe der geforderten Beschränkung deutlich werden. Ein Familienunternehmen muss in der Regel wachsen, um dauerhaft am Markt bestehen zu können. Um dieses Wachstum finanzieren und gleichzeitig die familiäre Kontrolle über das Unternehmen aufrechterhalten zu können, muss die von der Inhaberfamilie zur Verfügung gestellte finanzielle Basis ebenfalls wachsen und sollte nicht geschmälert werden. Genau dies geschieht aber in der Regel, wenn der Partner des Inhabers bei Scheidung oder Tod die ihm von Gesetzes wegen zustehenden finanziellen Ansprüche geltend macht und der Inhaber nicht in der Lage ist, diese aus seinem sonstigen Vermögen zu begleichen. Aus Sicht der Unternehmerfamilie besteht also ein vitales Interesse daran, wirksame Vorkehrungen gegen derartige Gefährdungen des dynastischen Projektes zu treffen. Auf Seiten des beteiligten Ehepartners besteht ein vergleichbar schützenswertes Interesse nicht. Denn wer wollte schon ernsthaft behaupten, das Interesse des hinzutretenden Ehepartners, an dem Vermögen (oder den Wertzuwächsen daraus) zu partizipieren, welche der Inhaber – häufig selbst ohne eigenen Verdienst – in die Ehe eingebracht hat, sei gleichermaßen schützenswert wie das Interesse am dynastischen Projekt? Für die mit Güterstands- und Pflichtteilsverzichtsklauseln in Gesellschaftsverträgen enthaltene Beschränkung der privaten Gestaltungsfreiheit der Inhaber besteht daher in der Regel eine innere Rechtfertigung. Sie sollte allerdings nicht weiter gehen als im Interesse der schützenswerten Belange des dynastischen Projektes erforderlich und angemessen. Das schließt die Forderung nach vollumfänglichen Verzichten, wie sie früher an der Tagesordnung waren, in den meisten Fällen aus.

Vermögensrechte

Die vorstehenden Überlegungen lassen sich ohne weiteres auf die Beschränkung der wichtigsten Vermögensrechte übertragen. Das Recht auf Dividende gehört zu den finanziellen Grundrechten des Inhabers. Dieser ist nicht nur entsprechend seiner Beteiligung am Unternehmen an dessen Ergebnis beteiligt, er kann auch verlangen, dass ein etwaiger Gewinn an ihn ausgeschüttet wird. Dem steht im Familienunternehmen ein aus der Natur des dynastischen Projektes herrührendes Gemeinschaftsinteresse gegenüber. Familienunternehmen sind zur Finanzierung ihres Wachstums auf die Mittel angewiesen, die von der Inhaberfamilie zur Verfügung gestellt werden können. Wenn es zutrifft, dass Familienunternehmen nicht schneller wachsen sollen als ihr Eigenkapital, dann hat die Inhabergesamtheit ein vitales Interesse daran, dass die Eigenkapitalbasis des gemeinsamen Unternehmens ausreichend wächst. Geht man weiter davon aus, dass die Fähigkeiten der Inhaber, dem Unternehmen aus ihrem sonstigen Vermögen Eigenkapital zuzuführen, begrenzt sind, dann wird einsichtig, dass die Eigenkapitalverstärkung aus einbehaltenen Gewinnen ein unverzichtbares Mittel zum langfristigen Erhalt des Familienunternehmens in Familienbesitz ist. Es ist also ein Zeichen professionell gelebter Inhaberschaft, wenn die führenden Familienunternehmen den Großteil ihrer Gewinne im Unternehmen behalten und nur einen geringen Teil an die Inhaber ausschütten. Allerdings sollten sie dabei nicht übertreiben. Die richtige Ausschüttungsquote bleibt stets das Resultat einer Abwägung zwischen dem gemeinsamen Interesse am Erfolg des dynastischen Projektes und dem legitimen Individualinteresse an einer Ausschüttung des auf den Inhaber entfallenden Gewinns. Diese fällt umso leichter, je konkreter die Inhaber bei der Bestimmung ihres Selbstverständnisses konkrete Zielvorgaben für die finanzielle Stabilität formuliert haben. So heißt es im deutschen Governance Kodex für Familienunternehmen nicht nur: »Die Inhaber sollen sicherstellen, dass ein ausreichender Teil des nach Steuern verbleibenden Gewinns zur Stärkung des Eigenkapitals dauerhaft im Unternehmen verbleibt«, sondern auch: »Zur Objektivierung der angemessenen Abwägung zwischen dem Finanzierungsinteresse des Unternehmens und dem Ausschüttungsinteresse der Inhaber wird empfohlen, die Höhe der Ausschüttung bzw. Thesaurierung von der Erreichung bestimmter Finanzkennziffern abhängig zu machen.«[48]

Zu den mit der Inhaberschaft verbundenen Vermögensrechten gehört auch die Befugnis, über den Vermögensgegenstand zu verfügen, ihn zu verschenken oder zu verkaufen und den ihm innewohnenden Wert zu realisieren. Weitgehend reinrassig ist dieses Recht aber nur in der Publikums-AG verwirklicht, wo nicht nur rechtlich die Fungibilität der Anteile gewährleistet wird, sondern über die Börse auch tatsächlich optimale Bedingungen für ihre Verwertung geschaffen werden. Aber schon in der AG kann durch Schaffung vinkulierter Namensaktien eine Begrenzung der freien Veräußerbarkeit vereinbart werden.[49] Bei den stärker personalistisch strukturierten Unternehmensrechtsformen sind

Beschränkungen der freien Übertragbarkeit der Beteiligung an der Tagesordnung. Die Frage, in welchem Umfang die freie Verfügung über eine Unternehmensbeteiligung beschränkt wird, hängt also von den zwischen den Inhabern getroffenen Vereinbarungen ab. Bei der insoweit vorzunehmenden Interessenabwägung kann die Inhabergesamtheit erneut starke Argumente ins Feld führen. Wenn es der gemeinschaftliche Wille der Inhaber ist, das Unternehmen im Besitz der Familie zu halten, dann kann sie dieses Ziel nur erreichen, wenn sie durch entsprechende Vinkulierungsmaßnahmen sicherstellt, dass Anteile am Unternehmen ohne ihre ausdrückliche Zustimmung nur an Familienmitglieder übertragen werden können. Wer insoweit zum Kreis der Berechtigten gehört, hat die Inhaberfamilie bei der Bestimmung der Mitgliedschaft festgelegt. Entsprechende Beschränkungen der Inhabermacht ergeben sich also aus der Natur der Sache und aus der ausdrücklichen Zustimmung der Beteiligten zum gemeinsamen dynastischen Projekt.

Nicht anders verhält es sich, wenn Gesetz oder Inhabervereinbarung als Ausgleich für die Beschränkung der freien Übertragbarkeit ein Austrittsrecht gegen Abfindung vorsehen. Bei der Diskussion um die angemessene Ausgestaltung der ökonomischen Bedingungen (insbesondere Kündigungs- und Auszahlungsfristen, Höhe der Abfindung) ist wiederum zu berücksichtigen, dass das dynastische Projekt nur gelingen kann, wenn die Familieninhaber bereit sind, die erforderliche Kapitalbasis zu erhalten und auszubauen. Diese Überlegungen vermögen zwar keinen vollständigen Ausschluss des Austrittsrechts oder des Abfindungsanspruches zu begründen, wohl aber dessen Beschränkung. Den individuell angemessenen Interessenausgleich müssen die Inhaber miteinander aushandeln. Die dabei zu beachtenden rechtlichen Grenzen hat die höchstrichterliche Rechtsprechung markiert und immer wieder aktualisiert.

Mitarbeit im Unternehmen

Zu den konfliktträchtigen Themen gehört auch die Frage, ob Mitglieder der Inhaberfamilie im Familienunternehmen mitarbeiten oder als externe Dienstleister für das Unternehmen tätig sein dürfen. Sie berührt in besonderer Weise das Spannungsfeld zwischen Unternehmens- und Familiensphäre. Ein Anspruch auf Mitarbeit lässt sich aus der Inhaberschaft zwar nicht herleiten, gleichwohl gibt es häufig entsprechende Erwartungen. Werden diese nicht in die richtigen Bahnen gelenkt, besteht begründete Gefahr, dass es beim Aufeinandertreffen zwischen den Effizienzerwartungen der Unternehmenssphäre und den Versorgungs- und Gleichbehandlungserwartungen der Familiensphäre zu Konflikten kommt.

Allgemeingültige Empfehlungen lassen sich nicht geben. Zu unterschiedlich ist die Ausgangslage. Kleine Familienunternehmen wären ohne die Selbstausbeutung des Inhabers und seiner Familie häufig gar nicht überlebensfähig. Und viele inzwischen groß gewordene Familienunternehmen hätten die Anfangsjahre nicht überstanden, wenn die Familie nicht tatkräftig mitgeholfen hätte. Im größer werdenden Familienunternehmen mit wachsender Inhaberfamilie wird dann das, was eben noch erfolgsbegründet wirkte, nicht selten zum Problem. Wer vermag sich schon ernsthaft vorzustellen, die Haniels böten ihren über 600 Gesellschaftern und deren Familienmitgliedern einen Job in der Unternehmensgruppe an? Die Frage, ob Familienmitglieder im Unternehmen mitarbeiten dürfen, mag also im Laufe der Entwicklung unterschiedlich beantwortet werden. Auch die Kultur der jeweiligen Familie kann Einfluss auf die Entscheidung haben. So werden Familien, die einem Family-First-Ansatz folgen, eine andere Haltung zur Mitarbeit von Familienmitgliedern einnehmen als Business-First-Familien.

Bei der notwendigen Abwägung sollten die Inhaber sich an den Anforderungen von Professional Ownership und Fair Process ausrichten. Dabei ist zu berücksichtigen, dass im Unternehmen mitarbeitende Mitglieder der Inhaberfamilie sowohl unter Prinzipal-Agenten- als auch unter Familyness-Aspekten von Vorteil sein können. Als angestellte

Inhaber weisen sie in der Regel eine höhere Motivation und eine größere Bindekraft auf als andere Arbeitnehmer. Diesen Vorzügen stehen aber auch beachtliche Gefahren gegenüber. Familienmitglieder, die für ihre Tätigkeit nicht hinreichend qualifiziert sind, schädigen die Wettbewerbsfähigkeit ihres Unternehmens, und zwar nicht nur durch die persönliche Minderleistung auf ihrer jeweiligen Stelle, sondern mehr noch durch die Ausstrahlungswirkung, die von diesem Signal ausgeht. Wird der Verdacht, im Familienunternehmen regiere Nepotismus, erst einmal zum Bestandteil der Unternehmenskultur, dann hat dies zwangsläufig Auswirkungen auf die Leistungsorientierung des Unternehmens. Auch unter Führungsgesichtspunkten ist die Einbindung von Familienmitgliedern schwierig. Die Fähigkeit eines Unternehmens, schnell und angemessen auf die Herausforderungen seines Umfelds zu reagieren, gründet unter anderem in einer einfachen, in sich widerspruchsfreien Hierarchie. Im Unternehmen tätige Familienmitglieder, die nicht der Führung angehören, stellen dabei einen Fremdkörper dar. Als Angestellte sind sie hierarchisch unter-, als Inhaber ihrem Vorgesetzten übergeordnet. Es fällt den Beteiligten nicht leicht, mit diesem widersprüchlichen Rollenmodell angemessen umzugehen. Und auch hier besteht die Gefahr, dass der Nachteil nicht auf die konkrete Führungskonstellation beschränkt bleibt. Es ist davon auszugehen, dass das Familienunternehmen auch auf dem Markt für Führungskräfte Nachteile erleidet. Darüber hinaus birgt die Mitarbeit von Familienmitgliedern die Gefahr von Konflikten innerhalb der Inhaberfamilie, wenn beim Zugang der Grundsatz der Gleichbehandlung verletzt wird.

Wer das verhindern will, muss ja nicht gleich dem Vorbild der Haniels folgen und eine Mitarbeit von Familienmitgliedern im eigenen Unternehmen generell untersagen. Aber er muss zumindest klare Regeln auf- und sicherstellen, dass die Familienmitglieder über die für ihre Tätigkeit notwendige Qualifikation verfügen und nicht anders behandelt werden als andere Angestellte auch. Zudem muss geregelt sein, unter welchen Voraussetzungen Familienmitglieder für eine Tätigkeit im Unternehmen in Frage kommen und nach welchem Prozess und durch wen die Auswahlentscheidung erfolgt. Darüber hinaus muss sichergestellt sein, dass die entsprechenden Regeln auch eingehalten und die getroffenen Entscheidungen gegenüber allen Inhabern offengelegt werden.[50]

Entsprechende Regeln sollten übrigens nicht nur für die Mitarbeit, sondern auch dann gelten, wenn Mitglieder der Inhaberfamilie einen signifikanten Teil ihres Einkommens aus einer selbständigen Tätigkeit für das eigene Unternehmen beziehen. Es macht für die aufgezeigte Thematik keinen wesentlichen Unterschied, ob ein Unternehmer sein Kind als Marketingleiter im eigenen Unternehmen anstellt oder ob er es eine kleine Marketingagentur gründen lässt und diese mit einem langfristigen und gut dotierten Dienstleistungsvertrag mit der Firma ausstattet. Zu guter Letzt sollte auch der Bezug von Leistungen aus der Firma im Sinne der Fair-Process-Grundsätze geregelt werden. Unterschiedliche Behandlung beim Tanken an der Betriebstankstelle, beim verbilligten Warenbezug oder bei der Inanspruchnahme von Betriebshandwerkern haben schon in vielen Unternehmerfamilien Konflikte initiiert, deren Zerstörungskraft in keinem Verhältnis zu ihrem Anlass steht.

Wichtige Aspekte der Family Governance

Sinnvolle Regeln zur Führung des Unternehmens sind unverzichtbar. Aber auch die Inhaberfamilie des Unternehmens will gemanagt sein. »Wer ein Unternehmen langfristig in Familienbesitz halten will, darf sein Augenmerk nicht nur auf die unternehmerischen Belange richten, sondern muss auch die Familie in den Blick nehmen und neben der Corporate Governance eine eigenständige Family Governance etablieren«[51], betont der deutsche Governance Kodex für Familienunternehmen folgerichtig. Family Governance ist eine verhältnismäßig junge Disziplin. Ihr Ziel ist es, »das Zusammengehörigkeitsgefühl der Mitglieder der Inhaberfamilie und deren Identifikation mit dem Unternehmen zu stärken und langfristig zu festigen«.[52] Ebenso wie die Corporate Governance muss sie zu einem verantwortungsvollen Umgang mit der

Inhaberrolle und Fairness zwischen den Familienmitgliedern beitragen, vor allem aber einen emotionalen Mehrwert schaffen, ohne den das dynastische Projekt auf Dauer nicht erfolgreich sein kann. Das ist keine leichte Aufgabe. »Die Arbeit an der Familie ist ebenso anstrengend wie das Management eines Unternehmens«[53], betont der Stuttgarter Familienunternehmer Michael Klett zu Recht. Dazu braucht es Regeln und Strukturen, die diese Zielsetzung fördern. Die wichtigsten möchte ich Ihnen auf den nächsten Seiten kurz vorstellen.[54]

Dabei ist eine gute Family Governance immer individuell. Was eine Familie braucht, um eine starke Unternehmerfamilie zu sein, differiert von Fall zu Fall. Doch gibt es eine eindeutige Tendenz: Während das Management der Unternehmerfamilie beim Alleininhaber noch am Küchentisch stattfindet, bedarf es mit wachsender Entfremdung der Familie in Geschwistergesellschaft, Vetterkonsortium und Familiendynastie zunehmend formaler Organisation.

Ein paar nützliche Regeln

Zu den Schwierigkeiten für eine Unternehmerfamilie gehört es, einen angemessenen Umgang miteinander zu finden, ohne den familiärer Zusammenhalt auf Dauer nicht möglich ist. Es fällt den Familienmitgliedern schwer, mit den Herausforderungen umzugehen, die sich aus dem gleichzeitigen Agieren in zwei Systemen mit unterschiedlichen Umgangsregeln ergeben.[55] Die Gefahr ist groß, dass sich die Unternehmerfamilie bei ihrem familiären Umgang miteinander zu sehr von den professionellen Erfordernissen des Unternehmens bestimmen lässt und die familiären Bedürfnisse nach Nähe und Emotionalität vernachlässigt – oder umgekehrt im Umgang mit dem Unternehmen die dort erforderliche Professionalität vermissen lässt. Und doch muss von ihr verlangt werden, dass sie diesen Spagat bewältigt und sowohl innerfamiliär als auch mit Bezug auf das Unternehmen zu einem adäquaten Umgang findet. Der Governance Kodex für Familienunternehmen empfiehlt deshalb ausdrücklich, »Regeln zu entwickeln zur Kommunikation innerhalb der Inhaberfamilie sowie zwischen Unternehmen und Familie, zum Umgang miteinander und zum Auftreten in der Öffentlichkeit«.[56]

Umgang miteinander

Den richtigen Ton im Umgang miteinander zu treffen ist keine leichte Sache. Während familiäre Kommunikation emotional geprägt ist, braucht die Kommunikation im und über das Unternehmen einen rationalen Tenor. Während Kommunikation in der Familie überwiegend informell abläuft, braucht Unternehmenskommunikation einen formellen Rahmen. Und während der Umgang in der Familie Zusammengehörigkeit erzeugen soll und von der Gleichwertigkeit der Familienmitglieder ausgeht, sind Unternehmen hierarchisch konstruierte Gebilde und differenzieren nach der Position der Beteiligten in der Hierarchie und nach ihrem Wert für das System. Mit den dadurch begründeten Spannungsverhältnissen müssen Unternehmerfamilien umgehen lernen. Eine Alternative gibt es nicht.

Das im 2. Kapitel vorgestellte 2-Hüte-Konzept kann ihnen helfen, sich bewusst zu machen, auf welchem Spielfeld sie gerade agieren, und familiäre Fragestellungen nach familiären Regeln und unternehmerische nach unternehmerischen zu behandeln. Voraussetzung dafür ist, dass die Familie klare Regeln für beide Systeme aufgestellt hat. Wie wollen wir als Familie miteinander umgehen? Wie als Gesellschafter unseres Unternehmens? Und welche Umgangsregeln sollen gelten, wenn wir im Unternehmen arbeiten und in diesen Funktionen aufeinandertreffen? Von großer Bedeutung ist, dass die Trennung der beiden Spielfelder konsequent gelebt wird. Es ist ja in Ordnung, wenn die im Unternehmen tätigen Inhaber bei der Festlegung der Sitzordnung für eine Firmenveranstaltung bevorzugt werden und die Tischgespräche bei diesen Veranstaltungen vornehmlich um Unternehmensbelange kreisen. Es ist auch nicht zu beanstanden (wenn auch vielleicht nicht klug), die Ehepartner der Inhaber von der Inhaberversammlung auszusperren und vor der Tür warten zu lassen. Aber es ist nicht mehr richtig, wenn auch bei Familienfesten die inaktiven Inhaber oder deren Ehepartner an den Katzentisch verbannt werden. »No business talk at the dinner table«, lautet ein einfacher Grundsatz, den alle Unternehmerfamilien in ihrem privaten Umgang miteinander beherzigen sollten. Geschäftliche Themen gehören in die Inhaberversammlung, private an den Familientisch. In jedem Fall sollten sie getrennt behandelt werden und ihren eigenen organisatorischen Rahmen erhalten, wenn das für den familiären Zusammenhalt zerstörerische Gefühl einer Mehrklassengesellschaft innerhalb der Familie vermieden werden soll. Ebenso muss sichergestellt werden, dass familiäre Verhaltensweisen nicht auf den unternehmerischen Umgang übertragen werden. Es ist inakzeptabel, wenn der Marketingdirektor eines Familienunternehmens eine Anweisung seiner Schwester, die als CEO das gemeinsame Familienunternehmen leitet, mit den Worten kommentiert: »Du hast mir gar nichts zu sagen!«

Sinnvolle Umgangsregeln können aus den Werten und Zielen abgeleitet werden, die sich die Inhaberfamilie bei der Bestimmung ihres Selbstverständnisses gegeben hat. Wenn dort von Respekt, Toleranz, Offenheit, Wertschätzung und einer gesunden Streitkultur die Rede ist, dann ist es jetzt an der Zeit zu bestimmen, welche konkreten Verhaltensregeln die Familie aus diesen Grundsätzen ableiten will. »Drei Werte ziehen sich wie ein roter Faden durch die Familie«, sagt Herbert Zötler, in der zwanzigsten Generation Chef eines der ältesten Familienunternehmen hierzulande: »Aufmerksamkeit schenken, Wertschätzung entgegenbringen, Freundschaften pflegen«.[57] Das ist gut und wichtig. Aber es muss mit konkretem Leben erfüllt werden, damit es funktioniert.

Die Werte und die aus ihnen abgeleiteten Verhaltensregeln werden sich im Laufe der Zeit wandeln. In der Kleinfamilie des Alleininhabers müssen andere Schwerpunkte gesetzt werden als in der emotional anfälligeren Geschwistergesellschaft oder im Vetternkonsortium. Und in den eher anonymen Familiendynastien vom Schlage eines Haniel, Henkel oder Heraeus geht es nicht mehr um die Beherrschung zu großer emotionaler Nähe, sondern vielmehr darum, wie mit Entfremdung und Formalisierung des Verhältnisses der Familienmitglieder umgegangen werden kann. Maßstab für den Umgang in der Unternehmerfamilie sollte in jedem Fall die Maxime des Bankiers Friedrich von Metzler sein: »Es gibt schnell Streit über materielle Werte in einer Familie, und es kann leicht passieren, dass sich jemand benachteiligt fühlt, obwohl er es gar nicht ist. Deshalb muss man sehr offen miteinander sprechen. Und man muss den jungen Leuten früh klarmachen, was für Möglichkeiten sie haben durch ihr Erbe. Man muss ihnen aber auch ihre Verantwortung aufzeigen.«[58]

Auftreten nach außen

Zu dieser Verantwortung gehört auch ein angemessenes Verhalten nach außen. Die Mitglieder der Inhaberfamilie agieren bei ihren Auftritten in der Außenwelt immer auch als Repräsentanten der Familie – ob sie dies wollen oder nicht. Wenn *BILD* textet: »Guinness-Erbin vor Gericht: Clare Irby hatte Sex im Flugzeug!«[59], dann schadet dies nicht nur der Reputation der betreffenden Person, sondern der gesamten Familie, unter Umständen sogar dem Familienunternehmen. Familienunternehmer, die sich öffentlich danebenbenehmen, belasten das gemeinsame Projekt. Daher ist es sinnvoll, dass die Inhaberfamilie Regeln für den Außenauftritt ihrer Mitglieder aufstellt. Diese sollten sich aus dem Werte- und Zielkanon der Inhaberfamilie ableiten lassen. Wenn dort von »Bescheidenheit« und »Maßhalten« die Rede ist, geht es jetzt darum, konkret zu benennen, welches Handeln als unbescheiden oder maßlos zu gelten hat. Das ist nicht einfach, weil hier leicht Individual- und Gemeinschaftsinteresse in Widerstreit geraten. Aber genau aus diesem Grunde ist es unverzichtbar. Und kann gelingen, wenn die Beteiligten bereit sind, einerseits den grundsätzlichen Vorrang des Gemeinschaftsinteresses anzuerkennen, andererseits aber dessen Anwendung dem Grundsatz der Verhältnismäßigkeit zu unterwerfen. Eine solche Betrachtungsweise erlaubt unterschiedliche Beurteilungen, je nachdem, ob die Firma klein oder groß ist, ob sie mehr oder weniger im Fokus der Öffentlichkeit steht, ob sie wenige oder viele Inhaber hat oder ob diese unmittelbar am oder weit entfernt vom Firmensitz leben.

Einer Regelung bedarf auch der Auftritt im eigenen Unternehmen. Je größer die Zahl der Familienmitglieder wird und je weniger von ihnen im Unternehmen arbeiten, desto mehr gewinnt die Frage an Bedeutung, wie sich die Familienmitglieder im Umgang mit ihrem eigenen Unternehmen verhalten sollen. Dürfen sie das Unternehmen jederzeit besuchen, Produktionshallen und Verwaltung besichtigen, mit Mitarbeitern sprechen, vielleicht gar Handlungsaufträge erteilen, oder erfolgt dies alles nur nach vorheriger Anmeldung und festgelegten Regeln? Sollen sie sich von Unternehmensveranstaltungen fernhalten, oder wird ihre Anwesenheit bei Firmenfesten, Kundenveranstaltungen und Mitarbeiterjubiläen erwartet? Welche inhaltlichen Maximen gelten für den Auftritt, und inwieweit wird zwischen Inhabern und sonstigen Mitgliedern der Inhaberfamilie unterschieden? Allgemeingültige Regeln dafür kann es nicht geben. Aber die Inhaberfamilien sollten anerkennen, dass Regeln sinnvoll sind und sich an den Grundsätzen von Fair Process und Professional Ownership ausrichten sollten, um Schaden vom Familienunternehmen abzuwenden.

Besonders sensibel ist die öffentlichkeitswirksame Repräsentation, insbesondere der Umgang mit der Presse. Denn dieses Thema ist in besonderem Maße geeignet, den NEM-Virus aus Neid, Eifersucht und Missgunst zu aktivieren. Wenig tangiert das eigene Ego mehr als die öffentliche Wahrnehmung. Inhaberfamilien, die das darin liegende Konfliktpotenzial begrenzen wollen, sollten festlegen, durch wen, zu welchen Anlässen und Themen und mit welchen Inhalten das Familienunternehmen einerseits und die Inhaberfamilie andererseits gegenüber der Presse und der interessierten Öffentlichkeit repräsentiert werden.

Umgang mit Konflikten

Zu guter Letzt sollte sich die Inhaberfamilie Regeln für den Umgang mit Konflikten geben. Sosehr die Inhaberstrategie und die Auseinandersetzung mit den dabei auftretenden Fragen zur Konfliktprävention beitragen, völlig vermeiden lassen sich Konflikte nie. »Konflikte sind ein essenzieller Bestandteil des menschlichen Lebens«, schreiben die Familienforscher Franz Kellermanns und Arist von Schlippe.[60] Sie prägen die persönliche Entwicklung ebenso wie unsere Beziehungen und sind auch in Organisationen unvermeidlich. Starke Gemeinschaften unterscheiden sich von schwachen nicht durch die Abwesenheit von Konflikten, sondern durch einen professionelleren Umgang mit ihnen. Es kann also, wie Kellermanns und von Schlippe zutreffend betonen, »nie darum gehen, … eine möglichst konfliktfreie Organisationskultur anzustreben. Vielmehr besteht die Herausforderung für das Konfliktmanagement … darin, destruktive und eskalative Konfliktverläufe frühzeitig zu erkennen, … mit ihnen konstruktiv umzugehen und … ihre Chronifizierung zu verhindern.« Für Familienunternehmen und die sie dominierenden Inhaberfamilien gilt dies in besonderem Maße. Denn dieser Organisationstyp bietet mit seinen beiden konkurrierenden Systemen eine besonders fruchtbare Umgebungsbedingung für Konflikte. Die ihnen innewohnende Tendenz zur Eskalierung und Chronifizierung macht sie zudem extrem gefährlich. Streit in der Inhaberfamilie gilt als eine der häufigsten Ursachen für das Scheitern von Familienunternehmen. Ein professionelles Konfliktmanagement leistet somit einen signifikanten Beitrag zum Erhalt des Familienunternehmens.

Bei den Regeln zum Umgang mit Konflikten in der Inhaberfamilie sollte zwischen prozessualen und inhaltlichen Aspekten unterschieden werden. Erstere wollen ein die Konfliktlösung förderndes Verfahren, letztere ein dieser Zielsetzung verpflichtetes Verhalten gewährleisten. Im Rahmen der prozessualen Regelfindung sollte die Inhaberfamilie solche Fragen beantworten wie: Wie stellen wir überhaupt fest, dass wir einen Konflikt haben? Gegenüber wem muss er angemeldet werden? Und innerhalb welcher Zeitspanne? Welche Vorgehensweise wählen wir, um zu einer Beendigung des Konfliktes zu kommen? Dürfen Dritte hinzugezogen werden? In welcher Funktion? Als Moderator, Mediator, Schiedsrichter und/oder Parteivertreter? Wann ist ein Konflikt beendet? Demgegenüber geht es bei den inhaltlichen Regeln darum, Verhaltensweisen zu identifizieren, die mit Blick auf die angestrebte Deeskalierung entweder besonders erwünscht oder ausdrücklich unerwünscht sind.

Entsprechende Handlungsempfehlungen lauten dann: Nicht übereinander reden, sondern miteinander! Dritte nicht instrumentalisieren! Sich in den anderen hineinversetzen! Win-win-Situationen suchen! Den anderen nicht verletzen, nicht bloßstellen und nicht beleidigen! Auch mal fünf gerade sein lassen! Oder: Nicht nachtragend sein!

Ziel derartiger Regelwerke ist es, in Zusammenhang mit Konflikten häufig auftretenden sozialpsychologischen Gesetzmäßigkeiten entgegenzuwirken.[61] Konflikte können nur geklärt werden, solange bei den Beteiligten die Bereitschaft und die Fähigkeit besteht, sich in das Gegenüber hineinzuversetzen – mit dessen Position zwar nicht einverstanden zu sein, sie aber zumindest verstehen zu können. Diese Qualität geht bei Beziehungskonflikten schnell verloren. Die mit ihnen verbundenen Gefühle wie Kränkung oder Verrat beeinträchtigen die Fähigkeit zur Perspektivübernahme und begünstigen die Dämonisierung des vermeintlichen Feindes. Konfliktverschärfend wirkt, dass das jeweils eigene Verhalten lediglich als Reaktion auf eine Aggression des Gegenübers gewertet wird. Man sieht sich gezwungen, auf die »bösen« Handlungen des anderen entsprechend hart zu reagieren. Da der andere das Geschehen genau spiegelverkehrt wahrnimmt, organisiert sich der Konflikt quasi selbst. Jeder eskaliert mit gutem Gewissen, weil er sich ja nur zur Wehr setzt. Diese Fehlwahrnehmung kann sogar so weit gehen, dass Versöhnungsversuche und andere positive Gesten als perfide Feindseligkeiten gewertet werden.[62]

Gute Regeln für den Umgang mit Konflikten helfen den Beteiligten, aus Wahrnehmungsfehlern auszusteigen, Konflikte von der Beziehungs- auf die Sachebene zu verlagern und zu einem konstruktiv-lösungsorientierten Konfliktverhalten zu finden. Dabei sollten sie Erkenntnissen Rechnung tragen, die Franz Kellermanns und Kimberly Eddelston in einer Untersuchung aus dem Jahre 2006 festgehalten haben:[63]

(1) Konfliktvermeidung ist keine Lösung. Aufgeschobene Konflikte warten nur auf einen Anlass zum Ausbruch.

(2) Erzwungene Lösungen taugen nur für externe Konflikte oder bei Trennungen. Soll die Beziehung aufrechterhalten bleiben, führt die

mit ihnen verbundene Win-loose-Situation in der Regel zu einer Chronifizierung der Konflikte.

(3) Kompromisse stellen die Parteien zwar selten sachlich zufrieden. Sie können jedoch Beziehungsprobleme reduzieren, weil sie beiden beteiligten Parteien das Bewusstsein vermitteln, dass die eigene Position wahrgenommen wurde.

(4) Die beste Wirkung in sachlicher und beziehungsmäßiger Hinsicht wird erreicht, wenn die Parteien gemeinsam eine Lösung erarbeiten, die über einen bloßen Kompromiss hinausgeht und eine Win-win-Situation schafft.

(5) Dabei kann die unterstützende Mitwirkung neutraler außenstehender Dritter zusätzliche Chancen eröffnen.

Gemeinsame Aktivitäten

Ebenso wichtig wie die Etablierung geeigneter Regeln ist die Schaffung von Strukturen zur Förderung von Zusammenhalt und Professional Ownership in der Inhaberfamilie. Je mehr die persönliche Bindekraft zwischen den Inhabern nachlässt, desto stärker muss der Zusammenhalt formal organisiert werden. Und je distanzierter die Beziehung des einzelnen Inhabers zu seinem Unternehmen wird, desto mehr muss der emotionale Wert der Beteiligung durch formale Akte organisiert werden. Dies geschieht in der Praxis vor allem durch vier Instrumente: die Vermittlung des notwendigen Wissens, gemeinschaftliche Unternehmungen, gemeinnützige Tätigkeit und durch die Übernahme von bestimmten Service- und Verwaltungsaufgaben durch ein »Familien-Büro«.

Wissensvermittlung

»Nur gut informierte Gesellschafter sind gute Gesellschafter!« Mit diesem Anspruch habe ich im Herbst 1998 die INTES Akademie für Familienunternehmen gegründet. Die Vermittlung eines ausreichenden Basiswissens an die Inhaber ist ein Eckpfeiler von Professional Ownership.[64] Dominante Inhaber bestimmen das Schicksal ihres Unternehmens. Und wir können nur hoffen, dass sie sich der damit verbundenen Verantwortung gewachsen zeigen. Ein solides Wissen ist Teil dieser Verantwortung. Sie trifft alle Inhaber. Im postpatriarchalischen Zeitalter genügt es nicht mehr, das Wissen beim Patriarchen zu konzentrieren. Wer entscheiden will, muss sich die Wissensbasis für seine Entscheidungen verschaffen. Deshalb ist es unbefriedigend, wenn eine INTES-Studie 2004 ermittelt, dass nicht einmal die Hälfte der befragten nichtaktiven Inhaber den Jahresabschluss ihres Unternehmens versteht.[65]

Auch wenn bislang nicht einmal jedes zehnte Familienunternehmen hierzulande eine systematische Schulung seiner Inhaber betreibt,[66] haben führende Inhaberfamilien die Notwendigkeit einer professionellen Wissensvermittlung längst erkannt. Die Cargill-Familie hat dafür sogar eine eigene Familien-Uni geschaffen. Inhaberfamilien mit weniger Mitgliedern können sich aus den Marktangeboten eine virtuelle Familien-Uni zusammenstellen. Führende Business Schools wie Harvard, Kellogg oder das IMD bieten spezielle Family-Business-Programme an. Die Universitäten St. Gallen und Witten/Herdecke, die WHU – Otto Beisheim School of Management in Vallendar oder die Zeppelin University in Friedrichshafen haben das Thema Family Business Education zum Gegenstand entsprechender Studienangebote gemacht. Und die INTES Akademie für Familienunternehmen bietet einen umfassenden »Inhaber-Führerschein« an, der wahlweise bei den Inhaberfamilien vor Ort oder in den Räumen der Akademie in Bonn absolviert werden kann.

Ziel einer Family Education muss es sein, die Mitglieder der Inhaberfamilie mit dem Wissen zu versorgen, das sie benötigen, um ihre Rolle als Inhaber des Familienunternehmens professionell wahrnehmen zu können. Zielgruppe sind vor allem die nichttätigen Inhaber, die nachwachsende Inhabergeneration und die Partner der Inhaber. Ein auf diese zugeschnittenes Angebot sollte neben der Vermittlung wirtschaftlichen Grundlagenwissens sowie einer Einführung in wichtige unternehmensrelevante Fragestellungen wie Strategie, Finanzierung und Governance vor allem die spezifischen Besonderheiten bei der Führung von Familienunternehmen vermitteln. Diese Fragestellungen sollten nicht nur abstrakt, sondern auch mit Blick auf das eigene Unternehmen und die eigene Familie erörtert und durch praktische Erfahrungen ergänzt werden. Praktika im eigenen Familienunternehmen gehören inzwischen zum Standard guter Family Education.

Gemeinschaftliche Unternehmungen

Die spanische Unternehmerfamilie Roca wurde 2008 mit dem renommierten IMD-LODH Advanced Family Business Award ausgezeichnet. In der Begründung wurde besonders die Qualität der Family Governance gelobt. Obwohl Roca ein internationaler Konzern mit über 100 Inhabern ist, herrscht in der Familie ein beeindruckender Korpsgeist. Kein Wunder: Geradezu strategisch investiert die Familie in den Erhalt der Gemeinschaft. Die Rocas laden ihre Inhaber und deren Angehörige regelmäßig zu Familientreffen, mehrmals im Jahr finden Betriebsbesichtigungen und Informationsveranstaltungen mit dem Management statt. Alle zwei Jahre reist die Familie ins Ausland, um eine ihrer ausländischen Betriebsstätten zu besuchen.[67] Roca ist ein gutes Vorbild, aber kein Einzelfall. Überall in der Welt haben vorbildliche Inhaberfamilien erkannt, dass es nicht reicht, die Inhaber einmal im Jahr zu einer Gesellschafterversammlung einzuladen. Das gibt es bei einer Publikumsgesellschaft schließlich auch. Wer emotionalen Mehrwert schaffen will, muss mehr tun.

Die Familie muss sich als Gemeinschaft erleben, um das Gefühl einer starken Einheit entwickeln zu können. Sie muss das Gefühl entwickeln, dass es gut ist und Spaß macht, dieser Gemeinschaft anzugehören. Dass es toll ist, als Familie ein Unternehmen zu besitzen, und dass die Familie zugleich mehr ist als ihr Familienunternehmen. Deshalb ist es wichtig, dass die Inhaberfamilie gemeinsame Aktivitäten entwickelt, die über den geschäftlichen Bezug hinausweisen. »Das Wichtigste ist, dass wir miteinander lachen, dann fällt auch das gemeinsame Gespräch über das Geschäft nicht schwer«, sagt Herbert Zötler.[68] Solange der Kreis der Familieninhaber klein ist, geschieht dies meist informell. Im größer werdenden Inhaberkreis bedarf es dann zunehmend formaler Organisation, wenn gemeinsame Familienaktivitäten aufrechterhalten bleiben sollen. Dabei hilft es, auf gelebte Traditionen zurückzugreifen. Die Unternehmerfamilie Merz, Inhaber des Familienunternehmens, das die bekannten Merz Spezialdragees herstellt, trifft sich bis heute auf dem Stammsitz der Unternehmerfamilie zu Familienessen und einmal jährlich zu einem rituellen Osterspaziergang. Beide Aktivitäten gehen auf den Unternehmensgründer Friedrich Merz zurück. Sie machen Spaß und halten die Unternehmerfamilie lebendig. »Familienaktivitäten dienen der Stärkung des Familienverbundes«, schreiben die Merz-Inhaber in ihrer Familienverfassung. »Sie fördern die Zusammengehörigkeit unter Gesellschaftern, Lebenspartnern und deren Familien. Sie stärken das Vertrauen und die Kommunikation untereinander. Sie verbinden Spaß und Information.«

Ein weiteres Ziel gemeinsamer Aktivitäten ist der Erhalt der familiären Zustimmung zum gemeinsamen Projekt. Die Begeisterung der Inhaber für das Familienunternehmen nimmt tendenziell ab, je weniger sie aktiv in das Unternehmen eingebunden sind, je kleiner ihr Anteil und je größer die räumliche Entfernung vom Unternehmen wird. Eine proaktive und umfassende Informationspolitik, regelmäßige Betriebsbesichtigungen, Teilnahme an Unternehmensveranstaltungen, Gesprächsrunden mit dem Management und ähnliche Maßnahmen tragen dazu bei, den emotionalen Wert der Beteiligung am Unternehmen zu erhöhen und den objektiven Bedeutungsverlust teilweise zu kompensieren. Keine Frage: Die Zeiten haben sich geändert. Wo es im patriarchalischen Zeitalter eine schlichte Gesellschafterversammlung tat, braucht es heutzutage »Family Days« mit einem umfassenden Veranstaltungsprogramm.

Zusätzlich zu den Veranstaltungen sollte für eine regelmäßige Kommunikation zwischen den Familienmitgliedern gesorgt werden. Gemeinschaft braucht das Gefühl dazuzugehören. Und das setzt regelmäßige Kommunikation und ein Mindestmaß an Wissen übereinander voraus. In kleinen Inhaberfamilien geschieht das informell. Im Informationszeitalter lässt sich die innerfamiliäre Kommunikation aber auch in größer werdenden Inhaberkreisen organisieren. Mittels Telefonkonferenzen, E-Mails und Internet ist das kein Hexenwerk. Sogar dann nicht, wenn die Familie über die ganze Welt verstreut ist. Die Belgier Edouard Thijssen und Edouard Janssen, selbst aus großen und verstreuten Unternehmerfamilien stammend, haben daraus eine Geschäftsidee gemacht. 2006 gründeten sie TrustedFamily.net, ein Unternehmen, das innerfamiliäre Kommunikationsplattformen nach dem Vorbild von Facebook & Co. anbietet.

Gemeinnützige Tätigkeit

Eine Sonderstellung unter den gemeinschaftlichen Aktivitäten nimmt das gemeinnützige Engagement ein. Auch wenn nicht alle so weit gehen wie Bill Gates und Warren Buffett, die den Löwenanteil ihres Vermögens für gemeinnützige Zwecke zur Verfügung gestellt haben,[69] hat das philanthropische Engagement in Unternehmerkreisen doch eine starke Tradition. Sie unterstützen Wissenschaft und Forschung, Kultur und Bildung, Sport und Soziales, sie tun dies im regionalen, nationalen und internationalen Rahmen, sie tun es aktiv gestaltend oder verborgen begleitend, mit Beträgen, die von wenigen Zehntausend bis zu vielen Millionen Euro reichen.

Keine Frage: Unsere Welt wäre ärmer ohne das Engagement der Familienunternehmer.[70] Doch profitiert nicht nur die Gesellschaft von der Philanthropie der Unternehmer. Auch die Unternehmerfamilie selbst zieht Gewinn aus ihrem Engagement. Vielen ist es ein Bedürfnis, mit einem Teil ihres Profits gesellschaftlich Nützliches zu tun und auf diese Weise über die Verpflichtung zur Steuerzahlung hinaus einen Teil des erworbenen Wohlstandes an die Gesellschaft zurückzugeben. Manchem Erben fällt es leichter, sich mit einer als unverdient empfundenen Inhaberschaft am Unternehmen zu identifizieren, wenn diese mit einer philanthropischen Aktivität verknüpft ist. Und über die Entscheidungsgremien einer für das gemeinnützige Engagement geschaffenen Stiftung können auch solche Familienmitglieder in die Aktivitäten der Unternehmerfamilie eingebunden werden, die ansonsten nur passiv beteiligt wären. Darüber hinaus stellt ein professionell betriebenes gemeinnütziges Engagement ein gutes Übungsfeld dar, auf dem die Mitglieder der nachwachsenden Generation frühzeitig ihr unternehmerisches Talent erproben können.

Gemeinschaftliches philanthropisches Engagement kann für das gemeinsame Projekt also durchaus messbaren Nutzen stiften. Den Beteiligten muss allerdings bewusst sein, dass dieser nur generiert werden kann, wenn die Inhaberfamilie ihre gemeinnützigen Aktivitäten mit vergleichbarer Professionalität betreibt wie ihr Unternehmen. Zu diesem Zweck sollten insbesondere die folgenden Fragen eindeutig und professionell beantwortet werden:

(1) Was wollen wir mit unserem gemeinnützigen Engagement erreichen?
(2) Wo soll es organisatorisch angesiedelt sein – beim Unternehmen oder bei der Unternehmerfamilie?
(3) Was wollen wir fördern?
(4) Auf welche Weise?
(5) In welchem Umfang?
(6) Woher kommen die dafür benötigten finanziellen Mittel?
(7) Wer trifft die notwendigen Entscheidungen?
(8) Und wer übernimmt dabei welche Rolle?

Service für die Inhaberfamilie

Ein weiteres Instrument zur Steigerung des emotionalen Wertes der Mitgliedschaft in einer Unternehmerfamilie ist ein sogenanntes Familien-Büro. Derartige Family Offices gehören in den USA seit langem zum Standard der Family Governance, finden inzwischen aber auch hierzulande eine zunehmende Verbreitung.[71] Die Verwaltung der Beteiligung an einem Familienunternehmen ist eine anspruchsvolle Angelegenheit. Das Angebot, die damit verbundenen Verpflichtungen als Dienstleistung für den Inhaber zu übernehmen und ihm darüber hinaus womöglich noch weitere Vorteile zukommen zu lassen, ist geeignet, die Attraktivität der Mitgliedschaft in der Unternehmerfamilie zu erhöhen.

Zum klassischen Dienstleistungsangebot eines Familien-Büros gehören primär alle auf die Verwaltung der Beteiligung bezogenen Tätigkeiten. Ein typisches Familien-Büro übernimmt die Abwicklung der mit der Beteiligung verbundenen Steuerfragen, überwacht die Einhaltung der von den Inhabern eingegangenen rechtlichen Verpflichtungen (z. B. zum Abschluss bestimmter ehe- und erbrechtlicher Vereinbarungen) und gewährt oder vermittelt Rat bei den mit der Unternehmensbeteiligung verbundenen rechtlichen und steuerlichen Fragestellungen.

Daneben werden Familien-Büros häufig genutzt, um den Mitgliedern der Inhaberfamilie bestimmte Vergünstigungen zukommen zu lassen. So können günstige Einkaufskonditionen des Unternehmens bei Kraftfahrzeugen, Versicherungen oder dergleichen über ein Familien-Büro an die Inhaberfamilie weitergereicht werden.

Manchmal bieten Familien-Büros den Familienmitgliedern sogar Unterstützung in persönlichen Angelegenheiten an. Besonders beliebt sind Angebote zur gemeinschaftlichen Vermögensverwaltung. Diese sind einerseits attraktiv, weil das Familien-Büro in der Regel bessere Konditionen und einen höheren Professionalitätsstandard gewähren kann als individuelle Verwaltung. Sie sind aber auch nicht ungefährlich, weil ein etwaiger Misserfolg dem gemeinsamen Projekt angelastet wird und der finanzielle Verlust zusätzlich den emotionalen Wert der Mitgliedschaft beeinträchtigt. Weitere denkbare Leistungsangebote sind Unterstützung bei privaten Rechts- und Steuerangelegenheiten, die Verwaltung privater Immobilien, die Buchung von Reisen oder vergleichbare, eindeutig dem Privatbereich zuzuordnende Dienstleistungen. In den USA, wo diese Art von Dienstleistungsangeboten weitaus stärker verbreitet ist, gehört sogar Dog Walking zum Leistungsangebot eines Family Office.

Im Rahmen ihrer Inhaberstrategie sollte sich die Inhaberfamilie zunächst fragen, ob sie überhaupt ein Familien-Büro einrichten will. Für einen Alleininhaber macht das in der Regel wenig Sinn. Er wird die entsprechenden Dienstleistungen direkt bei der Firma abfragen. Aber schon in der Geschwistergesellschaft ändert sich die Beurteilungslage. Hier macht ein eigenständiges Familien-Büro häufig schon deshalb

Sinn, weil durch die Trennung von Unternehmens- und Privatsphäre eine Gleichbehandlung der Inhaber im Sinne von Fair Process leichter gewährleistet werden kann. Mit wachsender Zahl von Inhabern wird es dann immer zwingender, Firmen- und Privatsphäre eindeutig voneinander zu trennen. Im Rahmen der Inhaberstrategie muss dann die Frage nach dem vom Familien-Büro zu erbringenden Leistungsumfang, der angemessenen Vergütung für in Anspruch genommene Leistungen sowie nach der Organisation des Family Office beantwortet werden.

Rollen

»›Wenn man ein gesundes Familienunternehmen will, muss man sich mit entsprechend Zeit und den erforderlichen Mitteln dafür einsetzen, eine gesunde Familie zu entwickeln‹, sagt Sarah M. Schmidt. Sie ist die offiziell anerkannte Chefin der Inhaberfamilie von U.S. Oil Co. Inc. in Combined Locks, Wisconsin, USA. Schmidt ist eine von 80 Familieninhabern des Unternehmens, das sich hauptsächlich auf den Vertrieb von Erdölprodukten und den Großhandel mit Automobilzubehör und Reifen konzentriert. Obwohl sie stolz ist auf das Familienunternehmen, hat Schmidt, ein Mitglied der dritten Generation, beschlossen, nicht in ihm zu arbeiten. Stattdessen schrieb sie nach dem Studium der klinischen Psychologie ihre Doktorarbeit und gründete ihre eigene Unternehmensberatung für Familienunternehmen in Evanston, Illinois. Als sie ungefähr 25 Jahre alt war, erkannte sie jedoch, dass ihr Anteil an U.S. Oil ihr wichtigstes Kapital darstellte und dass sie irgendwie daran beteiligt sein wollte. Sie übernahm die Aufgabe eines Family Managers, leitete eine Arbeitsgruppe zur Gründung eines Familienrats und wurde Vorsitzende des Lenkungsausschusses.«[72] Die Position, die Sharon Nelton, ehemaliges Vorstandsmitglied des Family Firm Institute, hier beschreibt, gehört zu den Besonderheiten von Familienunternehmen und Unternehmerfamilien.

Abb. 22: Rollen in Familienunternehmen und Unternehmerfamilie

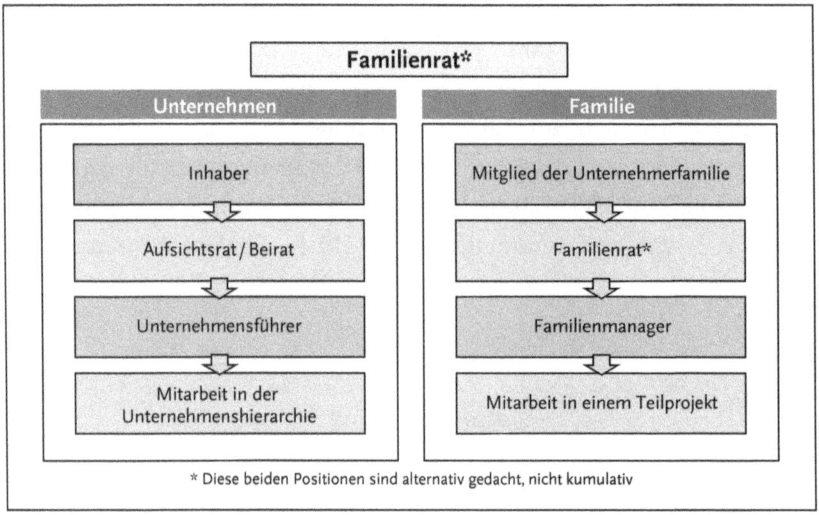

Für Inhaberstrategien gilt nämlich nichts anderes als für andere Strategien auch: Funktionieren wird das Ganze nur, wenn es gelingt, die geschaffenen Strukturen mit Menschen zu besetzen, die zu ihrer Ausführung willens und in der Lage sind. Die Verteilung der Rollen unter den Familienmitgliedern gehört nach herkömmlichem Verständnis zu den Problemfeldern im Familienunternehmen. Da die Rollen in der Unternehmenssphäre richtigerweise nach dem Leistungsprinzip verteilt werden, bietet das Familienunternehmen bei wachsendem Inhaberkreis relativ immer weniger Mitgliedern der Inhaberfamilie Gelegenheit, sich aktiv am gemeinsamen Projekt zu beteiligen. Während die Zahl der Inhaber wächst, bleiben die zur Verfügung stehenden Positionen weitgehend stabil. Dies fördert das Konfliktpotenzial beim Wettbewerb um die begehrten Posten und reduziert die emotionale Bindung an das gemeinsame Projekt.

Das hier vorgestellte Konzept vermag an der Ausgangslage nichts zu ändern. Und doch wendet es die Verhältnisse grundlegend ins Positive.

Wenn wir Family Governance wirklich ernst nehmen, genügt es ja nicht, die vorgeschlagenen Strukturen zu beschreiben. Um sie mit Leben zu füllen, müssen wir neue Rollen schaffen und besetzen. Wer ist für die Family Education verantwortlich? Wer organisiert die gemeinsamen Aktivitäten der Familie? Wer beteiligt sich am gemeinnützigen Engagement? Wer kümmert sich um das Familien-Büro? Und wer koordiniert, leitet und steuert die verschiedenen Aktivitäten? Wer berät und überwacht die Tätigkeiten des Familienmanagers? Family Governance schafft neue Aufgaben und neue Rollen und gibt einer größeren Zahl von Familienmitgliedern die Möglichkeit, sich aktiv am gemeinsamen Projekt zu beteiligen. Dies erhöht die Identifikation und den emotionalen Wert der Beteiligung und senkt das Konfliktpotenzial bei der Positionsverteilung. Dies gilt umso mehr, je stärker wir anerkennen, dass das Management der Unternehmerfamilie für den langfristigen Erfolg des gemeinsamen Projektes genauso wichtig ist wie das Management des Unternehmens und dass beide Bereiche divergierende Qualitäten erfordern. Das Management der Inhaberfamilie ist kein Ersatzspielfeld für die Zukurzgekommenen, sondern ein gleichwertiges Betätigungsfeld mit anderem Inhalt. Es ist kein Minus, sondern ein Aliud.

Im Unternehmen gibt es die Rollen des Inhabers und des Unternehmensführers. Wo ein eigenständiges Kontrollorgan gebildet ist, kommt als weiteres Rollenangebot die Mitgliedschaft im Aufsichtsrat oder Beirat hinzu. In Familienunternehmen, die eine Mitarbeit von Familienmitgliedern im Unternehmen zulassen, besteht darüber hinaus noch die Rollenoption des Angestellten in der Unternehmenshierarchie. Abgesehen von der Inhaberrolle sollten die übrigen Positionen im Interesse von Professional Ownership und Fair Process nur an Personen vergeben werden, die die dafür notwendige Qualifikation mitbringen.

Die Ämter der Family Governance folgen einer vergleichbaren Logik. Mitglied der Inhaberfamilie ist jeder, der die dafür festgelegten Definitionskriterien erfüllt. In die Position des Familienmanagers hingegen wird man gewählt. Man muss sie wollen und die für sie erforderlichen Fähigkeiten mitbringen. Der Familienmanager ist der erste Ansprechpartner der Familienmitglieder in allen die Family Governance betreffenden Fragen. Er kümmert sich darum, dass die Familie funktioniert. Er wacht über die Einhaltung der Regeln und sorgt dafür, dass die gemeinsamen Aktivitäten erfolgreich durchgeführt werden. Dabei muss er nicht alles selbst erledigen. Je größer die Familie und je umfangreicher ihr Aktivitätenportfolio wird, desto mehr kann er Teilverantwortungen auf andere Familienmitglieder übertragen. Bei sehr großen Familien empfiehlt es sich zudem, einen Familienrat als Mittler zwischen den verschiedenen Akteuren einzusetzen. Dessen Wirkungskreis kann entweder auf den Bereich der Family Governance beschränkt werden oder als informelle Klammer zwischen den Organen des Unternehmens und der Familie genutzt werden.[73]

Eine abschließende Bemerkung

Es ist zu hoffen, dass sich inhaberstrategisches Denken zu einem Standard für Professional Ownership entwickelt. Dazu muss sich noch einiges ändern: So muss sich die Betriebswirtschaftslehre von ihrer Fokussierung auf die Publikumsgesellschaft lösen und sich stärker als bisher mit dem Phänomen dominanter Inhaberschaft auseinandersetzen. Aber auch in den Inhaberfamilien selbst muss ein Wandel stattfinden. Die Inhaber müssen lernen, dass einseitige Konzentration auf das Unternehmen nicht ausreicht, um ein Unternehmen auf Dauer in Familienbesitz zu halten. Wenn das dynastische Projekt gelingen soll, müssen wir das Unternehmen und die Familie managen. Und die Herausforderungen bewältigen, die beim Aufeinandertreffen beider Systeme entstehen. Dazu sollten wir anerkennen, dass wir die Herausforderungen der Gegenwart nicht mit den Konzepten der Vergangenheit bewältigen können. Das patriarchalische Konzept des Familienunternehmers hat sich überholt. Inhaberstrategien dürfen nicht länger die Angelegenheit einzelner privilegierter Inhaber sein. Sie müssen in einem ergebnisoffenen Prozess von der Inhabergemeinschaft entwickelt werden. Dabei darf es keine Tabus geben. Professionell agierende Inhaberfamilien handeln nach den Grundsätzen »Alle Karten auf den Tisch« und »Löse das Schwierige, solange es noch einfach ist«. Viele der im Rahmen einer Inhaberstrategie zu bearbeitenden Themen bergen Konfliktpotenzial. Aber dieses Konfliktpotenzial wird umso größer, je länger man es unbearbeitet lässt. Und es lässt sich umso leichter bearbeiten, je weiter die Beteiligten von einer konkreten Betroffenheit entfernt sind.

Den Nutzen einer auf diese Weise entwickelten Inhaberstrategie hat die Familienunternehmerin Nicola Leibinger-Kammüller in einem beachtenswerten Beitrag aus Anlass des 70. Geburtstages von Brun-Hagen Hennerkes so zusammengefasst: »Es gibt eine klare und offene Verabredung unter allen Familienmitgliedern, mit der alle einverstanden sind und an die sich alle halten. Die Zusammenarbeit erfolgt konstruktiv und um der Sache willen. Dabei kann jeder seine Stärken unter Beweis stellen, und jeder erhält für seine Begabung Anerkennung und Respekt. Daraus ergibt sich ein familiärer Zusammenhalt, der zu einem wirtschaftlichen Erfolg führt.« In diesen einfachen Grundsätzen, betont die Unternehmerin ausdrücklich, »ist alles enthalten, was ich an Hinweisen zur Führung von Familienunternehmen geben kann.«[74]

Abb. 23: Die wichtigsten Aspekte einer Inhaberstrategie im Überblick

Ebene	Aspekt	Wichtige Regelungsinhalte
Normative Entscheidungen	Mitgliedschaft	▪ Wie viele Inhaber verträgt das Unternehmen? ▪ Wer darf Inhaber werden? ▪ Wer gehört sonst noch zur Inhaberfamilie?
	Selbstverständnis	▪ Wollen wir eine Unternehmerfamilie bleiben? ▪ Family First oder Business First? ▪ Werte und Ziele
Strategische Entscheidungen	Strategische Ausrichtung	▪ Fokussieren oder diversifizieren? (Risikopolitik) ▪ Grundsätze der Geschäftspolitik
Strukturelle Entscheidungen	Organisation von Unternehmen und Familie	▪ Wie sichern wir den Einfluss auf unser Unternehmen? (Führung, Kontrolle, Nachfolge) ▪ Wie regeln wir das Verhältnis der Inhaber zueinander? (Mitwirkungsrechte, Förderpflichten, Vermögensrechte) ▪ Wie sorgen wir für eine gute Family Governance? (Regeln für Umgang, Auftreten nach außen und Konflikte, gemeinsame Aktivitäten)
Personelle Entscheidungen	Rollen	▪ Welche Rollen gibt es in Unternehmen und Familie? ▪ Mit wem besetzen wir sie?

SCHLUSSWORT

So fügt sich am Ende alles zu einem umfassenden Verständnis von Familienunternehmen und Unternehmerfamilien, dessen wesentliche Bausteine sind:

(1) Familienunternehmen sind nicht per se besser oder schlechter als Publikumsgesellschaften und andere Organisationsformen unternehmerischen Wirtschaftens. Sie sind anders.

(2) Ihre Andersartigkeit beruht auf der Art ihrer Inhaberschaft. Diese ist durch die dominante Inhaberschaft einer Familie mit einem generationenübergreifenden Unternehmerverständnis gekennzeichnet.

(3) Jedem der drei prägenden Begriffsmerkmale wohnen systemimmanente Vorzüge und Herausforderungen inne, die mit Hilfe einer eigenständigen Family Business SWOT-Analyse ermittelt werden können.

(4) Aufgabe der Führung ist es, die systemimmanenten Vorzüge im Wettbewerb bestmöglich zur Geltung zu bringen und ihre Nachteile zu begrenzen, gegebenenfalls sogar in Vorteile zu verwandeln. Dies führt zu besonderen Verhaltensweisen bei der Strategischen Führung, bei der Finanzierung und bei der Corporate Governance von Familienunternehmen. Diese sollten nicht länger als »Unconventional Wisdom«, sondern als typusadäquate Normstrategien eines weit verbreiteten Unternehmenstyps betrachtet werden.

(5) Die Letztverantwortung für die erfolgreiche Führung eines Familienunternehmens liegt bei seinen Inhabern. Ihrer Inhabermacht korre-

spondiert die Verpflichtung zu ihrer verantwortungsvollen Ausübung. Deshalb müssen Unternehmensstrategien um Inhaberstrategien ergänzt werden. Bei deren Erarbeitung sollten sich die Inhaber an den Grundsätzen von Professional Ownership und Fair Process orientieren und neben einem ökonomischen auch einen emotionalen Mehrwert schaffen. Als hilfreiche Instrumente steht ihnen dabei neben den bewährten 2- und 3-Kreis-Modellen die Family-Business-SWOT-Analyse sowie das 3-Dimensionen-Modell zur Verfügung.

Gewiss, das alles ist nur Theorie. Und Theorien sind wie Landkarten. Sie sind nicht die Wirklichkeit. Aber sie erleichtern das Navigieren in der Wirklichkeit. In diesem Sinne wünsche ich Ihnen, liebe Leserin, lieber Leser, dass meine Methodik Ihnen das Navigieren in der Wirklichkeit Ihres Familienunternehmens und Ihrer Unternehmerfamilie erleichtert. Und mir, dass sie zur Grundlage für eine umfassende und neuartige Betriebswirtschaftslehre für Familienunternehmen wird. Dann hätte sich die Arbeit gelohnt.

Abb. 24: Die »May-Methode« im Überblick

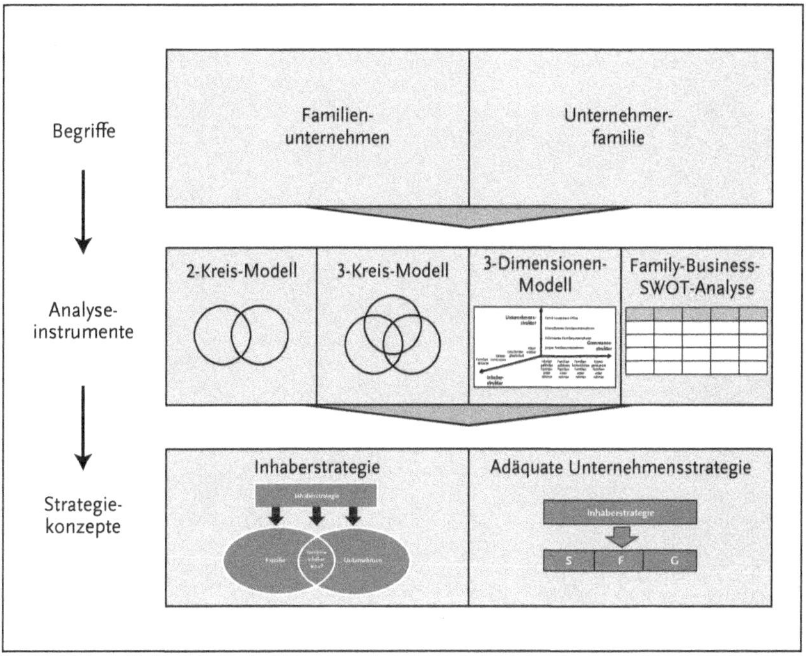

ANHANG

DANKSAGUNG

Für Familienunternehmer ist ihr Familienunternehmen in aller Regel etwas Besonderes. Für viele ist es wie ein Kind, ein Mitglied der Familie. Mir ergeht es mit diesem Buch ähnlich: »Erfolgsmodell Familienunternehmen« bündelt mein Wissen und meine Erfahrungen um das, was ich zu meiner Passion gemacht habe, und stellt den vorläufigen Abschluss einer langen Auseinandersetzung mit der Praxis und den theoretischen Grundlagen der erfolgreichen Führung von Familienunternehmen dar. Es war ein langer Weg. Und manches Mal war ich versucht, hinzuwerfen. Dafür, dass es doch zu einem guten Ende gekommen ist, habe ich vielen Menschen zu danken.

Allen voran meiner Familie, die mich zu jeder Zeit unterstützt und oft genug ein Auge zugedrückt hat, wenn das »Erfolgsmodell Familienunternehmen« mehr Zeit und Aufmerksamkeit beanspruchte als der Rest der Familie. Meinen Eltern, die in mir die Leidenschaft für Familienunternehmen geweckt haben – auch wenn sie sich wahrscheinlich mehr konkret-praktische als theoretisch-lehrende Begeisterung gewünscht hätten. Danken möchte ich auch allen Unternehmern, denen ich in Ausübung meines Berufes begegnen und von denen ich vieles lernen durfte – längst nicht alle konnten oder wollten in diesem Buch erwähnt werden. Meinen Kollegen in Wissenschaft und Beratung danke ich dafür, dass ich von ihren Ideen lernen und mich mit ihnen über meine Ideen auseinandersetzen durfte – dieser Dank geht besonders an John Ward, Sabine Klein, Joachim Schwass, Hermut Kormann, Arist von Schlippe, Hermann Simon, Cuno Pümpin, Arnold Weissman, Mark Binz, Michael Hoffmann-Becking und Brun-Hagen Hennerkes. Danken möchte ich auch allen Weggefährten, die in der INTES gemeinsam mit mir an der Entwicklung dessen gearbeitet haben, was wir intern gerne als »May Methode« bezeichnen – hervorheben möchte ich hier Karsten Schween, Gerold Rieder, Matthias Redlefsen, Arno Lehmann-Tolkmitt, Karin Ebel und meine Frau Karin. Ein besonderer Dank geht an meinen jungen Kollegen Alexander Koeberle-Schmid, der nicht nur als Gesprächspartner fungierte, sondern auch eine wichtige Hilfe bei der Erstellung des »wissenschaftlichen Apparates« war, sowie an meine langjährige Mitarbeiterin Roswitha Einöthen, die wie immer die Hauptlast der technischen Umsetzung getragen hat. Zu guter Letzt möchte ich es nicht versäumen, meinem Verleger Sven Murmann und seinem Team einen herzlichen Dank abzustatten. Sie haben von Anfang an verstanden, wie wichtig mir dieses Buch ist und es in jeder Hinsicht genau so behandelt.

ANMERKUNGEN

1. Kapitel: Familienunternehmen sind anders

1 Schiller, F. (1800): Wallensteins Lager, Cotta'sche Buchhandlung, Tübingen: S. 7 (Prolog).

2 Vgl. zu dieser Diskussion nur Landes, D. (2008): Die Macht der Familie. Pantheon, München; Wimmer, R., E. Domayer, M. Oswald, G. Vater (1996): Familienunternehmen – Auslaufmodell oder Erfolgstyp? Gabler, Wiesbaden; Michler, I. (2009): Wirtschaftswunder 2010 – Deutschlands Familienunternehmer erobern die Weltmärkte. Campus, Frankfurt.

3 Zum Einstieg empfiehlt sich die Lektüre von: A) Englischsprachige Bücher: Carlock, R. und J. Ward (2001): Strategic Planning for the Family Business – Parallel Planning to Unify the Family and Business. Palgrave Macmillan, Basingstoke; Carlock, R. und J. Ward (2010): When Family Businesses are Best. Palgrave Macmillan, Basingstoke; Colli, A. (2003): The History of Family Business 1850–2000. Cambridge University Press, Cambridge; Kenyon-Rouvinez, D. und J. Ward (2005): Family Business Key Issues, Palgrave Macmillan, Basingstoke; Ward, J. (1987): Keeping the Family Business Healthy. Jossey-Bass Publishers, San Francisco; Ward, J. (2004): Perpetuating The Family Business: 50 Lessons Learned from Long Lasting, Successful Families in Business. Palgrave Macmillan, Basingstoke; Ward, J. (2005, Hrsg.): Unconventional Wisdom – Counterintuitive Insights for Family Business Success. John Wiley & Sons, Hoboken. B) Deutschsprachige Bücher: Hennerkes, B.-H. (2004): Die Familie und ihr Unternehmen. Campus, Frankfurt; Kirchdörfer, R., R. Lorz, A. Wiedemann, R. Kögel und T. Frohnmayer (2009, Hrsg.): Familienunternehmen in Recht, Wirtschaft, Politik und Gesellschaft – Festschrift für Brun-Hagen Hennerkes zum 70. Geburtstag. C. H. Beck, München; Klein, S. (2010): Familienunternehmen. 3. Auflage, Josef Eul, Lohmar – Köln; Kormann, H. (2010): Zusammenhalt der Unternehmerfamilie. Springer, Heidelberg; May, P. (2004): Lernen von den Champions – Fünf Bausteine für unternehmerischen

Erfolg. 2. Auflage, INTES Akademie für Familienunternehmen, Bonn-Bad Godesberg; May, P. (2008, Hrsg.): Das INTES-Handbuch Familienunternehmen, INTES Akademie für Familienunternehmen, Bonn-Bad Godesberg; Michler, I. (2009): Wirtschaftswunder 2010 – Deutschlands Familienunternehmer erobern die Weltmärkte. Campus, Frankfurt; Rödl, C., W. Scheffler und M. Winter (2008, Hrsg.): Internationale Familienunternehmen – Recht, Steuern, Bilanzierung, Finanzierung, Nachfolge, Strategien – Festschrift für Bernd Rödl zum 65. Geburtstag. C. H. Beck, München; Wimmer, R., E. Domayer, E., M. Oswald, M. und G. Vater (1996): Familienunternehmen – Auslaufmodell oder Erfolgstyp? Gabler, Wiesbaden; Wimmer, R., T. Groth und F. Simon (2004): Erfolgsmuster von Mehrgenerationen-Familienunternehmen. Wittener Diskussionspapiere, Universität Witten / Herdecke; Winkeljohann, N. (2010): Wirtschaft in Familienhand – Die Erfolgsgeheimnisse der Unternehmerdynastien. Campus, Frankfurt.

4 Burquiere, A., C. Klapisch-Zuber und M. Segalen (2005): Geschichte der Familie – Altertum. Magnus, Essen; Gasson, R., G. Crow, A. Errington, J. Hutson, T. Marsden und D. Winter (1988): The farm as a family business – A review. Journal of Agricultural Economics 39: S. 1 – 41.

5 Klein, S. (2010): Familienunternehmen. 3. Auflage, Josef Eul, Lohmar – Köln: S. 20 ff. mit weiteren Nachweisen.

6 Zur historischen Entwicklung von Aktiengesellschaften und Familienunternehmen in der zweiten Welle der industriellen Revolution und die damit verbundenen Folgen vgl. Colli, A. (2003): The History of Family Business 1850 – 2000. Cambridge University Press, Cambridge: S. 6 ff.; James, H. (2005): Familienunternehmen in Europa – Haniel, Wendel und Falck. C. H. Beck, München: S. 113 ff. sowie Klein, S. (2010): Familienunternehmen. 3. Auflage, Josef Eul, Lohmar – Köln: S. 24 f.

7 Aus den umfangreichen Zahlenmaterialien seien exemplarisch genannt: Hauser, H.-E. und H.-J. Wolter (2001): Die Bedeutung des Eigentümerunternehmens in Deutschland – Eine Auseinandersetzung mit der qualitativen und quantitativen Definition des Mittelstands. In: Institut für Mittelstandsforschung (Hrsg.), Jahrbuch zur Mittelstandsforschung 1 / 2001, Deutscher Universitätsverlag, Wiesbaden: S. 25 ff.; Wallau, F. und L. Haunschild (2007): Die volkswirtschaftliche Bedeutung der Familienunternehmen. Stiftung Familienunternehmen und Institut für Mittelstandsforschung, München / Bonn; Röhl, K.-H. (2008): Die Zukunft der Familienunternehmen in Deutschland – Potenziale und Risiken in der globalen Wirtschaft. Dt. Inst.-Verl., Köln: S. 9 ff. sowie Zentrum für Europäische Wirtschaftsforschung / Institut für Mittelstandsforschung (2009): Die volkswirtschaftliche Bedeutung der Familienunternehmen. Stiftung Familienunternehmen, München.

8 Merkel, A. (2009): Zum Geleit. In: F. Langenscheidt und P. May (Hrsg.), Das Lexikon der deutschen Familienunternehmen – Deutsche Familienunternehmen mit allen wichtigen Informationen zu Herkunft, Geschichte, Daten und Fakten, Gabler, Wiesbaden: S. 7.

9 Landes, D. (2008): Die Macht der Familie. Pantheon, München: S. 13 f. und S. 406 ff.; Michler, I. (2009): Wirtschaftswunder 2010 – Deutschlands Familienun-

ternehmer erobern die Weltmärkte. Campus, Frankfurt: S. 16 ff. und 141 ff. sowie Hennerkes, B.-H. (2004): Die Familie und ihr Unternehmen. Campus, Frankfurt: S. 17 ff.

10 Vgl. Chandler, A. (1977): The Managerial Revolution in American Business. Harvard Belknap, Cambridge.

11 Landes, D. (2008): Die Macht der Familie. Pantheon, München: S. 16.

12 Anderson, R. und D. Reeb (2003): Founding-Family Ownership and Firm Performance. Journal of Finance 58: S. 1301 - 1329.

13 Als Vergleichsmaßstab dienten Anderson und Reeb die Gesamtkapitalrendite sowie der Tobin's Q-Wert.

14 Diese Feststellung deckt sich mit Untersuchungen von Miller, D., I. Le Breton-Miller, R. Lester und A. Cannella (2007): Are family firms really superior performers? Journal of Corporate Finance 13: S. 829 - 858 sowie Villalogna, B. und R. Amit (2006): How do family ownership, control and management affect firm value? Journal of Financial Economics 80: S. 385 - 417.

15 Business Week vom 10.11.2003, S. 102, kommentiert von Landes, D. (2008): Die Macht der Familie. Pantheon, München: S. 20 f. und 410.

16 Lowry Miller, K. (2004): Best of the Best. Newsweek 12.04.2004: S. 44 f.

17 HypoVereinsbank (2004, Hrsg.): Die Performance familiengeführter Unternehmen. HypoVereinsbank, München.

18 Ehrhardt, O., E. Nowak, F. Weber (2006): Running in the family - The evolution of ownership, control, and performance in German family-owned firms 1903 - 2003, Swiss Finance Institute Research Paper No. 06 - 13.

19 Institut für Mittelstandsforschung (2010): Die größten Familienunternehmen in Deutschland. Bundesverband der Deutschen Industrie e.V. und Deutsche Bank AK, Bonn / Berlin / Frankfurt.

20 Eine gute Übersicht bisheriger Erfolgsvergleiche findet sich bei Hack, A. (2009): Sind Familienunternehmen anders? Eine kritische Bestandsaufnahme des aktuellen Forschungsstands. Zeitschrift für Betriebswirtschaft, Special Issue 2: S. 1 - 29, insbesondere S. 12 ff.

21 Dagegen schon May, P. (2003): Familienunternehmen sind nicht nur Mittelstand - Ein Plädoyer für einen Paradigmenwechsel. In: P. May und G. Rieder (Hrsg.), Familienunternehmen heute - Jahrbuch 2004, INTES Akademie für Familienunternehmen, Bonn-Bad Godesberg: S. 199 - 204 sowie May, P. (2002): Family business in Germany. Families in Business June: S. 24.

22 Aufstellungen der größten Familienunternehmen in Deutschland werden seit einigen Jahren regelmäßig erstellt und z. B. in der FAZ veröffentlicht; vgl. z. B. die Rangliste der 100 größten Familienunternehmen in May, P. und G. Rieder (2008, Hrsg.), Familienunternehmen heute - Jahrbuch 2009, INTES Akademie für Familienunternehmen, Bonn-Bad Godesberg: S. 121 - 125; May, P. und G. Rieder (2009, Hrsg.), Familienunternehmen heute - Jahrbuch 2010, INTES Akademie für Familienunternehmen, Bonn-Bad Godesberg: S. 92 - 96 sowie Zentrum für Europäische Wirtschaftsforschung / Institut für Mittelstandsforschung (2009):

Die volkswirtschaftliche Bedeutung der Familienunternehmen. Stiftung Familienunternehmen, München; siehe auch Abbildungen 1 und 2.

23 Vgl. Anderson, R. und D. Reeb (2003): Founding-Family Ownership and Firm Performance. Journal of Finance 58: S. 1301–1329; Landes, D. (2008): Die Macht der Familie. Pantheon, München: S. 16.

24 Owen, G. (2010): Family still has a role to play. Financial Times 05.08.2010: S. 8.

25 Ward, J. (1987): Keeping the Family Business Healthy. Jossey-Bass Publishers, San Francisco.

26 Vgl. JP Morgan Private Bank, with data from Forbes 400 annual editions from September 1982 to October 2007.

27 Vgl. dazu Unterreiner, V. (2010): Abstieg einer Dynastie. Welt am Sonntag 18.07.2010: S. 27.

28 Vgl. dazu die Übersicht in Langenscheidt, F. und P. May (2009, Hrsg.): Das Lexikon der deutschen Familienunternehmen – Deutsche Familienunternehmen mit allen wichtigen Informationen zu Herkunft, Geschichte, Daten und Fakten. Gabler, Wiesbaden: S. 960 ff.; siehe auch Abbildungen 3 und 4.

29 Vgl. Ward, J. (2008): Strategy & Success in the Family Business, IMD-Seminar-Unterlage »Leading the Family Business« vom 11.4.2008.

30 So bereits May, P. (2008): Sind Unternehmer bessere Menschen? impulse 6: S. 130.

2. Kapitel: Die Inhaberschaft als Schlüssel zur Andersartigkeit

1 Einen Überblick über den Meinungsstand geben Hack, A. (2009): Sind Familienunternehmen anders? Eine kritische Bestandsaufnahme des aktuellen Forschungsstands. Zeitschrift für Betriebswirtschaft, Special Issue 2: S. 1–29, Debicki, B., C. Matherne III, F. Kellermanns und J. Chrisman (2009): Family Business Research in the New Millennium – An Overview of the Who, the Where, the What, and the Why. Family Business Review 22: S. 151–166 sowie Chrisman, J., J. Chua und P. Sharma (2005): Trends and Directions in the Development of a Strategic Management Theory of the Family Firm. Entrepreneurship Theory & Practice 29: S. 555–575.

2 Es kommt auch nicht darauf an, ob, inwieweit und wie lange die Inhaber von ihrer Inhabermacht tatsächlich Gebrauch machen. Dies verkennen neuere Definitionsansätze wie beispielsweise die F-PEC-Skala von Astrachan, J., S. Klein und K. Smyrnios (2002): The F-PEC Scale of Familiy Influence: A Proposal for Solving the Family Business Definition Problem. Family Business Review 15: S. 73–95.

3 So die Angaben des Unternehmens in Langenscheidt, F. und P. May (2009, Hrsg.): Das Lexikon der deutschen Familienunternehmen – Deutsche Familienunternehmen mit allen wichtigen Informationen zu Herkunft, Geschichte, Daten und Fakten. Gabler, Wiesbaden: S. 398.

4 Klein, S. (2010): Familienunternehmen. 3. Auflage, Josef Eul, Lohmar – Köln: S. 18.

5 Asbeck, F. (2010): »Die Verbraucher zahlen gerne drauf für Solarstrom«. Frankfurter Allgemeine Sonntagszeitung 3, 24.01.2010: S. 39.

6 Zur SWOT-Analyse vgl. die übersichtsartigen Darstellungen in Simon H. und A. v. d. Gathen (2002): Das große Handbuch der Strategieinstrumente – Werkzeuge für eine erfolgreiche Unternehmensführung. Campus, Frankfurt: S. 214 – 222 sowie Welge, M. und A. Al-Laham (2008): Strategisches Management – Grundlagen, Prozesse, Implementierung. 5. vollständig überarbeitete Auflage, Gabler, Wiesbaden: S. 353 – 413.

7 Grundlegend zum Prinzipal-Agenten-Konflikt vgl. Fama, E. und M. Jensen (1983): Separation of ownership and control. Journal of Law and Economics 26: S. 301 – 325; Fama, E. und M. Jensen (1983): Agency Problems and Residual Claims. Journal of Law and Economics 26: S. 327 – 349; Ross, S. (1973): The Economic Theory of Agency – The Principal's Problem. American Economic Review 63: S. 134 – 135; Jensen, M. und W. Meckling (1976): Theory of the Firm: Managerial Behavior, Agency Costs, and Ownership Structure. Journal of Financial Economics 3: S. 305 – 360 sowie die kurze Zusammenfassung von Hack, A. (2009): Sind Familienunternehmen anders? Eine kritische Bestandsaufnahme des aktuellen Forschungsstands. Zeitschrift für Betriebswirtschaft, Special Issue 2: S. 5 f.

8 Smith, A. (1776): An Inquiry into the Nature and Causes of the Wealth of Nations. New Edition 1863, Adams and Charles Black, Edinburgh: S. 334.

9 Berle, A. und G. Means (1932): The Modern Corporation and Private Property. Macmillan, New York: S. 294. Es kann daher kaum verwundern, dass die Ökonomen Marianne Bertrand und Sendhil Mullainathan herausgefunden haben, dass Managervergütungen deutlich stärker an echte Performancekriterien ausgerichtet werden, wenn es einen dominanten Shareholder gibt. Vgl. Bertrand, M. und S. Mullainathan (2000): Do CEOs Set Their Own Pay? The Ones Without Principals Do. NBER Working Paper No. NBER_W7604.

10 Vgl. Weizsäcker, R. v. und K. Krempel (2006): Familienunternehmen: Auf lange Sicht erfolgreich. Working Paper Lehrstuhl für Volkswirtschaftslehre, Finanzwissenschaft und Industrieökonomik, Technische Universität München: S. 5 f.

11 Smith, A. (1776): An Inquiry into the Nature and Causes of the Wealth of Nations. New Edition, Adams and Charles Black, Edinburgh, 1863: S. 334.

12 So schon May, P. (2009): Familienunternehmen erfolgreich führen – Von der Inhaber-Strategie zur Unternehmens-Strategie. Zeitschrift für Betriebswirtschaft, Special Issue 2 / 2009: S. 114 sowie May, P. (2008): Leading the Family Business – Why creating an owner strategy must come first for family businesses. In: B. Büchel, S. Read, A. Moncef und S. Coughlan (Hrsg.), Riding the Winds of Global Change, IMD, Lausanne: S. 83 – 89.

13 Zum Nachstehenden vgl. Hack, A. (2009): Sind Familienunternehmen anders? Eine kritische Bestandsaufnahme des aktuellen Forschungsstands. Zeitschrift für Betriebswirtschaft, Special Issue 2: S. 1 – 29 mit zahlreichen weiteren Nachweisen.

14 So der Manager Martin Richenhagen, seinerzeit Chairman, President und Chief Executive Officer des amerikanischen Börsenkonzerns AGCO Corporation, auf

dem INTES Unternehmer Erfolgsforum am 12. November 2009 in Schloss Bensberg.

15 Fama, E. und M. Jensen (1983): Separation of ownership and control. Journal of Law and Economics 26: S. 301 – 325.

16 Vgl. Simon, H. (2007): Hidden Champions des 21. Jahrhunderts – Die Erfolgsstrategien unbekannter Weltmarktführer. Campus, Frankfurt: S. 302.

17 Haub, K.-E. (2011): »Wir spielen nicht.« manager magazin spezial. Oktober 2011: S. 78.

18 Zum Inhaberbonus bereits May, P. (2008): Familienunternehmen: Nicht nur anders, sondern besser – Grundzüge einer Managementtheorie für Familienunternehmen. In: C. Rödl, W. Scheffler und M. Winter (Hrsg.), Internationale Familienunternehmen – Recht, Steuern, Bilanzierung, Finanzierung, Nachfolge, Strategien – Festschrift für Bernd Rödl zum 65. Geburtstag, C. H. Beck, München: S. 422 f. sowie May, P. (2009): Familienunternehmen erfolgreich führen – Von der Inhaber-Strategie zur Unternehmens-Strategie. Zeitschrift für Betriebswirtschaft, Special Issue 2 / 2009: S. 120.

19 Seidel, H. (2010): Wie Madeleine Schickedanz die Quelle-Milliarden verlor. In P. May und G. Rieder (Hrsg.), Familienunternehmen heute – Jahrbuch 2011, INTES Akademie für Familienunternehmen, Bonn-Bad Godesberg: S. 162 f.

20 Vgl. dazu Lansberg, I. (1983): Managing Human Resources in Family Firms – The Problem of Institutional Overlap. Organizational Dynamics 12: S. 39 – 46 und Gersick, K., J. Davis, M. McCollom Hampton und I. Lansberg (1997): Generation to Generation – Life Cycles of the Family Business. Harvard Business School Press, Boston, sowie Simon, F. (2002): Familie und Unternehmen – Überlegungen zu Unterschieden, Gemeinsamkeiten und den Folgen. In: F. Simon (Hrsg.), Die Familie des Familienunternehmens – Ein System zwischen Gefühl und Geschäft, Carl Auer, Heidelberg: S. 27 – 51; Rosenbauer, C. (1994): Strategische Erfolgsfaktoren des Familienunternehmens im Rahmen seines Lebenszyklus. Dissertation der Universität St. Gallen, St. Gallen: S. 44 ff. und Mühlebach, C. (2004): Familyness als Wettbewerbsfaktor. Haupt, Bern: S. 17 f.

21 Schlippe, A. v. und S. Klein (2010): Familienunternehmen – blinder Fleck der Familientherapie? Familiendynamik 1: S. 16.

22 Vgl. etwa Lansberg, I. (1983): Managing Human Resources in Family Firms – The Problem of Institutional Overlap. Organizational Dynamics 12: S. 40 sowie Beckhard, R. und W. Dyer (1983): Managing Continuity in the Family Owned Business. Organizational Dynamics 12 / 5: S. 5 ff.

23 Hier zitiert nach Hughes, J. (2004): Family Wealth – Keeping it in the family. Blomberg Press, Princeton: S. 69 f.

24 Ausführlicher zur Thematik »Family First« versus »Business First« u. a. Ward, J. (1987): Keeping the Family Business Healthy. Jossey-Bass Publishers, San Francisco: S. 153 f.

25 Vgl. etwa Tagiuri, R. und J. Davis (1992): On the Goals of Successful Family Companies. Family Business Review 5: S. 43 – 62; Tagiuri, R. und J. Davis (1996): Biva-

lent Attributes of the Family Firm. Family Business Review 9: S. 199 – 208; vgl. auch Gersick, K., J. Davis, M. McCollom Hampton und I. Lansberg (1997): Generation to Generation – Life Cycles of the Family Business. Harvard Business School Press, Boston. Das 3-Kreis-Modell fehlt heute in praktisch keiner theoretischen Abhandlung über Familienunternehmen und gilt als das derzeit bedeutendste theoretische Modell zur Erklärung dieses Unternehmenstyps. Es wurde seit seiner Einführung vielfach ergänzt und modifiziert, insbesondere immer wieder zu einem 4-Kreis-Modell erweitert; vgl. etwa Klein, S. (2010): Familienunternehmen. 3. Auflage, Josef Eul, Lohmar – Köln: S. 234 ff.

26 Vgl. Mühlebach, C. (2004): Familyness als Wettbewerbsfaktor. Haupt, Bern: S. 20; Terberger, D. (1998): Konfliktmanagement in Familienunternehmen – Ein eignerorientiertes Konzept zur professionellen Konfliktbewältigung in Familienunternehmen. Dissertation, Universität St. Gallen, St. Gallen: S. 32 f.; Wimmer, R., E. Domayer, M. Oswald, G. Vater (1996): Familienunternehmen – Auslaufmodell oder Erfolgstyp? Gabler, Wiesbaden: S. 189.

27 Mühlebach, C. (2004): Familyness als Wettbewerbsfaktor. Haupt, Bern.

28 Vgl. Eglau, H. (2001): Erbe, Macht & Liebe – Unternehmerfamilien zwischen Interessen und Emotionen. Dodos-Verlag, Düsseldorf.

29 Vgl. Gordon, G. und N. Nicholson (2010): Family Wars – The Real Stories behind the Most Famous Family Business Feuds. Kogan Page, London.

30 David, W. (1998): Signora Gucci im Büßerhemd. DIE ZEIT 26: S. 55.

31 Hennerkes, B. (2009): Die Familie und ihr Unternehmen. 2. Auflage, Campus, Frankfurt: S. 58, der auf S. 59 ebenfalls einen tragischen Beispielsfall schildert.

32 So ausdrücklich bereits May, P. (2008): Familienunternehmen: Nicht nur anders, sondern besser – Grundzüge einer Managementtheorie für Familienunternehmen. In: C. Rödl, W. Scheffler und M. Winter (Hrsg.), Internationale Familienunternehmen – Recht, Steuern, Bilanzierung, Finanzierung, Nachfolge, Strategien – Festschrift für Bernd Rödl zum 65. Geburtstag, C. H. Beck, München: S. 421 f. und May, P. (2009): Familienunternehmen erfolgreich führen – Von der Inhaber-Strategie zur Unternehmens-Strategie. Zeitschrift für Betriebswirtschaft, Special Issue 2 / 2009: S. 118.

33 Michler, I. (2009): Wirtschaftswunder 2010 – Deutschlands Familienunternehmer erobern die Weltmärkte. Campus, Frankfurt: S. 202 – 207.

34 Vgl. auch Mühlebach, C. (2004): Familyness als Wettbewerbsfaktor. Haupt, Bern; Carlock, R. und J. Ward (2001): Strategic Planning for the Family Business – Parallel Planning to Unify the Family and Business. Palgrave Macmillan, Basingstoke: S. 192 sowie Rosenbauer, C. (1994): Strategische Erfolgsfaktoren des Familienunternehmens im Rahmen seines Lebenszyklus. Dissertation der Universität St. Gallen, St. Gallen: S. 147 f.

35 Vgl. Pümpin, C. (1992): Strategische Erfolgspositionen – Methodik der dynamischen strategischen Unternehmensführung. Paul Haupt, Bern: S. 89 ff.

36 Vgl. etwa Collins, J. und J. Porras (1994): Built to Last – Successful Habits of Visionary Companies. HarperBusiness, New York, und Lief, C. und D. Denison (2005):

How Family Business Culture is Different. In: J. Ward (Hrsg.), Unconventional Wisdom, John Wiley & Sons, Chichester: S. 57 – 76.

37 Eine schöne Darstellung über Vertrauen und seine Entstehung ist dem Juristen und Schriftsteller Bernhard Schlink in seinem Aufsatz »Wirtschaft und Vertrauen« gelungen. Schlink, B. (2005): Vergewisserungen – Über Politik, Recht, Schreiben und Glauben. Diogenes, Zürich.

38 Simon, H. (2007): Hidden Champions des 21. Jahrhunderts – Die Erfolgsstrategien unbekannter Weltmarktführer. Campus, Frankfurt: S. 337.

39 Vgl. etwa die Abhandlungen von Spengler, O. (2007): Der Untergang des Abendlandes. Patmos, Mannheim, sowie Kennedy, P. (2001): Aufstieg und Fall der großen Mächte. 5. Auflage, S. Fischer, Frankfurt.

40 Vgl. Darwin, C. (2008): Die Entstehung der Arten. Nikol, Hamburg.

41 Vgl. Smith, A. (1776): An Inquiry into the Nature and Causes of the Wealth of Nations. New Edition 1863, Adams and Charles Black, Edinburgh. (Deutsche Ausgabe: Smith, A. und H. Recktenwald [1999]: Der Wohlstand der Nationen – Eine Untersuchung seiner Natur und seiner Ursachen. Nachdruck 2003, Deutscher Taschenbuch Verlag, München).

42 Zum Nachstehenden vgl. Schumpeter, J. (1934): Theorie der wirtschaftlichen Entwicklung – Eine Untersuchung über Unternehmergewinn, Kapital, Kredit, Zins und den Konjunkturzyklus. 9. Auflage, unveränderter Nachdruck der 4. Auflage, Duncker & Humblot, Berlin, und McGraw, T. (2008): Joseph A. Schumpeter – Eine Biographie. Murmann, Hamburg.

43 Sämtliche Zitate nach McGraw, T. (2008): Joseph A. Schumpeter – Eine Biographie. Murmann, Hamburg: insbesondere S. 92 f. und 192 f.

44 Vgl. Porter, M. (1980): Competitive Strategy – Techniques for Analyzing Industries and Competitors. Free Press, New York.

45 Pümpin, C. und J. Prange (1995): Management der Unternehmensentwicklung – Phasengerechte Führung und Umgang mit Krisen. Campus, Frankfurt.

3. Kapitel: Zeit für einen Paradigmenwechsel

1 Vgl. Ward, J. (2005): Unconventional Strategy – Why Family Outperform. In: Ward, J. (Hrsg.), Unconventional Wisdom – Counterintuitive Insights for Family Business Success. John Wiley & Sons, Hoboken: S. 13 ff.

2 In diesem Sinne auch Lambrecht, J. und J. Lievens (2009): Responsible ownership of the family business. FBNet Belgium, Brussels-Kortrijk, sowie Aronoff, C. und J. Ward (2002): Family Business Ownership – How To Be An Effective Shareholder. Family Enterprise Publishers, Marietta.

3 Vgl. etwa Pümpin, C. (1998): Die Eignerstrategie. In: B.-H. Hennerkes und R. Kirchdörfer (Hrsg.), Unternehmenshandbuch Familiengesellschaften – Sicherung von Unternehmen, Vermögen und Familie, 2. Auflage, Carl Heymanns, Köln:

S. 799 – 814; Pümpin, C. und R. Pritzl (1991): Unternehmenseigner brauchen eine ganz besondere Strategie: Harvard Business Manager 3: S. 44 – 51; Pümpin, C. (2008): Eigner-Strategie. In: P. May (Hrsg.), Das INTES-Handbuch Familienunternehmen, INTES Akademie für Familienunternehmen, Bonn-Bad Godesberg: S. 113 – 131, Carlock, R. und J. Ward (2001): Strategic Planning for the Family Business – Parallel Planning to Unify the Family and Business. Palgrave Macmillan, Basingstoke, sowie Carlock, R. und J. Ward (2010): When Family Businesses are Best: The Parallel Planning Process for Family Harmony and Business Success. Palgrave Macmillan, Basingstoke.

4 So schon May, P. (2009): Familienunternehmen erfolgreich führen – Von der Inhaber-Strategie zur Unternehmens-Strategie. Zeitschrift für Betriebswirtschaft, Special Issue 2 / 2009: S. 113 – 126, May, P. (2008): Leading the Family Business – Why creating an owner strategy must come first for family businesses. In: B. Büchel, S. Read, A. Moncef und S. Coughlan (Hrsg.), Riding the Winds of Global Change, IMD, Lausanne: S. 83 – 89.

5 Dafür schon May, P. (2008): Familienunternehmen: Nicht nur anders, sondern besser – Grundzüge einer Managementtheorie für Familienunternehmen. In: C. Rödl, W. Scheffler und M. Winter (Hrsg.), Internationale Familienunternehmen – Recht, Steuern, Bilanzierung, Finanzierung, Nachfolge, Strategien – Festschrift für Bernd Rödl zum 65. Geburtstag, C. H. Beck, München: S. 417 – 429; May, P. (2009): Familienunternehmen erfolgreich führen – Von der Inhaber-Strategie zur Unternehmens-Strategie. Zeitschrift für Betriebswirtschaft, Special Issue 2 / 2009: S. 113 – 126 sowie May, P. (2008): Leading the Family Business – Why creating an owner strategy must come first for family businesses. In: B. Büchel, S. Read, A. Moncef und S. Coughlan (Hrsg.), Riding the Winds of Global Change, IMD, Lausanne: S. 83 – 89.

6 Zum Nachstehenden schon May, P. (2009): Die BWL hat den Unternehmer vergessen. Frankfurter Allgemeine Zeitung 91: S. 12 sowie May, P. (2009): Das Versagen der Wirtschaftswissenschaften – oder: Warum wir die BWL neu denken müssen. In: P. May und G. Rieder (Hrsg.), Familienunternehmen heute – Jahrbuch 2010, INTES Akademie für Familienunternehmen, Bonn-Bad Godesberg: S. 12 – 15.

7 Vgl. Klein-Blenkers, F. (2009): Vorwort – Die Wurzeln der Betriebswirtschaftslehre. In: A. Emminghaus, Allgemeine Gewerkslehre, 19. Auflage, Vereinigung zur Förderung der Geschichte der Betriebswirtschaftslehre, Bergisch Gladbach: S. 7 f.

8 Letzterer findet im sozialstaatlich geprägten Deutschland naturgemäß weniger Anerkennung als in den liberalkapitalistischen angelsächsischen Ländern.

9 In diesem Sinne schon May, P. (2008): Lernen von den Champions. In: P. May (Hrsg.), Das INTES-Handbuch Familienunternehmen, INTES Akademie für Familienunternehmen, Bonn-Bad Godesberg: S. 96 – 112; ebenso dezidiert Landes, D. (2008): Die Macht der Familie. Pantheon, München: S. 407 ff. und Michler, I. (2009): Wirtschaftswunder 2010 – Deutschlands Familienunternehmer erobern die Weltmärkte. Campus, Frankfurt: S. 202 ff.

10 So schon May, P. (2008): Sind Unternehmer bessere Menschen? impulse 6: S. 130.

4. Kapitel: Warum Familienunternehmen besondere Strategien brauchen

1 Wolfgang, F., B. Lorenz und U. Hauser (2007): Die Discountisierung der Gesellschaft – Dimensionen eines Megatrends. Deutscher Betriebswirte-Verlag, Gernsbach, sowie Böckermann, G. und H. Lehmann (2007, Hrsg.): Aldisierung – Ist Geiz geil? Oder: Die Entwicklung einer neuen Konsumkultur. Katholische Akademie der Erzdiözese Freiburg, Freiburg.

2 Vgl. Brandes, D. (2003): Die 11 Geheimnisse des ALDI-Erfolgs. Campus, Frankfurt; Brandes, D. (1998): Konsequent einfach: Die ALDI-Erfolgsstory. Campus, Frankfurt, und Brandes, D. (2008): Von ALDI lernen – Das Prinzip der Einfachheit. In: P. May (Hrsg.), Das INTES-Handbuch Familienunternehmen, INTES Akademie für Familienunternehmen, Bonn-Bad Godesberg: S. 247–261.

3 Lediglich bei den Übernahmen von Hofer in Österreich durch ALDI SÜD und Trader Joe in den USA durch ALDI Nord wich man von diesem Grundsatz ab.

5. Kapitel: Strategische Führung

1 Eine anschauliche Entwicklung der Managementlehre seit ihren Anfängen im späten 19. Jahrhundert findet sich bei Javier Meto, Estructura, estrapia y conociemiento. Una lectura histórica de la política de gestión (unveröffentlichte Doktorarbeit). Sie hat sich über die Stufen Organisation von Arbeit und Produktion (Henry Fayol), personenbezogenes Management (Frederick Herzberg), Verwaltung (Herbert Simon), Organisationslehre (Alfred Chandler) allmählich zur Strategielehre (Kenneth Anders) entwickelt. Vgl. auch Wöhe, G. und U. Döring (2010): Einführung in die Allgemeine Betriebswirtschaftslehre. Vahlen, München, 24. überarbeitete und aktualisierte Auflage.

2 Vgl. Porter, M. (1992): Wettbewerbsstrategie. Campus, Frankfurt, 7. Auflage.

3 Vgl. Porter, M. (1992): Wettbewerbsvorteile – Spitzenleistungen erreichen und behaupten. Campus, Frankfurt, 3. Auflage: S. 93 ff.

4 Vgl. u. a. Simon, H. und A. v. d. Gathen (2010): Das große Handbuch der Strategieinstrumente – Werkzeuge für eine erfolgreiche Unternehmensführung. Campus, Frankfurt.

5 Vgl. Markowitz, H. (1952): Portfolio Selection, Journal of Finance 1: S. 77–91 und Markowitz, H. (1959): Portfolio Selection – Efficient Diversification of Investments. John Wiley & Sons: London.

6 Vgl. Rappaport, A. (1999): Shareholder-Value – Ein Handbuch für Manager und Investoren. Stuttgart, Schäffer-Poeschel, 2., vollständig überarbeitete und aktualisierte Auflage.

7 Vgl. Collins, J. und J. Porras (2002): Built to Last, Harper, New York; ebenso Lief, C. und D. Denison (2005): How Family Business Culture is Different. In: J. Ward (Hrsg.), Unconventional Wisdom – Counterintuitive Insights for Family Business

Success. John Wiley & Sons, Hoboken, sowie die Ausführungen zur Unternehmenskultur im Herausgeberband Aronoff, C., J. Astrachan und J. Ward (2002, Hrsg.), Family Business Sourcebook. Family Enterprise Publishers, Marietta: S. 651 – 725.

8 Vgl. Machatschke, M. und U. Schwarzer (2010): Endlich Weltmeister. managermagazin 10: S. 36 – 44 sowie Dostert, E. (2009): Der Reiz von Hohenlohe. Süddeutsche Zeitung 110, 14. 05. 2009: S. 22.

9 Simon, H. (2007): Hidden Champions des 21. Jahrhunderts – Die Erfolgsstrategien unbekannter Weltmarktführer. Campus, Frankfurt, sowie Venohr, B. (2006): Wachsen wie Würth – Das Geheimnis des Welterfolgs. Campus, Frankfurt.

10 So schon May, P. (2008): Familienunternehmen: Nicht nur anders, sondern besser – Grundzüge einer Managementtheorie für Familienunternehmen – Recht, Steuern, Bilanzierung, Finanzierung, Nachfolge, Strategien, Festschrift für Bernd Rödl zum 65. Geburtstag, C. H. Beck, München: S. 421.

11 Die Entwicklung der Publikumsgesellschaften mit anonymem Anlegerkreis war maßgeblich von dem Bedürfnis geprägt, den Finanzbedarf für die großen Industrialisierungsvorhaben zu decken, der die Möglichkeiten der bis dahin dominierenden Familiendynastien überstieg. Die daraus resultierende Teilung der Wirtschaft in Familienunternehmen und Publikumsgesellschaften hat maßgeblich zur raschen Mehrung des Wohlstandes und zum Erfolg des kapitalistischen Gesellschaftsmodells in der zweiten Phase der industriellen Revolution beigetragen.

12 Reed, J. (2009): Out on a family drive. Financial Times 08. 05. 2009: S. 7.

13 Es ist kein Zufall, dass Hermann Simon als zentrale Bausteine der Wettbewerbsstrategie der Hidden Champions Marktnähe, Technologieführerschaft, Innovationskraft sowie motivierte und qualifizierte Mitarbeiter nennt; vgl. Simon, H. (2007): Hidden Champions des 21. Jahrhunderts – Die Erfolgsstrategien unbekannter Weltmarktführer. Campus, Frankfurt.

14 Langenscheidt, F. und P. May (2009, Hrsg.): Das Lexikon der deutschen Familienunternehmen – Deutsche Familienunternehmen mit allen wichtigen Informationen zu Herkunft, Geschichte, Daten und Fakten. Gabler, Wiesbaden: S. 905.

15 Blas, J. und G. Meyer (2010): All you can eat. Financial Times 19. 05. 2010: S. 9.

16 Vgl. Deckstein, D. (2010): Hier wirbt der Chef. Süddeutsche Zeitung 178, 05. 08. 2010: S. 18.

17 Imdahl, I. (2010): Hemdsärmel erwünscht. Süddeutsche Zeitung 178, 05. 08. 2010: S. 18.

18 www.merck.de / merckweg.

19 Peters, T. und R. Watermann (1982): In Search of Excellence – Lessons from America's Best-Run Companies. Harper & Row, New York.

20 Bilstein, F. und H. Simon (2006): Abschied vom Marktanteilsdenken – Gewinnorientierte Wettbewerbsstrategien. Frankfurter Allgemeine Zeitung 217, 18. 09. 2006: S. 22.

21 Bilstein, F. und H. Simon (2006): Abschied vom Marktanteilsdenken – Gewinnori-

entierte Wettbewerbsstrategien. Frankfurter Allgemeine Zeitung 217, 18.09.2006: S. 22.

22 Walton, S. (2008): Zehn Regeln für ein erfolgreiches Unternehmensmanagement. In: May, P. (Hrsg.), Das INTES-Handbuch Familienunternehmen, INTES Akademie für Familienunternehmen, Bonn-Bad Godesberg: S. 276.

23 Simon, H. (2007): Hidden Champions des 21. Jahrhunderts – Die Erfolgsstrategien unbekannter Weltmarktführer. Campus, Frankfurt: S. 170.

24 Simon, H. (2007): Hidden Champions des 21. Jahrhunderts – Die Erfolgsstrategien unbekannter Weltmarktführer. Campus, Frankfurt: S. 185 – 188.

25 Porter, M. (1992): Wettbewerbsvorteile – Spitzenleistungen erreichen und behaupten. Campus, Frankfurt, 3. Auflage: S. 93 ff.

26 Bilstein, F. und H. Simon (2006): Abschied vom Marktanteilsdenken – Gewinnorientierte Wettbewerbsstrategien. Frankfurter Allgemeine Zeitung 217, 18.09.2006: S. 22.

27 Simon, H. (2007): Hidden Champions des 21. Jahrhunderts – Die Erfolgsstrategien unbekannter Weltmarktführer. Campus, Frankfurt: S. 185–188.

28 Simon, H. (2007): Hidden Champions des 21. Jahrhunderts – Die Erfolgsstrategien unbekannter Weltmarktführer. Campus, Frankfurt: S. 233 ff.

29 Simon, H. (2007): Hidden Champions des 21. Jahrhunderts – Die Erfolgsstrategien unbekannter Weltmarktführer. Campus, Frankfurt: S. 177 ff., 181 ff. und 188.

30 Simon, H. (2007): Hidden Champions des 21. Jahrhunderts – Die Erfolgsstrategien unbekannter Weltmarktführer. Campus, Frankfurt: S. 170 ff. und 188.

31 Simon, H. (2007): Hidden Champions des 21. Jahrhunderts – Die Erfolgsstrategien unbekannter Weltmarktführer. Campus, Frankfurt: S. 188.

32 Vgl. Simon, H. (2007): Hidden Champions des 21. Jahrhunderts – Die Erfolgsstrategien unbekannter Weltmarktführer. Campus, Frankfurt: S. 189.

33 Vgl. zum Nachfolgenden schon May, P. (2004): Lernen von den Champions – Fünf Bausteine für unternehmerischen Erfolg. 2. Auflage, INTES Akademie für Familienunternehmen, Bonn-Bad Godesberg: S. 50 ff. und May, P. (2009): Erfolgsmodell Familienunternehmen. In: F. Langenscheidt und P. May (Hrsg.), Das Lexikon der deutschen Familienunternehmen – Deutsche Familienunternehmen mit allen wichtigen Informationen zu Herkunft, Geschichte, Daten und Fakten, Gabler, Wiesbaden: S. 954 ff.

34 Hier zitiert nach May, P. (2004): Lernen von den Champions – Fünf Bausteine für unternehmerischen Erfolg. 2. Auflage, INTES Akademie für Familienunternehmen, Bonn-Bad Godesberg: S. 52.

35 Kamprad, I. (2008): Das Testament eines Möbelhändlers – Die Erfolgsprinzipien eines Möbelhändlers. In: P. May (Hrsg.), Das INTES-Handbuch Familienunternehmen, INTES Akademie für Familienunternehmen, Bonn-Bad Godesberg: S. 262 – 272.

36 Vgl. McGraw, T. (2008): Joseph A. Schumpeter – Eine Biographie. Murmann, Hamburg.

37 Vgl. May, P. (2009): Erfolgsmodell Familienunternehmen. In: F. Langenscheidt

und P. May (Hrsg.), Das Lexikon der deutschen Familienunternehmen – Deutsche Familienunternehmen mit allen wichtigen Informationen zu Herkunft, Geschichte, Daten und Fakten, Gabler, Wiesbaden: S. 956.

38 Vgl. Anderson, R. und D. Reeb (2003): Founding-Family Ownership and Firm Performance. Journal of Finance 58: S. 1301 – 1329 und Hack, A. (2009): Sind Familienunternehmen anders? Eine kritische Bestandsaufnahme des aktuellen Forschungsstands. Zeitschrift für Betriebswirtschaft, Special Issue 2: S. 1 – 29.

39 Simon, H. (2007): Hidden Champions des 21. Jahrhunderts – Die Erfolgsstrategien unbekannter Weltmarktführer. Campus, Frankfurt: S. 220 f.

40 Leibinger-Kammüller, N. (2007): Die goldene Größe, in: J. Meffert und H. Klein (Hrsg.), DNS der Weltmarktführer – Erfolgsformeln aus dem Mittelstand. Redline, Heidelberg: S. 31 – 35.

41 Vgl. Maucher, H. (2007): Management-Brevier – Ein Leitfaden für unternehmerischen Erfolg. Campus, Frankfurt: S. 191.

42 Vgl. nur Wiedeking, W. und A. Hunger (2003, Hrsg.): Das Davidprinzip – Macht und Ohnmacht der Kleinen. Wagenbach, Berlin.

43 Vgl. Fahrion, H.-J., A. Käufl und S. Hein (2010): Risikomanagement, Internes Kontrollsystem und Compliance Management als zentrale Instrumente der Business Governance. In: Koeberle-Schmid, A., H.-J. Fahrion und P. Witt (Hrsg.), Family Business Governance – Erfolgreiche Führung von Familienunternehmen, Erich Schmidt, Berlin: S. 179 – 200.

44 Vgl. Kormann, H. (2009): Wer nicht zugrunde geht, lebt länger! Sicherungsstrategie als Pendant zur Erfolgsstrategie. In: R. Kirchdörfer, R. Lorz, A. Wiedemann, R. Kögel und T. Frohnmayer (2009, Hrsg.): Familienunternehmen in Recht, Wirtschaft, Politik und Gesellschaft – Festschrift für Brun-Hagen Hennerkes zum 70. Geburtstag. C. H. Beck, München: S. 115 – 133.

45 Simon, H. (2009): Der große Fehler. manager-magazin 10: S. 68.

46 Mehr zum Fall Merckle vgl. u. a. Hofmann, S. (2010): Adolf Merkle ist tot, sein Imperium lebt. Handelsblatt 126, 05.07.2010: S. 20 f.; Knoch, A. (2009): Bedingt schlechtwettertauglich. wir-Magazin 6: S. 42 – 45; Heiny, L., H. Fischer und B. Stieber (2009): Das Erbe des Patriarchen. impulse 8: S. 14 – 25 sowie Balzli, B., M. Grill, W. Holersen, S. Kaiser und T. Ruma (2009): Er hat nimmer können. Spiegel 3: S. 60 ff.

47 Mehr zu den Tamagotchis bei Wikipedia (http://de.wikipedia.org/wiki/Tamagotchi).

48 Vgl. Simon, H. (2007): Hidden Champions des 21. Jahrhunderts – Die Erfolgsstrategien unbekannter Weltmarktführer. Campus, Frankfurt: S. 104 ff.

49 Vgl. May, P. (2004): Lernen von den Champions – Fünf Bausteine für unternehmerischen Erfolg. 2. Auflage, INTES Akademie für Familienunternehmen, Bonn-Bad Godesberg: S. 80 ff.

50 Vgl. dazu u. a. die Homepage von Haniel (http://www.haniel.de/public/de/group/Geschichte); Viehöver, U. (2006): Die EinflussReichen – Henkel, Otto und Co – Wer in Deutschland Geld und Macht hat. Campus, Frankfurt, sowie

James, H. (2005): Familienunternehmen in Europa – Haniel, Wendel und Falck. C. H. Beck, München.

51 Bekanntlich führen etwa die Hälfte aller Übernahmen zu einem Wertverlust statt zu der versprochenen Wertsteigerung; vgl. dazu schon A. T. Kearny (1998): Integration nach Unternehmenskauf – Ihr Weg zur Post Merger Excellence. A. T. Kearny Global PMI Survey, Düsseldorf. Die Studie stellt fest, dass 57 Prozent der 230 untersuchten Unternehmen ihre Profitabilität nach der Fusion verschlechterten und 50 Prozent aller Allianzen in den USA würden innerhalb von vier Jahren scheitern.

52 Vgl. dazu May, P. (2008): Familienunternehmen: Nicht nur anders, sondern besser – Grundzüge einer Managementtheorie für Familienunternehmen. In: C. Rödl, W. Scheffler und M. Winter (Hrsg.), Internationale Familienunternehmen – Recht, Steuern, Bilanzierung, Finanzierung, Nachfolge, Strategien – Festschrift für Bernd Rödl zum 65. Geburtstag, C. H. Beck, München: S. 423 sowie May, P. (2009): Familienunternehmen erfolgreich führen – Von der Inhaber-Strategie zur Unternehmens-Strategie. Zeitschrift für Betriebswirtschaft, Special Issue 2 / 2009: S. 113 – 125.

53 Maucher, H. (2007): Management-Brevier – Ein Leitfaden für unternehmerischen Erfolg. Campus, Frankfurt: S. 32 ff.

54 Miele, M. und R. Zinkann (2009): Interessen des Unternehmens haben immer Vorrang. Handelsblatt 224, 19. 11. 2009: S. 30.

55 Quelle: Unternehmensinformationen.

56 Näher zum Franchising vgl. Ahlert, D. (2001): Handbuch Franchising & Cooperation – Das Management kooperativer Unternehmensnetzwerke. Hermann Luchterhand, Neuwied; Pauli, K. (1992): Franchising. Econ, Düsseldorf, 2. Auflage, sowie Faber, F. (2008): Franchising und Familienunternehmen. INTES Zentrum für Familienunternehmen, Vallendar, Forschungspapier Nr. 8.

6. Kapitel: Finanzierung

1 Stoscheck, M. (2010): Mein größter Fehler. impulse 10: S. 170.

2 Riegel, H. (2009): Mein größter Fehler. impulse 5: S. 138.

3 Allgemein zum Thema Unternehmensfinanzierung u. a. Wöhe, G. und U. Döring (2010): Einführung in die Allgemeine Betriebswirtschaftslehre. Vahlen, München, 24. überarbeitete und aktualisierte Auflage; Thommen, J.-P. und A.-K. Achleitner (2003): Allgemeine Betriebswirtschaftslehre – Umfassende Einführung aus managementorientierter Sicht. Gabler, Wiesbaden, 4. überarbeitete und erweiterte Auflage; Perridon, L., M. Steiner und A. Rathgeber (2009): Finanzwirtschaft der Unternehmung. Vahlen, München, 15. Auflage; Copeland, T., J. Weston und K. Shastri (2003): Financial Theory and Corporate Policy. Addison-Wesley Longman, Amsterdam, 4. Auflage; Hillier, D., S. Ross, R. Westerfield, J. Jaffe und B. Jordan (2010): Corporate Finance – European Edition. McGraw-Hill, Columbus.

4 Die übliche Management-Literatur beschäftigt sich ausschließlich mit der Bezie-

hung zwischen Wachstum, Rentabilität und Unternehmenswert. Die Stabilität spielt nur eine untergeordnete Rolle. Vgl. zu Wachstum, Rentabilität und Stabilität u. a. Varaiya, N., R. Kerin und D. Weeks (1987): The Relationship between Growth, Profitability, and Firm Value. Strategic Management Journal 5: S. 487 – 497; Hall, M. und L. Weiss (1967): Firm Size and Profitability. The Review of Economics and Statistics 49: S. 319 – 331.

5 Allgemein zu Besonderheiten bei der Finanzierung von Familienunternehmen Redlefsen, M. und A. Knöll (2008): Finanzierung von Familienunternehmen. In: P. May (Hrsg.), Das INTES-Handbuch Familienunternehmen, INTES Akademie für Familienunternehmen, Bonn-Bad Godesberg: S. 281 – 294; Achleitner, A.-K., S. Schraml und O. Klöckner (2008): Finanzierung von Familienunternehmen – Wie professionell ist die Unternehmensfinanzierung tatsächlich? Center for Entrepreneurial and Financial Studies, Technische Universität München; Redlefsen, M. und J. Eiben (2006): Finanzierung von Familienunternehmen. INTES Studie, INTES Akademie für Familienunternehmen, Bonn-Bad Godesberg; Schielke, J. (2009): Finanzierung von Familienunternehmen. In: R. Kirchdörfer, R. Lorz, A. Wiedemann, R. Kögel und T. Frohnmayer (Hrsg.), Familienunternehmen in Recht, Wirtschaft, Politik und Gesellschaft – Festschrift für Brun-Hagen Hennerkes zum 70. Geburtstag. C. H. Beck, München: S. 221 – 240; Ackermann, J. (2009): Intelligente Finanzierung als Erfolgsfaktor für Familienunternehmen. In: R. Kirchdörfer, R. Lorz, A. Wiedemann, R. Kögel und T. Frohnmayer (Hrsg.), Familienunternehmen in Recht, Wirtschaft, Politik und Gesellschaft – Festschrift für Brun-Hagen Hennerkes zum 70. Geburtstag. C. H. Beck, München: S. 241 – 247; Schraml, S. (2010): Finanzierung von Familienunternehmen – Eine Analyse spezifischer Determinanten des Entscheidungsverhaltens. Gabler, Wiesbaden; Winkeljohann, N. (2010): Wirtschaft in Familienhand – Die Erfolgsgeheimnisse der Unternehmerdynastien. Campus, Frankfurt; Berthold, F. (2010): Familienunternehmen im Spannungsfeld zwischen Wachstum und Finanzierung. Eul, Lohmar; Villalonga, B. (2009): Financial Management of Family and Closely Held Firms. Harvard Business School, Boston sowie May, P. (2008): Familienunternehmen: Nicht nur anders, sondern besser – Grundzüge einer Managementtheorie für Familienunternehmen. In: C. Rödl, W. Scheffler und M. Winter (Hrsg.), Internationale Familienunternehmen – Recht, Steuern, Bilanzierung, Finanzierung, Nachfolge, Strategien – Festschrift für Bernd Rödl zum 65. Geburtstag, C. H. Beck, München: S. 424 ff.

6 Näher zu diesen Beweggründen und den sich daraus ergebenden Konsequenzen auch Berthold, F. (2010): Familienunternehmen im Spannungsfeld zwischen Wachstum und Finanzierung. Eul, Lohmar: S. 80 ff. und S. 142 ff.; Wimmer, R., E. Domayer, M. Oswald, G. Vater (1996): Familienunternehmen – Auslaufmodell oder Erfolgstyp? Gabler, Wiesbaden: S. 158.

7 Winkeljohann, N. (2010): Wirtschaft in Familienhand – Die Erfolgsgeheimnisse der Unternehmerdynastien. Campus, Frankfurt: S. 116 f.

8 Schielke, J. (2009): Finanzierung von Familienunternehmen. In: R. Kirchdörfer, R. Lorz, A. Wiedemann, R. Kögel und T. Frohnmayer (Hrsg.), Familienunternehmen

in Recht, Wirtschaft, Politik und Gesellschaft – Festschrift für Brun-Hagen Hennerkes zum 70. Geburtstag. C. H. Beck, München: S. 225.

9 Vgl. Berthold, F. (2010): Familienunternehmen im Spannungsfeld zwischen Wachstum und Finanzierung. Eul, Lohmar; Schraml, S. (2010): Finanzierung von Familienunternehmen – Eine Analyse spezifischer Determinanten des Entscheidungsverhaltens. Gabler, Wiesbaden, sowie Haunschild, L. und F. Wallau (2010): Die größten Familienunternehmen in Deutschland. Institut für Mittelstandsforschung, Bonn.

10 Gloger, A. (2011): Report fürs Renommee. Financial Times Deutschland, 31. 05. 2011: S. A5.

11 Vgl. Fischer, W. (2010): Das Baustoffunternehmen Kemmler – Die Geschichte eines schwäbischen Familienunternehmens über fünf Generationen. Campus, Frankfurt: S. 233 ff.

12 Vgl. Fischer, W. (2010): Das Baustoffunternehmen Kemmler – Die Geschichte eines schwäbischen Familienunternehmens über fünf Generationen. Campus, Frankfurt: S. 237 f.

13 Vgl. Simon, H. (2007): Hidden Champions des 21. Jahrhunderts – Die Erfolgsstrategien unbekannter Weltmarktführer. Campus, Frankfurt: S. 257.

14 Vgl. Redlefsen, M. und J. Eiben (2006): Finanzierung von Familienunternehmen. INTES Studie, INTES Akademie für Familienunternehmen, Bonn-Bad Godesberg. In dieser Studie wurde eine durchschnittliche Eigenkapitalquote von 36,2 Prozent ermittelt; mehr als ein Viertel der befragten Familienunternehmen weist eine Eigenkapitalquote von über 50 Prozent auf.

15 Winkeljohann, N. (2010): Wirtschaft in Familienhand – Die Erfolgsgeheimnisse der Unternehmerdynastien. Campus, Frankfurt: S. 118.

16 Haunschild, L. und F. Wallau (2010): Die größten Familienunternehmen in Deutschland. Institut für Mittelstandsforschung, Bonn: S. 32 ff.; ähnlich: Caspar, C., A. Dias und H.-P. Elstrodt (2010): The five attributes of enduring family businesses. McKinseyQuarterly Januar: S. 1 – 10.

17 Haub, K.-E. (2011): »Wir spielen nicht.« manager magazin spezial, Oktober 2011: S. 78.

18 Vgl. dazu nur Schielke, J. (2009): Finanzierung von Familienunternehmen. In: R. Kirchdörfer, R. Lorz, A. Wiedemann, R. Kögel und T. Frohnmayer (Hrsg.), Familienunternehmen in Recht, Wirtschaft, Politik und Gesellschaft – Festschrift für Brun-Hagen Hennerkes zum 70. Geburtstag. C. H. Beck, München: S. 228.

19 Das betonen zu Recht auch Hennerkes, B.-H. (1998): Familienunternehmen sichern und optimieren. Campus, Frankfurt: S. 289 ff. und Schielke, J. (2009): Finanzierung von Familienunternehmen. In: R. Kirchdörfer, R. Lorz, A. Wiedemann, R. Kögel und T. Frohnmayer (Hrsg.), Familienunternehmen in Recht, Wirtschaft, Politik und Gesellschaft – Festschrift für Brun-Hagen Hennerkes zum 70. Geburtstag. C. H. Beck, München: S. 228.

20 Haunschild, L. und F. Wallau (2010): Die größten Familienunternehmen in Deutschland. Institut für Mittelstandsforschung, Bonn.

21 Vgl. etwa. Redlefsen, M. und J. Eiben (2006): Finanzierung von Familienunternehmen. INTES Studie, INTES Akademie für Familienunternehmen, Bonn-Bad Godesberg: S. 7; Kolbeck, C. (2002): Basel II und der Mittelstand – Neue Trends in der Unternehmensfinanzierung. Wirtschaftsdienst 82/7: S. 389–394; Simon, H. (2007): Hidden Champions des 21. Jahrhunderts – Die Erfolgsstrategien unbekannter Weltmarktführer. Campus, Frankfurt: S. 259 und Winkeljohann, N. (2010): Wirtschaft in Familienhand – Die Erfolgsgeheimnisse der Unternehmerdynastien. Campus, Frankfurt: S. 115.

22 Vgl. auch Simon, H. (2007): Hidden Champions des 21. Jahrhunderts – Die Erfolgsstrategien unbekannter Weltmarktführer. Campus, Frankfurt: S. 260.

23 Vgl. Heissmann (2003): bAV Unternehmersicht 2003 – Betriebliche Altersvorsorge aus Unternehmersicht. Dr. Dr. Heissmann GmbH, Wiesbaden; Heissmann (2006): Betriebliche Altersversorgung 2006 – in oder out? Dr. Dr. Heissmann GmbH, Wiesbaden.

24 Vgl. Preißler, P. (2008): Betriebswirtschaftliche Kennzahlen. Oldenbourg, München: S. 133.

25 Vgl. Preißler, P. (2008): Betriebswirtschaftliche Kennzahlen. Oldenbourg, München: S. 142 ff.

26 Näher zu den Vorteilen von Holding-Konstruktionen in Familienunternehmen May, P. (1999): Von den »May-Werken« zur »May-Gruppe« – Erfahrungen beim Umbau eines Familienunternehmens. In: T. Keller (Hrsg.), Die Holding im Mittelstand – Leitfaden zur Umsetzung moderner Managementsysteme, Wirtschaftsverlag Bachem, Köln: S. 41–56; Watermann, L. (1999): Die Management-Holding für große Familienunternehmen – Ein Führungs- und Organisationskonzept. Gabler, Wiesbaden; Baumann, M. (2005): Die Familienholding. Schulthess, Zürich.

27 Eingehender zu den Finanzierungsaspekten einer professionellen Bewirtschaftung der Aktivseite Redlefsen, M. und A. Knöll (2008): Finanzierung von Familienunternehmen. In: P. May (Hrsg.), Das INTES-Handbuch Familienunternehmen, INTES Akademie für Familienunternehmen, Bonn-Bad Godesberg: S. 281–294.

28 Im Folgenden ist weder von Leasing noch von Factoring die Rede. Diese Finanzierungsinstrumente setzen zwar ebenfalls auf der Aktivseite der Bilanz an, reduzieren das im Unternehmen gebundene Vermögen und den Finanzbedarf jedoch nicht, sondern stellen lediglich alternative Finanzierungsformen dar.

29 Näher zum Working Capital Management Klepzig, H.-J. (2010): Working-Capital und Cash Flow – Finanzströme durch Prozessmanagement optimieren. Gabler, Wiesbaden, 2., überarbeitete Auflage.

30 Vgl. dazu schon May, P. (2009): Familienunternehmen erfolgreich führen – Von der Inhaber-Strategie zur Unternehmens-Strategie. Zeitschrift für Betriebswirtschaft, Special Issue 2/2009: S. 113–125; May, P. (2008): Familienunternehmen: Nicht nur anders, sondern besser – Grundzüge einer Managementtheorie für Familienunternehmen. In: C. Rödl, W. Scheffler und M. Winter (Hrsg.), Internationale Familienunternehmen – Recht, Steuern, Bilanzierung, Finanzierung, Nachfolge, Strategien – Festschrift für Bernd Rödl zum 65. Geburtstag, C. H. Beck,

München: S. 424; May, P. (2004): Lernen von den Champions. 2. Auflage, INTES Akademie für Familienunternehmen, Bonn-Bad Godesberg, sowie Schielke, J. (2009): Finanzierung von Familienunternehmen. In: R. Kirchdörfer, R. Lorz, A. Wiedemann, R. Kögel und T. Frohnmayer (Hrsg.), Familienunternehmen in Recht, Wirtschaft, Politik und Gesellschaft – Festschrift für Brun-Hagen Hennerkes zum 70. Geburtstag. C. H. Beck, München: S. 224.

31 Laut einer Studie der Stiftung Familienunternehmen nutzen insgesamt 11 Prozent der untersuchten großen Familienunternehmen dieses Instrument; vgl. Wimmer, R., C. Kolbeck, T. Rüsen und T. Bauer (2009): Familienunternehmen und die aktuelle Weltwirtschaftskrise. Stiftung Familienunternehmen, München: S. 19.

32 Koller, C. (2009): Perger – Hauptsache keiner redet rein. Handelsblatt 116, 22.06.2009: S. 14.

33 Wimmer, R., C. Kolbeck, T. Rüsen und T. Bauer (2009): Familienunternehmen und die aktuelle Weltwirtschaftskrise. Stiftung Familienunternehmen, München: S. 19.

34 Zum Nachfolgenden überblickartig: Berthold, F. (2010): Familienunternehmen im Spannungsfeld zwischen Wachstum und Finanzierung. Eul, Lohmar: S. 52 ff.; Redlefsen, M. und A. Knöll (2008): Finanzierung von Familienunternehmen. In: P. May (Hrsg.), Das INTES-Handbuch Familienunternehmen, INTES Akademie für Familienunternehmen, Bonn-Bad Godesberg: S. 286 ff.; Schielke, J. (2009): Finanzierung von Familienunternehmen. In: R. Kirchdörfer, R. Lorz, A. Wiedemann, R. Kögel und T. Frohnmayer (Hrsg.), Familienunternehmen in Recht, Wirtschaft, Politik und Gesellschaft – Festschrift für Brun-Hagen Hennerkes zum 70. Geburtstag. C. H. Beck, München: S. 226 ff. sowie Winkeljohann, N. (2010): Wirtschaft in Familienhand – Die Erfolgsgeheimnisse der Unternehmerdynastien. Campus, Frankfurt: S. 119 ff.

35 Kolbeck, C. (2002): Basel II und der Mittelstand – Neue Trends in der Unternehmensfinanzierung. Wirtschaftsdienst 82 / 7: S. 392 und Berthold, F. (2010): Familienunternehmen im Spannungsfeld zwischen Wachstum und Finanzierung. Eul, Lohmar: S. 64.

36 Achleitner, A.-K., S. Schraml und O. Klöckner (2008): Finanzierung von Familienunternehmen – Wie professionell ist die Unternehmensfinanzierung tatsächlich? Center for Entrepreneurial and Financial Studies, Technische Universität München, sowie Schielke, J. (2009): Finanzierung von Familienunternehmen. In: R. Kirchdörfer, R. Lorz, A. Wiedemann, R. Kögel und T. Frohnmayer (Hrsg.), Familienunternehmen in Recht, Wirtschaft, Politik und Gesellschaft – Festschrift für Brun-Hagen Hennerkes zum 70. Geburtstag. C. H. Beck, München: S. 229.

37 Redlefsen, M. und J. Eiben (2006): Finanzierung von Familienunternehmen. INTES Studie, INTES Akademie für Familienunternehmen, Bonn-Bad Godesberg: S. 7.

38 In diesem Sinne auch Schielke, J. (2009): Finanzierung von Familienunternehmen. In: R. Kirchdörfer, R. Lorz, A. Wiedemann, R. Kögel und T. Frohnmayer (Hrsg.),

Familienunternehmen in Recht, Wirtschaft, Politik und Gesellschaft – Festschrift für Brun-Hagen Hennerkes zum 70. Geburtstag. C. H. Beck, München: S. 230.

39 Redlefsen, M. und J. Eiben (2006): Finanzierung von Familienunternehmen. INTES Studie, INTES Akademie für Familienunternehmen, Bonn-Bad Godesberg: S. 7.

40 So auch Schielke, J. (2009): Finanzierung von Familienunternehmen. In: R. Kirchdörfer, R. Lorz, A. Wiedemann, R. Kögel und T. Frohnmayer (Hrsg.), Familienunternehmen in Recht, Wirtschaft, Politik und Gesellschaft – Festschrift für Brun-Hagen Hennerkes zum 70. Geburtstag. C. H. Beck, München: S. 230 sowie Redlefsen, M. und A. Knöll (2008): Finanzierung von Familienunternehmen. In: P. May (Hrsg.), Das INTES-Handbuch Familienunternehmen, INTES Akademie für Familienunternehmen, Bonn-Bad Godesberg: S. 287.

41 Vgl. Redlefsen, M. und J. Eiben (2006): Finanzierung von Familienunternehmen. INTES Studie, INTES Akademie für Familienunternehmen, Bonn-Bad Godesberg: S. 7. Näher zum Factoring auch: Schielke, J. (2009): Finanzierung von Familienunternehmen. In: R. Kirchdörfer, R. Lorz, A. Wiedemann, R. Kögel und T. Frohnmayer (Hrsg.), Familienunternehmen in Recht, Wirtschaft, Politik und Gesellschaft – Festschrift für Brun-Hagen Hennerkes zum 70. Geburtstag. C. H. Beck, München: S. 230 f. sowie Berthold, F. (2010): Familienunternehmen im Spannungsfeld zwischen Wachstum und Finanzierung. Eul, Lohmar: S. 55 ff.

42 Redlefsen, M. und A. Knöll (2008): Finanzierung von Familienunternehmen. In: P. May (Hrsg.), Das INTES-Handbuch Familienunternehmen, INTES Akademie für Familienunternehmen, Bonn-Bad Godesberg: S. 287.

43 Vgl. Berthold, F. (2010): Familienunternehmen im Spannungsfeld zwischen Wachstum und Finanzierung. Eul, Lohmar: S. 56.

44 Schielke, J. (2009): Finanzierung von Familienunternehmen. In: R. Kirchdörfer, R. Lorz, A. Wiedemann, R. Kögel und T. Frohnmayer (Hrsg.), Familienunternehmen in Recht, Wirtschaft, Politik und Gesellschaft – Festschrift für Brun-Hagen Hennerkes zum 70. Geburtstag. C. H. Beck, München: S. 230 f.

45 Vgl. Niggemann, K. (2007): Corporate Finance – Strategien und Maßnahmen im Finanzierungsbereich. In: H. Haasis, F. Fischer und S. Simmert (Hrsg.), Mittelstand hat Zukunft – Praxishandbuch für eine erfolgreiche Unternehmenspolitik, Gabler, Wiesbaden: S. 253 – 278.

46 So auch Redlefsen, M. und A. Knöll (2008): Finanzierung von Familienunternehmen. In: P. May (Hrsg.), Das INTES-Handbuch Familienunternehmen, INTES Akademie für Familienunternehmen, Bonn-Bad Godesberg: S. 287 mit vergleichbaren Erklärungen zu ABS (Asset Backed Securitisation) und ABL (Asset Backed Lending).

47 Winkeljohann, N. (2010): Wirtschaft in Familienhand – Die Erfolgsgeheimnisse der Unternehmerdynastien. Campus, Frankfurt: S. 120 f.

48 Hornbach (2010): Anzeige – Ottmar Hornbachs größtes Projekt nennt sich Lebenswert. Alles Gute zum 80. Frankfurter Allgemeine Sonntagszeitung 22, 06.06.2010, S. 7.

49 In sämtlichen Studien über die Beliebtheit und Anwendungsquote von Finanzierungsinstrumenten für Familienunternehmen liegen die Werte für Private Equity und Börsengang im einstelligen Bereich. Vgl. u. a. Redlefsen, M. und J. Eiben (2006): Finanzierung von Familienunternehmen. INTES Studie, INTES Akademie für Familienunternehmen, Bonn-Bad Godesberg: S. 7; Kolbeck, C. (2002): Basel II und der Mittelstand – Neue Trends in der Unternehmensfinanzierung. Wirtschaftsdienst 82 / 7: S. 392 sowie Achleitner, A.-K., S. Schraml und F. Tappeiner (2008): Private Equity in Familienunternehmen. Stiftung Familienunternehmen, München.

50 Winkeljohann, N. (2010): Wirtschaft in Familienhand – Die Erfolgsgeheimnisse der Unternehmerdynastien. Campus, Frankfurt: S. 127.

51 Einen Überblick über Dividendenrenditen gibt die Homepage http://www.dividendenchecker.de/dividende_dax.php.

52 Vgl. Berthold, F. (2010): Familienunternehmen im Spannungsfeld zwischen Wachstum und Finanzierung. Eul, Lohmar: S. 50.

53 Weniger kritisch wohl Ackermann, J. (2009): Intelligente Finanzierung als Erfolgsfaktor für Familienunternehmen. In: R. Kirchdörfer, R. Lorz, A. Wiedemann, R. Kögel und T. Frohnmayer (Hrsg.), Familienunternehmen in Recht, Wirtschaft, Politik und Gesellschaft – Festschrift für Brun-Hagen Hennerkes zum 70. Geburtstag. C. H. Beck, München: S. 245.

54 Vgl. Redlefsen, M. und A. Knöll (2008): Finanzierung von Familienunternehmen. In: P. May (Hrsg.), Das INTES-Handbuch Familienunternehmen, INTES Akademie für Familienunternehmen, Bonn-Bad Godesberg: S. 290; Schielke, J. (2009): Finanzierung von Familienunternehmen. In: R. Kirchdörfer, R. Lorz, A. Wiedemann, R. Kögel und T. Frohnmayer (Hrsg.), Familienunternehmen in Recht, Wirtschaft, Politik und Gesellschaft – Festschrift für Brun-Hagen Hennerkes zum 70. Geburtstag. C. H. Beck, München: S. 233 f. sowie Berthold, F. (2010): Familienunternehmen im Spannungsfeld zwischen Wachstum und Finanzierung. Eul, Lohmar: S. 61 f.

55 Das Problem der Anschlussfinanzierung muss auch hier gelöst und darf nicht unterschätzt werden. Mit der Problematik der Anschlussfinanzierung bei den Standardprodukten der Banken beschäftigen sich Lehmann-Tolkmitt, A., A. Knöll und N. Elmers (2010): Mezzanine-Kapital – Bilanz und Lehren der Standardprogramme. Hauck & Aufhäuser, München.

56 Schielke, J. (2009): Finanzierung von Familienunternehmen. In: R. Kirchdörfer, R. Lorz, A. Wiedemann, R. Kögel und T. Frohnmayer (Hrsg.), Familienunternehmen in Recht, Wirtschaft, Politik und Gesellschaft – Festschrift für Brun-Hagen Hennerkes zum 70. Geburtstag. C. H. Beck, München: S. 234. Vgl. auch Redlefsen, M. und A. Knöll (2008): Finanzierung von Familienunternehmen. In: P. May (Hrsg.), Das INTES-Handbuch Familienunternehmen, INTES Akademie für Familienunternehmen, Bonn-Bad Godesberg: S. 290 f.

57 Kritisch zu den Standardprogrammen der Banken Lehmann-Tolkmitt, A., A. Knöll und N. Elmers (2010): Mezzanine-Kapital – Bilanz und Lehren der Standardpro-

gramme. Hauck & Aufhäuser, München. Nach ihrer Ansicht haben sich weder die Erwartungen der auflegenden Finanzinstitute noch die der finanzierenden Unternehmen wirklich erfüllt.

58 Schielke, J. (2009): Finanzierung von Familienunternehmen. In: R. Kirchdörfer, R. Lorz, A. Wiedemann, R. Kögel und T. Frohnmayer (Hrsg.), Familienunternehmen in Recht, Wirtschaft, Politik und Gesellschaft – Festschrift für Brun-Hagen Hennerkes zum 70. Geburtstag. C. H. Beck, München: S. 234. Vgl. auch Redlefsen, M. und A. Knöll (2008): Finanzierung von Familienunternehmen. In: P. May (Hrsg.), Das INTES-Handbuch Familienunternehmen, INTES Akademie für Familienunternehmen, Bonn-Bad Godesberg: S. 290 f.

59 »Fenster für Mittelstandsanleihen öffnet sich«, Börsen-Zeitung vom 25.8.2011.

60 Redlefsen, M. und A. Knöll (2008): Finanzierung von Familienunternehmen. In: P. May (Hrsg.), Das INTES-Handbuch Familienunternehmen, INTES Akademie für Familienunternehmen, Bonn-Bad Godesberg: S. 291 f.

61 Vgl. Wöhe, G. und J. Bilstein (2002): Grundzüge der Unternehmensfinanzierung. Vahlen, München, 9. überarbeitete und erweiterte Auflage sowie Thommen, J.-P. und A.-K. Achleitner (2003): Allgemeine Betriebswirtschaftslehre – Umfassende Einführung aus managementorientierter Sicht. Gabler, Wiesbaden, 4. überarbeitete und erweiterte Auflage.

62 Vgl. Redlefsen, M. und J. Eiben (2006): Finanzierung von Familienunternehmen. INTES Studie, INTES Akademie für Familienunternehmen, Bonn-Bad Godesberg: S. 7.

63 Krohn, P. (2009): »Wir können alles auf 60 Quadratmetern«. Frankfurter Allgemeine Zeitung 125, 02.06.2009: S. 18.

7. Kapitel: Corporate Governance

1 Zur Definition von »Corporate Governance« vgl. u. a. The Committee on the Financial Aspects of Corporate Governance and Gee and Co. Ltd. (1992): Cadbury Report (The Financial Aspects of Corporate Governance). Gee, London; Shleifer, A. und R. Vishny (1997): A Survey of Corporate Governance. Journal of Finance 2: S. 737–783; Trunbull, S. (1997): Corporate Governance – Its Scope, Concerns and Theories. Corporate Governance: An International Review: 5 / 4: S. 180–205; Witt, P. (2003): Corporate Governance-Systeme im Wettbewerb. Deutscher Universitäts-Verlag, Wiesbaden; Regierungskommission Deutscher Corporate Governance Kodex (2010): Deutscher Corporate Governance Kodex. (http://www.corporate-governance-code.de/).

2 Näher und grundlegend zu Corporate Governance vgl. u. a. Witt, P. (2003): Corporate Governance-Systeme im Wettbewerb. Deutscher Universitäts-Verlag, Wiesbaden; Morck, R. (2005, Hrsg.), A History of Corporate Governance Around the World – Family Business Groups to Professional Managers. The University of Chi-

cago Press, Chicago; Ringleb, H.-M., T. Kremer, M. Lutter und A. v. Werder (2010): Kommentar zum Deutschen Corporate Governance Kodex – Kodex-Kommentar. C.H. Beck, München, 4. Auflage; Nippa, M., K. Petzold und W. Kürsten (2002, Hrsg.), Corporate Governance – Herausforderungen und Lösungsansätze. Physica-Verlag, Heidelberg; Hommelhoff, P., K. Hopt und A. v. Werder (2009, Hrsg.), Handbuch Corporate Governance – Leitung und Überwachung börsennotierter Unternehmen in der Rechts- und Wirtschaftspraxis. Schäffer-Poeschel, Stuttgart, 2. überarbeitete Auflage; Malik, F. (2008): Die richtige Corporate Governance – Mit wirksamer Unternehmensaufsicht Komplexität meistern. Campus, Frankfurt; Werder, A. v. (2008): Führungsorganisation – Grundlagen der Corporate Governance, Spitzen- und Leitungsorganisation. Gabler, Wiesbaden, 2., aktualisierte und erweiterte Auflage; Huse, M. (2007): Boards, Governance and Value Creation. Cambridge University Press, Cambridge.

3 Wie weit man diesen Rahmen zieht, hängt davon ab, welchem Grundverständnis mit Blick auf den Zweck eines Unternehmens und der daraus abzuleitenden Anspruchsberechtigung man folgt; es muss an dieser Stelle nicht weiter vertieft oder gar entschieden werden.

4 Vgl. Berle, A. und G. Means (1932): The Modern Corporation and Private Property. Macmillan, New York.

5 Bahnbrechend und grundlegend: The Committee on the Financial Aspects of Corporate Governance and Gee and Co. Ltd. (1992): Cadbury Report (The Financial Aspects of Corporate Governance). Gee, London; Committee on Corporate Governance and Gee Publishing Ltd. (1995): Greenbury Report (Study Group on Directors' Remuneration). Gee, London; The Committee on Corporate Governance and Gee Publishing Ltd. (1998): Hampel Report. Gee, London.

6 Regierungskommission Deutscher Corporate Governance Kodex (2010): Deutscher Corporate Governance Kodex (http://www.corporate-governance-code.de/).

7 Zur Zielsetzung von Corporate Governance in Familienunternehmen vgl. auch Kommission Governance Kodex für Familienunternehmen (2010): Governance Kodex für Familienunternehmen – Leitlinien für die verantwortungsvolle Führung von Familienunternehmen (http://www.kodex-fuer-familienunternehmen.de/); Koeberle-Schmid, A., H.-J. Fahrion und P. Witt (2010): Gestaltung der Governance im Familienunternehmen – Gremien und Instrumente der Business und Family Governance. Zeitschrift für Corporate Governance 4: S. 161–169; Witt, P. (2008): Corporate Governance in Familienunternehmen. Zeitschrift für Betriebswirtschaft, Special Issue 2: S. 1–19 sowie Aronoff, C. und J. Ward (1996): Family Business Governance – Maximizing Family and Business Potential. 3. Auflage, Family Business Publishers, Marietta.

8 Vgl. dazu May, P. und A. Koeberle-Schmid (2010): Governance Kodex als Leitlinie für die verantwortungsvolle Führung von Familienunternehmen. Der Betrieb Nr. 9, S. 485–491; die folgende Übersicht geben: belgischer Buysse Code I (2005) und II (2009), österreichischer Governance Kodex für Familienunternehmen (2005), schweizerischer Code »Governance für Familienunternehmen« (2006),

finnischer Code »Improving Corporate Governance of unlisted companies« (2006), spanische »Principles of Good Corporate Governance for Unlisted Companies« (2008), europäische »Corporate Governance Guidance and Principles for Unlisted Companies in Europe« (2010) der European Confederation of Directors' Associations sowie internationales »IFC Family Business Governance Handbook« (2008) der International Finance Corporation, World Bank Group.

9 Aus diesem Grunde geht die gegen den deutschen Governance Kodex für Familienunternehmen gerichtete Kritik, Einheitsregelungen seien mit der Vielgestaltigkeit der Familienunternehmen nicht vereinbar (vgl. Hennerkes, B.-H. [2010]: Corporate Governance – Einheitskodex für Familienunternehmen: Nein danke! BetriebsBerater 7: S. 1; Steltzner, H. [2010]: Vielfalt statt Einheitskodex. Frankfurter Allgemeine Zeitung 15.07.2010: S. 9; Hennerkes, B.-H. [2010]: Der neue Familienkodex – viel Lärm um nichts. Börsen-Zeitung 144: S. 8; Bernhardt, W. [2010]: Corporate Governance Kodex für Familienunternehmen? Universität Leipzig, Working Paper 87), ins Leere; so schon May, P. und A. Koeberle-Schmid [2010]: Governance Kodex als Leitlinie für die verantwortungsvolle Führung von Familienunternehmen. Der Betrieb Nr. 9: S. 485–491; Oesterle, M.-J. [2007]: Corporate Governance für Familienunternehmen, Zeitschrift für Management 1: S. 29–59; Witt, P. [2008]: Corporate Governance in Familienunternehmen. Zeitschrift für Betriebswirtschaft, Special Issue 2: S. 1–19; Peemöller, V. [2006]: Instrumente der Corporate Governance in Familienunternehmen. Zeitschrift für Corporate Governance 3: S. 81–87.

10 Einen Überblick geben Witt, P. (2008): Corporate Governance in Familienunternehmen. Zeitschrift für Betriebswirtschaft, Special Issue 2: S. 1–19; Hack, A. (2009): Sind Familienunternehmen anders? Eine kritische Bestandsaufnahme des aktuellen Forschungsstands. Zeitschrift für Betriebswirtschaft, Special Issue 2: S. 1–29; Hack, A. und J. Meyer (2010): Gründe für eine spezielle Governance von Familienunternehmen. In: A. Koeberle-Schmid, H.-J. Fahrion und P. Witt (Hrsg.), Family Business Governance – Erfolgreiche Führung von Familienunternehmen, Erich Schmidt, Berlin: S. 50–67; Sharma, P. (2004): An Overview of the Field of Family Business Studies – Current Status and Directions for the Future. Family Business Review 1: S. 1–36; Chrisman, J., J. Chua und P. Sharma (2005): Trends and Directions in the Development of a Strategic Management Theory of the Family Firm. Entrepreneurship Theory & Practice 4: S. 19–39 und Debicki, B., C. Matherne III, F. Kellermanns, J. Chrisman (2009): Family Business Research in the New Millenium. Family Business Review 2: S. 151–166. Es ist wahrscheinlich auch kein Zufall, dass es sich bei den Kritikern der Initiative zum Governance Kodex für Familienunternehmen praktisch ausschließlich um Juristen handelt, denen die entsprechenden Forschungsergebnisse womöglich nicht bekannt sind, während die führenden deutschen Vertreter der Family-Business-Comunity in der Kommission unmittelbar mitgewirkt haben.

11 Vgl. zu »Responsible Ownership« Lambrecht, J. und J. Lievens (2009): Responsible ownership of the family business. FBNet Belgium, Brussels-Kortrijk, sowie Aro-

noff, C. und J. Ward (2002): Family Business Ownership – How To Be An Effective Shareholder. Family Enterprise Publishers, Marietta.

12 Grundsätzlich zu »Fair Process« vgl. Heyden, V. d. L., C. Blondel und R. Carlock (2005): Fair Process: Striving for Justice in Family Businesses. Family Business Review 18: S. 1 – 21.

13 Dessen Autobiografie ist immer noch lesenswert: Welch, J. und J. Byrne (2001): Was zählt – Die Autobiografie des besten Managers der Welt. Econ, München.

14 Vgl. Ward, J. (2005): Unconventional Strategy – Why Family Firms Outperform. In: J. Ward (Hrsg.), Unconventional Wisdom – Counterintuitive Insights for Family Business Success. John Wiley & Sons, Hoboken: S. 13 – 34.

15 Vgl. auch Kommission Governance Kodex für Familienunternehmen (2010): Governance Kodex für Familienunternehmen – Leitlinien für die verantwortungsvolle Führung von Familienunternehmen. Tz. 4.2.2. (http://www.kodex-fuer-familienunternehmen.de/).

16 Kormann, H. (2006): Gibt es so etwas wie typisch mittelständische Strategien? Universität Leipzig, Wirtschaftswissenschaftliche Fakultät, Heft 54, Leipzig.

17 Vgl. Deckstein, D. (2009): Auf dem Schleudersitz. Süddeutsche Zeitung 216, 19.09.2009: S. 23.

18 Hermann Simon hat für die von ihm untersuchten Hidden Champions eine durchschnittliche Amtsdauer von über 20 Jahren ermittelt. Vgl. Simon, H. (2007): Hidden Champions des 21. Jahrhunderts – Die Erfolgsstrategien unbekannter Weltmarktführer. Campus, Frankfurt: S. 335.

19 Vgl. die Übersichten bei Simon, H. (2007): Hidden Champions des 21. Jahrhunderts – Die Erfolgsstrategien unbekannter Weltmarktführer. Campus, Frankfurt: S. 336 und 338.

20 Simon, H. (2007): Hidden Champions des 21. Jahrhunderts – Die Erfolgsstrategien unbekannter Weltmarktführer. Campus, Frankfurt: S. 341 f.

21 Financial Times (2009): Warren Buffett's biggest question. Financial Times 02.05.2009, S. 8.

22 Zu den nachstehenden Empfehlungen vgl. auch Kommission Governance Kodex für Familienunternehmen (2010): Governance Kodex für Familienunternehmen – Leitlinien für die verantwortungsvolle Führung von Familienunternehmen. Tz. 4.2.3. (http://www.kodex-fuer-familienunternehmen.de/).

23 Vgl. Maucher, H. (2007): Management-Brevier – Ein Leitfaden für unternehmerischen Erfolg. Campus, Frankfurt: S. 14.

24 Simon, H. (2007): Hidden Champions des 21. Jahrhunderts – Die Erfolgsstrategien unbekannter Weltmarktführer. Campus, Frankfurt: S. 334.

25 Vgl. dazu insbesondere Maucher, H. (2007): Management-Brevier – Ein Leitfaden für unternehmerischen Erfolg. Campus, Frankfurt: S. 11 ff. und Simon, H. (2007): Hidden Champions des 21. Jahrhunderts – Die Erfolgsstrategien unbekannter Weltmarktführer. Campus, Frankfurt: S. 350 ff.

26 Simon, H. (2007): Hidden Champions des 21. Jahrhunderts – Die Erfolgsstrategien unbekannter Weltmarktführer. Campus, Frankfurt: S. 353.

27 Simon, H. (2007): Hidden Champions des 21. Jahrhunderts – Die Erfolgsstrategien unbekannter Weltmarktführer. Campus, Frankfurt: S. 351 f.
28 Vgl. May, P. (2008): »Manager müssen Treuhänder sein«. Harvard Business Manager 8: S. 12 – 15.
29 Vgl. näher zu Stefan Messer Grabbe, H. (2010): Der Unterschätzte. impulse 12: S. 86 – 91.
30 Ausführlicher zur Bedeutung der Vorbilder in der Führung vgl. u. a. Jetter, F. und R. Rainer Skrotzki (2010): Führungskompetenz – Die Führungskraft als Vorbild, Manager, Koordinator, Macher, Teamentwickler, Coach, Experte und zugleich Lernender. Walhalla-Fachverlag, Regensburg; Hochenrieder, F. (2008): Führen durch Vorbild: ... folgst du noch oder führst du schon? Books on Demand, Deutschland.
31 In diesem Sinne auch Simon, H. (2007): Hidden Champions des 21. Jahrhunderts – Die Erfolgsstrategien unbekannter Weltmarktführer. Campus, Frankfurt: S. 354.
32 Vgl. u. a. Hus, C. (2008): Dem Wandel verpflichtet. Financial Times Deutschland 21.04.2008: S. SB3; Bilanz (2006): Lichter löschen nach 40 Generationen. Bilanz 5, 15.03.2006: S. 25; Hutcheson, J. (2007): The End of a 1,400-Year-Old Business. Business Week 16.04.2007: S. 25.
33 Näher zu William Prym GmbH & Co. KG Langenscheidt, F. und P. May (2009, Hrsg.), Das Lexikon der deutschen Familienunternehmen – Deutsche Familienunternehmen mit allen wichtigen Informationen zu Herkunft, Geschichte, Daten und Fakten, Gabler, Wiesbaden: S. 902 – 903 sowie Prym, M. (2010): Entweder sammelt sich die Familie oder wir scheitern als Familie und als Unternehmen. In: Koeberle-Schmid, A., H.-J. Fahrion und P. Witt (Hrsg.), Family Business Governance – Erfolgreiche Führung von Familienunternehmen, Erich Schmidt, Berlin: S. 229 – 234.
34 Ritter, A. (2010): Eine 30-Millionen-Strafe wäre das Ende. Handelsblatt 234, 02.12.2010: S. 22.
35 Fahrion, H.-J., A. Käufl und S. Hein (2010): Risikomanagement, Internes Kontrollsystem und Compliance Management als zentrale Instrumente der Business Governance. In: Koeberle-Schmid, A., H.-J. Fahrion und P. Witt (Hrsg.), Family Business Governance – Erfolgreiche Führung von Familienunternehmen, Erich Schmidt, Berlin: S. 179 – 200.
36 Ausführlicher zu den Elementen eines umfassenden Risikomanagements in Familienunternehmen vgl. Fahrion, H.-J., A. Käufl und S. Hein (2010): Risikomanagement, Internes Kontrollsystem und Compliance Management als zentrale Instrumente der Business Governance. In: Koeberle-Schmid, A., H.-J. Fahrion und P. Witt (Hrsg.), Family Business Governance – Erfolgreiche Führung von Familienunternehmen, Erich Schmidt, Berlin: S. 179 – 200.
37 Vgl. Kommission Governance Kodex für Familienunternehmen (2010): Governance Kodex für Familienunternehmen – Leitlinien für die verantwortungsvolle Führung von Familienunternehmen. Tz. 4.1.2. (http://www.kodex-fuer-familienunternehmen.de/).
38 Näher zu den freiwilligen Aufsichtsgremien (Beiräten) in Familienunterneh-

men vgl. Koeberle-Schmid, A. (2008): Family Business Governance – Aufsichtsgremium und Familienrepräsentanz. Gabler, Wiesbaden; Wiedemann, A. und R. Kögel (2008): Beirat und Aufsichtsrat in Familienunternehmen. Beck, München; Kormann, H. (2009): Beiräte in der Verantwortung: Aufsicht und Rat in Familienunternehmen. Springer, Berlin; Achenbach, C. (2010): Der Beirat für Familienunternehmen – Sparringspartner, Rat- und Ideengeber für Gesellschafter und Geschäftsführung. INTES Akademie für Familienunternehmen, Bonn-Bad Godesberg; Lorz, R. und A. Koeberle-Schmid (2010): Professionelle Aufsichtsgremien: Aufgaben, Typen und Ausgestaltung. In: A. Koeberle-Schmid, H.-J. Fahrion und P. Witt (Hrsg.), Family Business Governance – Erfolgreiche Führung von Familienunternehmen, Erich Schmidt, Berlin: S. 106 – 139.

39 Vgl. May, P. (2008): Leading the Family Business – Why creating an owner strategy must come first for family businesses. In: B. Büchel, S. Read, A. Moncef und S. Coughlan (Hrsg.), Riding the Winds of Global Change, IMD, Lausanne: S. 83 – 89; May, P. (2009): Familienunternehmen erfolgreich führen – Von der Inhaber-Strategie zur Unternehmens-Strategie. Zeitschrift für Betriebswirtschaft, Special Issue 2 / 2009: S. 114 sowie May, P. (2008): Familienunternehmen: Nicht nur anders, sondern besser – Grundzüge einer Managementtheorie für Familienunternehmen. In: C. Rödl, W. Scheffler und M. Winter (Hrsg.), Internationale Familienunternehmen – Recht, Steuern, Bilanzierung, Finanzierung, Nachfolge, Strategien – Festschrift für Bernd Rödl zum 65. Geburtstag, C. H. Beck, München: S. 417 – 429.

40 Ward, J. (2005): Unconventional Strategy – Why Family Firms Outperform. In: J. Ward (Hrsg.), Unconventional Wisdom – Counterintuitive Insights for Family Business Success. John Wiley & Sons, Hoboken: S. 30.

41 Simon, H. (2007): Hidden Champions des 21. Jahrhunderts – Die Erfolgsstrategien unbekannter Weltmarktführer. Campus, Frankfurt: S. 13.

8. Kapitel: Warum die Inhaber eigene Strategien brauchen

1 Den vollständigen Vortragstext finden Sie bei May, P. (1999): Die Geschichte vom Aufstieg und Fall der Familie Max Müller – Nachdenkliches und Nachdenkenswertes zum Thema Familienunternehmen. In: P. May, G. Sieger und G. Rieder (Hrsg.), Familienunternehmen heute – Jahrbuch 2000, INTES Akademie für Familienunternehmen, Bonn-Bad Godesberg: S. 50 – 66.

2 Hier zitiert nach May, P. (1999): Familienstrategie kommt vor Unternehmensstrategie. In: P. May, G. Sieger und G. Rieder (Hrsg.), Familienunternehmen heute – Jahrbuch 2000, INTES Akademie für Familienunternehmen, Bonn-Bad Godesberg: S. 42.

3 Vgl. dazu Eglau, H. (2001): Erbe, Macht & Liebe – Unternehmerfamilien zwischen Interessen und Emotionen. Dodos-Verlag, Düsseldorf: S. 166 sowie Gordon, G.

und N. Nicholson (2010): Family Wars – The Real Stories behind the Most Famous Family Business Feuds. Kogan Page, London: S. 50 ff.

4 Dies gilt übrigens nicht nur für Familienunternehmen, sondern ebenso für die anderen Unternehmenstypen mit dominanter Inhaberschaft.

5 Vgl. Kummerow, A. (2010): Madeleine Schickedanz – Vom Untergang einer deutschen Familie und des Quelle-Imperiums. MVG-Verlag, München.

6 Vgl. auch Seidel, H. (2010): Arcandors Absturz – Wie man einen Milliardenkonzern ruiniert. Campus, Frankfurt.

7 In diesem Sinne schon Pümpin, C. (1998): Die Eignerstrategie. In: B.-H. Hennerkes und R. Kirchdörfer (Hrsg.), Unternehmenshandbuch Familiengesellschaften – Sicherung von Unternehmen, Vermögen und Familie, 2. Auflage, Carl Heymanns, Köln: S. 799 und Pümpin, C. (2008): Eigner-Strategie. In: P. May (Hrsg.), Das INTES-Handbuch Familienunternehmen, INTES Akademie für Familienunternehmen, Bonn-Bad Godesberg: S. 113 – 131.

8 Eine anschauliche Darstellung dieses Konzeptes verdanken wir insbesondere meiner ehemaligen Mitarbeiterin Kirsten Baus; vgl. Baus, K. (2007): Die Familienstrategie – Wie Familien ihr Unternehmen über Generationen sichern. 2. Auflage, Gabler, Wiesbaden; vgl. aber auch May, P. (1999): Familienstrategie kommt vor Unternehmensstrategie. In: P. May, G. Sieger und G. Rieder (Hrsg.), Familienunternehmen heute – Jahrbuch 2000, INTES Akademie für Familienunternehmen, Bonn-Bad Godesberg: S. 42 – 43; May, P. (2004): Lernen von den Champions – Fünf Bausteine für unternehmerischen Erfolg. 2. Auflage, INTES Akademie für Familienunternehmen, Bonn-Bad Godesberg: S. 159 ff. sowie May, P. (2006): Die Familienstrategie – Ein Weg zur Good Governance im Familienunternehmen. In: P. May und O. Obermaier (Hrsg.), Good Governance im Familienunternehmen, INTES Akademie für Familienunternehmen, Bonn-Bad Godesberg: S. 25-37.

9. Kapitel: Die richtigen Fragen stellen

1 Nähere Informationen zu den genannten Unternehmen finden sich bei Langenscheidt, F. und P. May (2009, Hrsg.): Das Lexikon der deutschen Familienunternehmen – Deutsche Familienunternehmen mit allen wichtigen Informationen zu Herkunft, Geschichte, Daten und Fakten. Gabler, Wiesbaden.

2 Vgl. May, P. (2008): Leading the Family Business – Why creating an owner strategy must come first for family businesses. In: B. Büchel, S. Read, A. Moncef und S. Coughlan (Hrsg.), Riding the Winds of Global Change, IMD, Lausanne: S. 83 – 89 und sodann in May, P. (2009): Familienunternehmen erfolgreich führen – Von der Inhaber-Strategie zur Unternehmens-Strategie. Zeitschrift für Betriebwirtschaft, Special Issue 2 / 2009: S. 114.

3 Eine überzeugende Darstellung der verschiedenen Arten familiärer Inhaberschaft und der mit ihnen jeweils verbundenen Fragestellungen sowie Handlungsempfeh-

lungen findet sich bei Ward, J. (2004): Perpetuating the Family Business. Palgrave Macmillan, Basingstoke.

4 Ausführlich zur sog. Thronfolger-Lösung May, P. (2004): Lernen von den Champions – Fünf Bausteine für unternehmerischen Erfolg. 2. Auflage, INTES Akademie für Familienunternehmen, Bonn-Bad Godesberg: S. 181 f.; Baus, K. (2007): Die Familienstrategie – Wie Familien ihr Unternehmen über Generationen sichern. 2. Auflage, Gabler, Wiesbaden: S. 129 f.

5 Dazu May, P. (2004): Lernen von den Champions – Fünf Bausteine für unternehmerischen Erfolg. 2. Auflage, INTES Akademie für Familienunternehmen, Bonn-Bad Godesberg: S. 184 f.; Baus, K. (2007): Die Familienstrategie – Wie Familien ihr Unternehmen über Generationen sichern. 2. Auflage, Gabler, Wiesbaden: S. 130 f.

6 In Summe betrachtet ist die Alleinherrschaft positiv zu beurteilen; Studien zufolge weisen Unternehmen mit Alleininhabern eine durchschnittlich längere Lebensdauer auf als diejenigen, die den Weg einer Zersplitterung des Anteilsbesitzes gehen. Berater empfehlen deshalb häufig, »den Familienbaum zu stutzen«; vgl. etwa Lambrecht, J. und J. Lievens (2008): Pruning the Family Tree: An Unexplored Path to Family Business Continuity and Family Harmony. Family Business Review 21: S. 295 – 313 sowie Ward, J. (1987): Keeping the Family Business Healthy. Jossey-Bass Publishers, San Francisco.

7 Ausführlicher dazu Ward, J. (2004): Perpetuating the Family Business. Palgrave Macmillan, Basingstoke: S. 102 ff.

8 Redlefsen, M. (2004): Der Ausstieg von Gesellschaftern aus großen Familienunternehmen – Eine praxisnahe Untersuchung der Corporate-Governance-Faktoren. Deutscher Universitäts-Verlag, Wiesbaden.

9 Vgl. Tödtmann, C. und C. Hardt (2010): Die Kaffeetante mit dem unbeugsamen Willen. Handelsblatt 12: S. 30 f.

10 Zum Nachstehenden Pümpin, C. und J. Prange (1995): Management der Unternehmensentwicklung – Phasengerechte Führung und Umgang mit Krisen. Campus, Frankfurt: S. 84 ff. und Klein, S. (2010): Familienunternehmen. 3. Auflage, Josef Eul, Lohmar – Köln: S. 282 ff. sowie Rosenbaum, C. (1994): Strategische Erfolgsfaktoren des Familienunternehmens im Rahmen seines Lebenszyklus. Dissertation Universität St. Gallen, St. Gallen.

11 Tödtmann, C. und C. Hardt (2010): Die Kaffeetante mit dem unbeugsamen Willen. Handelsblatt 12: S. 30 f.

12 Originalzitat aus dem »Testament eines Möbelhändlers«, das allen IKEA-Mitarbeitern seit 1975 bekannt ist; hier zitiert nach Torekull, B. und I. Kamprad (1998): Das Geheimnis von IKEA. S-und-L-MedienContor, Hamburg.

13 Zum Nachstehenden vgl. Pümpin, C. und J. Prange (1995): Management der Unternehmensentwicklung – Phasengerechte Führung und Umgang mit Krisen. Campus, Frankfurt: S. 97 ff. und S. 108 ff.

14 Näher zur Oetker-Gruppe und ihren Aktivitäten vgl. Langenscheidt, F. und P. May (2009, Hrsg.): Das Lexikon der deutschen Familienunternehmen – Deutsche Fa-

milienunternehmen mit allen wichtigen Informationen zu Herkunft, Geschichte, Daten und Fakten. Gabler, Wiesbaden: S. 603 f.

15 Schwarz-Schütte, P. (2011): Vom Unternehmer zum Investor. wir 1 / 11: S. 38 – 42. Zu diesem Phänomen auch Kenyon-Rouvinez, D. (2001): Patterns in Serial Business Families: Theory Building Through Global Case Study Research. Family Business Review 14, S. 175 – 192.

16 Vgl. zum Nachstehenden Klein, S. (2010): Familienunternehmen. 3. Auflage, Josef Eul, Lohmar – Köln: S. 235 ff.

17 Vgl. auch Klein, S. (2010): Familienunternehmen. 3. Auflage, Josef Eul, Lohmar – Köln: S. 235 ff., die in diesem Zusammenhang vom Alleinherrscher spricht.

18 Vgl. Klein, S. (2010): Familienunternehmen. 3. Auflage, Josef Eul, Lohmar – Köln: S. 239 ff., die in diesem Zusammenhang vom Partner-Management spricht.

19 Vgl. Klein, S. (2010): Familienunternehmen. 3. Auflage, Josef Eul, Lohmar – Köln: S. 239 ff., die hierbei zu Recht zwischen Alleinherrschern und Partner-Management unterscheidet und auf spezifische Probleme beim Partner-Management hinweist.

20 Klein, S. (2010): Familienunternehmen. 3. Auflage, Josef Eul, Lohmar – Köln: S. 236.

21 Zum Nachstehenden Klein, S. (2010): Familienunternehmen. 3. Auflage, Josef Eul, Lohmar – Köln: S. 239 ff.

22 Ausführlicher zum Nachstehenden Voigt, J. (1990): Familienunternehmen – Im Spannungsfeld zwischen Eigentum und Fremdmanagement. Gabler, Wiesbaden; Becker, F. (2006): Führung von Familienunternehmen – zwischen Familien- und Fremdmanagement. In: Böllhoff, C., W. Krüger und M. Berni (Hrsg.), Spitzenleistungen in Familienunternehmen, Schäffer-Poeschel, Stuttgart: S. 31 – 46; Eckrich, C. und S. McClure (2004): Working for a Family Business – A Non-Family Employee's Guide to Success. Family Enterprise Publishers, Marietta; McConaughy, D. (2000): Family CEOs vs. Nonfamily CEOs in the Family-Controlled Firm – An Examination of the Level and Sensitivity of Pay to Performance. Family Business Review 2: S. 121 – 131; Schulze, W., M. Lubatkin und R. Dino (2003): Toward a Theory of Agency and Altruism in Family Firms. Journal of Business Venturing 4: S. 473 – 490; Smeja, A. (2006): Erfolgsfaktoren in Familienunternehmen mit familienfremdem Management. Forschungspapier Nr. 4, INTES Zentrum für Familienunternehmen – WHU – Otto Beisheim School of Management, Vallendar; Kenyon-Rouvinez, D. (2010): Familienunternehmen »richtig« führen. In: Koeberle-Schmid, A., H.-J. Fahrion und P. Witt (Hrsg.), Family Business Governance – Erfolgreiche Führung von Familienunternehmen, Erich Schmidt, Berlin: S. 78 – 94.

23 Zitat aus einem persönlichen Gespräch mit der Unternehmerin.

24 Zur Bedeutung der Geschichte in Familienunternehmen vgl. Kormann, H. (2009): Was heißt und zu welchem Ende studiert man die Geschichte von Unternehmen? In: Steinbeis, M. (Hrsg.), Familienfirma – Erfolge, Krisen, Fortbestand, Steinbeis, Brannenburg: S. 53 ff.; ebenso Kormann, H. (2011): Zusammenhalt der Unternehmerfamilie – Verträge, Vermögensmanagement, Kommunikation. Springer, Berlin: S. 357 – 360.

10. Kapitel: Antworten finden mit der Inhaberstrategie

1 Vgl. zum Vorstehenden umfassend Schween, K., A. Koeberle-Schmid, P. Bartels und A. Hack (2011): Die Familienverfassung – Zukunftssicherung für Familienunternehmen. INTES Akademie für Familienunternehmen, Bonn-Bad Godesberg.

2 Eine ausgezeichnete Zusammenstellung des dafür zur Verfügung stehenden Instrumentariums hat Hermut Kormann vorgelegt; vgl. Kormann, H. (2011): Zusammenhalt der Unternehmerfamilie – Verträge, Vermögensmanagement, Kommunikation. Springer, Heidelberg.

3 Kluge, J. (2010): Die Haniels kriegen viele Babys. Das ist prima. Frankfurter Allgemeine Sonntagszeitung 16: S. 35.

4 Hennerkes, B. (2009): Die Familie und ihr Unternehmen. 2. Auflage, Campus, Frankfurt: S. 58.

5 Vgl. Gersick, K., J. Davis, M. McCollom Hampton und I. Lansberg (1997): Generation to Generation – Life Cycles of the Family Business. Harvard Business School Press, Boston: S. 39 – 56; Neubauer, F. und A. Lank (1998): The Family Business – Its Governance for Sustainability. Macmillan Press, Basingstoke: S. 73 – 80; Kellermanns, F. und A. v. Schlippe (2010): Konflikte in Familie und Unternehmen erkennen, managen und vermeiden. In: A. Koeberle-Schmid, H.-J. Fahrion und P. Witt (Hrsg.), Family Business Governance – Erfolgreiche Führung von Familienunternehmen, Erich Schmidt, Berlin: S. 313 sowie Schlippe, A. v. und F. Kellermanns (2008): Emotionale Konflikte in Familienunternehmen. Zeitschrift für KMU und Entrepreneurship 1 / 2: S. 49.

6 Vgl. May, P. (2004): Lernen von den Champions. 2. Auflage, INTES Akademie für Familienunternehmen, Bonn-Bad Godesberg: S. 180 ff.; Lambrecht, J. und J. Lievens (2008): Pruning the Family Tree: An Unexplored Path to Family Business Continuity and Family Harmony. Family Business Review 21: S. 295 – 313 sowie Westhead, P., C. Howorth und M. Cowling (2002): Ownership and management issues in first generation and multi-generation family firms. Entrepreneurship & Regional Development 14: S. 247 – 269.

7 Zitat aus der Amtseinführungsrede des amerikanischen Präsidenten Barack Obama vom 20. Januar 2009; hier zitiert nach May, P. und G. Rieder (Hrsg.): Familienunternehmen heute – Jahrbuch 2010, INTES Akademie für Familienunternehmen, Bonn-Bad Godesberg: S. 254.

8 Laut Charles Hill und Jones Gareth gibt ein »Mission Statement« den Rahmen vor, innerhalb dessen Strategien formuliert werden. Es besteht aus vier Aussagen: Sinn und Zweck des Unternehmens (Mission), zukünftig angestrebter Zustand (Vision) sowie Werte und Ziele des Unternehmens (vgl. Hill, C. und J. Gareth [2009]: Strategic Management Theory – An Integrated Approach. 9. Auflage, South Western Education Publishers, Cincinnati: S. 14).

9 Mohn, R. (2001): Mit Delegation und Dezentralisierung zum unternehmerischen Erfolg. Frankfurter Allgemeine Zeitung 145: S. 27.

10 Vgl. Hennerkes, B.-H. (1998): Familienunternehmen sichern und optimieren.

Campus, Frankfurt: S. 46 und Baus, K. (2009): Kooperationsfähigkeit als Schlüsselkompetenz. In: R. Kirchdörfer, R. Lorz, A. Wiedemann, R. Kögel und T. Frohnmayer (Hrsg.), Familienunternehmen in Recht, Wirtschaft, Politik und Gesellschaft – Festschrift für Brun-Hagen Hennerkes zum 70. Geburtstag. C. H. Beck, München: S. 13 f.

11 Vgl. Ward, J. (1987): Keeping the Family Business Healthy. Jossey-Bass Publishers, San Francisco: S. 151 – 154 sowie Distelberg, B. und R. Sorenson (2009): Updating Systems Concepts in Family Businesses – A Focus on Values, Resource Flows, and Adaptability. Family Business Review 1: S. 74 – 76.

12 Siehe dazu im ersten Teil des Buches, 2. Kapitel, Chancen und Herausforderungen familiärer Inhaberschaft.

13 Als Prototyp des »schwarzen Schafs« im Familienunternehmen mag Christian Buddenbrook in Thomas Manns berühmten Roman *Buddenbrooks* dienen. Vgl. zu dem Phänomen aber auch Vontobel, H. (2008): »Corporate Governance im Familienunternehmen« – Eindrücke aus der Praxis. Zeitschrift für KMU und Entrepreneurship 1 / 2: S. 37 und Stone, E. (2005): Black Sheep and kissing cousins – How our family stories shape us. Transaction Publishers, New Brunswick.

14 Vgl. Waugh, A. (2009): Das Haus Wittgenstein – Geschichte einer ungewöhnlichen Familie. 3. Auflage, Fischer, Frankfurt; lesenswert ist auch die teils biografische, teils fiktive Darstellung von Singer, L. (2008): Konzert für die linke Hand. Hoffmann und Campe, Hamburg.

15 Vgl. Wickert, U. (2010): Das Buch der Tugenden – Große Texte der Menschheit für uns heute ausgewählt. Piper, München: S. 21 ff. sowie Bordt, M. (2009): Was in Krisen zählt – Die Antworten eines Jesuiten auf die Fragen, die wir uns jetzt stellen. Zabert Sandmann, München: S. 17 ff.

16 Näher zu Werten in Familienunternehmen Ward, J. und D. Kenyon-Rouvinez (2010): Familienwerte als Wettbewerbsvorteil. In: N. Winkeljohann (Hrsg.), Wirtschaft in Familienhand – Die Erfolgsgeheimnisse der Unternehmerdynastien, Campus, Frankfurt: S. 61 – 73; Tapies, J. und J. Ward (2008, Hrsg.), Family Values and Value Creation – The Fostering of Enduring Values Within Family-Owned Businesses. Palgrave Macmillan, Basingstoke; May, P. (2009): Der Wert alter Tugenden – Wie die Krise die Welt eines Familienforschers in Ordnung bringt. Süddeutsche Zeitung 09. 04. 2009: S. 22; Baus, K. (2009): Kooperationsfähigkeit als Schlüsselkompetenz. In: R. Kirchdörfer, R. Lorz, A. Wiedemann, R. Kögel und T. Frohnmayer (Hrsg.), Familienunternehmen in Recht, Wirtschaft, Politik und Gesellschaft – Festschrift für Brun-Hagen Hennerkes zum 70. Geburtstag. C. H. Beck, München: S. 10 ff. Auch der Governance Kodex für Familienunternehmen fordert unter Tz. 1.1. und Tz. 7.2. explizit die Festlegung von Werten und Zielen für Unternehmen, familiäre Inhaberschaft und Familie (vgl. Kommission Governance Kodex für Familienunternehmen [2010]: Governance Kodex für Familienunternehmen – Leitlinien für die verantwortungsvolle Führung von Familienunternehmen. [http://www.kodex-fuer-familienunternehmen.de/]).

17 Zu den verschiedenen Eigentumsbegriffen »dominum« und »patrimonium« vgl.

Binswanger, H. C. (2011): Die Glaubensgemeinschaft der Ökonomen. Murmann, Hamburg: S. 84 – 85.

18 Boehringer, C. (2011): »Solide Forschung hilft«. DIE ZEIT Nr. 15, S. 33.

19 Näher zu »Emotional Ownership« und »Emotional Value« vgl. Björnberg, A. und N. Nicholson (2008): Emotional Ownership – The Crutial Pathway Between the Next Generation and the Family Firm. Institute for Family Business, London; Zellweger, T. und J. Astrachan (2008): On the Emotional Value of Owning a Firm. Family Business Review 21: S. 347 – 363; Zellweger, T. und P. Sieger (2009): Emotional Value – Der emotionale Wert, ein Unternehmen zu besitzen. Ernst & Young / Universität St. Gallen, St. Gallen.

20 Vgl. Heraeus, J. (2009): Es sind nicht die Dividenden, es sind die Emotionen. Credo – LGT Journal der Vermögenskultur 11: S. 21 – 23.

21 Vgl. Kommission Governance Kodex für Familienunternehmen (2010): Governance Kodex für Familienunternehmen – Leitlinien für die verantwortungsvolle Führung von Familienunternehmen. Tz. 1.1. (http://www.kodex-fuer-familienunternehmen.de/).

22 Vgl. Lamparter, D. (2009): »Net für de schnelle Gewinn«. DIE ZEIT 10: S. 22.

23 So schon May, P. (2010): »Geld, Macht und Liebe«. In: A. Koeberle-Schmid, H.-J. Fahrion und P. Witt (Hrsg.), Family Business Governance – Erfolgreiche Führung von Familienunternehmen, Erich Schmidt, Berlin: S. 305 – 308.

24 Grundlegend zu »Fair Process« vgl. Heyden, L. v. d., C. Blondel und R. Carlock (2005): Fair Process: Striving for Justice in Family Businesses. Family Business Review 18: S. 1 – 21.

25 Vgl. u. a. Welge, M. A. Al Laham (2007): Strategisches Management. 5. Auflage, Gabler, Wiesbaden: S. 444 ff. und Porter, M. (1999): Wettbewerbsstrategie (Competitive Strategy). 7. Auflage, Campus, Frankfurt: S. 63 ff.

26 Maucher, H. (2007): Management Breviary: A Guideline to Corporate Success. Campus, Frankfurt: S. 20.

27 Boehringer, C. (2011): »Solide Forschung hilft«. DIE ZEIT 15, 07. 09. 2011, S. 33.

28 Näher und ausführlicher zu Wrede vgl. May, P. (2006): Der Unternehmer als Chef, Manager und Privatperson. Campus, Frankfurt: S. 65 ff.; Wrede Industrieholding GmbH & Co. KG (2005): 125 Jahre Wrede Industrieholding – Eine dreifache Erfolgsgeschichte. Wrede Industrieholding GmbH & Co. KG, Arnsberg, sowie Langenscheidt, F. und P. May (2009, Hrsg.), Das Lexikon der deutschen Familienunternehmen – Deutsche Familienunternehmen mit allen wichtigen Informationen zu Herkunft, Geschichte, Daten und Fakten. Gabler, Wiesbaden: S. 911.

29 Näher zu den »Family Investors« vgl. Lehmann-Tolkmitt, A. und C. Wattendrup (2009): Family Investors – Entstehung, Strukturen und Investitionsverhalten. Hauck & Aufhäuser, München.

30 Kommission Governance Kodex für Familienunternehmen (2010): Governance Kodex für Familienunternehmen – Leitlinien für die verantwortungsvolle Führung von Familienunternehmen. Tz. 2.1.2. (http://www.kodex-fuer-familienunternehmen.de/).

31 Vgl. z. B. May, P. und G. Rieder (2006): Family Education – Ein Eckpfeiler von Good Governance im Familienunternehmen. In: P. May und O. Obermaier (Hrsg.), Good Governance im Familienunternehmen, INTES Akademie für Familienunternehmen, Bonn-Bad Godesberg: S. 132–140.

32 Zum Vorstehenden vgl. Ramge, T. (2004): Die Flicks: Eine deutsche Familiengeschichte über Geld, Macht und Politik. Campus, Frankfurt; Rampge, T. (2008): Flick gegen Flick. Brand Eins 8: S. 66 ff. sowie Frei, N. (2009): Flick – Der Konzern, die Familie, die Macht. Blessing, München.

33 Kommission Governance Kodex für Familienunternehmen (2010): Governance Kodex für Familienunternehmen – Leitlinien für die verantwortungsvolle Führung von Familienunternehmen. Tz. 2 (http://www.kodex-fuer-familienunternehmen.de).

34 Vgl. u. a. Smeja, A. (2006): Erfolgsfaktoren in Familienunternehmen mit familienfremdem Management. Forschungspapier Nr. 4, INTES Zentrum für Familienunternehmen, WHU – Otto Beisheim School of Management, Vallendar, sowie für einen Überblick Hack, A. (2009): Sind Familienunternehmen anders? Eine kritische Bestandsaufnahme des aktuellen Forschungsstands. Zeitschrift für Betriebswirtschaft, Special Issue 2: S. 1–29.

35 Vgl. meine Ausführungen zum familiengeführten Unternehmen im 9. Kapitel dieses Buches.

36 Vgl. auch meine Ausführungen zu »Familienmitglieder im Unternehmen – Fluch oder Segen« im 7. Kapitel dieses Buches.

37 Vgl. Smit, J. (2004): Het drama Aholt. Uitgeverij Balans. Niederlande.

38 Zur Beteiligung von Managern am langfristigen Unternehmenserfolg vgl. u. a. Schnabel, H. (2000): Wertorientierte Vergütung von Führungskräften. Deutscher Universitätsverlag, Wiesbaden; Lazar, C. (2007): Managementvergütung, Corporate Governance und Unternehmensperformance – Eine modelltheoretische und empirische Untersuchung. Gabler, Wiesbaden; Eyer, E. und T. Haussmann (2009): Zielvereinbarung und variable Vergütung – Ein praktischer Leitfaden – nicht nur für Führungskräfte. Gabler, Wiesbaden; Ferracone, R. (2010): Fair Pay, Fair Play – Aligning Executive Performance and Pay. John Wiley & Sons, Hoboken.

39 Näher zu den freiwilligen Aufsichtsgremien (Beiräten) in Familienunternehmen vgl. Koeberle-Schmid, A. (2008): Family Business Governance – Aufsichtsgremium und Familienrepräsentanz. Gabler, Wiesbaden; Wiedemann, A. und R. Kögel (2008): Beirat und Aufsichtsrat in Familienunternehmen. Beck, München; Kormann, H. (2009): Beiräte in der Verantwortung: Aufsicht und Rat in Familienunternehmen. Springer, Berlin; Achenbach, C. (2010): Der Beirat für Familienunternehmen – Sparringspartner, Rat- und Ideengeber für Gesellschafter und Geschäftsführung. INTES Akademie für Familienunternehmen, Bonn-Bad Godesberg; Lorz, R. und A. Koeberle-Schmid (2010): Professionelle Aufsichtsgremien: Aufgaben, Typen und Ausgestaltung. In: A. Koeberle-Schmid, H.-J. Fahrion und P. Witt (Hrsg.), Family Business Governance – Erfolgreiche Führung von Familienunternehmen, Erich Schmidt, Berlin: S. 106–139.

40 Ein solcher ist bei der Aktiengesellschaft gegeben, weil der Gesetzgeber hier vom Idealtypus der Publikumsgesellschaft mit einem großen und häufig wechselnden Inhaberkreis ausgeht, der seine Kontrollfunktion nicht effektiv persönlich und unmittelbar wahrnehmen kann.

41 Näher zur Zusammensetzung von Beiräten vgl. Kormann, H. (2009): Beiräte in der Verantwortung: Aufsicht und Rat in Familienunternehmen. Springer, Berlin; Achenbach, C. (2010): Der Beirat für Familienunternehmen – Sparringspartner, Rat- und Ideengeber für Gesellschafter und Geschäftsführung. INTES Akademie für Familienunternehmen, Bonn-Bad Godesberg: S. 55 ff.; Koeberle-Schmid, A. und R. Lorz (2010): Professionelle Beiräte in Familienunternehmen. Der Aufsichtsrat 9: S. 127 – 129.

42 Kommission Governance Kodex für Familienunternehmen (2010): Governance Kodex für Familienunternehmen – Leitlinien für die verantwortungsvolle Führung von Familienunternehmen. Tz. 4.2.3. (http://www.kodex-fuer-familienunternehmen.de/) sowie May, P. (2008): Unternehmensnachfolge zwischen Wunsch und Wirklichkeit. In: P. May (Hrsg.), Das INTES-Handbuch Familienunternehmen, INTES Akademie für Familienunternehmen, Bonn-Bad Godesberg: S. 516 – 531, Kempert, W. (2007): Praxishandbuch für die Nachfolge im Familienunternehmen: Leitfaden für Unternehmer und Nachfolger. Gabler, Wiesbaden: S. 42 ff. und Ebel, K. (2009): Keine Krise durch Generationswechsel. In: P. May und G. Rieder (Hrsg.), Familienunternehmen heute – Jahrbuch 2010, INTES Akademie für Familienunternehmen, Bonn-Bad Godesberg: S. 76 – 83.

43 Vgl. dazu u. a. Lutter, M. und P. Hommelhof (2009): GmbHG. 17. Auflage, Dr. Otto Schmidt, Köln: § 51 a Rn 25 – 31 und Baumbach, A. und K. Hopt (2010): Handelsgesetzbuch. 34. Auflage, C. H. Beck, München: § 166 Rn 18 und 19.

44 Kommission Governance Kodex für Familienunternehmen (2010): Governance Kodex für Familienunternehmen – Leitlinien für die verantwortungsvolle Führung von Familienunternehmen. Tz. 2.2.1. (http://www.kodex-fuer-familienunternehmen.de/).

45 Kormann, H. (2011): Zusammenhalt der Unternehmerfamilie – Verträge, Vermögensmanagement, Kommunikation. Springer, Heidelberg: S. 254 – 260.

46 Klett, M. (2009): Muss es immer die Familie sein, meine Herren? In: Frankfurter Allgemeine Zeitung, Nr. 152, 03. 07. 2009, S. 76.

47 Vgl. Sudhoff, H. (2005): Unternehmensnachfolge. C. H. Beck, München: §§ 81, 82.

48 Kommission Governance Kodex für Familienunternehmen (2010): Governance Kodex für Familienunternehmen – Leitlinien für die verantwortungsvolle Führung von Familienunternehmen. Tz. 5.2.3. (http://www.kodex-fuer-familienunternehmen.de/).

49 Vgl. § 68 AktG.

50 Vgl. Kommission Governance Kodex für Familienunternehmen (2010): Governance Kodex für Familienunternehmen – Leitlinien für die verantwortungsvolle Führung von Familienunternehmen. Tz. 2.2.3. (http://www.kodex-fuer-familienunternehmen.de/).

51 Kommission Governance Kodex für Familienunternehmen (2010): Governance Kodex für Familienunternehmen – Leitlinien für die verantwortungsvolle Führung von Familienunternehmen. Tz. 7. (http://www.kodex-fuer-familienunternehmen.de/).

52 Kommission Governance Kodex für Familienunternehmen (2010): Governance Kodex für Familienunternehmen – Leitlinien für die verantwortungsvolle Führung von Familienunternehmen. Tz. 7. (http://www.kodex-fuer-familienunternehmen.de/).

53 Klett, M. (2009): Muss es immer die Familie sein, meine Herren? Frankfurter Allgemeine Zeitung Nr. 152, 03. 07. 2001: S. Z6.

54 Vgl. auch Kormann (2011): Zusammenhalt der Unternehmerfamilie – Verträge, Vermögensmanagement, Kommunikation. Springer, Heidelberg.

55 Vgl. Simon, F., R. Wimmer, T. Groth (2005): Mehr-Generationen-Familienunternehmen. Erfolgsgeheimnisse von Oetker, Merck, Haniel u. a. Carl Auer, Heidelberg, sowie Simon, F. (2009): Ambivalenzen des Familienunternehmens. Idealtypische Chancen und Risiken für Familie und Unternehmen. In: Steinbeis, M. (Hrsg.), Familienfirma – Erfolge, Krisen, Fortbestand, Steinbeis, Brannenburg: S. 27 – 51.

56 Kommission Governance Kodex für Familienunternehmen (2010): Governance Kodex für Familienunternehmen – Leitlinien für die verantwortungsvolle Führung von Familienunternehmen. Tz. 7.3. (http://www.kodex-fuer-familienunternehmen.de/).

57 Vgl. Gloger, A. (2009): Deutschlands Ur-Bräu. Cicero 6: S. 82.

58 Metzler, F. v. (2009): Macht Geld glücklich? Frankfurter Allgemeine Zeitung 295: S. 35.

59 BILD (2009): Clare Irby hatte Sex im Flugzeug! BILD-Zeitung 16. 09. 2009.

60 Kellermanns, F. und A. v. Schlippe (2010): Konflikte in Familie und Unternehmen erkennen, managen und vermeiden. In: A. Koeberle-Schmid, H.-J. Fahrion und P. Witt (Hrsg.), Family Business Governance – Erfolgreiche Führung von Familienunternehmen, Erich Schmidt, Berlin: S. 309.

61 Zum Nachstehenden vgl. Vgl. Kellermanns, F. und A. v. Schlippe (2010): Konflikte in Familie und Unternehmen erkennen, managen und vermeiden. In: A. Koeberle-Schmid, H.-J. Fahrion und P. Witt (Hrsg.), Family Business Governance – Erfolgreiche Führung von Familienunternehmen, Erich Schmidt, Berlin: S. 314 f. mit weiterführenden Nachweisen.

62 Diese »einseitigen Wahrnehmungsstörungen« sind besonders gefährlich, weil sie häufig von Personen ausgenutzt werden, die aus eigenem (persönlichem oder beruflichem) Interesse an einer Aufrechterhaltung oder weiteren Eskalation des Konflikts interessiert sind.

63 Vgl. Kellermanns, F. und K. Eddelston (2006): Feuding families: The management of conflict in family firms. In: P. Poutziouris, K. Smyrnios und S. Klein (Hrsg.), Handbook of Research on Family Business, Edward Elgar Publishing, North Hampton: S. 358 – 368; Kellermanns, F. und K. Eddelston (2007): Feuding Fa-

milies: When Conflict Does a Family Firm Good. Entrepreneurship: Theory & Practice 6: S. 809 – 830 und die zusammenfassende Darstellung bei Kellermanns, F. und A. v. Schlippe (2010): Konflikte in Familie und Unternehmen erkennen, managen und vermeiden. In: A. Koeberle-Schmid, H.-J. Fahrion und P. Witt (Hrsg.), Family Business Governance – Erfolgreiche Führung von Familienunternehmen, Erich Schmidt, Berlin: S. 316 f.

64 Ausführlicher zum Nachstehenden May, P. und G. Rieder (2006): Family Education – Ein Eckpfeiler von Good Governance im Familienunternehmen. In: P. May und O. Obermaier (Hrsg.), Good Governance im Familienunternehmen, INTES Akademie für Familienunternehmen, Bonn-Bad Godesberg: S. 132 – 140. Schröder, E. und N. Arnaud (2010): Erziehung zur Nachfolge – geht das? wir 1: S. 12 – 15; Förster, N. und A. Götsch (2010): Auf Chef studieren. impulse 10: S. 56 – 62.

65 Vgl. May, P., M. Redlefsen und M. Haller (2004): Nicht aktive Gesellschafter in Familienunternehmen – Ergebnisse und Handlungsempfehlungen. INTES Akademie für Familienunternehmen, Bonn-Bad Godesberg: S. 3.

66 Vgl. dazu ebenfalls May, P., M. Redlefsen und M. Haller (2004): Nicht aktive Gesellschafter in Familienunternehmen – Ergebnisse und Handlungsempfehlungen. INTES Akademie für Familienunternehmen, Bonn-Bad Godesberg: S. 3.

67 Vgl. Lief, C. und P. May (2008): Roca Corporation: Hard Work and Brotherhood (Fallstudie IMD-3-2032). IMD, Lausanne.

68 Vgl. Gloger, A. (2009): Deutschlands Ur-Bräu. Cicero 6: S. 82.

69 Vgl. u. a. Koch, M. (2010): Spendable Milliardäre – 40 Superreiche verschenken die Hälfte ihres Vermögens, Süddeutsche Zeitung 04. 08. 2010: S. 17 und Unterreiter, V. (2010): Milliarden für den guten Zweck. Welt Nr. 164, 17. 07. 2010: S. 12.

70 Ausführlicher zum gemeinnützigen Engagement von Unternehmern vgl. May, P., J. Eiben und F. von Peter (2008): Gemeinnütziges Engagement von Familienunternehmen. INTES Akademie für Familienunternehmen, Bonn-Bad Godesberg, BNP Paribas und Campden Research (2009): Global Family Philanthropy Report 2009 – Giving through the generations, demanding impact, building unity, securing legacy. Campden FB 3: S. 22 – 33 und Schmidt, M. (2010): Die machen Schulen. impulse 8: S. 116 – 121, Ludowig, K. (2010): Von Berufs wegen Gutes tun, Handelsblatt 15, 22. 01. 2010: S. 64.

71 Näher zum Family Office vgl. u. a. Eiben, J. und Y. Brückner (2010): Struktur und Aufgaben von Single Family Offices. In: A. Koeberle-Schmid, H.-J. Fahrion und P. Witt (Hrsg.), Family Business Governance – Erfolgreiche Führung von Familienunternehmen, Erich Schmidt, Berlin: S. 287 – 302; Haupt, F. und T. Hilger (2006): Das Family Office: Integrierter Dienstleister oder strategischer Berater? INTES Zentrum für Familienunternehmen Forschungspapier Nr. 5, Vallendar; Prinz, R.: Family Office: Eine markt- und modellorientierte Betrachtung. St. Gallen.

72 Näher zum Familienmanager vgl. Nelton, S. (2008): The role of a family leader. In: Spector, B. (Hrsg.), Shareholder's Handbook – Tips and strategies for effective ownership and stewardship of your family company, Family Business Publishing Co., Philadelphia: S. 80 – 82.

73 Näher zu Rolle, Aufgaben und Konstruktion eines Familienrates vgl. Koeberle-Schmid, A. (2008): Family Business Governance - Aufsichtsgremium und Familienrepräsentanz. Gabler, Wiesbaden; Koeberle-Schmid, A. (2009): Aufgaben von Familienrepräsentanzen. Der Aufsichtsrat 2: S. 22-24; Brockhoff, K. und A. Koeberle-Schmid (2010): Gesellschafterausschuss als zentrales Gremium zur Organisation der Familie. In: A. Koeberle-Schmid, H.-J. Fahrion und P. Witt (Hrsg.), Family Business Governance - Erfolgreiche Führung von Familienunternehmen, Erich Schmidt, Berlin: S. 257-280.

74 Leibinger-Kammüller, N. (2009): Führung von Familienunternehmen - Streit- und Konfliktmanagement. In: Kirchdörfer, R., R. Lorz, A. Wiedemann, R. Kögel und T. Frohnmayer (Hrsg.), Familienunternehmen in Recht, Wirtschaft, Politik und Gesellschaft - Festschrift für Brun-Hagen Hennerkes zum 70. Geburtstag. C.H. Beck, München: S. 37.

SACHREGISTER

Abfindung 245
Akquisition 93
Aktivseite, Bewirtschaftung der 117
Aldi-Story 59
Alleininhaber 180
Altersgrenze 153, 239
Anleihe 120, 134, 139
- öffentliche 120, 135
- private 120, 135
Auftreten nach außen 152
Auftritt im Unternehmen 253
Ausschüttungspolitik 106, 107
Austrittsrecht 107, 245

Bäcker-Gleichnis (A. Smith) 48
Banken als Partner 112
Bankenunabhängigkeit 111
Bankkredite 112, 123, 136, 138
- Covenants 137
- Kontokorrentkredit 137
- kurzfristige 139
- Langfristfinanzierungen 137
- Sonderkündigungsrechte 137
begrenzte Ressourcen 44, 191
Beirat (s. a. Kontrollorgan, freiwilliges) 162, 237
Beraterverträge 248
Beschneidung des Familienbaums 210
Beschränkungen der Privatsphäre 242
betriebliche Altersversorgung 114
Betriebswirtschaftslehre (BWL) für Familienunternehmen 53, 174
Betriebswirtschaftslehre (BWL), neue 53, 175
- Nutzen für die Politik 54
Börsengang (s. a. IPO) 128, 129, 131
Buddenbrook-Syndrom 16, 21
Business First 40, 215, 218

Casino-Kapitalismus 46
Chancenmanagement 160, 161
Chancenorientierung 159
Compliance 160
Corporate Governance 62, 140-162,
- Anforderungen 142
- Bedeutung 140
- Besonderheiten bei Familienunternehmen 141
- einführende Bemerkungen 140-141
- Einzelfragen 148
- Individualität 142
Deutscher Corporate Governance Kodex 141
Deutschland AG 141
Differenzierung 63, 75

Diversifikation
- echte 91, 226
- individuelle 227
- mit Hilfe gemeinsamer Vermögensanlage 226
- weiche 90, 226
Diversifikationsstrategie 191, 192, 224
Diversität 183
Dividenden 127, 183, 243
Dominante Inhaberschaft 27, 33, 34, 143, 144, 145
- Begriff 27
- Herausforderungen 33
- Vorzüge 33, 34
Drei-Dimensionen-Modell 177, 178
Drei-Kreis-Modell 40, 212
Durchhaltevermögen 82
Dynastischer Wille (s. a. Generationenübergreifendes Unternehmerverständnis) 29, 146

ehe- und erbrechtliche Vereinbarungen 242, 262
Eigenkapital 139
Eigenkapital von außen 128-132
Eigenkapitalquote, Eigenkapitalausstattung 108, 109, 111, 126, 138
Eigenmittel der Inhaber 126-128
Emotional Value (emotionaler Wert) 92, 146, 185, 189, 193, 199, 231, 249
Erfolgsvergleiche zwischen Familienunternehmen und Nicht-Familienunternehmen 17
Evolutionstheorie 48

Factoring (Forfaitierung) 125, 139
Fair Process (Fairness) 145, 182, 198, 231, 242, 246
Familie (als Inhaber)
- Begriff 28
- Herausforderungen 43
- Problematik 37
- Vorzüge 42
Familien-Büro (s. Family Office)
Familiendynastie 184
Familienkapitalismus 55, 56
Familienkultur 205
Familienmanager (Family Manager) 265
Familienmitglieder im Aufsichtsrat 151
Familienmitglieder im Unternehmen 148
Familienrat 266
Familienstrategie 175
Familienunternehmen
- adäquate Strategien 62
- Bedeutung 14
- Begriff 25-31
- diversifiziertes 190
- familiengesteuertes 197, 198
- Family Investment Office
- fokussiertes 188, 189
- fremdgesteuertes 199
- Geschichte 14
- geschlossenes 214
- inhabergeführtes 195
- junges 187
- offenes 214
- Vorurteile 15
Family Business Governance 143, 145, 146, 230
Family Business SWOT-Analyse 32
Family-Buy-out 182
Family Education 229, 257
Family Factor 17
Family First 40, 215, 218
Family Governance 147, 185, 248
Family Investment Office 192
Family Investors 130
Family Managers (s. Familienmanager)
Family Office 227, 261
Familyness 42, 145
faule Kompromisse 150
Finanzierung 52, 62
Finanzierung, Besonderheiten 98 ff.

Finanzierungsinstrumente (Attraktivitätsvergleich) 122-137
Finanzierungsleasing 123
Finanzierungsregeln für Familienunternehmen 104
Finanzierungssicherheit 113
Finanzierungsstrategie für Familienunternehmen 113, 123, 136, 138
Finanzinvestoren 14, 110
Finanzkapitalismus 55, 56
Firma geht vor (s. »Business First«)
Five-Forces-Theorie 49, 63, 67
fokussiertes Familienunternehmen 189
Fokussierungsstrategie 189, 224
Förderpflichten 241
Franchising 95, 96
fremdgesteuertes Familienunternehmen 201, 204
Fristenkonguenz (bei der Finanzierung) 115
Führung, Kontinuität 151
Führung durch Familienmitglieder, Vor- und Nachteile 232
Führungsgrundsätze 158
Führungskontinuität (s. a. Kontinuität in der Führung) 153
Führungsnachfolge, familiäre 153
Fungibilität 244

gemeinnütziges Engagement 260
gemeinsame Aktivitäten 256
gemeinschaftliche Unternehmungen 258
Gemeinwohlbindung 55
Generationenkontinuität 146
generationsübergreifendes Unternehmerverständnis (s. a. Dynastischer Wille) 29, 45, 47, 48, 220
Genussrechte 133
Geschäftsführender Gesellschafter 155, 208
Geschäftsidee 188
Geschwistergesellschaft 181-182
Geschwisterrivalität 186, 204
Gesellschafter
- tätige 197
- nichttätige 197, 208
Gesellschafterdarlehen 127
Gewinn
- als Finanzierungsbeitrag 105
- einbehaltener (s. a. Thesaurierung) 106, 126, 138, 244
Gleichbehandlung 38, 183, 198, 209, 211, 223
Goldene Bilanzregel 115
Governance 52
Governance, Besonderheiten (s. Corporate Governance)
Governance Kodex für Familienunternehmen 143, 160, 161, 228, 239, 244, 248, 249
Governance-Struktur 195
Größe 202
Güterstandsklauseln 243

Haftung, persönliche 116
Haftungsrisiken 116
Hall of Fame der Familienunternehmer 187
Handelswissenschaft 53
Hausbankprinzip 112
Hedgefonds 192
Hidden Champions 67, 77, 81, 163
Holding-Organisation 117, 216

Identifikation 194
Identifikationsverlust 199
Identität 213
IMD-LODH Award 217, 258
Inhaber
- Begriff 211
- Rechte und Pflichten 212
- Zugehörigkeit 212
Inhaberbonus 36, 70

Inhaberfamilie 25, 30
- Zugehörigkeit 212
- Rechte und Pflichten 212
- Umgang miteinander 223
Inhaberqualifikation 182, 184
Inhaberstrategie 53, 172-176, 178, 205, 206
- als strukturierter Prozess 207
- Inhalte 208
- Nutzen 267
Inhaber-Struktur (im 3-Dimensionen-Modell) 180
Innovation 81, 82
Interessenidentität zwischen Inhabern und Unternehmensführung 143
Invisible Hand 55
IPO (s. a. Börsengang) 129

Kapitalerhöhungen 126
Kapitalstock, Schmälerung 107
Kartellvergehen 159
Klumpenrisiko 200
Kommunikation 250, 259
Komplexität 181, 182, 185
Konflikte 150, 182, 183, 196, 197, 208, 230, 248
- Umgang mit 253
Kontinuität, in der Führung 47, 151
Kontrolle 237
Kontrollorgan, freiwilliges (s. a. Beirat) 162, 237
- Familienmitglieder als Mitglieder 237
Kostenführerschaft 63
kreative Zerstörung 48, 77-80
kriminelle Familienunternehmer 24
kultureller Rahmen 203, 222
Kundennähe 73, 74

langlebige Märkte 89
Langfristorientierung 45, 47, 85, 86
Leasing 123, 139
Lebenszyklus 48, 89, 188, 190, 225
Lebenszyklus-Radar 90
Leistungsbezug 248
Leverage 108, 1101 111
Lieferantenkredit 135, 136, 139

Machtmissbrauch 36, 144, 230
Managerkapitalismus 55
Managerqualitäten 154
Marktführerschaft mit begrenzten Ressourcen 68
Mehrfamilienunternehmen 29
Mezzanine Finanzierungsinstrumente 133
Mission Statements 213
Mitarbeit im Unternehmen 183, 246
Mitgliedschaft 209
Mittelstand 18
Mitwirkungsrechte 240
Multiplikation (als Wachstumsstrategie) 93

Nachfolge 149, 162, 181, 196, 238
- Nachfolgeplanung 196, 239
Nachrangdarlehen 133
NEM-Virus (Neid, Eifersucht, Missgunst) 145, 150, 182, 196, 198
Never bet the company 86-88
nichttätige Gesellschafter
Nischenmärkte (Nischen-Strategie) 68, 69
Notfallplan 196, 239

ökonomischer Wert 185, 189
Organe, Zusammenwirken 161
Organisation von Unternehmen und Familie 229

Pensionsrückstellungen (Pensionszusagen) 114, 133
Pflichtteilsverzichtsklauseln 243
Philantropie 260
Pionier 187, 188
Portfoliomanagement 63, 191, 225

Portfolio-Umschichtung 91
Postpatriarchalisches Zeitalter 257
Prinzipal-Agenten-Konflikt 33, 34, 35, 70, 141, 143, 149, 196, 197, 199, 200
Private Equity 128-131, 145, 192, 233
Professional Ownership (Professionelle Inhaberschaft) 52, 144, 162, 181, 182, 197, 206, 229, 231, 242, 246, 256-257, 266
Publikumsgesellschaft 14, 33, 63, 68, 73, 84, 93, 103, 105, 141, 143, 145, 152, 228, 237, 266

Realteilung 182
Regelbruch 77, 120, 121
Repräsentation 185, 253
Richtlinien für die Geschäftspolitik 228
Risikobegrenzung 193, 225
Risikomanagement 86, 160, 188, 189
Risikoorientierung 159
Risikostreuung 190
Rollen 208, 263
Rückstellungen 132

Sale-and-lease-back 124
Schnelligkeit 70
schwarzes Schaf 216
Selbstausbeutung 188
Selbstverständnis 213, 251
Service für die Inhaberfamilie 261
Shareholder-Value-Theorie 64
Sicherungsstrategie 87, 88
Sparsamkeit 119
Staatskapitalismus 55, 56
Stammesregelungen 240-241
Steuerhinterziehung 107
Steueroptimierung 107
Steward 156
stille Beteiligung 133
Stimmrechte 183
Strategische Ausrichtung 224
Strategische Führung 52, 63
Strategische Starre 92
SWOT-Analyse 32, 63

Thesaurierung (s. Gewinn, einbehaltener)
Thronfolger-Lösung 211
Treuhänderunternehmer 156

Umgang mit der Presse 253
Umgang miteinander 250
Umsetzung des Inhaberwillens im Unternehmen
Unabhängigkeit 95, 103, 104, 111, 113, 116, 125, 126, 131, 133, 138, 220
Unconventional Wisdom 163
Unternehmen im Besitz der öffentlichen Hand 14, 53
Unternehmen im Besitz von Familienunternehmern 14
Unternehmen im Besitz von Finanzinvestoren 53
Unternehmensanleihe (s. a. Anleihe) 120, 121
Unternehmensfinanzierung 160
- Grundlegendes 100
Unternehmenskultur 205
- unverwechselbare 65
Unternehmensstrategien 172, 206
Unternehmensstruktur 187
Unternehmerfamilie (s. a. Inhaberfamilie) 30, 206, 214
- Begriff 31
- Fortbestand als 214
Unternehmergeist 50, 182-184
Unternehmerqualitäten 154

Verkauf nicht betriebsnotwendigen Vermögens 118, 123
Vermögensrechte, Beschränkungen 243
Vertrauenskapital 70, 71
Vertretung 240, 241

Vetternkonsortium 182
Vinkulierungsmaßnahmen 245
Vorbild 157

Wachstum
- aus eigener Kraft 94
- durch Franchising 95
- Unternehmen nicht schneller als Eigenkapital 95
Wachstumsstrategien 93
Wandelanleihen 133
Werte 213, 251
Wettbewerbsstrategie 70, 84
Wissensvermittlung 256
Wittener Kongress für Familienunternehmen 167
Working Capital Management 119, 124, 138

Ziele 251
- für die Familie 222
- für die familiäre Inhaberschaft 219
- für das Unternehmen 220
Zusammenhalt 184, 186
Zwei-Kreis-Modell 38
Zwei-Hüte-Konzept 39, 216, 250

PERSONEN- UND UNTERNEHMENSREGISTER

Adenauer, Konrad 148
Agnelli – Familie 19
Ahold (Albert Heijn) 233
Aicher, Otl 83
Albrecht – Familie 19, 20, 103
Albrecht, Karl 59, 61, 64, 77, 148, 158, 173
Albrecht, Theo 59, 77, 148, 158, 173
Aldi 18-20, 25, 59-61, 75-77, 80, 93, 119, 136, 148, 158, 173, 189
Aldi Süd 61, 150, 158, 232
Ambani 18
Anderson, Ronald 16
Antinori 46, 225
dell'Antonio, Paolo 85
AP Møller-Mærsk 19
Apple 148
Arcandor 35, 174, 175, 200, 201
ArcelorMittal 19
Arnou, Ann 151
Arnou, John 151
Asbeck, Frank 29, 215
Auchan 19
Axel Springer Verlag 129, 189

Baden-Württembergische Bank 134
Bagel-Trah, Simone 198
Bahlsen 191
Bandai 89
Barone Ricasoli 22
Barovier & Toso 22
Bartels, Peter 160
Bayer 68
Bayern München 148
Behrend, Jürgen 156
Beisheim 20
Benteler 110, 182
Bentz, Horst 188
Bentz, Melitta 78, 187, 188
Bentz, Willy 188
Benz, Carl 78, 80
Berenberg Bank 23
Berkshire Hathaway 152
Berle, Adolf 33, 141
Bertelsmann 110, 214
Binz, Mark 210
Bitburger Brauerei 190
Blas, Javier 70
BMW 19, 20, 35
Boehringer Ingelheim 189, 198, 201
Boehringer Mannheim 192
Boehringer, Carl 187
Boehringer, Christian 220, 225
Böllhoff, Wolfgang 152

Bosch, Robert 120
Bouygues 19
Bouygues, Familie 19
Brandes, Dieter 59, 173
Brauerei Schneider 42
Braun Melsungen 110
Brenninkmeyer 184
Brogsitter 23
Brose 98, 152
Buffett, Warren 129, 152, 153, 260
Bühlbecker, Hermann 152, 155
Bundesverband der Deutschen Industrie (BDI) 17, 109
Burda 182, 189, 194, 195
Burda, Hubert 195
Buss, Diana 157

Cantiere Navale Camuffo 22
Cargill 69, 70
Cargill – Familie 257
Carlock, Randolf 53
Carnegie 80
Celesio 20
Chandler, Alfred 15, 25
Château de Goulaine 22
Chrysler 35
Collins, Jim 65
Continental 87, 88

Dachser 182, 186, 197, 201
Daimler 35, 80
Daimler, Gottlieb 78
Darboven, Alfred 71
Darwin, Charles 48
Dassler 173, 182
Davis, John 40, 41
Deichmann, Heinz-Horst 152, 155
Dethleffsen-Gruppe 191
Dethleffsen, Andreas 155
Deutsche Bank 17, 109
Dorma 152
Dörrenberg, Eduard 152
Doud, Ernest 35
Dr. Wolff 152
Dräger 120
DuMont 21, 189

Eddelston, Kimberly 255
Eduard Meier 23
Eglau, Hans Otto 43
Eiben, Jan 136
Engel & Völkers 95
Engelhorn – Familie 192, 194
Erco 65, 75, 82, 83, 85
Exxon Mobil 70

Fahrion, Hans-Jürgen 160
Fama, Eugene 35
Family Firm Institute 263
Ferchau 189
Fiat 19
Fielmann 129, 155
Fielmann, Günther 78
Flick, Friedrich 229
Flick, Friedrich Karl 230
Flick, Otto Ernst 230
Ford 148
Ford, Henry 78, 148
Freiherr von Poschinger Glasmanufaktur 23
Fressnapf 95, 96, 177, 186, 189
Freudenberg 110, 178, 184, 190, 194, 198
Friedrich der Große 148
Fugger 14, 80

Gates, Bill 29, 78, 80, 148, 260
GEA 192
Geißinger, Jürgen 87, 88
Gelita 67, 152
General Electric 148
Giesecke & Devriendt 90
Gläsel, Christian 155, 207
Gloger, Axel 107
Goethe, Johann Wolfgang von 219
Görtz, Thomas 138
Google 80, 92

Gordon, Grant 43
Gore 75
Gries, Heinz 152, 236
Gries, Peter 236
Griesson De Beukelaer 152, 236
Grimme 67
Groz Beckert 67
Grupp – Familie 181, 197, 211
Grupp, Wolfgang 71, 126, 148, 178, 195, 201
Gucci 43
Gucci – Familie 43, 44
Gucci, Guccio 43, 44
Gucci, Mauricio 44

Handtmann, Arthur 221
Haniel 20, 21, 25, 92, 110, 120, 161, 177, 184-186, 194, 198, 201, 202, 210, 215, 251
Haniel – Familie 20, 46, 190, 226, 230, 231, 246, 247
Haniel, Franz Markus 155, 177, 178, 185, 202, 204, 230
Happel, Otto 192, 194, 214
Hardt, Christoph 188
Haribo 99, 152, 195, 201
Harvard Business School 257
Haub – Familie 182
Haub, Karl-Erivan 35, 110
Haunschild, Ljuba 109, 112
Hausner, Lee 35
HeidelbergCement 88
Heijn – Familie 233
Hella Hueck 156, 184
Henkel 18, 20, 27, 129, 184, 198, 201, 202, 210, 251
Henkel – Familie 27, 214
Hennerkes, Brun-Hagen 104, 134, 210, 267
Heraeus 20, 80, 110, 161, 178, 184, 186, 202, 210, 251
Heraeus – Familie 20, 190
Heraeus, Jürgen 220
Herz – Familie 182
Hexal 190
Hipp, Claus 71
Hitler, Adolf 229
Hoeneß, Uli 148
Hoeven, Cees van der 233
Hoffmann – Familie 19
Hornbach, Otmar 128, 129
Houshi Onsen 21, 22, 46, 225, 230
Hoyer 182, 186
Hypo Vereinsbank 17

Ikea 61, 78, 80, 120, 189, 221
IMD 257
Imdahl, Ines 71
INA Schaeffler 87, 88
INTES 8, 109, 257
INTES Akademie für Familienunternehmen 207, 256, 257
Irby, Clare 252

Jägermeister 85, 182, 186, 187, 189, 192, 194, 226
Janssen, Edouard 260
Jensen, Michael 35
Jobs, Steve 78, 148
JP Morgan 21

Kamprad, Ingvar 78, 120, 189, 221
Karstadt-Quelle 35
Kaufland 20, 226
Kellermanns, Franz 254, 255
Kellogg School of Management 257
Kemmler 108
Kemmler, Marc 108, 109
Klais 67
Klein, Sabine 35, 196
Klett, Michael 241, 249
Kluge, Jürgen 210
Knauf 110, 182, 186
Knöll, André 125, 135
Kober, Kurt 154
Kolumbus, Christoph 80

Kongo, Masakazu 159
Kongo, Shigemitsu 159
Kongo Gumi 159
Kormann, Hermut 87, 151, 241
Krass Optik 138
Krass, René 137
Kummerow, Anja 175

Lambertz 152
Land, Andreas 236
Landes, David 15
Langmann, Hans-Joachim 152
Leibinger-Kammüller, Nicola 82, 267
Lidl 20, 60, 226
Liqui Moly 71
Ludwig II. 43

Maack, Klaus Jürgen 83, 85
Maack, Tim Henrik 85
Madoff, Bernard 24
Mahindra 18
Mann, Thomas 16, 50
Mann + Hummel 67
Marchesi Antinori 22
Maucher, Helmut 84, 93, 224
May, Peter sen. 76, 90, 107, 225
May, Thomas 156
May-Werke 8, 76
Means, Gardiner 33, 141
Medici 14, 80
Mendoza, Pedro Gonzales de 80
Merck 21, 72, 73, 110, 120, 129, 152, 184, 186, 198, 236
Merck – Familie 46, 73, 178, 236
Merckle 88
Merckle – Familie 93, 103
Merckle, Adolf 88
Merckle, Ludwig 88
Merz 182, 186
Merz – Familie 259
Merz, Friedrich 259
Messer, Stefan 157
Metallgesellschaft 192
Metro 20
Metzler 21, 189
Metzler, Friedrich von 252
Meyer, Gregory 70
Michler, Inga 46
Microsoft 148
Miele 9, 61, 110, 112, 189, 194, 197, 201
Miele – Familie 28, 29, 103, 197
Miele, Markus 95, 197
Mittal 18
Mittal – Familie 19
Mocken, Wilfried 226
Mohn – Familie 20
Mohn, Reinhard 214
Moller – Familie 19
Moller-Racke, Marcus 113
Mühlebach, Corinne 42
Mulliez – Familie 19

Näder, Hans-Georg 152
Nelton, Sharon 163
Nestlé 84, 93, 224
Nicholson, Nigel 43

Obama, Barack 213, 219
OBI 95
Oeri – Familie 19
Oetker 110, 187, 190, 194, 226
Oetker – Familie 190, 226
Oetker, Arend 152
Oetker, August 78, 190
Ohle, Frank 199
Olsberg Hermann Everken 23
Opificio Orafo Torrini 22
OTTO 18
Otto – Familie 226
Otto Bock 152

Parmalat 24
Perger 135
Perger, Johannes Freiherr von 120, 121
Peters, Tom 73

Peugeot – Familie 19
Pfeifer 23
Phoenix 88
Phoenix Contact 67, 110
Piëch – Familie 19, 20, 214
Pontificia Fonderia Marinelli 22
Porras, Jeffrey 65
Porsche 85
Porsche – Familie 19, 20, 214
Portas 95
Porter, Michael 49, 63, 67, 88
Prange, Jürgen 49
Prost, Ernst 71
PSA Peugeot Citroën 19
Pümpin, Cuno 47, 49, 53
PWC 103, 160, 207

Quandt – Familie 19, 35

Racke-Gruppe 113
Ramge, Thomas 230
Rappaport, Alfred 64
Ratiopharm 88
Redlefsen, Matthias 125, 135, 136, 183
Reeb, David 16
Reed, John 68
Rehm – Familie 182
Reininghaus, Arnold 83
Restaurant Oesterput 71
Restaurant Rita 71, 151
Rheingold-Institut 71
Richard de Bas 22
Riegel, Hans 99, 152-154, 158, 195, 201
Riegel, Paul 195, 201
Rittal 91
Ritter, Alfred 160
Roca 183, 258
Roca – Familie 217, 218, 232, 258
Roca, Javier 218
Roche 19
Röchling 184
Rockefeller 80
Rödl 189
Rossmann, Dirk 128, 129
Rothschild 80
Rover 35
Rusche – Familie 181, 211
Rusche, Thomas 201

Schaeffler – Familie 88, 93, 103
Schaeffler, Maria-Elisabeth 87, 88
Schickedanz, Grete 174
Schickedanz, Gustav 174
Schickedanz, Madeleine 35, 175, 200
Schielke, Joachim 103, 125, 134
Schiller, Friedrich 13,
Schlippe, Arist von 35, 254
Schmidt, Sarah M. 263
Schmitz-Ruthenbeck – Familie 20
Schneider, Georg 42
Schreiter, Mark Oliver 82, 84
Schrempp, Jürgen 35
Schumpeter, Joseph 48, 49, 77, 79, 121
Schwarz-Gruppe (Lidl und Kaufland) 20
Schwarz, Dieter 226
Schwarz Pharma 192
Schwarz-Schütte – Familie 192, 194
Schwarz-Schütte, Patrick 193
Seidel, Hagen 35
Simon, Bernhard 197
Simon, Hermann 35, 47, 67, 73, 74, 76, 77, 81, 87, 90, 109, 152, 154, 155, 163
Smit, Jeroen 233
Smith, Adam 33, 34, 48, 55, 56
SMS 152, 182
SolarWorld 29-30, 215
SØR Rusche 181, 201
Stabernack, Kristina 198, 199
Stern-Wywiol-Gruppe 195, 197
STI 198
Stoschek, Michael 98, 152
Strüngmann, Andreas 190

Tagiuri, Renato 40, 41
Tanzi, Calisto 24

Tata 18
Tee Gschwendner 95
Tengelmann 110, 182, 186, 197, 201
Thijssen, Edouard 260
ThyssenKrupp 68
Tödtmann, Claudia 188
Toeller, Torsten 95, 96, 177, 178, 202, 204
Trigema 71, 126, 148, 178, 181, 186, 195, 201
TRUMPF 82, 90
TrustedFamily.net 260
TU München 109

U.S. Oil Co. Inc. 263
Underberg 180, 186, 226
Underberg – Familie 197, 211
Underberg, Christiane 45
Underberg, Emil 178, 226
Universität Münster 112
Universität St. Gallen 42, 257
Universität Witten-Herdecke 257

Vanderbilt – Familie 21
Vanderbilt, Cornelius 21
Venohr, Bernd 67
Verpoorten, William 155
Viessmann, Martin 72, 84
Villeroy & Boch 184
Volkswagen 19, 20, 88
Von Nordeck-Gruppe 191
V. Stern'sche Druckerei 23

Wacker Chemie 110, 129
Wallau, Frank 109, 112
Wal-Mart 18, 61, 74
Walton, Sam 74
Ward, John 22, 53, 163
Waterman, Robert 73
Weidmüller 155
Weil, Jack 143
Weingut Fürst Hohenlohe Oehringen 21-23
Weiss, Heiner 152
Weissman, Arnold 74
Welch, Jack 148
Werhahn 184
WHU – Otto Beisheim School of Management 8, 82, 85, 109, 196, 207, 257
Wiedeking, Wendelin 85
Wilhelm II. 91
Wiliam Prym 23, 159, 184
Winkeljohann, Norbert 103, 109, 127, 129
Winterhalter Gastronom 69
Wittgenstein – Familie 217
Wittgenstein, Karl 217
Wittgenstein, Ludwig 217
Wittgenstein, Paul 217
Wrede – Familie 161, 225
Wrede, Eberhard 226
Wrede, Paul 226
Wrede, Thomas 226
Wünsche – Familie 182
Würth 110
Würth, Reinhold 56, 152, 154, 158
Wywiol, Torsten 197
Wywiol, Volkmar 84, 195, 197

Zeppelin University 257
Zimbo 121
Zimmermann, Reinhold 121
Zinkann – Familie 28, 29, 103, 197
Zinkann, Peter 8, 29, 110
Zinkann, Reinhard 7, 9, 95, 112, 197
Zötler Privat-Brauerei 23, 46, 225, 230
Zötler, Herbert 230, 251, 258
Zwick Roell 67

INHALTSVERZEICHNIS

Vorwort
von Reinhard Zinkann 7

TEIL 1: AUF DIE INHABER KOMMT ES AN 11

1. Kapitel:
Familienunternehmen sind anders 13

Ein paar Fakten 14

… und Vorurteile 15

Familienunternehmen sind nicht zweitklassig 16

Familienunternehmen sind mehr als Mittelstand 18

Das Buddenbrook-Syndrom: eine Herausforderung nicht nur für Familienunternehmen 21

Familienunternehmen sind nicht von Natur aus gut 24

2. Kapitel:
Die Inhaberschaft als Schlüssel zur Andersartigkeit 25

Was ist ein Familienunternehmen? 25

Dominante Inhaberschaft 27

Familie 28

Generationenübergreifendes Unternehmerverständnis 29

Familienunternehmen und Unternehmerfamilien 30

Die wichtigsten Konsequenzen 32

Die Family Business SWOT-Analyse 32

Chancen und Herausforderungen dominanter Inhaberschaft 33

Der Prinzipal-Agenten-Konflikt 33

Übereinstimmung von Inhabern und Führung als Systemvorteil 34

Machtmissbrauch als systembedingte Herausforderung 36

Chancen und Herausforderungen familiärer Inhaberschaft 37

Zwei Welten treffen aufeinander 37

Familyness als Systemvorteil 42

Familiäre Konflikte als systembedingte Herausforderung 43

Begrenzte Ressourcen als systembedingte Herausforderung 44

Chancen und Herausforderungen eines generationenübergreifenden Unternehmerverständnisses 45

Vom Denken in Generationen 45

Kontinuität als Systemvorteil 47

Der Lebenszyklus als systembedingte Herausforderung 48

Fazit 50

3. Kapitel:
Zeit für einen Paradigmenwechsel 52

Auf die Inhaber kommt es an 52

Plädoyer für eine neue Betriebswirtschaftslehre 53

Nutzen für die Politik 54

TEIL 2: STRATEGIEN FÜR DAS UNTERNEHMEN 57

4. Kapitel:
Warum Familienunternehmen besondere Strategien brauchen 59

Die ALDI-Story 59

… und was wir daraus lernen sollten 61

5. Kapitel:
Strategische Führung 63

Ein paar einführende Bemerkungen 63

Strategieempfehlungen für Familienunternehmen 65

Eine unverwechselbare Unternehmenskultur schaffen 65

Geeignete Märkte suchen 67

Den Inhaberbonus nutzen 70

Näher am Kunden 73

Mut zum Regelbruch 77

Durchhaltevermögen zeigen – schwer kopierbare Wettbewerbsvorteile entwickeln 82

»Never bet the company« 86

Dem Lebenszyklus ein Schnippchen schlagen 89

Multiplikation vor Akquisition 93

Lieber den Erfolg als die Herrschaft teilen 95

6. Kapitel:
Finanzierung 98

Ein paar einführende Bemerkungen 98

Grundlegendes zum Verständnis von Unternehmensfinanzierung 100

… und was bei Familienunternehmen anders ist 103

Finanzierungsregeln für Familienunternehmen 104

Der wichtigste Beitrag zur Finanzierung ist der Gewinn 105

Sorgen Sie dafür, dass möglichst viel Gewinn im Unternehmen verbleibt 106
»Low Leverage is Key« – Warum Familienunternehmen hohe Eigenkapitalquoten brauchen 108
Sorgen Sie für Bankenunabhängigkeit 111
Gute Finanzierung hat ihren Preis 112
Verschieben Sie keine Risiken in die Zukunft 113
Streng fristenkongruent finanzieren 115
Keine unnötigen Haftungsrisiken eingehen 116
Gute Finanzierung beginnt auf der Aktivseite 117
Seien Sie kreativ – Mut zum Regelbruch lohnt sich auch bei der Finanzierung 120
Wichtige Finanzierungsinstrumente im Attraktivitätsvergleich 122
Verkauf nicht betriebsnotwendigen Vermögens 123
Leasing 123
Working Capital Management 124
Factoring 125
Eigenmittel der Inhaber 126
Eigenkapital von außen 128
Rückstellungen 132
Mezzanine Finanzierungsinstrumente 133
Anleihen 134
Lieferantenkredite 135
Bankkredite 136
Eine abschließende Bemerkung 138

7. Kapitel:
Corporate Governance 140
Ein paar einführende Bemerkungen 140
Warum gute Governance wichtig ist 140

... und was bei Familienunternehmen anders ist 141

Anforderungen an eine gute Corporate Governance im Familienunternehmen 142

Individualität 142

Sicherung einer größtmöglichen Interessenidentität zwischen Inhabern und Unternehmensführung 143

Professional Ownership leben 144

Familyness zur Geltung bringen 145

Fairness gewährleisten 145

Voraussetzungen für Generationenkontinuität schaffen 146

Emotionalen Mehrwert schaffen 146

Anpassungsfähigkeit gewährleisten 147

Wichtige Einzelfragen guter Corporate Governance 148

Familienmitglieder im Unternehmen – Fluch oder Segen? 148

Kontinuität in der Führung – aber nicht zu lange 151

Das richtige Persönlichkeitsprofil – Unternehmer und Treuhänder zugleich 154

Führungsinstrumente – Vorbild und professionelle Systeme 157

Chancen oder Risikoorientierung – Eine gute Corporate Governance sichert beides 159

Das Zusammenwirken der Organe 161

Eine abschließende Bemerkung 163

TEIL 3: STRATEGIEN FÜR DIE INHABER 165

8. Kapitel:
Warum die Inhaber eigene Strategien brauchen 167

Die Geschichte vom Aufstieg und Fall der Familie Max Müller 167

Gute Unternehmensstrategien sind nicht genug 172

9. Kapitel:
Die richtigen Fragen stellen 177

Das 3-Dimensionen-Modell – Ein Ansatz zum besseren Verständnis von Familienunternehmen 177

Die Art der familiären Inhaberschaft (Inhaberstruktur) 180

Der Alleininhaber 180

Die Geschwistergesellschaft 181

Das Vetternkonsortium 182

Die Familiendynastie 184

Zwischenfazit 185

Die Art des unternehmerischen Engagements der Familie (Unternehmensstruktur) 187

Das junge Familienunternehmen 187

Das fokussierte Familienunternehmen 188

Das diversifizierte Familienunternehmen 190

Das Family Investment Office 192

Zwischenfazit 193

Die Art der Einflussnahme der Familie auf das Unternehmen (Governance-Struktur) 195

Das inhabergeführte Familienunternehmen 195

Das familiengeführte Familienunternehmen 197

Das familienkontrollierte Familienunternehmen 198

Das fremdgesteuerte Familienunternehmen 199
Zwischenfazit 200
Zur Arbeit mit dem 3-Dimensionen-Modell 202

10. Kapitel:
Antworten finden mit der Inhaberstrategie 206
Ein paar einführende Bemerkungen 206
Mitgliedschaft 209
Wie viele Inhaber verträgt das Unternehmen? 209
Wer darf Inhaber werden? 211
Und wer gehört sonst noch zur Inhaberfamilie? 212
Selbstverständnis 213
Wollen wir eine Unternehmerfamilie sein? 214
Family First oder Business First? 215
Werte und Ziele 219
Strategische Ausrichtung 224
Fokussieren oder diversifizieren? 224
Die Grundsätze der Geschäftspolitik bestimmen 228
Organisation von Unternehmen und Familie 229
Umsetzung des Inhaberwillens im Unternehmen 231
Führung 232
Kontrolle 237
Nachfolge 238
Das Verhältnis der Inhaber zueinander regeln 239
Mitwirkungsrechte 240
Förderpflichten 241
Vermögensrechte 243
Mitarbeit im Unternehmen 246
Wichtige Aspekte der Family Governance 248
Ein paar nützliche Regeln 249
Umgang miteinander 250
Auftreten nach außen 252

Umgang mit Konflikten 253
Gemeinsame Aktivitäten 256
Wissensvermittlung 256
Gemeinschaftliche Unternehmungen 258
Gemeinnützige Tätigkeit 260
Service für die Inhaberfamilie 261
Rollen 263
Eine abschließende Bemerkung 266

Schlusswort 269

ANHANG 273
Danksagung 275
Anmerkungen 277
Sachregister 314
Personen- und Unternehmensregister 320